V&R

Hypomnemata

Untersuchungen zur Antike und zu ihrem Nachleben

Herausgegeben von
Albrecht Dihle, Siegmar Döpp, Dorothea Frede,
Hans-Joachim Gehrke, Hugh Lloyd-Jones, Günther Patzig,
Christoph Riedweg, Gisela Striker

Band 167

Vandenhoeck & Ruprecht

Kai Rupprecht

Cinis omnia fiat

Zum poetologischen Verhältnis der pseudo-vergilischen
»Dirae« zu den Bucolica Vergils

Vandenhoeck & Ruprecht

Verantwortlicher Herausgeber:
Siegmar Döpp

Bibliografische Information der Deutschen Nationalbibliothek

Die Deutsche Nationalbibliothek verzeichnet diese Publikation in der Deutschen Nationalbibliografie; detaillierte bibliografische Daten sind im Internet über <http://dnb.d-nb.de> abrufbar.

ISBN: 978-3-525-25267-3

Hypomnemata ISSN 0085-1671

Dissertation im Fachbereich Geschichts- und Kulturwissenschaften (04) der Justus-Liebig-Universität Gießen 2004

© 2007, Vandenhoeck & Ruprecht GmbH & Co.KG, Göttingen / www.v-r.de
Alle Rechte vorbehalten. Das Werk und seine Teile sind urheberrechtlich geschützt. Jede Verwertung in anderen als den gesetzlich zugelassenen Fällen bedarf der vorherigen schriftlichen Einwilligung des Verlages. Hinweis zu § 52a UrhG: Weder das Werk noch seine Teile dürfen ohne vorherige schriftliche Einwilligung des Verlages öffentlich zugänglich gemacht werden. Dies gilt auch bei einer entsprechenden Nutzung für Lehr- und Unterrichtszwecke. Printed in Germany.
Umschlagkonzept: Groothuis, Lohfert, Consorten, Hamburg

Druck und Bindung: ⊕ Hubert & Co, Göttingen

Gedruckt auf alterungsbeständigem Papier.

*sarvasvaṃ gṛhavarti kuntalapatir gṛhṇātu tan me punar
bhāṇḍāgāram akhaṇḍam eva hṛdaye jāgarti sārasvatam* |

Mag der Herrscher des Kuntalavolkes mir auch alle diese Habe aus meinem Haus entreißen: Dennoch wacht in meinem Herzen der ganze Schatz der Poesie.

(»Bilhaṇa«, *Caurapañcāśikā* 1ª *ed.* W. Solf, Halle 1886)

Inhalt

Vorwort 9

1. Einleitung 11
   1.1 Einführende Überlegungen 11
   1.2 Das Gedicht *Dirae* 18
       1.2.1 Überlieferung 19
       1.2.2 Text und Übersetzung 24
       1.2.3 Gliederung des Gedichtes 36
   1.3 Die Frage nach dem Verfasser 44
   1.4 Die *Dirae* als Fluchgedicht 48

2. Die *Dirae* und die vergilische Bukolik 55
   2.1 Vergils Eklogen als poetische Heimat der *Dirae* 55
       2.1.1 Gattung 56
       2.1.2 Nemesian als Beispiel 58
       2.1.3 Der Dialog 61
   2.2 Vergils Eklogen als poetologische Heimat der *Dirae* 84
       2.2.1 Hirtensänger und Hirtenlieder 88
       2.2.2 Hexameter 89
       2.2.3 Kürze 91
       2.2.4 Rollenwechsel 94
           2.2.4.1 Gérard Genettes Narratologie,
           Vergils Eklogen und die *Dirae* 96
           2.2.4.2 Die narrative Struktur der *Dirae* 121
           2.2.4.3 Lydia 155
           2.2.4.4 Metalepsen in den *Dirae* 167
       2.2.5 Kallimacheisches Stilideal 182

3. The Rhetoric of Destructive Imitation 203
   3.1 Arten von »Transtextualität« nach Gérard Genette 203
       3.1.1 Intertextualität 205
       3.1.2 Paratextualität 210
       3.1.3 Metatextualität 210
       3.1.4 Hypertextualität 211
       3.1.5 Architextualität 215

3.2 Der Ort 221
　3.2.1 Properz..222
　3.2.2 Vergils Bukolik 228
　3.2.3 Ovids *Amores* 231
　3.2.4 *Itur in antiquam silvam* –
　　　　Reflexive Metatextualität I...232
3.3 Feuer im Architext –
　　Die Zerstörung der Bukolik in den *Dirae* 242
　3.3.1 Intensität 242
　　3.3.1.1 Intensive Geschichte...242
　　3.3.1.2 Intensive Narration 248
　　3.3.1.3 Intensive Erzählung 250
　3.3.2 Reflexive Metatextualität II..253
　　3.3.2.1 Besondere Arten der Metatextualität.......................253
　　3.3.2.2 Architextuelle Topologie in den *Dirae*....................258
　3.3.3 Poetische Reflexion nach E.A.Schmidt..........................261
　3.3.4 Poetische Reflexion in den *Dirae*..................................264
　3.3.5 Schluss und Ausblick: Die *Dirae* in der
　　　　poetologischen Landschaft der römischen
　　　　Literatur im ersten Jahrhundert vor Christus 270

Literaturverzeichnis..288

Index locorum 293

Vorwort

Die vorliegende Arbeit wurde im Frühjahr 2004 vom Fachbereich 04 »Geschichts- und Kulturwissenschaften« der Justus-Liebig-Universität Gießen als Dissertation angenommen und ist für die Druckfassung nur geringfügig überarbeitet worden. Die grundlegenden Recherchen wurden zu Beginn des Jahres 2004 abgeschlossen; spätere Literatur (insbesondere Gérard Genettes Monographie *Métalepse – De la Figure à la Fiction*, Paris 2004) konnte also leider in keinem größeren Umfange mehr berücksichtigt werden.

Danken möchte ich der Gießener Rink-Stiftung für ihre finanzielle Hilfe, der Fondation Hardt für drei Forschungsaufenthalte in Genf/Vandœuvres, Herrn Professor William M. Calder III für seine freundliche und großzügige Unterstützung durch den William-Abbott-Oldfather Fund der University of Illinois at Urbana-Champaign – sowie Herrn Professor Peter von Möllendorff, dessen Betreuung, Hinweise und Kommentare das Entstehen dieser Arbeit in vielen Gesprächen gefördert haben.

Ich widme diese Arbeit meinen Eltern, ohne deren liebevolle Hilfe, Beistand und Unterstützung sie niemals hätte geschrieben werden können.

1. Einleitung

Es war einmal... – Beim Lesen oder Hören dieser Worte wird man unweigerlich an die Gattung »Märchen« denken, ohne hierbei notwendigerweise ein bestimmtes Märchen im Sinn zu haben.[1] Dennoch wird es eher selten der Fall sein, dass Kindern explizit erklärt wird, ein richtiges Märchen müsse mit diesen drei Wörtern beginnen: Vielmehr lesen oder hören sie Märchen, und irgendwann wissen sie um diese »Regel«. – Man könnte sagen, dass es eine Hauptabsicht der folgenden knapp 300 Seiten ist, eine Verbindung zwischen diesem Phänomen herzustellen und der Verzweiflung eines Landmanns, der sein gesamtes Hab und Gut verloren hat und gezwungen ist, seine alte Heimat zu verlassen. Diesen erzwungenen Abschied nutzt er, um noch ein letztes Mal zurückzuschauen und hierbei jede Art von Genuss, den die neuen Besitzer seines Grundstückes haben könnten, systematisch zu verfluchen.

1.1 Einführende Überlegungen

Diese Arbeit möchte vor allem zweierlei: Zum einen versucht sie, das pseudo-vergilische Gedicht *Dirae* nach längerer Zeit wieder in den Mittelpunkt einer philologischen Untersuchung zu stellen. Diese Verse standen und stehen für gewöhnlich nicht nur im Schatten der echten Gedichte Vergils, sondern auch in demjenigen anderer, prominenterer Werke der *Appendix Vergiliana*. Zum anderen soll auf eine Beziehung eingegangen werden, die als solche zwar immer erkannt worden ist, aber noch nie einen Impuls zu einer eingehenden Deutung der *Dirae* als eines Ganzen nach sich gezogen hat – jene Beziehung, die sich aus der großen Anzahl von Merkmalen herleiten lässt, welche sowohl in den *Dirae* als auch in der Hirtendichtung Vergils, seinen zehn Eklogen, zu finden sind.

Wenn nun eine Analyse dieser Gemeinsamkeiten begonnen werden soll, eröffnen sich, grob gesprochen, zwei Wege: Entweder man wendet sich einer rein positivistischen »Quellenforschung« zu und begnügt sich damit zu konstatieren, dass etwa die Verse *Dirae* 83 und Vergil *ecl.* 1, 71 beide mit den Wörtern »*discordia civis*« enden; oder aber man fragt sich, was es für die Interpretation beider Gedichte bedeutet, dass sich an dieser Stelle

---

1 Dieses Einstiegsbeispiel verdankt sich dem Beginn von Carlo Collodis *Pinocchio*, wie ihn Eco, *Wald der Fiktionen*, S. 20/21 hinsichtlich der »Gattungssignale« des Märchens bespricht.

der *Dirae* die Worte aus eben jener Eklogenpassage wieder finden. Letzteres impliziert, dass sowohl die *Dirae* als auch die Eklogen Vergils als Texte ernst genommen werden – und zwar als Texte, die miteinander »sprechen«, d.h. die sich auch des *Kontextes* bewusst sind, in den das von ihnen Übernommene an seinem ursprünglichen Ort eingebettet war; eine solche Vorgehensweise wird in dieser Arbeit als für die *Dirae* unentbehrlich gelten, und man kann sie jenem theoretischen Sektor zurechnen, der heute zumeist mit dem Namen »Intertextualität« bezeichnet wird. Nehmen nun bei fortschreitender Betrachtung zweier oder mehrerer Texte die Ähnlichkeiten und Übereinstimmungen zwischen diesen zu (dies ist bei den *Dirae* und Vergils Eklogen der Fall), so drängt es sich auf, über das Phänomen nachzudenken, dass ein Text in einer gewissen »Tradition« steht, kurzum einer bestimmten »Gattung« angehört.

Diese beiden hier noch vage gebrauchten Begriffe »Intertextualität« und »Gattung« bilden die Leitsterne der vorliegenden Untersuchung. Beobachtet und analysiert werden sollen sie jedoch neben parallelen theoretischen Überlegungen immer am konkreten Text, der auch jeweils den Anstoß zu abstrahierenden Betrachtungen liefern wird. Eine solche *induktive* Vorgehensweise soll sicherstellen, dass Theoriebildung, die sich hier der modernen Literaturwissenschaft verpflichtet fühlen wird, nicht als lediglich auf die Texte aufgepfropft empfunden wird, sondern als von diesen selbst motiviert erscheint.

Entsprechend ihren beiden soeben erwähnten Interessen – einer vorinterpretierenden Präsentation der *Dirae* und der Befragung derselben auf ihr Verhältnis zu Vergils Bukolik – gliedert sich diese Arbeit bewusst in zwei Teile, zwischen denen ein dritter vermitteln und einen (induktiven) Übergang schaffen soll: Zunächst werden sich die eher »traditionell philologisch« orientierten Kapitel 1.2, 1.3 und 1.4 der Aufgabe widmen, die *Dirae* vorzustellen. Hier werden neben einer Übersetzung und Bemerkungen zur Überlieferung, zur Textgestalt und zur Struktur des Gedichtes die Fragen diskutiert werden, (1) wer als Verfasser der *Dirae* betrachtet werden kann und wie relevant dies für die Interpretation des Gedichtes sein kann sowie (2) ob sich die übliche Einordnung der *Dirae* in die Gattung der hellenistischen Fluchdichtung als vertretbare Hypothese erweist. Die Diskussion dieser Punkte wird gleichzeitig auch den Stand der Forschung zu diesem Gedicht vor Augen führen.

Den Übergang zu den späteren dezidiert literaturwissenschaftlich ausgerichteten Überlegungen bildet der Abschnitt »Die *Dirae* und die vergilische Bukolik«. Dieser wird in zwei Schritten vorgenommen: Zunächst wird es darum gehen aufzuzeigen, welche und wie viele Merkmale die *Dirae* den zehn Gedichten Vergils »entnommen« haben; das Gespräch, welches durch die Übereinstimmungen zwischen diesen Texten zustande kommt, wird hierbei auch kontrastierend mit einem anderen – hier kann Nemesian als Beispiel dienen (Abschnitt 2.1.1) – verglichen werden. Die Ergebnisse dieser Betrachtungen bilden insofern das Fundament der Arbeit, als die hier präsentierten Beobachtungen eine erste Orientierung darüber liefern, was *Dirae* und *Bucolica* verbindet. Vor diesem Hintergrund werden dann die Abweichungen um so deutlicher hervortreten und besser interpretiert werden können.[2] Da es sich die hier gestellten Fragen noch weitestgehend auf dem Gebiet bewegen, das man mit »Motivgeschichtliches« bezeichnen könnte, liegt hier die Rede von einer zunächst nur »poetischen« Beheimatung der *Dirae* in den Eklogen nahe.

Natürlich wäre es hierbei naiv zu meinen, der Text der *Dirae* (wie jeder Text) offenbare eindeutig nur jene Motive, die den Dialog mit Vergils Eklogen konstituierten und dann wie Punkte nur noch mit Linien zu verbinden wären, so dass eine rein bukolische Figur entstünde: Ohne Zweifel kann man auch anderen Spuren folgen (etwa einer Tradition der *defixionum tabellae*). Allein, die Zielsetzung dieser Arbeit ist es, sich auf Bukolisches in diesem Gedicht zu beschränken, und durch diesen Skopus ist auch die Art der Ergebnisse, welche die Untersuchung liefern wird, *a priori* determiniert.

Der Sprecher, aus dessen Mund kommend die *Dirae* zu denken sind, wird nicht müde, immer wieder selbst über seine eigenen Worte als *carmina* zu sprechen und ihre Entstehung, Beschaffenheit und Fähigkeiten zu thematisieren. Dies ist Legitimation genug, in einem zweiten Schritt von »Poetologie« also einem »Reden über Dichtung« in den *Dirae* zu sprechen. In diesem (längeren) Abschnitt (2.2) wird das Phänomen »Gattung« in das Zentrum des Interesses gesetzt werden: Ein Epos kann auf die Gattung »Hymnos« Bezug nehmen und dennoch immer Epos bleiben; die zehnte Ekloge Vergils kann über elegische Motive sprechen, bleibt aber als Ganzes immer eine bukolische Ekloge. Die Frage, die sich für die vorliegende Arbeit stellt, ist diese: Durch welche Signale – Cairns hätte sie *primary elements* genannt – geben die *Dirae* selbst ihre Gattung zu erkennen, ja sprechen sogar *über* diese Signale als solche, die eine Gattung anzuzeigen vermögen? Wie hoch ist also der Grad ihrer – man verzeihe dieses prätentiöse, aber präzise Wort – »Bukolizität«? – Den Weg zu einer Antwort wird die Monographie Schmidt, *Reflexion* weisen, von der in Bezug auf ihr theo-

---

[2] »Literarische Evolution als eine ›Tradition des Traditionsbruchs‹: Da jedes Kunstwerk nur als Form, jede Form aber nur als ›Differenzqualität‹, als ›Abweichung‹ von einem ›geltenden Kanon‹ angemessen wahrgenommen werden kann, muss das Vorgegebene jeweils mit berücksichtigt werden. Das bloße Konstatieren bestimmter Verfahren genügt nicht mehr, zusätzlich ist nach ihrer jeweiligen Intention und Funktion im Kunstwerk zu fragen; diese ist aber nur feststellbar im Bezugssystem der literarischen Evolution, wodurch der literaturhistorische Blick unerlässlicher Bestandteil formaler Analyse wird.« (Striedter, S. xxiv; xxx-xxxi)

retisches Reflexionsniveau und ihre praktische Nützlichkeit auch heute immer noch mit nur wenigen Einschränkungen gesagt werden darf: »Es ist das wichtigste und anregendste Buch, das bisher über Bukolik erschienen ist.«[3]

Es sollte aus den folgenden Ausführungen klar hervorgehen, welches Verständnis von »Gattung« zugrunde liegt. Dennoch sei auch hier schon vorausgeschickt, dass in diesem Punkt mit Schmidt[4] zunächst an die Russischen angeknüpft wird: Das Phänomen Gattung existiert allein in seinen historischen Repräsentanten (also in den ihr zuzurechnenden Texten), die jedoch nicht abstrakte Normen einzuhalten versuchen, sondern lediglich untereinander eine »Familienähnlichkeit« aufweisen, wie Ludwig Wittgenstein[5] unter anderem so illustriert hat: Ein Seil sei nicht deshalb stabil, weil es etwa eine Faser gäbe, welche durch die gesamte Länge des Seiles laufe, sondern weil die einzelnen Fasern *ineinander greifen*: »es läuft ein Etwas durch den ganzen Faden, – nämlich das lückenlose Übergreifen dieser Fasern.« Dieses Ineinandergreifen innerhalb einer Reihe von literarischen Werken manifestiert sich durch Nachahmung: Vergil orientiert sich an Theokrit, die *Dirae* (und Nemesian) orientieren sich an Vergil; bestimmte Elemente (nicht immer dieselben) werden übernommen, die Gattung »Bukolik« entsteht.

Dieses Phänomen der Kontinuität stiftenden Nachahmung (*imitatio*) hätte nun sogar als Überschrift für den zweiten Teil dieser Arbeit gewählt werden können: Werden hier doch in Anlehnung an Schmidts Arbeit die *Dirae* auf die »grundlegenden Charakteristika« der vergilischen Bukolik hin befragt. Es gibt sechs solcher Charakteristika. Dies sind zunächst fünf vordergründigere, leichter (in einem positivistischen Sinne) erkennbare: Dem Nachweis, dass sie in den *Dirae* nachweisbar sind, werden sich die Abschnitte 2.2.1 bis 2.2.5 widmen. Hier geht es also darum, die Kontinuität zwischen Eklogen und *Dirae* aufzuzeigen, d.h. die Zugehörigkeit der letzteren zur Gattung »Bukolik«. Das Gedicht der *Appendix Vergiliana* vermag hierbei immer einen gewissen archimedischen Punkt außerhalb der Eklogen zu bilden, von dem aus (besonders in Abschnitt 2.2.4) ein neuer Blickwinkel auch auf die *Bucolica* eröffnet wird. Neue Ergebnisse und Beschreibungsmodelle vergilisch-bukolischen Dichtens mögen also eine zusätzliche Belohnung für die Mühe dieses Umweges sein.

Schmidts abstrakteres (es führt über Cairns' Systematik heraus) sechstes Charakteristikum vergilischer Bukolik ist das zentralste und den anderen fünf übergeordnet: Die »poetische Reflexion«. Mit dieser beschäftigt sich

---

3 Hofmann, S. 146.
4 Vgl. besonders Schmidt, *Reflexion*, S. 15.
5 *Philosophische Untersuchungen*, Frankfurt a. M. 2003, §67.

implizit der gesamte dritte Teil dieser Arbeit und weist sie als prominentes Merkmal der *Dirae* nach. Diese Erhöhung des theoretischen Reflexionsniveaus ist auch gleichzeitig eine noch dezidiertere Hinwendung zu literaturwissenschaftlichen Theorien, die im Kontext neuerer Philologien entstanden sind. Der Sinn einer solchen Anwendung moderner Kategorien kann nur darin bestehen, dass letztere adäquat(er)e *Beschreibungsmodelle* liefern und somit zu neuen Ergebnissen und Einsichten bei der Betrachtung antiker Texte führen. Dies ist jedoch, wie ich mit vorliegender Arbeit zu zeigen versuche, in Bezug auf die vergilische Bukolik und die *Dirae* der Fall; insbesondere sollte deutlich werden, dass die Begrifflichkeit moderner Literaturwissenschaft bei der Beschreibung der Bukolik Monographien wie Schmidt, *Reflexion* (oder auch Rumpf) als Ausgangspunkt wählen kann, um dann jedoch ein vielleicht umfassenderes Modell bukolischer Dichtung aufstellen zu können.

Die Argumentation dieses dritten Teiles wird vor allem zwei literaturwissenschaftliche Konzepte zum Gegenstand haben, nämlich die vor allem aus dem Gebiet der Narratologie Gérard Genettes entnommenen Phänomene von *Metalepse* und von *mise en abyme*. Dass eine Anwendung narratologischer Kategorien auf bukolische Dichtung legitim ist, wird sofort deutlich, wenn man sich vergegenwärtigt, dass Bukolik immer singende Hirten bzw. ihre Lieder darstellt. Dieses »Singen« ist jedoch, da es ein »Singen von…« ist, immer auch ein »Erzählen von…«, so dass die Grundbedingung für eine narratologische Betrachtung gegeben ist (vgl. hierzu allgemeiner Hühn / Schönert).

»Metalepse« meint nun das Phänomen, dass ein Erzähler direkt in seine eigene Erzählung »hineingreift«, also zum Beispiel sich mit einer der von ihm selbst geschaffenen Figuren *vis à vis* unterhält; etwas Analoges liegt vor, wenn eine Figur aus der sie enthaltenden Erzählung etwa dadurch »hinausgreift«, dass sie sich ihres eigenen Schöpfers (des Dichters/Sängers) bewusst ist – oder diesen sogar umbringt. Eine *mise en abyme* liegt hingegen vor, wenn in einen Text (ein Bild, eine Erzählung, ein Theaterstück) ein weiterer Text eingebettet ist, der jenen ersten repräsentiert: Das berühmteste Beispiel ist die »Mausefalle«, das Spiel-im-Spiel in Shakespeares *Hamlet*. Hier lässt der dänische Prinz Schauspieler ein Stück aufführen, dass die verbrecherischen Geschehnisse im Stück *Hamlet* (und dessen Vorgeschichte) widerspiegelt – mit dem Ergebnis, dass sein Bruder mordender Stiefvater die Fassung verliert. Andere Beispiele liefern Schriftsteller, die in ihren Romanen Romane schreibende Schriftsteller darstellen, so dass der Roman eine verkleinernde Repräsentation seiner selbst enthält. Wenn also Vergil in den Schlussversen seiner letzten Ekloge sagt: »Dies wird genug sein, ihr Göttinnen, was euer Dichter gesungen hat, während er dasaß und ein Körbchen aus schlankem Eibisch flocht, ihr Musen.« (*ecl.* 10, 70-72), dann ist dieses Korbflechten eine Repräsentation des Eklogenverfassens innerhalb der Eklogen, also eine *mise en abyme*. Dass letztere zusammen mit der Metalepse ein Grundcharakteristikum der *Dirae* wie der vergilischen Bukolik bildet, ist von Schmidt, *Reflexion* für letztere *implizit* schon beschrieben worden und wird eine Hauptthese dieser Arbeit sein.

Eine zweite Hauptthese wird im dritten Teil entwickelt, der sich ganz der »poetischen Reflexion« als dem zentralen bukolischen Phänomen zuwendet. Drei Dinge verknüpfen diesen letzten Teil mit den vorigen »philologischeren« Untersuchungen: 1) Die »poetische Reflexion« stand als das bukolische Hauptcharakteristikum, wie Schmidt, *Reflexion* es herausarbeitet, als Komplement zu der Präsentation der fünf »grundlegenden Charakteristika« in Abschnitt 2.2 noch aus. 2) Das »grundlegende Charakteristikum« des bukolischen Rollenwechsels (Abschnitt 2.2.4) führt bereits in der ersten Annäherung dieser Arbeit an die *Dirae* und die Eklogen auf den Begriff des Sprechaktes, dekonstruktivistische Unterströmungen in den *Dirae* und auf narratologische Strukturen wie Metalepse und *mise en abyme*. Die Beschreibung und Explikation dieser Phänomene, die für die Argumentation des letzten Teils dieser Arbeit so kardinal sind, wird denn auch einen angemessenen Raum einnehmen. 3) Wenn das Verhältnis der *Dirae* zu den Eklogen in Abschnitt 2 zunächst hauptsächlich als von dem Moment der *imitatio* geprägt beschrieben wird, so fehlt auch hier ein wichtiges Komplement, nämlich die *aemulatio*.

Diese dominiert nun den dritten Teil. Wenn eine Reihe aufeinander folgender literarischer Werke – hier etwa: Theokrits *Idyllen* → Vergils *Eklogen* → *Dirae* – nur so beschrieben wird, dass hier das Prinzip der Nachahmung (*imitatio*) wirke, so greift dies zu kurz. Die *Dirae* ahmen die *Bucolica*, diese ahmen die *Idyllen* nicht einfach nur nach, sondern geben mit den vorgenommenen *Veränderungen* des jeweiligen Vorgängers immer auch ihre eigene Interpretation oder gar bewusste oder unbewusste Missinterpretation desselben – das, was Harald Bloom *misreading* genannt hat. So arbeiten die jeweils späteren Text sozusagen an jenen früheren in dieser speziellen Form des Wetteiferns (*aemulatio*). Die Intensität dieser Arbeit kann, wie die Russischen Formalisten es darlegten, eine Skala von kreativer Neuschöpfung über eine Korrektur (vgl. Hinds) bis hin zu einem Kampf mit dem literarischen Vorgänger ausfüllen.[6]

Die *Dirae*, dies wird gezeigt werden, führen einen solchen intensiven Kampf. Der nebulöse Begriff der Intensität und die gewagte Metapher des Kampfes sind hier bewusst gewählt. Beides wird definiert werden, so etwa das Intensive mit Rückgriff u.a. auf Narratologie und Sprechakttheorie in Abschnitt 3.3.1. Was den Kampf betrifft, so findet dieser seine Illustration

---

6 Vgl. das Zitat unten, S. 57, Anm. 6.

dann, wenn geklärt werden wird, was genau es denn bedeute, dass ein Text auf einen anderen Bezug nimmt. Hier wird das Gebiet der *Intertextualität* betreten und nach einer Definition der (wiederum von G. Genette stammenden) Termini (Abschnitt 3.1) mit größerer Trennschärfe analysiert werden können, auf welche verschiedenen Weisen die *Dirae* auf die Eklogen Vergils zugreifen.

Ergebnis dieser Betrachtungen wird sein, dass die *Dirae* sowohl als isoliert betrachtetes Ganzes als auch in ihrer Verwendung der vergilischen Eklogen in einer sehr »intensiven« und charakteristischen Weise von Schmidts Merkmal der *poetischen Reflexion* geprägt sind, also auch in diesem abstrakteren Sinne als bukolisch bezeichnet werden müssen. Der hohe Grad poetischer Reflexion in den *Dirae* wird hierbei an einem Konzept deutlich, das Genette »Architextualität« genannt hat. Man könnte es vielleicht so skizzieren: Wenn wir von einem *happy end* sprechen, nehmen wir nicht auf nur einen Text – etwa einen Film – Bezug (denn dann spräche man etwa von »diesem *happy end*«), sondern auf etwas, das wir durch das Rezipieren vieler Texte als Abstraktion (z.B. Form, Schema, *topos*) gewonnen haben. Natürlich manifestieren sich diese Abstraktionen immer in konkreten Texten, aber dennoch können wir auf Anhieb, auch ohne an nur einen konkreten Film zu denken, sagen, was ein typisches *happy end* auszeichnet. Ebenso scheint es z.B. für Hipponax das typisch Epische zu geben, wie er es in seiner Eposparodie[7] verwendet hat: Hexameter, Musenanruf, Patronymikon und Formeln. Natürlich lassen sich alle diese Elemente im Sinne einer Quellenforschung bis in konkrete Texte hinein zurückverfolgen; jedoch verbürgt allein die Existenz dieses parodistischen Hipponax-Fragmentes, dass es zumindest für ihn etwas typisch Episches gegeben hat.

Auf diese Weise stellen die *Dirae* zwar auch eine direkte (»hypertextuelle«) Beziehung zu dem Text der Eklogen her, aber dennoch gibt es zwischen diesen beiden Texten etwas durch jeweilige Transzendenz und Abstraktion (hier: aus den *Bucolica*) Gewonnenes (hier: das typisch Bukolisch), das Genette den Architext nennt. Über diesen sprechen die *Dirae* und bezeichnen architextuelle Elemente. Die Abschnitte 3.2 und 3.3 werden unter Verwendung von Texten auch anderer antiker und moderner (Conte, Hinds) Autoren den Versuch unternehmen zu zeigen, welcher metaphorischen Sprache sich die *Dirae* bedienen, um (auch) auf den Architext zuzugreifen. Diese Überlegungen münden am Schluss dieser Arbeit in die Formulierung einer neuen Interpretation der *Dirae* – dann, wenn es auch Zeit sein wird vorzuschlagen, mit welcher Intention die *Dirae* in der nunmehr herauszuar-

---

7 Fr. 126 Degani; vgl. die Similien und Deganis einleitenden Bemerkungen im *apparatus criticus*.

beitenden Weise in einen Dialog mit den vergilischen Eklogen und dem bukolischen Architext eintreten.

1.2 Das Gedicht *Dirae*

Das hexametrische Gedicht Dirae zählt zu dem Corpus jener Gedichte, die schon früh als Jugendwerke Vergils bezeichnet wurden und seit Scaliger (1573) unter dem Namen *Appendix Vergiliana* zusammengefasst werden. Das prägendste Grundcharakteristikum der *Dirae*, das auch die folgenden Überlegungen durchziehen wird, lässt sich bereits aus einem kleinen Textausschnitt herleiten:

> Vicinas flammae rapiant ex ordine vitis,
> pascantur segetes, diffusis ignibus auras
> transvolet, arboribus coniungat et ardor aristas.
> pertica qua nostros metata est impia agellos,
> qua nostri fines olim, *cinis omnia fiat*.

> Die Flammen sollen der Reihe nach die benachbarten Weinstöcke ergreifen, / sollen sich an den Saaten weiden; wenn die Feuer sich ausgebreitet haben, soll sie die / Lüfte durcheilen, die Glut, und die Ähren in dem Schicksal der Bäume vereinigen. / Da, wo die Messrute ruchlos unsere Äckerchen abgesteckt hat, / da, wo einst unser Grundstück war – *Asche soll alles werden*!

(*Dirae* 42-46)

Zwei Merkmale verschiedener Klassen von antiker Dichtung lassen sich nämlich bereits auf den ersten Blick hier wieder finden: Der Sprecher dieser fünf Verse gibt sich als *Landmann* zu erkennen, indem er von seinen *agelli* spricht, auf denen sich offensichtlich Weinreben, Saaten und Ähren befinden. Da er selbst spricht und zudem »dramatisch«, d.h. nicht (wie etwa Hesiod) in der Art eines landwirtschaftlichen Lehrgedichtes, verweisen seine Worte auf die Gattung der antiken *Bukolik*, als deren Begründer der griechische Dichter Theokrit von Syrakus und als dessen römischer Erbe Vergil gelten darf. Dass die *Dirae* tatsächlich dieser Art von Hirtendichtung zugerechnet werden dürfen, bestätigt der Rest des Gedichtes, wo tatsächlich auch die Herden des Sprechers erwähnt werden. Doch neben dieser Zuordnung steht ein anderer Befund: Die soeben erwähnten Bestandteile eines Landgutes werden *verflucht*, was sich formal in den fünf Wunschkonjunktiven ausdrückt. Auch dieses setzt sich in dem Ganzen der *Dirae* fort und führt ebenfalls direkt zu einer nicht geringen Anzahl von griechischen und lateinischen Werken, aus denen eine Tradition des antiken Fluchgedichtes konstruiert worden ist.

1.2.1 Überlieferung

Die eingangs zitierten Flüche gehören zu 183 Versen, als deren Autor die Vergil-Handschriften eben diesen Dichter nennen.[8] Auch die Werkkataloge bei Donat (Mitte 4. Jhd.):

Poeticam puer adhuc auspicatus in Ballistam ludi magistrum ob infamiam latrociniorum coopertum lapidibus distichon fecit:

>monte sub hoc lapidum tegitur Ballista sepultus;
nocte die tutum carpe, viator, iter.‹

deinde Catalecton et Priapea et Epigrammata et *Diras*, item Cirim et Culicem, cum esset annorum XXVI[9]. [...] scripsit etiam, de qua ambigitur, Aetnam.

(Donatus *Vita Vergilii* 51-57; 65 Brummer)

und bei Servius (4. Jhd.):

In exponendis auctoribus haec consideranda sunt: poetae vita, titulus operis, qualitas carminis, scribentis intentio, numerus librorum, ordo librorum, explanatio. [...] primum ab hoc distichon factum est in Ballistam latronem: [...] scripsit etiam septem sive octo libros hos: Cirin, Aetnam, Culicem, Priapeia, Catalecton, Epigrammata, Copam, *Diras*.

(Servius *Vita Vergilii* 1-3; 10-14 Brummer)

reihen dieses Gedicht unter die *opera minora* Vergils ein, wobei bereits zu beachten ist[10], dass Servius im Gegensatz zu Donat zusätzlich die *Copa* erwähnt und in der Anzahl der Jugendwerke Vergils schwankt: *septem sive octo*. Es liegt nicht allzu fern, dieses Schwanken auf das letzte Gedicht in seiner Liste zu beziehen: die *Dirae*.[11]

Die Fragen, ob nun Vergil die *Dirae* geschrieben habe und, wo dies verneint wurde, wer außer ihm noch als Verfasser in Frage komme, konstituieren einen der beiden Komplexe, mit denen sich die Klassische Philologie in Bezug auf dieses Gedicht bisher fast ausschließlich beschäftigt hat. Das andere Gebiet, von dem aus die *Dirae* betrachtet wurden, ist dasjenige der Textkritik. Hier genügt schon ein flüchtiger Blick auf den Text in Kenneys

---

8 Man vgl. etwa die Zusammenfassung im *apparatus criticus* der Ausgabe von Kenney, S. 5: »LIBELLVS QVI NOMINATVR CVLEX PVBLII VIRGILII FINIT DIRE EIUSDEM INCIPIUNT *B* : incipiunt dire Maronis *uel sim. MFAT*«.

9 Scaligers Konjektur für die überlieferten Zahlen »XVI«, »XVII« und »XV«.

10 Vgl. van der Graaf, S. 123/124.

11 Zum Fehlen der *carmina minora* in der Vergilvita des Pseudo-Probus, das ebenso wenig ein Argument gegen eine Autorschaft Vergils darstellt wie Donats Nachricht, dass Vergil nicht gewollt habe, dass irgendeines seiner Werke herausgegeben werde, das er nicht auch selbst herausgegeben habe, vgl. van der Graaf, S. 124/125. – Eine Zusammenfassung der schwankenden Meinungen zu einer Verfasserschaft Vergils in den antiken Werkkatalogen und der Tradition der Handschriften gibt Van den abeele, S. 146-148.

Edition, um festzustellen, dass dieses Gedicht in einem sehr deplorablen Zustand auf uns gekommen ist – an vielen Stellen lässt sich zudem nicht entscheiden, ob diese verderbt oder nur deshalb nicht verständlich sind, weil etwaig »richtige« Lesarten auch für sich genommen durch eine gewisse Dunkelheit (bzw. Unbeholfenheit) der Sprache unverständlich sind. Als schlagendes Beispiel für diesen Befund mag der Vers *Dirae* 28 dienen, dessen grammatisch-interpretatorische Probleme diese Arbeit besonders zu lösen versuchen wird.

Fragen der Textkritik waren es dann auch, die fast das alleinige Interesse der drei wichtigsten Publikationen zu den *Dirae* seit 1960 (Kenney gab das Gedicht im Jahre 1966 heraus) beschäftigten: Salvatore, Fraenkel, *Dirae* und Goodyear. Besonders die beiden letztgenannten Arbeiten zeigen – Fraenkel in Auseinandersetzung mit Kenneys Text, Goodyear in seiner Antwort auf Fraenkel –, wie aussichtslos es im Einzelnen ist, über die »richtige« Lesart endgültig zu entscheiden. Da dies so ist und eine *communis opinio* auf diesem Gebiet auch nach mindestens 150 Jahren[12] nicht in Sicht ist, in denen die *Dirae*, wenn überhaupt, (neben der erwähnten Frage nach dem Autor) primär auf ihre Textgestalt hin betrachtet wurden, wird sich diese Arbeit anderen Aspekten dieses Gedichtes zuwenden[13], indem sie es vielleicht zum ersten Mal als eigenständiges Ganzes ernst nimmt und ihm eine integrale Interpretation widmet. Dass hiermit tatsächlich Neuland betreten wird, zeigt besonders ein Vergleich mit den drei[14] Dissertationen (fast die Hälfte der überhaupt hierzu erschienenen Monographien), die in jenen 150 Jahren zu den *Dirae* vorgelegt wurden: Eskuche gibt die 183 Verse mit deutscher Übersetzung (in Hexametern), einem kurzen Zeilenkommentar und einer Untersuchung der Verfasserschaft heraus, wobei er auch statistische Beobachtungen festhält.

Die einschlägige Monographie zu den *Dirae* stellt van der Graaf dar, da sie neben einer englischen Prosaübersetzung einen ausführlichen und guten Zeilenkommentar bietet, in den er auch die Meinungen der vorher erschienenen Sekundärliteratur zu einzelnen Versen eingearbeitet hat. Aufgrund dieser Qualität könnte ein neuer Zeilenkommentar nur entweder das *Haupt*interesse einer weiteren Arbeit darstellen oder er geriete notwendig zu einer

---

12 Seit dem Erscheinen von Naeke, der wohl grundlegendsten Monographie zu den *Dirae*, wie auch noch Kenney, S. 4 anmerkt: »Quicumque hoc carmen intellegere studet, gratias quam maximas agere debet uiro doctissimo Augusto Ferdinando Naeke, cuius editionem cum eruditionis tum sagacitatis plenam post editoris mortem a. 1847 foras protulit L. Schopen.«

13 Natürlich wäre es töricht anzunehmen, man könne bei der Interpretation eines antiken Gedichtes wie der *Dirae* Fragen der Textkritik völlig ausblenden: Deshalb wird zwar von Kenneys Text ausgegangen, Abweichungen von ihm werden aber erläutert und begründet werden.

14 Die beiden Dissertationen von E. Holzer und K. Baver, die Büchner, S. 1131 erwähnt, waren mir leider nicht zugänglich.

Dublette des von van der Graaf erstellten. Aus diesem Grund sollen in den folgenden Ausführungen die Besprechung von Einzelproblemen in den Argumentationszusammenhang der vorgeschlagenen Interpretation eingebettet werden.[15]

Die dritte im Bunde der bisherigen Dissertationen zu den *Dirae* ist diejenige des von Büchner lobend erwähnten Kröner. Diese Arbeit beschäftigt sich vornehmlich mit der Analyse des Inventars an *personae* und der Makro- und Mikrostruktur der *Dirae*, indem ihr Verfasser kurz Stellung zu der Bedeutung der verschiedenen in diesem Gedicht genannten Figuren bezieht und im folgenden vor allem den Gedankengang der 183 Verse nachzeichnet, wobei er *en passant* auf die textkritisch und interpretatorisch schwierigen Stellen eingeht.

Dirae und »*Lydia*«
Bevor nun endlich das Gedicht der *Dirae* selbst vorgestellt werden kann, muss noch eine Beobachtung beschrieben werden, die von der Sekundärliteratur (fast[16]) einhellig zu einer *communis opinio* gemacht worden ist und für diese Arbeit einen Ausgangspunkt bildet. Im Jahre 1792 schlug Friedrich Jacobs vor, in den 183 unter dem Namen Dirae bekannten Versen nicht *ein* Gedicht zu sehen, sondern zwei: Das eigentliche Gedicht Dirae ende, so Jacobs, nach Vers 103, dem Rest des Überlieferten gab er den Namen »Lydia«, da hier eine *puella* dieses Namens als eine ferne Geliebte besungen wird. Die Gründe für diese Spaltung eines als *ein* Gedicht überlieferten Textes in zwei verschiedene Gedichte – ein Phänomen, das besonders für Properz und Catull wohlbekannt ist[17] – sind die folgenden:[18]

a) Der Inhalt der beiden Teile ist denkbar verschieden: Die »*Lydia*« stellt eine – grob gesagt[19] – elegische, mythologische *exempla* (vv. 142-175) umfassende Klage um die Ferne des geliebten Mädchens dar. Hierbei steht ein (sanftes) Gefühl des Neids[20] im Vordergrund, welches der Sprecher den *agri*, *prata*, *silvae* und *fontes* gegenüber empfindet, die sich im Gegensatz

---

15 van der Graafs Hauptintention stellt jedoch der Versuch dar, die Verfasserschaft Vergils nachzuweisen, worauf in Kürze einzugehen ist.
16 Eine signifikante Ausnahme stellt hier eben van der Graaf, S. 131 dar.
17 Vgl. Van den abeele, S. 147/148.
18 Vgl. die Zusammenfassung bei van der Graaf, S. 127.
19 Was dieses »Elegische« ausmacht, wie es sich etwa zu dem gewählten Metrum und der ländlichen Szenerie verhält, stellt eine lohnende Fragestellung dar, liegt aber nicht im Gesichtsfeld dieser Arbeit, die sich eher dem »Bukolischen« zuwenden wird.
20 Diese Emotion prangt über dem gesamten zweiten Teil: *Invideo vobis, agri formosaque prata* (v. 104), vgl. auch v. 111: *invideo vobis, agri: discetis amare* und v. 123: *invideo vobis, agri: mea gaudia habetis*.

zu ihm der beglückenden Gegenwart der *puella* erfreuen dürfen. Die Dirae[21] hingegen handeln, wie schon vorweggenommen, von dem unendlichen Hass eines Landmannes und Hirten, der sich brutal gegen sein Landgut richtet, dessen er zugunsten eines Bürgerkriegsveteranen[22] beraubt worden ist. Dieser Hass entlädt sich in einer großen Anzahl von Flüchen, die sich gegen den ehemaligen Besitz richten. Wollte man dieses Szenario historisch verorten, so böte es sich an, in jenem *advena arator* (*Dirae* 80), jenem *miles* (*Dirae* 31; 85), dem das Landgut zugefallen ist, einen Veteranen zu sehen, welcher nach der Schlacht bei Philippi (42 v.Chr.) als Belohnung für seine Kriegsdienste ein Stück Land erhält und in Besitz nimmt: jene Situation, die auch für Horazens Biographie so bedeutsam ist und von der ersten und neunten Ekloge Vergils vorausgesetzt wird.[23] – Von diesen historischen Substraten ist in der *Lydia* nichts zu erkennen, sie spielt vielmehr in einem eher zeitlos zu nennenden Raum.

b) Eine Trennung in *Dirae* und *Lydia* bringt zwei Texte hervor, die ohne jedes Problem als zwei selbständige und aus sich selbst verstehbare Gedichte gelesen werden können.

c) Die in den *Dirae* immer wieder angesprochene Figur *Battarus* verschwindet nach dem Vers 97 vollkommen und wird weder erneut erwähnt noch gar als Adressat verwendet.

d) Derselbe Vers 97 kündigt ein *extremum carmen*, also eine »letzte Strophe« an, die dann nach Vers 103 endete.

e) Die beiden Adynatagruppen *Dirae* 4-8 bzw. 98-102/103 sorgen für eine geschlossene Ringkomposition des ersten Gedichtes.

f) Stilistische und metrische Unterschiede zwischen den beiden Textteilen: »Très inhabituelles sont les grandes divergences entre deux courts poèmes comme les *Dirae* et la *Lydia*. Je citerai quelques exemples, qui nous prouvent que l'exécution littéraire des deux morceaux est sensiblement différente«.[24]

---

21 Dieser Name, wenn nicht anders spezifiziert, soll von nun an nur die Verse 1-103 bezeichnen.
22 Vgl. die zentrale Stelle *Dirae* 81-85.
23 Vgl. Coleman *ad ecl.* 9, 2-3 und *ecl.* 1, 42 mit Verweisen aus Appian *B.C.* 5, 2, 12/13 und Dio Cassius 48, 6-12.
24 Van den abeele, S. 150, vgl. ebd. 151-153 für die Statistiken.

g) In einigen Handschriften beginnt der Vers 104 mit einer Initiale, die sich von den anderen dieses Textes unterscheidet: »Il y a là peut-être trace d'une ancienne séparation.«[25]

Aus diesen Gründen erscheint eine Trennung als durchaus berechtigt, und Versuche, eine Einheit »wiederherzustellen« konnten nicht überzeugen[26], so dass es die Intention dieser Arbeit sein wird, die 103 Verse der *Dirae* als abgeschlossenes Ganzes zu betrachten und ihnen allein die interpretatorische Aufmerksamkeit zukommen zu lassen, die bisher hinter den genannten Fragen der Autorschaft, Textkritik und auch Quellenforschung zurückstehen musste.

---

25 Van den abeele, S. 147, Anm. 10; anders van der Graaf, S. 129/130.
26 Vgl. etwa die Auseinandersetzungen von Van den abeele *passim* und Kröner, S. 82-84 mit van der Graaf, S. 127-134, wo dieser eine inhaltliche Kontinuität postulieren will.

1.2.2 Text und Übersetzung

DIRAE[27]

Battare, cycneas repetamus carmine voces:

divisas iterum sedes et rura canamus,
rura, quibus diras indiximus, impia vota.
ante lupos rapient haedi, vituli ante leones,
delphini fugient pisces, aquilae ante columbas   5
et conversa retro rerum discordia gliscet –
multa prius fient quam non mea libera avena:
montibus et silvis dicam tua facta, Lycurge.

impia Trinacriae sterilescant gaudia vobis
nec fecunda, senis nostri felicia rura,   10
semina parturiant segetes, non pascua colles,
non arbusta novas fruges, non pampinus uvas,
ipsae non silvae frondes, non flumina montes.

rursus et hoc iterum repetamus, Battare, carmen:

effetas Cereris sulcis condatis avenas,   15
pallida flavescant aestu sitientibus prata,

---

27 Textgestaltung und Siglen ausgehend von der Ausgabe Kenney, Abweichungen werden in Fußnoten verzeichnet.

Battarus, lass uns in unserem Lied die Stimmen der Schwäne wiederholen:

Wir wollen den erneut verteilten Grund und Boden besingen,
das Land, dem wir Fluchesworte, gottlose Verwünschungen, verkündet haben.
Eher werden Böckchen Wölfe reißen, Kälber eher Löwen,
Delphine werden vor Fischen, eher Adler vor Tauben fliehen,
und, nachdem sich alles Gewohnte umgekehrt hat, wird Unordnung herrschen –
vieles wird geschehen, bevor meine Hirtenflöte nicht mehr unverholen sprechen wird:
Den Bergen und Wäldern will ich deine Taten kundtun, Lycurgus.

Die unrechtmäßigen Genüsse, wie sie Sizilien bietet, sollen euch ertraglos werden,
keine fruchtbaren Samen soll das Getreide, das üppig Land unseres Alten,
hervorbringen, kein Weideland die Hügel,
die Baumpflanzungen keine neuen Früchte, die Weinranke keine Trauben,
noch nicht einmal die Wälder sollen ihr Laub tragen, die Berge keine Flüsse.

Dagegen lass uns auch dieses Lied wieder von vorn beginnen, Battarus:

Kraftlose Getreidehalme mögt ihr in den Ackerfurchen bergen,
blass sollen sich die Wiesen gelb färben, weil sie in der Sommerhitze dürsten,

immatura cadant ramis pendentia mala,
desint et silvis frondes et fontibus umor,

nec desit nostris devotum carmen avenis.

haec Veneris vario florentia serta decore, 20
purpureo campos quae pingunt verna colore
(hinc aurae dulces, hinc suavis spiritus agri),
mittent[28] pestiferos aestus et taetra venena;
dulcia non oculis, non auribus ulla ferantur.

sic precor, et nostris superent haec carmina votis: 25

lusibus[29] et multum nostris cantata libellis,
optima silvarum, formonsis densa virectis,
tondemus virides umbras, nec laeta comantis
iactabis mollis ramos inflantibus auris

(nec mihi saepe meum resonabit, Battare, carmen), 30

militis impia cum succedet dextera ferro
formosaeque cadent umbrae, formosior illis
ipsa cades, veteris domini felicia ligna –

---

28 *mittent M : mutent FL, Kenney : mittant ed. Antuerp. 1556.*
29 *ludimus codd. : tu nemus Scaliger : lusibus Sillig et Putsche*; vgl. Goodyear *ad loc.*

unreif die an den Zweigen hängenden Äpfel herunterfallen,
auch mögen den Wäldern belaubte Bäume und den Quellen das Nass fehlen,

jedoch nicht unserer Syrinx ihr unheilvolles Lied.

Diese im bunten Schmuck der Venus blühenden Blumengewinde,
die im Frühling mit ihrer Purpurfarbe die Fluren färben
(von hier strömen liebliche Lüfte, von hier wird der Acker angenehm angewogt),
werden verderbliche Hitze und greuliche Gifte von sich geben;
weder den Augen noch den Ohren soll irgendetwas Liebliches begegnen.

So fluche ich, und diese Verse sollen meine Flüche noch überdauern:

Du, der du viel besungen bist in meinen Spielereien und Büchlein,
bester der Wälder, dicht bewachsen mit schönem Grün,
deine grünen Schattenspender mähe ich ab, nicht mehr wirst du die herrlich belaubten
geschmeidigen Äste in heranwehenden Luftzügen hin und her schütteln

(und nicht mehr wird mein Lied mir oft widerhallen, Battarus),

wenn die ruchlose Rechte des Soldaten mit der Axt anrückt
und die schönen Schattenspender herabfallen, schöner noch als jene
wirst du selbst fallen, Gehölz, das dem alten Herrn Freude spendete –

nequiquam: nostris potius devota libellis
ignibus aetheriis flagrabis[30]. Iuppiter (ipse   35
Iuppiter hanc aluit), cinis haec tibi fiat oportet.

Thraecis tum Boreae spirent immania vires,
Eurus agat mixtam fulva[31] caligine nubem,
Africus immineat nimbis minitantibus imbrem,
cum tu, cyaneo resplendens aethere, silva,   40
non iterum dices, crebro quae, Lydia, dixti.

vicinas flammae rapiant ex ordine vitis,
pascantur segetes, diffusis ignibus auras
transvolet, arboribus coniungat et ardor aristas.
pertica qua nostros metata est impia agellos,   45
qua nostri fines olim, cinis omnia fiat.

sic precor, et nostris superent haec carmina votis:

undae, quae vestris pulsatis litora lymphis,
litora, quae dulcis auras diffunditis agris,
accipite has voces: migret Neptunus in arva   50
fluctibus et spissa campos perfundat harena;
qua Vulcanus agros pastus Iovis ignibus arcet,
barbara dicatur Libycae soror altera Syrtis.

---

30 *flagrabit codd., Kenney* : *flagrabis Gloss. V. I.,* »*fortasse recte*« (Kenney).
31 *fulva codd.* : *furva Heinsius, Kenney* (»*cf. Lucret. vi 461*«); vgl. Fraenkel *ad loc.*

umsonst: vielmehr wirst du, von unseren Versen verflucht,
in Ätherflammen brennen. Juppiter (selbst
hat Juppiter ihn genährt), Dir soll dieser Wald zur Asche werden!

Dann sollen die Kräfte des aus Thrakien kommenden Boreas gewaltig wehen,
Eurus soll eine mit schwarzer Finsternis vermengte Wolke herbei treiben,
Africus soll herandrängen mit Sturmwolken, die Gewitterregen androhen,
wenn du, Wald, widerstrahlend in finsterer Luft,
nicht mehr wiederholen wirst, was du, Lydia, sagtest.

Die Flammen sollen der Reihe nach die benachbarten Weinstöcke ergreifen,
sollen sich an den Saaten weiden; wenn die Feuer sich ausgebreitet haben, soll sie die
Lüfte durcheilen, die Glut, und die Ähren in dem Schicksal der Bäume vereinigen.
Da, wo die Messstange ruchlos unsere Äckerchen abgesteckt hat,
da, wo einst unser Grundstück war – Asche soll alles werden.

So fluche ich, und diese Verse sollen meine Flüche noch überdauern:

Ihr Wellen, die ihr mit eurem klaren Wasser an die Ufer schlagt,
ihr Ufer, die ihr sanfte Brisen über die Äcker verbreitet,
vernehmt diese Worte: Neptun soll auf die Saatfelder übersiedeln
mit seinen Fluten und mit dichtem Sand die Fluren überschütten;
den Ort, wo Vulcan, von Juppiters Feuern genährt, die Äcker festhält,
soll man für eine barbarische zweite Schwester der libyschen Syrte halten.

tristius hoc, memini, revocasti, Battare, carmen:

nigro multa mari dicunt portenta natare, 55
monstra repentinis terrentia saepe figuris,
cum subito emersere furenti corpora ponto:
haec agat infesto Neptunus caeca tridenti
atrum convertens aestum maris undique ventis
et fuscum cinerem canis exhauriat undis. 60
dicantur mea rura ferum mare (nauta caveto),
rura quibus diras indiximus, impia vota.
si minus haec, Neptune, tuas infundimus auris,

Battare, fluminibus tu nostros trade dolores:

nam tibi sunt fontes, tibi semper flumina amica. 65
(nil est quod perdam ulterius, merita omnia Ditis)
flectite currentis lymphas, vaga flumina, retro,
flectite et adversis rursum diffundite campis;
incurrant amnes passim rimantibus undis
nec nostros servire sinant erronibus agros. 70

dulcius hoc, memini, revocasti, Battare, carmen:

Dieses noch finsterere Lied, entsinne ich mich, wolltest du, Battarus, erneut hören:

Man sagt, viele Ungeheuer schwömmen im schwarzen Meer,
Scheusale, die oft durch ihre unvermutete Gestalt erschrecken,
wenn sie plötzlich ihre Körper aus dem tosenden Meer auftauchen lassen:
Diese möge Neptun mit bedrohlichem Dreizack als unsichtbare vor sich hertreiben,
indem er mit Winden die dunklen Meeresfluten von allen Seiten her aufwühlt,
und er soll schwärzliche Asche aus den grauen Wogen schöpfen.
Man soll mein Land für das wilde Meer halten (der Seemann soll sich vorsehen!),
das Land, dem wir Fluchesworte, gottlose Verwünschungen, verkündet haben.
Oder lass uns, Neptun, wenigstens folgendes an deine Ohren herantragen,

Battarus, erzähle du den Flüssen von unseren Schmerzen:

Denn dir sind die Quellen, dir sind die Flüsse immer Freunde.
(Es gibt nichts, was ich noch verlieren könnte: Alles gebührt dem Pluto.)
Wendet eure Wasserläufe, ihr unsteten Flüsse, zurück,
wendet sie und lasst sie dagegen die Felder auf ihrem Weg überfluten;
anstürmen sollen die Ströme, ihre Wellen sollen ringsumher alles aufwühlen
und unsere Äcker nicht den Landstreichern zum Wohlgefallen lassen.

Dieses süßere Lied, entsinne ich mich, wolltest du, Battarus, noch einmal hören:

emanent subito sicca tellure paludes,
et metat hic iuncos, spicas ubi legimus olim,
cum colet[32] arguti grylli cava garrula rana.

tristius hoc rursum dicat[33] mea fistula carmen: 75

praecipitent altis fulmantes montibus imbres
et late teneant diffuso gurgite campos,
qui dominis infesta minantes stagna relinquant.
cum delapsa meos agros pervenerit unda,
piscetur nostris in finibus advena arator, 80
advena, civili qui semper crimine crevit.

o male devoti, raptorum[34] crimina, agelli,
tuque inimica tui semper, Discordia, civis,
exsul ego indemnatus egens mea rura reliqui,
miles ut accipiat funesti praemia belli? 85

hinc ego de tumulo mea rura novissima visam,
hinc ibo in silvas: obstabunt iam mihi colles,
obstabunt montes, campos audire licebit:
›dulcia rura, valete et Lydia, dulcior illis,

---

32 Vgl. Traina / Neri.
33 *dicit* c : *dicat* c; vgl. Goodyear und Fraenkel, *Dirae ad loc.*
34 *praetorum* c : *pratorum SL* : *parcarum M* : *raptorum* Scaliger, Fraenkel.

Aus trockener Erde sollen sich plötzlich Sümpfe verbreiten,
und der da soll Binsen dort ernten, wo wir einst Ähren zusammenlasen,
wenn der quakende Frosch die Höhlen der zirpenden Grille bewohnen wird.

Dieses finsterere Lied soll meine Hirtenflöte nochmals hervorbringen:

Hoch aus den Bergen mögen sich dampfende Regengüsse herunterstürzen
und in einem ausgebreiteten Wirbel die Felder überall besetzen,
die ihren Herren drohend nur noch beunruhigende Teiche übriglassen sollen.
Wenn die herabgeflossene Woge auf meine Äcker gelangt ist,
soll der fremde Landmann auf unserem Grundstück fischen,
der Fremde, der bei verbrecherischem Bürgerstreit immer dazugewinnt.

O ihr übel verwünschten Güter, sichtbare Zeichen für die Verbrechen von Räubern,
und du, Zwietracht, immer deines eigenen Bürgers Feindin,
vertrieben, ohne einen Urteilsspruch musste ich armer Teufel mein Land verlassen,
nur damit ein Soldat seinen Lohn für einen unheilvollen Krieg erhält?

Hier vom Hügel hinunter werde ich zum allerletzten Mal mein Landgut betrachten,
von hier werde ich in die Wälder gehen: jetzt werden mir Hügel,
werden mir Berge im Wege sein, die Felder werden vernehmen können:
›Mein geliebtes Land, lebe wohl und du, Lydia, die du mir noch lieber als jenes bist,

et casti fontes et, felix nomen, agelli.‹ 90

tardius, a, miserae descendite monte capellae
(mollia non iterum carpetis pabula nota)
tuque resiste, pater: en[35] prima novissima nobis.

intueor campos: longum manet esse sine illis.
rura valete iterum tuque, optima Lydia, salve. 95
sive eris et si non, mecum morieris utrumque[36].

extremum carmen revocemus, Battare, avena:

dulcia amara prius fient et mollia dura,
candida nigra oculi cernent et dextera laeva,
migrabunt casus aliena in corpora rerum, 100
quam tua de nostris emigret cura medullis.
quamvis ignis eris, quamvis aqua, semper amabo:
gaudia semper enim tua me meminisse licebit.

---

35 *en cc: et c, sed cf. Verg., ecl. 1, 12 et 67 et 71.*
36 *hunc versum corruptum putat Kenney.*

und ihr sittsamen Quellen und ihr – o gesegnetes Wort! – Äcker!‹

Steigt langsamer, ah!, ihr armen Geißlein, vom Berg hinab
(euer gewohntes zartes Futter werdet ihr nicht wieder fressen),
und du, Ziegenbock, bleib stehen: Sieh: Alles steht auf dem Kopf für uns!

Ich betrachte die Felder: Mir bleibt jetzt nur noch, lange ohne sie zu leben.
Landgut, noch einmal: Lebe wohl und du, meine beste Lydia, lebe wohl!
Ob du leben wirst oder sterben – beides wirst du mit mir zusammen tun.

Lass uns das letzte Lied, Battarus, noch einmal mit unserer Syrinx singen:

Eher wird das Süße bitter und das Weiche hart werden,
das weiß Glänzende werden die Augen als schwarzes, das Rechte links wahrnehmen,
die zufälligen Eigenschaften der Dinge werden in ihnen fremde Körper wandern,
bevor meine Sorge um dich aus meinem Innersten weicht.
Magst du Feuer, magst du Wasser sein, ich werde dich immer lieben:
denn immer wird es mir freistehen, mich an die Freuden mit dir zu erinnern.

1.2.3 Gliederung des Gedichtes

Der Gedankengang der *Dirae* gliedert dieses Gedicht klar in drei große Teile:

A. Prolog: vv. 1-8
B. Die Flüche: vv. 9-81
C. Epilog: vv. 82-103.

Zunächst kündigt der Sprecher die anzuschlagende (klagende) Tonart seiner Verse an (v. 1) und gibt das Thema seiner Dichtung bekannt (vv. 2/3), deren freimütiges Singen er einem verbrecherischen Gegenüber namens »*Lycurgus*« in Apostrophe ankündigt (v. 8). Diesen Entschluss stellt er über das rhetorische Mittel des Adynatons (vv. 4-7) als unumstößlich dar.

Die versus intercalares I
Mit seiner Anrede an die Figur »*Battarus*« (v. 1) eröffnet der Sprecher eine Anzahl von Versen, welche das gesamte Gedicht der *Dirae* durchziehen, dessen Verlauf immer wieder für einen Moment unterbrechen, es somit gliedern und Einheiten entstehen lassen, welche man mit aller gebotenen Vorsicht[37] »Strophen« nennen kann. Zwei Dinge sind hierbei festzuhalten: (1) Diese *versus intercalares*, die in der griechisch-römischen Literatur besonders aus den Dichtungen Theokrits (etwa *Idyll* 1 und 2), Catulls (das Lied der Parzen in *carmen* 64 gliedert sich zudem wie die *Dirae* in unterschiedlich lange »Strophen«) oder dem *Pervigilium Veneris* bekannt sind, haben in den *Dirae* nicht das Wesen eines »Refrains«, indem sie etwa alle oder fast[38] alle gleich lauteten; vielmehr beziehen sie diese Bezeichnung aus der Tatsache, dass sie den Fortgang der Gedanken mehr oder minder[39] er-

---

[37] Von regelrechten »Strophen« könnte man nur dann reden, wenn die verschiedenen Abschnitte auch eine signifikante Ähnlichkeit untereinander bezüglich ihres Aufbaus erkennen ließen, was jedoch in den *Dirae* nicht der Fall ist. Jedoch offenbaren die *Dirae* selbst ein Bewusstsein dafür, dass sie in verschiedene, disjunkte Teile unterteilt sind: Dies erhellt aus dem Gebrauch der Deixis von *hoc...carmen* (z.B. vv. 14; 54; 71; 75) und aus der Ankündigung eines *extremum carmen* (v. 97). Somit dürfte eine Rede von »Strophen« wohl nicht ganz verfehlt sein. – Ein recht krasses Beispiel dafür, zu welchen Eingriffen in den Text der *Dirae* die Sehnsucht nach *gleichlangen* Strophen führen kann, stellt Goebbel (1861), »carnifex ille Dirarum« (Eskuche, S. 50), dar.
[38] Sie lassen sich auch nicht, wie dies im 2. *Idyll* Theokrits der Fall ist, in zwei verschiedene Gruppen von »Refrains« unterteilen.
[39] Es lässt sich trefflich streiten, ob etwa ein Vers wie *Dirae* 19 dank *formaler* Merkmale als *versus intercalaris* zu bezeichnen sei: Vgl. etwa die Diskussion bei Kröner, S. 24/25. Hier soll jedoch eher von den deutlich erkennbaren *inhaltlichen* (s.u.) Abschnitten ausgegangen werden,

kennbar sistieren, wofür als besonderes Merkmal die Anrede an Battarus[40] gelten darf. (2) Nicht jede neue inhaltliche Einheit beginnt mit einem solchen eingeschalteten *versus intercalaris*; als solche inhaltlichen Abschnitte des Hauptteils und des Epilogs der *Dirae* werden in dieser Arbeit folgende vorgeschlagen:

B. Die Flüche

B.1 (vv. 9-13):
»Interkalarvers«:[41] Montibus et silvis dicam tua facta, Lycurge (v. 8).
Getreide und Saaten[42] sollen ertraglos werden, Pflanzen und die verschiedenen Teile der diese tragenden Erde ihren früheren Segen verweigern, so dass dieser *gar nicht erst zum Vorschein* kommen kann.

B.2 (vv. 14-18):
Interkalarvers: Rursus et hoc iterum repetamus, Battare, carmen.
Schon vorhandene Pflanzen (*avenae*, *prata*, *mala*) und Segensspender (*sc.* die *fontes*, v. 18) sollen nutzlos werden. Der *Prozess* dieser Nichtung wird angemessen dargestellt durch die drei Prädikativa (*effetas*, *pallida*, *immatura*), die katalogartig alle drei Verse 15-17 einleiten und denen dann jeweils mit den Optativen *condatis*, *flavescant*, *cadant* die Darstellung des gewünschten Endzustandes folgt.

B.3 (vv. 19-24):
»Interkalarvers«:[43] Nec desit nostris devotum carmen avenis.
Die *Veneris serta*, d.h. Kränze, wie sie zu Venus gehören bzw. wie sie selbst Venus erfreuen[44], führen einerseits durch die Nennung dieser Gott-

---

von welcher Warte sich auch einzelne Quisquilien leichter klären lassen, deren weitschweifige Diskussion im übrigen nicht immer als wirklich lohnenswert erscheint.

40 vv. 1; 14; 30; 54; 64; 71; 97.

41 Dieser Vers entspricht insofern der Struktur eines *versus intercalaris*, als er gleichsam einen sonst entbehrlichen Zusatz zu der Syntax des Adynatons darstellt und in seiner Apostrophe an Lycurgus derjenigen an Battarus in den deutlicher erkennbaren *versus intercalares* entspricht. Ausnahmsweise leitet er, sowohl zum Prolog als auch zum Hauptteil (bes. zu den vv. 81-85) gehörig, von einem Teil des Gedichtes zu einem folgenden über – vgl. aber noch unten zu v. 19.

42 Dies ist die Bedeutung des *Trinacriae gaudia*, worin ich mich Naeke, Kroll und van der Graaf anschließe, vgl. van der Graaf *ad loc.* und Naeke, S. 37: »*Trinacriae gaudia* sunt fruges et sata, non Siciliae, sed fruges et sata in universum, quia his omnium maxime gaudet beata illa Sicilia, cuius fertilitas cessit in proverbium. Apte Wernsdorfius *Acheloïa pocula* confert ex Virgilio.«

43 Ähnlich wie *Dirae* 8 leitet dieser Vers mit der Wiederaufnahme des Verbs *deesse* aus Vers 18 und des (nun übertragen gebrauchten) Substantivs *avenae* aus Vers 15 von einer Strophe zu der nächsten *über*. Als *versus intercalaris* bereits von Naeke, S. 44 bezeichnet.

heit ein *erotisches* Moment in die *Dirae* ein, wie es in Bezug auf die *silva* auch in den nächsten Strophen präsent bleibt; andererseits wird hier einem *ästhetischen* Blick auf die *campi* Raum gegeben, deren Schönheit in einer Synästhesie systematisch[45] zugrunde gerichtet wird.

B.4 (vv. 25-29):
Interkalarvers: Sic precor, et nostris superent haec carmina votis.
Die erste von drei *silva*-Strophen. Das Verspaar 26/27 führt das erotische Moment der vorangehenden Strophe weiter, indem es den Wald als *optima silvarum* anspricht. Zusätzlich ist zu bemerken, dass die *libelli* des Verses 26 wie diejenigen des Verses 34 die Sphäre einer dichterischen *Schriftlichkeit* denotieren. Die durch diese »liebevolle« Ekphrasis *en miniature* vorgestellte *silva* wird dann durch das zweite Verspaar 28/29 dadurch brutal zerstört, dass der Verlust ihrer »Körperglieder« durch den Indikativ »*nec...iactabis*« als sicheres zukünftiges *Faktum* dargestellt wird.

B.5 (vv. 30-36):
Interkalarvers: Nec mihi saepe meum resonabit, Battare, carmen.
Die zweite *silva*-Strophe. Zum ersten Mal betritt hier die Figur des *miles* die Bühne der *Dirae*, bevor diese erst in der Strophe C.1 wiederkehren wird, wo näher erklärt wird, welche Bewandtnis es mit ihr hat. Dieser *miles* erscheint zunächst als Ausführender der Zerstörung, die der *silva* in der vorangehenden Strophe B.4 angekündigt wurde: Er ist es, der das Laubdach, die erotisch aufgeladenen *formosae umbrae* (vgl. *virides umbras*, v. 28), wird fällen kommen. Doch der Sprecher korrigiert sich unmittelbar hierauf selbst: Auch das Holz könnte dem *miles* noch Nutzen bringen, und dies soll ebenfalls verhindert werden[46], indem Blitze (*ignes aetherii*[47]) des Zeus die *silva* zu Asche versengen.

B.6 (vv. 37-41):
Kein Interkalarvers.
Die dritte und letzte *silva*-Strophe. Drei katalogartig aufgereihte Stürme aus Norden, (Süd-)Osten und (West-)Südwesten[48] sollen ihr jeweiliges Unheil

---

44 Ein Ausdruck, der sich als analog zu den *Trinacriae gaudia* des Verses 9 bezeichnen lässt und sich auch in den *Veneris stipendia* aus *Lydia* 116 wieder findet.

45 Man vgl. die explizite Erwähnung von Augen und Ohren in Vers 24. Hinzu treten mögliche gustative und olfaktorische Konnotationen der Adjektive *dulcis*, *suavis* und *taeter* in den Versen 22/23.

46 Das ist die Bedeutung des *nequiquam*, v. 34: Der *miles* wird sich »vergeblich« bemühen, vom Holz der *silva* zu profitieren.

47 Vgl. van der Graaf *ad loc.*

48 Die *silva* wird also insofern systematisch von dunklen Bedrohungen »umzingelt«, als die drei genannten Winde die Windrose fast exakt dreiteilen.

herantragen, deren Dunkelheit[49] besonders hervorgehoben wird und somit die Folie bildet, vor welcher der helle Brand der *silva* (v. 40) sich besonders deutlich abzeichnen wird. Schließlich wird der Wald auch als einst widerhallendes Gegenüber völlig vernichtet sein.[50]

B.7 (vv. 42-46):
Kein Interkalarvers.
Das Thema des Feuers wird fortgeführt: Der Weg, den die Flammen nehmen sollen, wird genau nachgezeichnet; nacheinander, *ex ordine* (v. 42) sollen von ihnen Weinreben, Saaten und Ähren erfasst werden. Dass schließlich kein einziger Teil des Landgutes von dieser Vernichtung ausgenommen wird, stellt das Verspaar 45/46 sicher: Mit der (im wörtlichen Sinne) »geometrischen« Genauigkeit der beiden *qua*-Sätze wird genau dasjenige Gebiet abgesteckt, das einst dem Sprecher gehörte (v. 46) und welches nunmehr von einer *pertica impia* (neu-[51]) vermessen zu sein scheint (v. 45). Das abschließende »*cinis omnia fiat*« führt die *Totalität* der Zerstörung noch einmal bündig vor Augen.

B.8 (vv. 47-53):
Interkalarvers: Sic precor, et nostris superent haec carmina votis.
Auf das Element des Feuers, das die vorangehenden Strophen dominierte und im Bereich Juppiters und Vulkans verortet wird (vgl. vv. 35/36 bzw. 52), folgen nun die Wasser Neptuns, die von den in Apostrophe angesprochenen Wellen und Ufern des Meeres auf die *arva* wechseln sollen, so dass diese versandeten.

B.9 (vv. 54-63):
Interkalarvers: Tristius hoc, memini, revocasti, Battare, carmen.
Neptun soll mit der Überflutung des Meeres gleichzeitig sogar die Ungeheuer auf das Landgut bringen, welche die See angeblich (vgl. *dicunt*, v. 55) birgt. Die vielen Adjektive[52] dieser Strophe bringen besonders deutlich das (übersteigert) Schreckliche und Düstere dieser Szene zum Ausdruck. Die Beschreibung gipfelt in einer angedeuteten Gleichsetzung von *rura* und *mare*, zu der die aktuellen Flüche einst führen könnten.

---

49 Vgl. *fulva caligine* (v. 38), *nimbis* (v. 39) und *cyaneo aethere* (v. 40, vgl. van der Graaf *ad loc.*).
50 Zur genauen Bedeutung des Verses *Dirae* 41 vgl. unten das Kapitel 2.2.4.3.
51 Handelte es sich um eine *pertica*, die dem Sprecher in noch weiter zurückliegender Zeit seine *rura* einst *zugewiesen* hätte, verlöre das Epitheton *impius* seinen einleuchtenden Sinn. Man beachte des Weiteren die Parallele bei Properz 4, 1, 130.
52 Nämlich *nigro* (v. 55), *repentinis*, *terrentia* (v. 56), *furenti* (v. 57), *infesto*, *caeca* (v. 58), *atrum* (v. 59), *fuscum* (v. 60) sowie *ferum* (v. 61).

B.10 (vv. 64-70):
Interkalarvers: Battare, fluminibus tu nostros trade dolores.
Als befreundete[53] Verwandte des Meergottes Neptun werden Quellen und Flüsse als weitere Wasserspender angesprochen, die ihre wühlenden Fluten ebenfalls auf die *campi* lenken sollen. Musste in Strophe B.9 bereits der Seemann (vgl. v. 61) vor dem wütenden »neuen« Meer der *rura* gewarnt werden, so sind es nun die Landstreicher (vgl. v. 70), denen der Zutritt auf das ehemals eigene Landgut durch die Überflutung verwehrt werden soll.

B.11 (vv. 71-74):
Interkalarvers: Dulcius hoc, memini, revocasti, Battare, carmen.
Als weitere Quelle von überflutendem Wasser wird die Macht der Sümpfe beschworen: Sie sollen hervortreten und an Stelle der einstigen Ähren für den in der Deixis des Demonstrativpronomens *hic* (v. 73) präsenten *miles* nur noch Binsen übriglassen. Mit der Beschaffenheit der Natur soll sich auch die Fauna ändern und der Frosch die Wohnungen der Grille übernehmen. Die Emphase der Flüche suspendiert hierbei jede alltägliche Logik: Nach den Schreckensszenarien der Strophen B.8 bis B.10 hätte sicherlich nicht einmal die Binse mehr Raum für sich – abgesehen davon, dass jeweils auch nur eine der heraufbeschworenen Katastrophen bereits zu einer völligen Zerstörung der *rura* führte. Insofern stellt die Strophe B.11, welche »nur« eine Versumpfung wünscht, eine Antiklimax dar, die dann ihren Ausdruck auch in dem abmildernden *dulcius carmen* des Interkalarverses findet.[54]

B.12 (vv. 75-81):
Interkalarvers: Tristius hoc rursum dicat mea fistula carmen.
Nach der »süßeren« Retardation der kurzen Strophe B.11 stellen diese Verse gleichsam ein sich erneut steigerndes, »finstereres« (*tristius*) Finale des Mittelteils der *Dirae* dar. Als letzte Wassermacht werden die *imbres* herbeigerufen. Ihre Kraft wird in der Darstellung dieser Verse dadurch potenziert, dass sie plötzlich (vgl. *praecipitent*, v. 76) aus der großen Höhe der Berge hervorbrechen und die *campi* »weit und breit« (*late*, v. 77) heimsuchen sollen. Der Bedrohung dieser Ausdehnung entspricht die Charakterisierung der *imbres* als *fumantes*[55] und die Tatsache, dass das Wasser nicht einfach ansteigt, sondern in einem »ausgedehnten Wirbel« um sich selbst

---

[53] Ich beziehe die zweite Person des *tibi* (v. 65) über die (wie Vers 66 syntaktisch kühne) Apostrophe des Interkalarverses an Battarus hinweg auf den Vokativ *Neptune* des Verses 63. – Dies gibt mehr Sinn, als die blasse Figur des Battarus als Freund der Quellen und Flüsse zu bezeichnen.
[54] Vgl. noch zur »Süße« der Bukolik Abschnitt 2.2.5.
[55] Vgl. *infesta minantes*, v. 78.

kreisen wird. Als ein zusammenfassender Abschluss des Mittelteils der *Dirae* darf es dann gelten, wenn die *unda* des Verspaares 79/80 zwar einerseits metonymisch lediglich die *imbres* der aktuellen Fluchstrophe bezeichnet, andererseits jedoch auch alle aufgezählten Wasserkräfte der letzten Strophen mitmeinen kann; wem deren Wüten gilt, wird abschließend ebenfalls noch einmal gesagt: Dem *advena*, dem Fremden, der nur der *miles* des Verses 31 sein kann. Wie sehr sich die *Dirae* gegen dessen Gegenwart wehren, wird durch die Spannung des Verses 80 verdeutlicht, in der die Realität des *arator* und der Wunsch des *piscetur* zueinander stehen.

C. Epilog

C.1 (vv. 81[56]-85):
Kein Interkalarvers.
Die Vorgeschichte der *Dirae* wird nun zu diesem späten Zeitpunkt innerhalb des Gedichtes »nachgereicht«. Hierbei offenbart ein kurzer Blick auf diese fünf Verse eine bemerkenswerte Symmetrie in der Darstellung. Zunächst enthält diese Strophe nämlich Informationen, die sich auch bereits dem Prolog und dem Hauptteil der *Dirae* hätten entnehmen lassen können. Zur Verdeutlichung des Gemeinten sei der lateinische Text noch einmal gegeben, wobei jenes bereits Bekannte kursiv hervorgehoben wird:

> ... *advena,* civili qui semper crimine crevit,
> *O male devoti,* raptorum crimina, *agelli,*
> tuque inimica tui, Discordia, civis,
> *exsul ego indemnatus egens mea rura reliqui,*
> *miles ut accipiat* funesti *praemia* belli?
>
> (*Dirae* 81-85)

Die kontrastive Darstellung lässt sich gruppieren um die beiden Pole, die von *ego* (v. 84) und dem *miles* (v. 85) gebildet werden, der schon in Vers 31 genannt wurde. Sodann sind es die *mea rura* (v. 84), die der Sprecher verlassen musste (*reliqui*, v. 84), so dass sein Zustand nunmehr derjenige eines *exsul* (v. 84) ist. Dieser Bewegung des Verlassens entspricht die gegenläufige des *miles*, deren Zielpunkt eben der Ausgangspunkt des *colonus* ist: Die *rura*, die jedoch in Bezug auf den kommenden *impius* (vgl. v. 31) adäquat als *male devoti agelli* (v. 82) bezeichnet werden, welcher Ausdruck die »Handlung« des Hauptteils der *Dirae* bündig zusammenfasst. Was der

---

56 Der Vers 81 dient als »Scharnier« zwischen Hauptteil und Epilog der *Dirae*: Wie schon Vers 19 nimmt er (in Anadiplose mit Separatio, vgl. *Dirae* 2/3) ein Schlagwort des vorhergehenden Verses wieder auf, leitet jedoch hierbei zu einem thematisch völlig unterschiedlichen Abschnitt über. Sein formaler Aufbau verhindert jedoch, ihn wie jenen Vers 19 als einen *versus intercalaris* bezeichnen zu können.

Landmann zurücklässt, darf jener empfangen (*ut accipiat*, v. 85), nachdem er vorher nur den Status eines *advena* (v. 81) besaß. Die komplementäre Dyas von Gewinn und Verlust findet schließlich in den Wörtern *egens* (v. 84) bzw. *praemia* (v. 85) ihren Ausdruck. Diese Bewegung lässt sich durch ein Schema veranschaulichen:

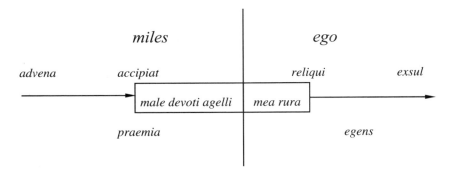

Um dieses »Gerüst« herum gruppieren sich nun in der Strophe C.1 die Informationen der Antwort auf jene Frage, die in den bisherigen 80 Versen offen geblieben ist: Welche Ereignisse führten dazu, dass der Sprecher der *Dirae* nun *divisas iterum sedes et rura* (v. 2) zu beklagen hat und in seiner heftigen Reaktion als nunmehr *male devoti agelli* (v. 82) verflucht?

Man erfährt von einem *crimen civile* (vgl. v. 81), das einen Neuankömmling »immer« profitieren lässt, wobei hier jedoch das Fluchgedicht dem gnomischen Perfekt eine drängende Aktualität verleiht. Das Adjektiv *civilis* wird sodann durch das stammverwandte *civis* in Vers 83 wieder aufgenommen, und das *bellum* des Verses 85 schafft schließlich die Klarheit, dass es sich nicht nur um einen Zwist (in Apostrophe: *Discordia*, v. 83) unter Bürgern handelt, sondern um einen Bürger*krieg*, der zu der Enteignung des Fluchenden geführt hat. Ein wie großes Unrecht dies darstellt, unterstreicht der Sprecher noch einmal durch das Polyptoton *crimine...crimina* (vv. 81/82) und das Adjektiv *funestum* des Verses 85. Folgt man schließlich mit Fraenkel[57] Scaligers Konjektur *raptorum* in Vers 82, so wird das Gewaltsame dieses »Raubes« noch deutlicher.

Eine historische Verortung dieser Länderneuverteilung an Veteranen nach einem Bürgerkrieg wird mit aller Wahrscheinlichkeit (nicht: Sicherheit) auf die oben erwähnten Vorkommnisse nach der Schlacht bei Philippi verweisen – vor allem, wenn man die unten herauszuarbeitende Nähe der *Dirae* zu den *Bucolica* Vergils, besonders zu der ersten und neunten Ekloge bedenkt, welche dieselben Ereignisse voraussetzen bzw. evozieren.

---

57 Vgl. Fraenkel, *Dirae*, S. 149/150.

C.2 (vv. 86-90):
Kein Interkalarvers.
Der erste Abschied. Die Dynamik der Bewegung, von der die Strophe C.1 geprägt war, trägt weiter: Der Sprecher wird nun seine Zuflucht in den Wäldern jenseits seiner *rura* suchen und betont durch die Anapher des zweimaligen *hinc* (vv. 86/87) erneut das Moment des Aufbruchs und des Verlassens, das seine Bewegung auszeichnet. Zusätzlich wird der Verlauf dieses Weges durch Hügel, Berge und Felder skizziert (vv. 87/88). In wörtlicher Rede gibt er schließlich die Abschiedsworte an sein Landgut, dessen Quellen und Felder und die bereits aus Vers 41 bekannte Lydia wieder: Der ferne Schall dieses Adieus wird das einzige sein, was sein ehemaliger Besitz bald noch von ihm wird besitzen können.

C.3 (vv. 91-93):
Kein Interkalarvers.
In einer Retardation spricht der Fluchende seine Herde und deren Leithammel (*pater*, v. 93[58]) an, die ihre (und seine eigene) Bewegung ein letztes Mal verlangsamen bzw. unterbrechen sollen. Das »unheimliche« Neue, das die Enteignung gebracht hat, findet hierbei seinen Ausdruck in der Negation des Gewohnten in Vers 92 und der Emphase des gedrängten »*en prima novissima nobis*« (v. 93), welches mit van der Graaf so zu interpretieren ist, dass für den Sprecher nunmehr die Welt auf dem Kopfe steht, also völlig pervertiert ist.[59]

C.4 (vv. 94-96):
Kein Interkalarvers.
Der zweite Abschied. Wie in Vers 86 betrachtet der Sprecher sein Landgut, das ihm fehlen wird, ein letztes Mal (*novissima*, v. 86). Noch einmal sagt er den *rura* und seiner Lydia Adieu, der er durch das Versprechen, unter allen Umständen bei ihr (d.h.: wenn auch nur in Gedanken und mit dem Herzen) sein zu werden, bei diesem zweiten Abschied mehr Platz einräumt als bei jenem ersten der Strophe C.2.

C.5 (vv. 97-103):
Interkalarvers: Extremum carmen revocemus, Battare, avena.
In Ringkomposition findet in der als solcher deutlich bezeichneten »letzten Strophe« der *Dirae* erneut das rhetorische Mittel des Adynatons seine An-

---

[58] Vgl. van der Graaf *ad loc.*
[59] Vgl. van der Graaf *ad loc.*: »It seems preferable to translate: Look, the first things are to us the last, i.e. it is the world upside down: the bell-wether follows instead of going ahead.«

wendung, das schon aus dem Prolog dieses Gedichtes bekannt ist: Waren es dort zumeist[60] unmögliche Perversionen des Verhaltens von *Tieren*, mit denen ein Verstummen der fluchenden *avena* gleichgesetzt wurde, so handeln diese Schlussverse davon, dass eher *naturphilosophische*[61] Konstanten umgekehrt würden, als dass die Sorge des Fluchenden um und für ein angeredetes Gegenüber nachließe. Dieses wird in einem kurzen Nachsatz (vv. 102/103) vom Sprecher seiner ewigen Liebe versichert – gleichgültig, ob es nun Feuer oder Wasser sein werde: Denn was bleiben werde, sei die Möglichkeit, sich ewig an die gemeinsamen Freuden zu *erinnern*.[62]

1.3 Die Frage nach dem Verfasser

Wegen der Überlieferung der *Dirae* innerhalb des Corpus der *Appendix Vergiliana* und auf Grund der oben zitierten, von Servius bzw. Donat zusammengestellten Kataloge liegt es nahe, die Möglichkeit vergilischer Autorschaft zu berücksichtigen. An diese wurde zunächst auch geglaubt[63]. Ob sie sich jedoch mit dem Für und Wider dieser Zuschreibung beschäftigt oder nicht: Jede Arbeit, die sich mit den *Dirae* und bzw. oder der *Lydia* auseinandersetzt, muss zumindest kurz auf eine Meinung eingehen, die in Bezug auf diese Frage vertreten worden ist. Gemeint ist hier der Vorschlag Scaligers aus dem Jahre 1573, dass dieses Gedicht das Werk des P. Valerius Cato sei. Scaligers Ausgangspunkt ist das 11. Kapitel von Suetons Schrift *De Grammaticis et Rhetoribus*:

(1) P. Valerius Cato, ut nonnulli tradiderunt, Burseni cuiusdam libertus ex Gallia – ipse libello, cui est titulus ›Indignatio‹, ingenuum se natum ait et pupillum relictum eoque facilius licentia Sullani temporis exutum patrimonio – docuit multos et nobiles visusque est peridoneus praeceptor, maxime ad poeticam tendentibus [...]. (2) Scripsit

---

60 Abgesehen von dem Crescendo des plötzlich auf das All zielenden *et conversa retro rerum discordia gliscet* (v. 6), welches bereits den Charakter der Adynata des *extremum carmen* vorwegnimmt.

61 Hierzu passt der lukrezische Duktus, der vor allem in Vers 100 mit seiner Umschreibung *corpora rerum* für *res* gesehen werden kann. van der Graaf *ad loc.* verweist etwa auf Lukrezens *corpus aquai* (2, 232).

62 Nach Vers 103 mit van der Graaf, S. 129 einen Doppelpunkt zu setzen und die gesamte »Lydia«, die ja eher eine elegische *Klage* darstellt, als Inhalt dieser *freudigen* Erinnerung anzusehen, bezeichnet Kröner, S. 85 zu Recht als pure Spekulation: »Die von v.d.Graaf gebildeten Vorstellungen fußen in keiner Weise auf dem Text. Selbst wenn man den durch kein Wort angedeuteten Scenenwechsel [d.h. etwa Battarus' Verschwinden] als möglich annimmt, stellt sich der gewünschte Erfolg keineswegs ein, da man selbst bei gutem Willen die vv. 104-83 nicht als Erinnerung an die ›joys tasted with Lydia‹ [van der Graaf, S. 129] bezeichnen kann, ferner in einem Satz mit semper wie v. 103 nicht ausgedrückt ist, dass jetzt einmal geschehen soll, was als dauernd gültig behauptet wird.«

63 Vgl. Enk, S. 382.

praeter grammaticos libellos etiam poemata, ex quibus maxime probantur ›Lydia‹ et ›Diana‹: ›Lydiae‹ Ticida meminit:

›Lydia doctorum maxima cura liber‹ [...]

(3) Vixit ad extremam senectam, sed in summa paupertie et paene inopia, abditus modice gurgustio, postquam Tusculana villa creditoribus cesserat [...].

(Sueton *De Grammaticis et Rhetoribus* 11 Kaster)

Diese nur hier[64] zu findenden Informationen ließen Scaliger schlussfolgern:

Huius poematii [*sc.* Dirarum] auctor est Valerius Cato Grammaticus. Quod deprehenditur ex iis, quae de eo scripsit Suetonius Tranquillus: nempe patrimonium suum amisisse ›bello Sullano‹; tum amasiam quandam Lydiam celebrasse carminibus suis. Utrumque in hac ecloga apparet: nam et Lydiae eius saepe meminit et amissa bona sua deplorat.[65]

Diese Identifikation der 183 Verse der *Dirae* mit der *Indignatio* und der *Lydia* des Valerius Cato wurde in der Sekundärliteratur zum Teil apodiktisch vertreten: So benannten etwa Putsche und Naeke ihre Monographien zu den *Dirae* (und der *Lydia*) schlicht *Valerii Catonis Poemata* bzw. *Carmina Valerii Catonis*. Im Laufe des 19. Jahrhundert rückte man[66] jedoch immer mehr von Scaligers Zuweisung ab, so dass eine Verfasserschaft des Valerius Cato im 20. Jahrhundert nur noch sporadisch[67] vertreten wurde.

Der Hauptgrund, der zum Verwerfen der Cato-Hypothese führte,[68] ist, dass sich von den in Suetons Bericht erwähnten Vorkommnissen um Valerius Cato in den *Dirae* schlicht keine Spur findet, denn (1) Cato wurde unter Sulla *pupillus relictus*, in den *Dirae* spricht aber offensichtlich ein erwachsener Mann von einem soeben erfolgten Verlust; (2) hinzu kommt, dass »Suetons Bericht (*exutum patrimonio*) gar nicht vom Verlust eines Gutes, sondern des Vermögens und nicht von sullanischen[69] Veteranen, sondern von *licentia Sullani temporis* spricht, was eher auf betrügerische Machina-

---

64 Vgl. Helm, S. 2348.
65 Scaliger, S. 433 bei Enk, S. 383.
66 Erschöpfende Doxographien zu diesem Punkt und der Verfasserfrage im allgemeinen bei Enk, S. 382-385, Moya del Baño, S. 423-426 und della Corte, *Dirae*, S. 91/92, eine gute Kurzübersicht auch bei Schanz, M. / Hosius, C.: Geschichte der röm. Literatur, Band I, München [4]1927 (=*HbAW* VIII, I), S. 288/289.
67 Etwa von Arnaldi, Herrmann, *Caton* und Lindsay, wozu vgl. Fraenkel, *Dirae*, S. 152, Anm. 43: »The impromptu of a great scholar, W. M. Lindsay, should best be forgotten. In a note [...] he still adhered to Scaliger's belief that the Lydia was the work of Valerius Cato and asserted that it was composed before the Dirae.« – Ebenso wenig Resonanz fand der Vorschlag Enks, der Autor dieser Verse sei Varius Rufus, der Freund Catulls.
68 Vgl. Helm, S. 2350/2351 und Bardon, S. 340/341.
69 Da eine Einordnung der *praetores* in die politische Chronologie nur auf einer Lesart der *recentiores* in Vers 82 der *Dirae* beruht, verzichte ich darauf, sie als einen weiteren (möglichen) Widerspruch zu den Angaben bei Sueton anzuführen.

tionen schließen lässt«.⁷⁰ Die Vermutung, dass eine *Indignatio* eher in Prosa hätte geschrieben werden müssen, tut schließlich ihr Übriges.⁷¹

Auch die *Lydia* der *Appendix Vergiliana* kann unmöglich jenes nur schwer verständliche Werk sein, das Ticida bei Sueton ja »*Lydia doctorum maxima*[!] *cura liber*« nennt: Von einem solchen (wohl lexikalischen und/oder mythologischen) σκότος einer solchen Gelehrsamkeit kann in jenen 80 Versen keine Rede sein – die Abwesenheit eines Charakteristikums, die auch für die Betrachtung der 103 *Dirae*-Verse sogleich (in Abschnitt 1.4) weit reichende Konsequenzen haben wird.

Vielleicht ließe sich sagen, dass bei der Zuordnung der *Dirae* (und der *Lydia*) an diesen führenden Neoteriker der Wunsch gewirkt hat, Werke eines Dichters wieder zu finden und wiederzugewinnen, von welchem an anderer Stelle nicht ein einziger Vers überliefert worden ist. Doch es gilt, mit Bardon eher *veri similia* als *desiderata* zu folgen, wenn er resümiert: »De l'œuvre poétique de Valérius Caton, résignons-nous donc à tout ignorer, sauf les titres. *Mieux valent des regrets que des illusions.*«⁷²

Es blieben nun vor allem zwei Fragen: (1) Sind die *Dirae* zu den (wenigen) authentischen in der *Appendix Vergiliana* überlieferten Gedichten Vergils zu zählen, und, wenn dies nicht der Fall sein sollte, (2) dienten die *Dirae* den Eklogen Vergils (besonders der ersten und neunten) als Vorbild oder ist doch eher ein umgekehrtes Verhältnis anzunehmen?

Diese Arbeit wird sich in beiden Punkten der sich immer härter verfestigenden⁷³ *communis opinio* anschließen, dass es sich bei den 183 Versen der *Appendix* um (a) zwei zu trennende Gedichte handelt, die (b) nicht von Vergil stammen und (c) *nach* dessen *Bucolica* verfasst wurden. Diese wahrscheinlichere (wenn auch nicht sichere) Einordnung fußt auf den Unterschieden, durch welche die Situationen, die Sprache, die Motive und die Metrik⁷⁴ sowohl von *Dirae* und *Lydia* als auch diejenigen von Eklogen und *Dirae* voneinander getrennt werden. Die Priorität der *Bucolica* legen hierbei etwa die von della Corte, *Dirae*, S. 92 bündig angeführten Beispiele nahe, man vergleiche etwa:

In *ecl.* 5, 43/44 liest man das folgende Epitaph für den Hirten Daphnis: *Daphnis ego in silvis, hinc usque ad sidera notus, / formonsi pecoris custos,*

---

70 Helm, S. 2351.
71 Vgl. Enk, S. 406: »Denique, cum veri simillimum esse viderimus Catonis *Indignationem* pedestri sermone compositam esse, tota Scaligeri coniectura pendet tenuissimo filo, nomine Lydiae, quo multos poetas usos esse quisque intellegit.«
72 Bardon, S. 341, meine Kursive.
73 Vgl. Moya del Baño, S. 423-426 und della Corte, *Dirae*, S. 91/92.
74 Vgl. etwa Van den abeele und Enk, S. 399-404.

formonsior ipse. – Dass ein erotisch konnotiertes Adjektiv wie *formo(n)sus* auf einen »schönen« Hirten bezogen wird, leuchtet unmittelbar ein[75]; die *Dirae* ahmen jedoch diese Stelle der Ekloge nach und übertragen dieses Lob des Daphnis auf eine *silva: formosaeque cadent umbrae, formosior illis / ipsa cades, veteris domini felicia ligna.* (Dirae 32/33) – Ein Vorgang, der erst dann plausibel erscheint, wenn dieses *formo(n)sus* verallgemeinert wird und somit als generelles (bukolisches) Lob verstanden wird, wofür jedoch zunächst die 5. Ekloge vorliegen musste. Dass hier wirklich nachgeahmt wird, verbürgt die Steigerung von Positiv zu Komparativ desselben Adjektivs, welche »is more in its place in B 5, 44 and elsewhere and is to be valued higher than in this verse.«[76] Zusätzlich ist es auch wahrscheinlicher, dass der anonyme Autor der *Dirae*, der derjenige auch der *Lydia* sein kann (nicht muss),[77] das Daphnisepitaph in seine Dichtung eingefügt hat, indem er im Übergang von Vers *Dirae* 32 zu 33 ein *enjambement* zuließ, als dass Vergil ein früheres *enjambement* der *Dirae* bei der Komposition seines Epitaphs unterbrochen hätte.

Nach weiteren Exempeln dieser Art, die in ihren Verschiebungen von den *Bucolica* zu den *Dirae* hin auch im Laufe dieser Arbeit immer wieder von Bedeutung sein wird, schließt della Corte:

> Insomma il poeta delle *D[irae]* ha fatto tesoro di frasi, vocaboli, modi di dire, espressioni colte nelle *Bucolica* e li ha fusi insieme in modo non sempre logico né razionale; non così nelle *Georgiche*, i cui cosiddetti passi paralleli [...] non sono affatto persuasivi.[78]

Letzteres legt nahe, dass die Entstehungszeit der *Dirae* zwischen dem Erscheinen der *Bucolica* und demjenigen der *Georgica* liegt, also in den 30er Jahren des ersten Jahrhunderts v.Chr.; da jedoch die Landneuverteilungen an die römischen Veteranen in den Jahren um 40 v.Chr. recht rasch ihre unmittelbare Relevanz für eine dichterische Verve verloren haben dürften, wird man von einem Verfassen der *Dirae* recht bald nach dem Erscheinen der vergilischen Eklogen im Jahre 39 v.Chr.[79] ausgehen müssen, bzw. (um es vorsichtiger zu sagen): Das Gedicht *evoziert* eine historische Konstellation, wie sie in dieser Zeit vorzufinden war und recht bald danach an Aktualität und Attraktivität für die Literatur verloren haben dürfte.

---

[75] vgl. Coleman *ad loc.*
[76] van der Graaf *ad Dirae* 32.
[77] Diese besonders von van der Graaf und Van den abeele breit behandelte Frage liegt außerhalb des Interesses dieser Arbeit. Vgl. dennoch den Ausblick am Ende dieser Arbeit.
[78] della Corte, *Dirae*, S. 92.
[79] Vgl. Coleman, S. 18.

1.4 Die *Dirae* als Fluchgedicht

Lange Zeit wurden auf die Frage, wie die *Dirae* in der Landschaft der literarischen Gattungen zu verorten seien, pauschal eine bestimmte Antwort gegeben, auf die hier kurz eingegangen werden muss. Um sie nachzuskizzieren, sei zunächst Naeke zu den Versen *Dirae* 48-80 (meine »Strophen« B.8 bis B.12) zitiert:

> Non amplius [...] continua imprecatio est, sed varians imagines, modosque pereundi, aut hoc modo, aut illo perire atque everti agrum iubet, ea fere ratione, qua utitur Ovidius in Ibide. Quamquam non prorsus diversa miscet, ut ille, sed omnibus imprecationis partibus id commune est, ut ab *aquis* ruinam expetat agro suo.[80]

Schon mit einem Verweis auf die evidenten *Unterschiede* (vgl. den letzten Satz des Zitats) werden die *Dirae* hier in die Nähe der ovidischen *Ibis* gerückt. Von diesen seinen 644[81] Versen, die in ihrem Hauptteil (vv. 251-638) einen Katalog von Verwünschungen darstellen, sagt Ovid selbst, sie seien nach dem Vorbild des Kallimachos gebildet und gibt gleichzeitig eine Charakterisierung dessen, was diese spezielle Art von Gedicht ausmacht:

> Nunc, quo Battiades inimicum devovet Ibin,
> hoc ego devoveo teque tuosque modo
> utque ille historiis involvam carmina caecis,
> non soleam quamvis hoc genus ipse sequi.
>
> (Ovid *Ibis* 55-58 Häuptli)

Das Besondere der gewählten »Gattung« sind die *historiae caecae*, oft sehr entlegene Mythen oder deviante Fassungen bekannter Mythen, an deren leidende Protagonisten das (von Ovid mit dem Pseudonym *Ibis* benannte) Opfer des Fluchgedichtes angeglichen wird. Zusätzlich steht einer unmittelbaren Verständlichkeit auch die Sprache selbst noch im Wege, indem die gemeinte mythische Figur nicht *nominatim* genannt, sondern oft recht umständlich umschrieben wird. Auch der Plural *historiis* deutet schon darauf hin, dass eine *Vielzahl* von »Einträgen« solcher Mythen aneinandergereiht wird – in der Manier etwa des ἢ οἵη-Katalogs im *Corpus Hesiodeum*. Von Ovids Vorbild, der Ἶβις des Kallimachos, ist kein einziges Fragment[82] erhalten, doch gibt es anderenorts eine weitere Charakterisierung dieses Werkes: Ἶβις· ἔστι δὲ ποίημα ἐπιτετηδευμένον εἰς ἀσάφειαν καὶ λοιδορίαν, εἴς τινα Ἶβιν γενόμενον ἐχθρὸν Καλλιμάχου· ἦν δὲ οὗτος Ἀπολλώνιος ὁ γράψας τὰ Ἀργοναυτικά. (»*Su(i)da*« s.v. Καλλίμαχος) – Auf die Behauptung, Kallimachos habe unter dem Namen »Ibis« seinen

---
80 Naeke, S. 84.
81 Bzw. 642 in der Zählung S. G. Owens.
82 Vgl. die »Fragmente« 381 und 382 Pfeiffer.

Dichterkollegen Apollonius von Rhodos attackiert, soll hier nicht eingegangen werden.[83] Vielmehr gilt es zu bemerken, dass dieser *Suda*-Eintrag den Eindruck der ovidischen *Ibis* auch auf die kallimacheische übertragen lässt: Das ἐπιτετηδευμένον deutet tatsächlich auf einen typisch alexandrinischen *doctorum maxima cura liber*, den aggressiven Charakter bezeugt die λοιδορία; was oben für Ovids *Ibis* gesagt wurde, bestätigt schließlich die Wendung εἰς ἀσάφειαν, womit wohl die Dunkelheit, der σκότος in der Wahl von umständlichen Umschreibungen von entlegenen Mythen gemeint ist.[84]

Nun gibt es genügend Hinweise darauf, dass diese Art von katalogartigem Fluchgedicht mit gelehrten mythischen Einträgen nicht nur von Kallimachos und – in dessen Nachfolge, doch nicht ohne römische Beimischungen[85] – Ovid gepflegt wurde, sondern in der literarischen Produktion des Hellenismus tatsächlich den Status einer »Gattung« erreicht hatte, bevor der nach Tomi Verbannte wieder auf sie zurückgreifen konnte. Die erste größere Arbeit, die sich explizit mit dieser Gattung beschäftigt, Watson, bezieht noch weitere (fragmentarische) Texte in ihre Untersuchung ein, vor allem: (1) Die Ἀραί der Dichterin Moiro von Byzanz (*fr.* 4 bei Powell), die aus der 27. Geschichte der Ἐρωτικὰ Παθήματα des Parthenios von Nikaia zu erschließen sind, (2) Theokrit *Id.* 7, 103-114, (3) den Papyrus *P.Sorbonn.* 2254 sowie drei Werke des Dichters Euphorion von Chalkis, nämlich (4) die Χιλιάδες (*frr.* 46-49 Powell), (5) den Θρᾷξ[86] und schließlich die Ἀραὶ ἢ Ποτηριοκλέπτης (*frr.* 8/9 Powell).

Den von der Forschung gewählten Namen für die hier untersuchte hellenistische Gattung kann man dem ersten und dem letzten der soeben aufgezählten Werktitel entnehmen: Ἀραί, »Flüche, Verwünschungen«. Als *Wesenszüge* der hellenistischen Ἀραί stellt Watson in seiner »*conclusion*«[87] die folgenden Eigenschaften zusammen: Es handelt sich bei diesen wie bei allen Verwünschungstexten anderer Epochen anscheinend immer um (a) Racheflüche, die auf die Prinzipien der δίκη und der *lex talionis* rekurrieren, (b) großes Vertrauen auf die Erfüllung der Verwünschungen des Missetäters an den Tag legen, (c) ausgiebig zu Beleidigungen greifen und (d) erst dann geäußert werden, wenn – wie im Falle des in der Verbannung in Tomi mit seinem Schicksal hadernden und seinen *Ibis* verfassenden Ovid – alle

---

83 Vgl. hierzu etwa M. R. Lefkowitz, M.R.: The Quarrel between Callimachus and Apollonius, in: ZPE 40 (1980), S. 1-19.
84 Vgl. Zipfel, S. 27: »λοιδορία tendit [...] in devotionem ipsam certi cuiusdam rei apertis verbis pronuntiatam, ἀσάφεια spectat ad exempla illa obscurata.«
85 Vgl. Watson, S. 80, Anm. 94.
86 Vgl. Watson, S. 224-227, dem zugrunde liegt: Lloyd-Jones, H. / Parsons, P.: Supplementum Hellenisticum, Berlin / New York 1983.
87 Watson, S. 165/166.

anderen Mittel ausgeschöpft worden sind. Diese Gedichte schwelgen in der Vorstellung, den Gegner, dem sich der ἀρώμενος (e) moralisch überlegen fühlt, (f) erniedrigt und gedemütigt zu sehen und bedienen sich (g) derselben *topoi* wie alle anderen Fluchtexte der griechisch-römischen Antike. Nur mit manchen nicht-hellenistischen Verwünschungsgedichten teilen diese Ἀραί eine Vorliebe dafür, dem Fluchopfer (h) ausgesprochen bizarre Strafen bevorstehen zu lassen, wobei sich auch sonst (i) in quantitativer wie qualitativer Maßlosigkeit[88] ergangen wird und (j) oft genug ein augenzwinkernder *humour noir* seine Verwendung findet.

Distinktiv für *hellenistische* Fluchgedichte ist jedoch (1.) die Einbindung mythischer Exempla und (2.) ein formales Gerüst in Gestalt eines langen Kataloges, dessen Bestandteile oft (3.) einen analogischen Aufbau und (4.) einen extrem semantischen σκότος aufweisen, der (5.) labyrinthhaft-kurzen Anspielungen auf entlegenste Mythen und (6.) der Darstellung der eigenen (bibliothekarischen) Gelehrsamkeit frönt. Diese Art von Flüchen stellt (7.) eine äußerst drastische Reaktion auf läppischste Anlässe[89] dar, die von (8.) wahrscheinlich fiktiven Gedichtadressaten gegeben werden. Sie enthalten (9.) eine »*general section*«[90] und stehen (10.) recht indifferent der Frage gegenüber, ob die enthaltenen Verwünschungen in dieser Form auch tatsächlich erfüllt werden können, d.h. ob das verhasste Ziel von den verhängnisvollen Worten erreicht werden kann. Hinzu tritt im Ganzen (11.) ein Umfang dieser Gedichte, der wesentlich größer ist als derjenige vergleichbarer Passagen in anderen literarischen Epochen. Für Watson resultieren viele dieser *differentiae specificae* keineswegs aus dem (überzeitlichen) Akt des Fluchens als solchem, »*but they have everything to do with the literary ethos of the period which produced the Hellenistic* Ἀραί.«[91]

Am vollständigsten vermögen diese charakteristischen Merkmale der (angenommenen) Gattung »Ἀραί« heute nur noch in der *Ibis* Ovids erkannt

---

88 Watson, S. 165 spricht von einem »overkill in uttering the curses«.
89 Wie schon Euphorions Titel »Ποτηριοκλέπτης« zu entnehmen ist, wurde dem fluchenden Sprecher eine κελέβη (Euphorion *fr.* 8 Powell) gestohlen, also ein ärmlicher Becher (vgl. LSJ *s.v.* und die dort angeführte Hesych-Definition).
90 Watson, S. 166.
91 Die Einbettung der hellenistischen Ἀραί in die Tradition der von den Alexandrinern goûtierten, nicht nur auf *eine* Gattung beschränkten literarischen Merkmale nimmt Watson, S. 167-193 vor, wobei er auf die Faktoren »obscurity and learning« (vgl. Lykophrons *Alexandra*), »intractable material« (vgl. Eratosthenes' Βοϊκὸν πρόβλημα und Nikanders Θηριακά), »looseness of construction« (vgl. die Αἴτια des Kallimachos, die eben *nicht* ein »Ἓν ἄεισμα διηνεκές« darstellen), »horror« (vgl. Nikander *ther.* 298-308, *A.P.* 7, 506; Nachwirkungen z.B. in den Beschreibungen der Marsyashäutung Ov. *met.* 6, 385-391, der Philomelavergewaltigung Ov. *met.* 6, 549-562 und eventuell in der Hinrichtung des Mettius Fufetius Liv. 1, 28), »discretion« (reale persönliche Gegner werden nicht direkt oder gar mit Namensnennung beschimpft) und »playfulness« bzw. »*jeux d'esprit*« (vgl. die Σῦριγξ des Theokrit, die τεχνοπαίγνια eines Simias und Dosiadas und das *Europa*-Epyllion des Moschos) eingeht.

zu werden, von der aus ein Rückschluss auf diejenige des Kallimachos legitim ist und mit der bereits Naeke im obigen Zitat die *Dirae* in Verbindung gebracht hat. Diese Annäherung ist in der Folgezeit, vor allem im 20. Jahrhundert zu einer festen Verortung auf der Landkarte der Gattungen geworden, und die *Dirae* wurden nicht nur als Fluchgedicht bezeichnet (eine Bezeichnung, die sie ohne Frage verdienen), sondern schlechterdings in den direkten Einfluss der hellenistischen Ἀραί gestellt – sei es von Forschern, die sich in ihrer Analyse vornehmlich den *Dirae* zuwenden,[92] sei es von Arbeiten, deren Gegenstand ein anderer ist,[93] sei es von einer Monographie, die sich dem Phänomen »Gattung« auch im allgemeinen theoretisch nähert: Cairns, S. 92-95 behandelt die Frage »*How far were native Roman genres Hellenized by Roman writers?*«. Er beschreibt, wie griechische und lateinische Dichter auf ein gemeinsames Element der Lebenswirklichkeit – etwa: »einer Sache beraubt werden« – zunächst auf ihre je eigene Art reagieren. Als Beispiel dient ihm die genuin römische Praxis der *flagitatio*, die auf griechischem Boden keine Entsprechung habe:

Flagitatio was a form of extra-legal or pro-legal self-help by which a man whose property had been stolen, or more usually a creditor whose debtor was refusing to repay him, could attempt to regain his property by subjecting the offender to a barrage of insults and demands for the return of his property.[94]

Manifestationen dieses Genres seien etwa in Plautus *Mostellaria* 568ff., *Pseudolus* 357ff. und in Catulls *carmina* 12, 25, 42 (vgl. Fraenkel, *Catullus* sowie unten S. 251-253) und 55 (vv. 9/10) zu erkennen.

Im Willen, ihrem eigenen Dichten eigener, auf griechischem Boden unbekannter Inhalte eine gewisse Rechtfertigung zukommen zu lassen, »so as to procure a respectable literary pedigree for their efforts«,[95] nutzten, so Cairns, die Römer schon bestehende griechische Formen und Gattungen als »Vehikel« für ihre autochthonen Aussagen. Ein Beispiel hierfür könne eben in den hellenistischen Ἀραί im Vergleich mit der römischen *flagitatio* gesehen werden: Obwohl letztere es auf die Herausgabe eines Gegenstandes

---

[92] So etwa Kröner, S. 32, bevor er sich dem in der vorliegenden Arbeit nicht behandelten Einfluss der *defixionum tabellae* auf die *Dirae* zuwendet: »Diese weitgehende Übereinstimmung, die die Komposition beider Gedichte aufweist, rührt mit größter Wahrscheinlichkeit davon her, dass, wie es schon der Titel Dirae nahe legt, die Ibis und die Dirae der Gattung *Arai* angehören.« – Und Fraenkel, *Dirae*, S. 153 spricht von »two heterogeneous literary traditions which have combined to make up the Dirae. The one that provides the setting is the Hellenistic genre of bucolic poetry, here derived from Virgil's eclogues. The other, on which the subject-matter of the poem ultimately depends, is a different genre of Hellenistic poetry, Ἀραί, dirae.« – van der Graaf und Eskuche, welche vor allem die Frage nach dem Verfasser der *Dirae* beschäftigt, blenden eine Untersuchung der Gattung aus.
[93] Man vgl. etwa die bei Watson, S. 153, Anm. 424 genannte Sekundärliteratur.
[94] Cairns, S. 93.
[95] Cairns, S. 92.

bzw. die Begleichung einer Schuld abgesehen habe und erstere sich schlicht in der Verfluchung eines Missetäters konstituierten, so sei beiden doch das Fluchen und Beschimpfen gemeinsam – eine Verbindung, die dafür gesorgt habe, »that they [*sc.* Ἀραί und *flagitationes*] were regarded as one and the same genre by Roman writers.«[96] Während sich auf diese Weise genuin Römisches und Griechisches berühre, reiht Cairns jedoch die *Dirae* der *Appendix Vergiliana* zusammen mit der ovidischen *Ibis* dezidiert unter diejenigen lateinischen Gedichte ein, die »were *purely Greek* in inspiration«.[97] Hierbei setzt er die »Latin *dirae* (curses)« und die griechischen »*arai* (curses)«[98] in eins. Dies bedeutet: Cairns sieht die *Dirae* fast[99] vollkommen in der Tradition der hellenistischen Ἀραί.

Gegen diese Ansicht wendet sich schließlich Watson, indem er eine Subsumption der *Dirae* unter jene hellenistische Gattung endgültig widerlegt: Von denjenigen Merkmalen der Ἀραί, die oben als die *differentia specifica* dieser Gattung konstituierend beschrieben wurden, lässt sich in den *Dirae* so gut wie keines entdecken. Für Watson sind die *Dirae* sogar besonders weit von den hellenistischen Ἀραί entfernt:

A number of Latin poems which in fact have only an indirect relationship with the surviving Hellenistic Ἀραί have been brought too readily into association with them. [...] Perhaps the worst casualty of this false association is the *Dirae* of the ›*Virgilian Appendix*‹.[100]

Es verbindet die *Dirae* mit dem griechischen Genre, dass sie wie ein Gedicht der Ἀραί ihr angesprochenes Gegenüber hinter einem Decknamen (*Lycurgus*, *Dirae* 8) verbergen,[101] vor allem[102] aus Flüchen bestehen und zudem der Titel *dirae* eine Übersetzung des griechischen ἀραί sein *könnte* – »But there the resemblances end.«[103]

Zu groß ist die Zahl gewichtiger Abweichungen von den Grundcharakteristika der hellenistischen Ἀραί, denn es *fehlt* den *Dirae* vor allem

---

96 Cairns, S. 94.
97 Cairns, S. 95, meine Kursive.
98 Cairns, S. 93.
99 Vgl. Cairns, S. 93: »we have Latin *dirae* (curses) which are probably of the Greek type«.
100 Watson, S. 162/153.
101 Vgl. Watson, S. 154, Anm. 431.
102 Dieser Befund ist bereits zu relativieren: Man denke an den gesamten Epilog der *Dirae*, also die Strophen C.1 bis C.5.
103 Watson, S. 153.

1) eine katalogartige Struktur, deren Einträge eine deutliche Analogie[104] verbindet,
2) mythische Exempla, an die das Opfer der Flüche angenähert wird,
3) eine gewollte sprachliche und mythologische[105] Dunkelheit und Gelehrsamkeit[106],
4) ein vollkommen blasses Gegenüber[107] und
5) ein nur läppischer Anlass.

Ganz im Gegenteil zu diesen »sterilen« Merkmalen der Ἀραί wird zudem in den *Dirae* ein Sprecher vorgeführt, dem die Grundlage für seine eigene Existenz und sein Glück geraubt worden ist, und das Gedicht vermittelt mit dessen direkten Verwünschungen den Eindruck einer emotionalen Aufgeladenheit, die Watson als »bitter anger«[108] charakterisiert und als den hellenistischen Fluchgedichten fremd bezeichnet.

Der Vergleich von *Dirae* und Ἀραί in Bezug auf formale Charakteristika, die Struktur, Themen und dargestellte Situationen lässt also keine andere Wahl, als eine direkte Zugehörigkeit des lateinischen Gedichtes zu jener hellenistischen Gattung für falsifiziert zu erklären: »In short, the assumption that the *Dirae* conforms to the profile of such compositions will not stand up to scrutiny.«[109]

Watsons Falsifikation der These, dass die *Dirae* einen römischen Vertreter der griechisch-hellenistischen Gattung der Ἀραί darstellten, stellt das bisher letzte Wort in der (literatur-)wissenschaftlichen Betrachtung dieses Gedichtes dar; die vorliegende Arbeit möchte nun dadurch über dieses *negative* Ergebnis hinauskommen, dass sie sich wieder jener anderen literarischen Tradition zuwendet, deren Einfluss auf die *Dirae* nicht bestritten werden kann: der Bukolik. Es gilt, genau zu fragen und zu beantworten, welche Verbindung die als solche erst noch nachzuweisenden bukolischen Charakteristika mit jenem so auffälligen und prägenden Moment des Fluchens, das der Bukolik in diesem Umfang zunächst fremd ist, eingehen.

Bisherige Umschreibungen dieses Verhältnisses vermögen nicht wirklich zu befriedigen, etwa wenn Fraenkel lapidar von »the strange disharmony between *the main theme*, the curses, and its bucolic or semibucolic *set-*

---

104 Vergleicht man die *Dirae* mit tatsächlichen Vertretern der Ἀραί, etwa der *Ibis* Ovids, wird deutlich, dass die Einteilung der *Dirae* in Strophen keinesfalls der knappen, anaphorischen Gleichförmigkeit jener Gattung entspricht.
105 Allegorien wie *Neptunus* für »Meerwasser« dürfte man wohl kaum als dunkel oder gelehrsam bezeichnen.
106 Dass von Gelehrsamkeit in den *Dirae* (und der *Lydia*) keine Rede sein kann, hatte oben ja bereits gegen eine Autorschaft des Valerius Cato gesprochen.
107 In ihrer historischen Verortbarkeit sind Lycurgus und der *miles* bereits zu konturiert.
108 Watson, S. 154.
109 Ebd.

ting«[110] spricht. Als eigentlichen Gegenstand sieht er eben die hellenistischen Ἀραί an, welche nur in die Szenerie der Bukolik Vergils versetzt worden seien. Diese gefährliche Metaphorik eines Innen und Außen treibt er sogar so weit, dass er bewerten kann: »But the fine *body* of the poem is sadly disfigured by the cheap bucolic *garment* in which the author has chosen to *clothe* it.«[111]

Zu den von Fraenkel angesprochenen Ἀραί wurde oben schon genug gesagt. Was hingegen nun in einem nächsten Schritt versucht werden wird, ist, über derart pauschale Urteile bezüglich des Verhältnisses der *Dirae* zu der vergilischen Bukolik hinauszugelangen und nicht etwa nur zu konstatieren: »The poet of the Dirae has set himself the task of writing *variazioni su un tema di Virgilio.*«[112]

---

110 Fraenkel, *Dirae*, S. 153, meine Kursive.
111 Ebd., meine Kursive. Vgl. hierzu das von de Man zu der binären Opposition eines Innen und Außen Gesagte unten, S.236-237.
112 Fraenkel, *Dirae*, S. 154.

2. Die *Dirae* und die vergilische Bukolik

2.1 Vergils Eklogen als poetische Heimat der Dirae

Wie bereits angedeutet, ist es in den philologischen Untersuchungen der *Dirae* seit mindestens 150 Jahren üblich, entweder nur in groben Zügen die Grundanlagen und -situationen der *Dirae*, der ersten und neunten Ekloge Vergils zu skizzieren, um hierbei dann thematische Überschneidungen und eine Abhängigkeit des Fluchgedichtes zu konstatieren,[1] oder aber sich pauschal damit zu begnügen, vergilische »Parallelstellen« zu eruieren, die im Fall der *Dirae* dann auch zahlreich ausfallen und sich in großer Nähe zu den Versen der *Appendix Vergiliana* bewegen.[2] Als symptomatisches Beispiel für ein solches Vorgehen mögen die Worte gelten, mit denen Fraenkel in seinem soeben angeführten Aufsatz die gerade interpretatorisch sehr wichtige Phrase *montibus et silvis* (*Dirae* 8) kommentiert: »from Verg. *ecl.* 2, 5.«[3] – Auch ohne dass hier schon auf alle seine Implikationen auf dem Gebiet der Intertextualität eingegangen werden soll,[4] mögen bereits jetzt die Schlussfolgerungen, die Hinds am Ende seines zweiten Kapitels zieht, als dringliches interpretatorisches Gebot vorangestellt werden, um im folgenden auch hinter solche lapidaren Feststellungen wie der gerade zitierten Fraenkels weiterzufragen:

As philologists, we need not cease to offer tidy and controlled descriptions of allusions which poets themselves will often have tried to make tidy and controlled, provided that we do not confuse this aspiration to tidiness with an absoluteness of philological rigour. We need not cease to reify *topoi*, provided that we understand the provisionality of any such reification, for author and reader alike. We may even

---

1 Vgl. z.B. Salvatore, S. 294: »Questi versi [*sc. Dirae* 82-85] sembrano anticipare lo spirito[!] della prima Ecloga e della parte iniziale della nona.« oder wieder Fraenkel, *Dirae*, S. 153: »The one [literary tradition] that provides the setting is the Hellenistic genre of bucolic poetry, here derived from Virgil's eclogues.«

2 Vgl. hierzu als extreme Beispiele Eskuche, S. 63/64 und Jahn, *Abhängigkeit, 2. Forts.*, S. 31-36.

3 Fast ebenso van der Graaf *ad loc.*: »In B 2, 5 Corydon too sings his sorrow *montibus et silvis*.« – Als Ausnahme kann – wenn auch nur in Ansätzen – Kröner gelten, der auch selbst (S. 2) das Fehlen einer den jeweilige Kontext (»Gedankenführung«) berücksichtigenden Gesamtinterpretation beklagt.

4 Hierzu vgl. Kapitel 3.

continue to use the deadpan 'cf.' when needed, *provided that we treat it as an invitation to interpret rather than as the end of interpretation.*[5]

Den *invitations to interpret* folgend, soll also nunmehr versucht werden, in Grundzügen nachzuzeichnen, auf welche Weise die *Dirae* schon im ersten Vers – immer unter der Prämisse der Priorität der Eklogen – einen Dialog mit diesem bukolischen Text aufnehmen und durchgängig weiterführen. Ziel ist es hierbei (noch) nicht, über das Wesen dieser Intertextualität zu reflektieren, sondern vielmehr zunächst einen Ausweg aus der soeben diskutierten Aporie zu weisen, zu der der Versuch einer Subsumierung der *Dirae* unter die Gattung der ἀραί geführt hat: Es gilt zu zeigen, dass diese 103 Verse der *Appendix Vergiliana* programmatisch, bewusst und eindeutig der Tradition bukolischer Dichtung zugeordnet sein wollen, so dass die Frage nach der Gattung des Textes ebenso eindeutig beantwortet werden kann. Dies geschieht allerdings mit der Einschränkung, dass der Verfasser der *Dirae* – sofern dies für uns zu beurteilen ist – offensichtlich nur auf die Eklogen Vergils als Vorbild zurückgreift: Direkter Einfluss (oder besser: eine signifikante Teilnahme am *Dialog* zwischen den *Dirae* und den Eklogen) der griechischen Bukolik (Theokrit, Moschos, Bion, Epigrammatik) auf das Gedicht der *Appendix Vergiliana* lässt sich schwerlich nachweisen. Als Indiz hierfür kann gelten, dass es gerade diese Abwesenheit von Theokritischem in den *Dirae* war, welche Jahn, S. 31 veranlasste, diese Verse als Vorbild für Vergils Eklogen zu bezeichnen.

2.1.1 Gattung

Offen bleibt hierbei jedoch noch die fundamentale Frage nach den Kriterien einer solchen Gattungszugehörigkeit, ja sogar die viel vorgängigere nach dem hier zu Grunde gelegten Gattungs*begriff*. Diese theoretischen Voraussetzungen zu klären und gleichzeitig nach ihrer Vereinbarkeit mit der nach wie vor prägenden, wesenhaften Präsenz der Flüche in den *Dirae* zu fragen, wird Gegenstand des 3. Kapitels sein. Indes wäre es naiv, zunächst »unvoreingenommen« Anspielungen und Anklänge zu sammeln, um aus diesen dann induktiv eine Gattungszugehörigkeit zu schließen und in einem nächsten Schritt diesen Vorgang theoretisch zu untermauern: Eben dieser Akt der Auslese ist in seinen impliziten Voraussetzungen dafür, *welche* Elemente zu Charakteristika und schließlich zu Kriterien erhoben werden, – in Anlehnung an Hinds – ein tendenziöser. Reine Phänomenologie ist eine Illusion. Es gehört zu den Bedingungen der Möglichkeit des Suchens zu wissen, wonach man sucht, so dass sich somit bereits vor der Induktion von Hypo-

---

[5] Hinds, S. 51, meine Kursive.

thesen Vorahnungen von denselben einschleichen. Um jedoch einen (methodologisch notwendigen) Ausbruch aus diesem *circulus vitiosus* zu wagen, sei also bereits an dieser Stelle in Umrissen vermerkt, welche Annäherung an die Gattungsfrage die folgenden Ausführungen zu Grunde legen.

Wenn er seinerseits versucht, die »Bukolizität« der Bukolik Vergils in *ihrem* Verhältnis zu den Idyllen Theokrits zu erweisen, so verfolgt Ernst A. Schmidt, *Reflexion* ein dem vorliegenden analoges (wenn auch viel größeres) Projekt, dessen theoretische Voraussetzungen als vom Russischen Formalismus[6] ausgehender »historischer Nominalismus« bezeichnet werden können. Hier

wird Dichten innerhalb einer Gattung als Auseinandersetzung mit einem Vorgänger oder mit Vorgängern verstanden, ein Dichten, welches einer bestimmten Gestaltung der Gattung eine neue als Veränderung entgegensetzt. D.h. eine Dichtung gehört zu einer bestimmten Gattung nicht deshalb, weil sie bestimmte gattungstypische Kennzeichen ausweist, sondern *weil sie Veränderung einer früheren Dichtung ist und deshalb auch dieselben grundlegenden Kennzeichen wie diese hat.*[7]

Diese Definition kann selbstverständlich auch als moderne Variante der Kategorien von *imitatio*[8] und *aemulatio* gelesen werden.[9] Die von Schmidt untersuchte von Vergil veränderte »frühere Dichtung«, mittels welcher sich die Eklogen Vergils überhaupt erst als bukolisch erweisen, sind natürlich die *Idyllen* Theokrits.[10] Was jedoch diese für Vergils Bukolik bedeuten, stellt seinerseits für die 103 Verse der *Dirae* Vergil dar, mit welchem ein-

---

6 Vgl. z.B. Tynjanov, Jurij: Dostoevskij und Gogol'. Zur Theorie der Parodie, in: Striedter, S. 301-371, hier 303: »Und erst in den 80er Jahren entschloss sich Strachov davon zu sprechen, dass Dostoevskij von den ersten Anfängen seines Schaffens an eine ›Korrektur‹ Gogol's gab. Offen vom *Kampf* Dostoevskijs mit Gogol' sprach dann schon Rozanov. *Jede literarische Nachfolge ist doch primär ein Kampf, die Zerstörung eines alten Ganzen und der neue Aufbau aus alten Elementen.*« (meine Kursive) – Spätestens in den Schlussfolgerungen der vorliegenden Arbeit wird deutlich werden, welche große Relevanz diese Worte für das von literarischem Kampf geprägte Verhältnis zwischen *Dirae* und *Bucolica* haben.

7 Schmidt, *Reflexion*, S. 12, meine Kursive.

8 Vgl. Genette, *Palimpseste*, S. 18: »Architextualität als Zugehörigkeit zu einer Gattung kommt historisch fast immer durch Nachahmung (Vergil ahmt Homer nach, *Guzman* hat den *Lazarillo* zum Vorbild), also als Hypertextualität zustande«.

9 Sie fügt sich sogar in die diesbezüglichen Ausführungen schon der antiken Kommentatoren, vgl. Donat *Vergilii Vita* ll. 281-299 Brummer: *›Intentio‹ libri* [*sc. Bucolicorum*]*, quam* σκοπόν *Graeci vocant, in imitatione Theocriti poetae constituitur [...]; est intentio etiam in laude Caesaris et principum ceterorum, per quos in sedes suas atque agros rediit, unde effectus finisque carminis et delectationem et utilitatem secundum praecepta confecit*; sowie Serv. *Buc. Prooem.* p. 2 Thilo-Hagen: *Intentio poetae haec est, ut imitetur Theocritum Syracusanum, meliorem Moscho et ceteris qui bucolica scripserunt, – unde est <VI 1> Prima Syracosio dignata est ludere versu / nostra – et aliquibus locis per allegoriam agat gratias Augusto vel aliis nobilibus, quorum favore amissum agrum recepit. in qua re tantum dissentit a Theocrito: ille enim ubique simplex est, hic necessitate compulsus aliquibus locis miscet figuras etc.*

10 Schmidt, *Reflexion*, S. 14: »Bukolisch soll hier das in den Eklogen gestaltete und auf Theokrit bezogene Verständnis der Bukolik heißen.«

deutig eine »Auseinandersetzung« oder, vielleicht besser, ein Dialog intendiert[11] wird. Es geht also nun (und implizit in allen folgenden Kapiteln) darum, diesem gattungskonstitutiven Dialog nachzuspüren und die Fragen nach der Position der *Dirae* innerhalb der Bukolik und diejenigen nach ihrer Deutung in eins gehen zu lassen, so dass

> das eigentliche poetologische Problem, die Gattungsgeschichte und die Interpretation eines einzelnen Werkes dieser Gattung aufhören, getrennte Aufgaben zu sein. Gattungsgeschichte und Einzelinterpretation sind beide, nur in ihrem Umfang unterschiedene, gattungspoetische literaturgeschichtliche Unternehmen, und die Untersuchung eines einzelnen Werks ist als eine solche gattungsgeschichtliche Teilaufgabe möglich.[12]

2.1.2 Nemesian als Beispiel

Als kurzes, erhellendes Beispiel dafür, wie andere nachvergilische Bukolik diese konstitutive Auseinandersetzung mit Vergil und der (nicht nur) bukolischen Tradition (z.B. die 4. Ekloge des Calpurnius Siculus bzw. der *Thebais*epilog des Statius[13]) ins Werk setzt, mögen die Verse Nemesians (3. Jhd.) dienen, die der junge Hirt Thymoetas[14] zu seinem alten Kollegen zu Beginn der ersten Ekloge spricht:

> Dum fiscella tibi fluviali, Tityre, iunco
> texitur et raucis immunia rura cicadis,
> incipe, si quod habes gracili sub harundine carmen
> compositum. nam te calamos inflare labello
> Pan docuit versuque bonus tibi favit Apollo.
> Incipe, dum salices haedi, dum gramina vaccae
> detondent, viridique greges permittere campo
> dum ros et primi suadet clementia solis.
>
> (Nemesian ecl. 1, 1-8)

Wie bereits angedeutet, greift Nemesian natürlich nicht nur auf Vergil, sondern auch auf andere (neronische) Bukolik zurück. An dieser Stelle sollen jedoch lediglich die Rückgriffe auf den Archegeten[15] der römischen Gattung kurz beleuchtet werden: Wodurch verankert Nemesian gleich in den ersten Versen seiner Tetralogie dieses sein Werk aufs Festeste in seiner

---

11 Vgl. Servius' und Donats »*intentio*« bzw. »σκοπόν«.
12 Schmidt, *Reflexion*, S. 12.
13 Zu diesen »Hypotexten« der ersten Ekloge Nemesians vgl. Schetter, hier besonders S. 5 und 11.
14 Zu dieser Form des Namens vgl. Schetter, S. 9-11.
15 So interpretiere ich (mit Clausen *ad loc.*) das *prima* zu Beginn der sechsten Ekloge (*pace* Coleman *ad loc.*): *Prima Syracosio dignata est ludere versu / nostra.*

poetischen Heimat, den Eklogen Vergils? – Als *Metrum* wählt Nemesian katalektische daktylische Hexameter κατὰ στίχον.[16] Die *personae* der Ekloge sind offensichtlich Hirten (vv. 6/7), deren meisterhafter *Gesang* (vv. 3-5) in den Mittelpunkt gesetzt wird. Als »Kulisse« hierfür wird ein *locus amoenus* gewählt (vv. 1/2 bzw. 6-8). Dies allein reichte bereits, um den Erwartungshorizont des Lesers auf die vergilischen Hirtengedichte auszurichten;[17] indes: Der Dialog wird bereits im ersten Vers eindeutig hergestellt, denn die zweite *persona* wird hier mit *Tityre* angesprochen, dem ersten Wort der *Bucolica* Vergils. Doch hiermit nicht genug: Die acht Verse sind mit Anklängen und Zitaten durchdrungen, für die – man möchte fast an einen Cento denken – nicht weniger als alle zehn Gedichte des Mantuaners Pate gestanden haben können,[18] so dass es wohl keiner weiteren Rechtfertigung bedarf, mit Hinds von einer metapoetischen »*reflexive annotation*«[19] zu sprechen, wenn Thymoetas das *carmen*, welches Tityrus auf seine Worte hin und aus ihnen heraus entspinnen soll, denn auch als *compositum*[20] bezeichnet.[21]

Doch hier bleibt Nemesian nicht stehen. Er nimmt seine einschneidende »Veränderung einer früheren Dichtung« (s.o.) vor: So erfährt man bei fortschreitender Lektüre seiner ersten Ekloge sofort, dass der nur anscheinend so vertraute Tityrus sich verändert hat:

Dass Tityrus ein bedeutender Sänger ist, dass er infolge seines hohen Alters der Dichtung entsagt hat, und dass er als Schiedsrichter bei Wettgesängen fungiert –, dies sind die für die Neugestaltung dieser Figur grundlegenden Züge. Alle drei werden

---

16 Diese Aussage ist keineswegs banal: Man vergleiche etwa die asklepiadeischen Strophen des *Carmen de mortibus boum* des Endelechius.
17 Vgl. Walter, S. 6-12.
18 Eine Auswahl: Man vergleiche Verg. *ecl.* 1, 13 *Tityre, duco* ≈ Nem. *ecl.* 1, 1 *Tityre, iunco*; Verg. *ecl.* 2, 12/13 *raucis ... resonant arbusta cicadis* ≈ Nem. *ecl.* 1, 2 *raucis immunia rura cicadis*; Verg. *ecl.* 3, 52 *quin age, si quid habes* ≈ Nem. *ecl.* 1, 3 *incipe, si quid habes* (vgl. Verg. *ecl.* 9, 32 *incipe, si quid habes*); Verg. *ecl.* 4, 10 *tuus iam regnat Apollo* ≈ Nem. *ecl.* 1, 5 *bonus tibi favit Apollo*; Verg. *ecl.* 5, 2 *tu calamos inflare levis [sc. bonus es]* ≈ Nem. *ecl.* 1, 4/5 *te calamos inflare labello / Pan docuit* (vgl. Verg. *ecl.* 2, 34 *calamo trivisse labellum*); Verg. *ecl.* 6, 8 *agrestem tenui meditabor harundine Musam* ≈ Nem. *ecl.* 1, 3 *gracili sub harundine carmen* (vgl. Verg. *ecl.* 7, 12 *viridis tenera praetexit harundine* [Grundbedeutung!] *ripas*); Verg. *ecl.* 8, 15 *cum ros in tenera pecori gratissimus herba* ≈ Nem. *ecl.* 1, 8 *dum ros et primi suadet clementia solis*; Verg. *ecl.* 10, 71 *dum sedet et gracili fiscellam texit hibisco* ≈ Nem. *ecl.* 1, 1/2 *dum fiscella tibi fluviali, Tityre, iunco / texitur*.
19 Zu diesem Terminus vgl. Hinds, S. 1-16.
20 Pointiert durch das Enjambement vom dritten Vers abgesetzt!
21 Dieser Aspekt des *compositum* entgeht Walter, S. 9/10, obwohl er zu *gracili sub harundine carmen / compositum* bemerkt: »Auch dieser Ausdruck ist von hohem Assoziationsgehalt.« (S. 9) – Auch findet er hier »Belege für die Neigung [sic!] der Gattung zu Selbstreflexion.« (S.10) – Dennoch schweigt er sich über das *compositum* aus.

dem Tityrus zum Zweck der Herausstellung und der Rühmung des Thymoetas verliehen.[22]

Und hier wartet die nächste *reflexive annotation*:[23] Die Eingangsszene der Ekloge ist so interpretierbar, dass sich hinter der Maske[24] des Thymoetas der Dichter Nemesian selbst verbirgt und auf diese Art als »*iuvenis* in der Literaturgeschichte« das Erbe des alten, grauen »Tityrus«, wie sich Vergil im Proöm seiner sechsten Ekloge selbst nennt, antritt: Somit kann Tityrus und könnte »Tityrus« mit Recht sagen: *Te nunc rura sonant* (v. 15).[25] – Auch bei Betrachtung des Ganzen der ersten nemesianischen Ekloge wird deutlich, wie Nemesian in architektonischer Anlehnung an das fünfte Gedicht Vergils dieses in einem »durchaus eigenständigen Epikedion«[26] weiterentwickelt.

Wenn also im folgenden – was soeben bei Nemesian den Rahmen der gegenwärtigen Ausführungen gesprengt hätte – unter Berücksichtigung des Kontextes der Vergilparallelen die *Dirae* auf Elemente bzw. Signale hin befragt werden, welche die Gattung der *Dirae* vor dem Hintergrund der *Bucolica* zu bestimmen helfen, so impliziert dieses für den Untersuchungsumfang, der dieser Arbeit zur Verfügung steht, leider, dass der Kontext der jeweiligen Ekloge Vergils (vorzüglich der ersten und neunten) *als ganzer* zunächst (in Hinblick auf weitere Untersuchungen) jeweils ausgeblendet werden muss; diese »the Latinist's traditional preference« beklagt auch Hinds:

if allusion is defined as a condensation of language and meaning in which one text (the alluding text) incorporates elements of another (the model text), *either* the alluding text *or* the model text is accorded the privilege of a systematic reading – but not both at the same time.[27]

Im vorliegenden Rahmen werden es dennoch die *Dirae* sein, welche primär das Voranschreiten des Gedankengangs dominieren, und, wie oben angedeutet, soll der Akzent darauf liegen, unter Ausklammerung der Verfasserfrage und des Stigmas eines *poeta minor* die 103 Verse ernst zu nehmen in ihrem Dialog mit der vergilischen Bukolik. Letztere wird also in ihren Tei-

---

22 Schetter, S. 9.
23 Von besonderer Relevanz sind hier die Ausführungen bei Hinds zu Ov. *Met.* 14, 812-816 (S. 14-16; allerdings ohne Thematisierung des dort in Vers 812 vorkommenden *quondam*, welches genau die Funktion des *olim* bei Nemesian, *ecl.* 1, 11 übernimmt), zu Catull 68, 73/74 (S. 78/79, besonders die Bemerkungen zum *quondam* des Verses Catull 68, 73) und zu Statius, *Thebais* 1, 8-11 (S. 96-98), in welchen Versen besonders der *vetus fons* zu beachten ist.
24 Dieses Wort ist auf keinen Fall wie in der obsoleten Durchallegorisierung der Eklogen Vergils zu verstehen.
25 Vgl. Schetter, S. 7-11.
26 Schetter, S. 18.
27 Hinds, S. 101.

len bei der Betrachtung der *allusions* für einen Moment gleichsam »eingefroren«[28] und somit benachteiligt werden müssen. Diese Einseitigkeit läuft der Dialogizität der Anspielungen zuwider, liegt jedoch im Wesen jeder räumlich beschränkten Interpretation begründet.[29] Wichtig ist nur, diese Parteilichkeit zu prononcieren und sich ihrer während des interpretierenden Lesens beständig bewusst zu sein.[30]

2.1.3 Der Dialog

Das Proöm (vv. 1-8)
Der erste Vers der *Dirae* prangt gleich einer Initiale über dem gesamten Gedicht und nennt sogleich, wie fast alle Eklogen Vergils[31] dies tun, eine der Hauptpersonen mit Namen:

> Battare, cycneas repetamus carmine voces.

Es ist der erste Fuß des Hexameters, der durch den daktylischen Namen *Battarus* ausgefüllt wird.[32] Der Kasus dieses Wortes ist zudem wie der des ersten Eklogenwortes ein Vokativ – allein dies könnte zu der angenommenen Entstehungszeit der *Dirae* schon genügt haben, an den ersten Vers der vergilischen Hirtendichtung zu erinnern und einen Dialog hiermit zu beginnen:[33]

> Tityre, tu patulae recubans sub tegmine fagi...

---

28 Vgl. Hinds, S. 103 (in Bezug auf eine *Aeneis*lektüre): »to ›freeze‹ Homer, to *hold him still for a moment so that he can be contemplated*«.
29 Vgl. Hinds, ebd.

30 Dennoch sollen möglichst oft – auch das soll hier zum methodologischen *surplus* gehören – auch die *Dirae* »eingefroren« werden, um einen sich an Vergils Gedankengang orientierten Blick über diese Verse schweifen zu lassen.
31 *ecl.* 1, 1: *Tityre* (Vok.); *ecl.* 2, 1: *Carydon ardebat Alexin*; *ecl.* 3, 1: *Damoeta* (Vok.); *ecl.* 5, 1: *Mopse* (Vok.); *ecl.* 7, 1: *Daphnis*; *ecl.* 8, 1: *Damonos et Alpheisboei*; *ecl.* 9, 1: *Moeri* (Vok.). Keinen Namen im ersten Vers bieten die vierte (»goldenes Kind«) und die zehnte Ekloge (»Gallus«), deren Ausnahmestellung in der Gedichtsammlung nicht nur in dieser Beziehung kaum hervorgehoben zu werden braucht. Die sechste Ekloge holt nach ihrem poetologischen Proöm das sofortige Nennen eines Protagonisten schleunig nach: *Chromis et Mnasyllos* (v. 13).
32 Darf man so weit gehen, dieses erste Wort der *Dirae*, welches durchaus auch als eine Art von *Überschrift* gelesen werden kann, sogar dem Bereich des Genetteschen »Paratextes« zuzuordnen (die Definition bei Genette, *Palimpseste*, S. 11-13, vgl. unten S. 210)? – Dann wäre der das Gedicht eröffnende Name *Battare* als Gattungsbezeichnung noch evidenter, denn »ein Werk wird oft aufgrund paratextueller Hinweise einem Architext [d.h. hier: einer Gattung] zugeschrieben« (Genette, *Palimpseste*, S. 18).
33 Anders Kröner, S. 39: »Das Lied bestimmt er in der besprochenen Weise mit Cycneas voces genauer, *ohne dass* allerdings *das genus* oder der Inhalt desselben daraus ersichtlich würden.« (meine Kursive)

Dies ist natürlich längst gesehen worden.³⁴ *En passant* sei nur bemerkt, dass auch das Heldenepos bereits durch das Metrum des Hexameters und das erste Wort des ersten Verses eben als Heldenepos sich zu erkennen zu geben vermag: Hier ist es allerdings das Hauptthema (sei es die μῆνις, der ἀνήρ bzw. der *vir*, die *arma* oder auch die *fraternae acies*) des Gedichtes, welches als Initiale auf den Inhalt einstimmt.

Die Aufforderung, welche an den angesprochenen *Battarus* ergeht, ist, »in einem Lied die Stimmen der Schwäne« zu wiederholen, sich ihrer wieder zu bedienen oder sich ihrer zu erinnern. Diese »Stimmen« sollen das Medium eines *carmen* sein, welches seinerseits durch die nun folgenden 102 Verse konstituiert wird: Somit beginnt bereits im ersten Vers ein selbstreferentieller Akt der Reflexion der *Dirae* auf und über sich selbst. Diese Eigenschaft, die sogar als notwendige (und nahezu hinreichende) Bedingung für bukolisches Dichten gesehen werden kann, soll im 3. Kapitel eine breitere Behandlung erfahren.

Doch weiter: Die nächsten beiden Hexameter lenken nicht nur noch einmal die Aufmerksamkeit auf die Tätigkeit des Singens bzw. Dichtens³⁵ (*canamus*) selbst und präsentieren zugleich das Thema der nun folgenden Verse, die (Neu-)Zuteilung eines Wohnsitzes (*sedes*³⁶), der bereits verflucht worden ist, sondern versetzen mit der Lokalisierung desselben – emphatisch in Anadiplose (mit *separatio*)³⁷ – auf dem Lande (*rura*) den Ort des Gedichtes in die Landschaft der *Bucolica* Vergils. Außerdem wird zugleich die Wiederholung (*iterum*) der geäußerten (*indiximus*) bzw. zu äußernden (*canamus*) Worte hervorgehoben und somit eine Beziehung zu dem nunmehr unterstrichenen *repetamus* des ersten Verses hergestellt.

Mit der Nennung der *rura* wird genuin bukolischer Boden betreten, den in der lateinischen Literatur Vergil geebnet hat: Es sind die *rura* und *silvae*, welche in der fünften Ekloge zusammen mit ihren eingeborenen Bewohnern von Daphnis, dem Archetyp aller *pastores*, nach seiner Entrückung bezaubert werden. Bevölkert werden sie von den Dryaden und einer Hauptfigur der Bukolik: dem πρῶτος εὑρέτης des Hirtenliedes,³⁸ Pan (Verg. *ecl.* 5, 58/59). Auch das zweite genannte Element der Landschaft, die *silvae*, wird

---

34 Vgl. z.B. Fraenkel, *Dirae*, S. 153/154 und van der Graaf, S. 15 mit Verweis auf Hubaux.
35 S.u. Unterabschnitt 2.2.1.
36 Das Wort findet sich nicht in Vergils Bukolik.
37 Zu der »nachdruckhaften Steigerung und der epexegetischen Ergänzung« (Lausberg, Heinrich: Handbuch der literarischen Rhetorik, München 1960, § 619, mit Beispielen). Falsch Kröner, S. 39, der von einer »Anapher« spricht.
38 Verg. *ecl.* 4, 58f.; 5, 59; 8, 24; 10, 26 und – besonders wichtig – 2, 31-33: *Mecum una in silvis*(!) *imitabere Pana canendo. / Pan primum calamos cera coniungere pluris / instituit, Pan curat ovis oviumque magistros.*

rasch in den *Dirae* als gegenwärtig vorausgesetzt (v. 8):[39] *Montibus et silvis dicam tua facta, Lycurge*. Hier sind es also *Verbrechen*, welche dem »Publikum« aus Bergen und Wäldern verkündet werden sollen. Dieses Paar findet sich wieder – in derselben Wortwahl, an derselben Stelle des Verses – zu Beginn der zweiten Ekloge, in welcher der einsame Corydon sein *Liebes*leid *montibus et silvis studio iactabat inani* (v. 5). Für das Verhältnis der *Dirae* zu ihrem Hypotext, den Eklogen, ist diese Beziehung paradigmatisch: Zunächst bekundet das Gedicht der *Appendix Vergiliana* durch eine *imitatio* in der Wortwahl eine bewusst große Nähe zu den *Bucolica*, hier durch ein eindeutiges Versetzen der *Dirae*-Handlung in die typische Szenerie (nicht nur) der zweiten Ekloge. Alsdann wird jedoch der ursprüngliche vergilische (nicht: »bukolische«!) Kontext umgedeutet, indem die erotische Atmosphäre des Corydonliedes und dessen Einbettung völlig pervertiert werden: Die *montes et silvae* werden keine Liebeslieder, sondern die flammenden Hasstiraden des Enteigneten vorgetragen bekommen. Indes: Auch dieses düsterere Register ist den Eklogen nicht völlig fremd, denn in den »Grundton«[40] der *Dirae* fügt sich das von Mopsus vorgetragene Epikedion auf den Tod des Daphnis in der ersten Hälfte der fünften Ekloge (vv. 20-44), worauf unten zurückzukommen sein wird.

Die Ausgangssituation
Von noch größerer Relevanz für die *rura* der *Dirae* sind jedoch das erste und neunte Hirtengedicht Vergils. Von der genauen Genese der fluchenden (vgl. *diras indiximus, impia vota*, v. 3) Entrüstung des *Dirae*-Sprechers haben wir noch nicht viel erfahren (und dies wird sich auch bis zu den Versen 81-85 nicht signifikant ändern), nur eine auffallend unbestimmte Zuweisung von Land ist erwähnt worden.[41] Sammelt man die über alle 103 Verse verstreuten Informationen zu der Ausgangssituation, aus der heraus der Sprecher der *Dirae* flucht, ergibt sich folgendes Bild: Die Verwünschungen werden vorgetragen von einem Ziegen weidenden[42] *agricola*,[43] dessen innige Beziehung zu »seinem«[44] Land durch häufige Wiederholung es bezeichnender Wörter und darüber hinaus durch zusätzliche (Possessiv-)-

---

39 Man vergleiche auch die *rura* der oben besprochenen Nemesianpassage (vv. 2 und 15) sowie die sofortige Einführung des Pan als Lehrer der Flötenmusik (vv. 4/5).
40 Dieser Terminus ist freilich mit Vorsicht zu gebrauchen: vgl. die Widerlegung von Fraenkels, *Dirae* Auffassung von dem »spirit of the poem« durch Goodyear *passim*.
41 So auch Kröner, S. 39: »Vielleicht ist gerade das verwunderlich, dass der eigentliche Inhalt des Gedichtes gar nicht die Äckerverteilung ist, sondern die Antwort, die ein Enteigneter gibt auf dieses Ereignis.«
42 *capellae* (v. 91), *pabula nota* (v. 92) – letzteres unterstreicht die einstige Gewohnheit.
43 Vgl. vor allem: *spicas ubi legimus olim* (v. 73).
44 Sei er nun der Eigentümer desselben oder auch »nur« ein Angestellter des Eigentümers.

Adjektive oder Diminutivbildungen (*agelli*) hervorgehoben wird.[45] Doch die Zeit des Bestellens ist vorbei (*olim*, v. 73), und der Sprecher verabschiedet sich zweimal von »seinem« Landgut (Strophen C.2 und C.4). Der Grund für diese unfreiwillige (vgl. *dicam tua facta, Lycurge*, v. 8) Emigration wird durch den mit seiner *impia dextera* Holz fällenden *miles* in Vers 31 zunächst nur vage angedeutet. Durch diese Verweisung nach hinten jedoch ist ein Spannungsbogen aufgebaut, welcher erst sehr spät durch den *advena arator* des Verses 80 aufgefangen und durch die Epexegese[46] der Verse 81-85 aufgelöst wird. Nun wird mit der Strophe C.1 die »Vorgeschichte« des in den *Dirae* zu findenden Geschehens nachgereicht. Dass dies erst hier geschieht, kann bereits als Indiz dafür angesehen werden, dass sich der Sprecher der Flüche in seinem erregten Geisteszustand (und »hinter«[47] ihm natürlich der Dichter oder die Dichterin der *Dirae*) mitnichten um eine gefällige Syntax und einen chronologisch geordneten Gedankengang bemüht, wenn er erst so spät erklärt:

> ... advena, civili qui semper crimine crevit.
> O male devoti, raptorum crimina, agelli,
> tuque inimica tui semper Discordia civis,
> exsul ego indemnatus egens mea rura reliqui,
> miles ut accipiat funesti praemia belli?
>
> (*Dirae* 81-85)

Also ist jener *miles* aus Vers 31 der ankommende Begünstigte eines gegen die eigenen Mitbürger gerichteten Verbrechens (*crimen civile*); dessen Manifestation (in pointierter Sinnverschiebung: *crimina*, v. 82) stellt der Raub der nunmehr verfluchten, geliebten Äcker dar. Angeklagt wird hierfür die *Discordia*, die sich doch eigentlich (in der Form ihres Gegenteils: der *concordia*) um »ihren«, das heißt: den ihr anvertrauten Bürger sorgen sollte.[48] In den zwei letzten Versen dieser Reflexion wird die Vorgeschichte

---

45 *ager* (vv. 22, 49, 52, 70, 79), *agellus* (vv. 45, 82, 90), *campus* (vv. 21, 51, 68, 77, 88, 94), *fines* (vv. 46, 80), *arvum* (v. 50) sowie das schon besprochene *rura* (vv. 2, 3, 10, 61, 62, 84, 86, 89, 95). Betonung des Besitzes in den vv. 45, 46, 61, 70, 79, 80, 84, 86, wobei sich *meus* und *noster* auffällig durchgehend abwechseln. Noch deutlicher als durch den Diminutiv wird das innige Verhältnis durch Adjektive: *dulcia rura* (v. 89) und der *felix nomen* (v. 90) der *agelli*; heranzuziehen ist natürlich auch das Attribut *formonsa* der *optima silvarum* in den Versen 26-33. Komplexer nehmen sich die Schlussverse 98-103 aus, welche in bezug auf das *amare* Gegenstand des Unterabschnittes 2.2.4.3 sein werden.

46 Hier findet sich wieder (vgl. vv. 2/3) eine Verknüpfung durch Anadiplose mit *separatio*.

47 Ich berufe mich hier auf die »Wiederauferstehung« des Autors als »reconstruction« durch den Leser bei Hinds, S. 48/49, ein Konzept, das an Umberto Ecos »Modellautor« (vgl. Eco, *Lector in fabula*) erinnert.

48 Anders z.B. Reitzenstein, S. 40/41, der *civis* nur auf *discordia*, *sui* nur auf *inimica* beziehen möchte und die Parallele für oben durchgeführte Konstruktion in der σφραγίς des Properz (1, 22, 4/5): *Italiae duris funera temporibus, / cum Romana suos egit Discordia civis* nicht gelten lässt.

schließlich in gerafftester Form noch einmal als Frage an jene personifizierte Zwietracht in deutlicheren Worten zusammengefasst: »Vertrieben, ohne einen Urteilsspruch musste ich armer Teufel also mein Land verlassen, / nur damit ein Soldat seinen Lohn für einen unheilvollen Krieg erhält?«[49]

Da es hier zu zeigen gilt, wie tief der Dichter der *Dirae* die diesem Gedicht zugrunde liegende Ausgangssituation in derjenigen der ersten und neunten Ekloge Vergils[50] verankert, seien die wichtigsten Parallelen vor Augen geführt.

Die neunte Ekloge
In der neunten Ekloge fragt der überraschte[51] Lycidas seinen Hirtenkollegen Moeris, wohin dieser eile: »Doch nicht etwa in die Stadt?« (v. 1). Anstatt ihm eine Antwort auf diese Frage zu geben, erwidert er ihm mit den Worten:

> O Lycida, vivi pervenimus, *advena* nostri
> – quod numquam veriti sumus – *ut* possessor *agelli*
> diceret: ›Haec mea sunt; veteres migrate coloni!‹
> Nunc victi, tristes, quoniam fors omnia versat,
> hos illi – quod nec bene vertat! – mittimus haedos.
>
> (Verg. *ecl.* 9, 2-6)

Die Erregung zersprengt auch hier jede eingängige Syntax: Hyperbata, Parenthesen und anomale Wortstellungen spiegeln den aufgewühlten Geisteszustand[52] des Sprechers wider. Wie der Sprecher der *Dirae* wurde auch Moeris von einem *advena* heimgesucht, der ihm und anderen[53] den geliebten *agellus* fortnahm. Der Akt der Inbesitznahme ist in der neunten Ekloge vergleichsweise breit ausgestaltet. So tritt der *possessor agelli* sogar in

---

49 Ich hoffe, hier und bereits in Abschnitt 1.2.3 den assoziativ-logischen Gedankengang dieser Verse 81-85 nachgezeichnet zu haben. Auch die Anknüpfung ist nach oben durch das Stichwort *advena* in Vers 80 und nach unten dadurch gewährleistet, dass die Reflexion über den Abschied (vv. 86-88) natürlich durch die Konstatation *reliqui* (v. 84) ausgelöst wird. – Nicht einsichtig sind mir die Schwierigkeiten, die Kröner, S. 57/58 in seiner Paraphrase dieses Passus beim Auffinden von hinreichenden Verbindungen hat.
50 Hierzu vgl. vor allem Segal und Leo.
51 Vgl. Coleman *ad loc.*; Segal, S. 279 bemerkt zu diesem fast wörtlich aus Theokrit (Id. 7, 21: Σιμιχίδα, πᾷ δὴ τὺ μεσαμέριον πόδας ἕλκεις;) übersetzten Eingangsvers Vergils (*Quo te, Moeri, pedes? An, quo via ducit, in urbem?*): »Vergil's line is far more elliptical, and its rhythm more harsh. [...] The addition *in urbem*, ›to the city‹, never a good sign for a Virgilian rustic [...], also adds a certain suggestion of foreboding, or at least unpleasantness. [...] Here he has deliberately roughened Theocritus' verse for his own purposes.«
52 »Moeris' speech, like Lycidas' question, is excited, abrupt, not especially adorned by poetical felicities. The words seem to pour out without any order, as if he is too excited to organise his thoughts« (Segal, S. 280).
53 Das *vestrum ... Menalcan* des Verses 10 zeigt, dass mit den Pluralen der ersten Person in den Versen 2-6 tatsächlich mehrere Personen gemeint sind.

wörtlicher Rede auf (v. 4),[54] auch stellen die mitleidvollen Worte des um das beinahe verwirkte (vgl. vv. 14-16) Leben des Moeris fürchtenden Lycidas:

> Heu, cadit in quemquam tantum scelus? Heu, tua nobis
> paene simul tecum solacia rapta, Menalca!
> (Verg. ecl. 9, 17/18)

einen unmittelbaren Reflex auf den *Raub* (*rapta*[55] *solacia*) dar. Dieser durchaus konkreten Zeichnung des *advena* in der neunten Ekloge steht in dem entsprechenden *ut*-Satz[56] der *Dirae* ein einfaches *accipiat* gegenüber. Dennoch steht dieses Gedicht Vergils, was die vage Zeichnung von Figuren betrifft, der Unbestimmtheit der *Dirae* in nichts nach: Der *advena miles* bleibt als Repräsentant einer noch größeren Bedrohung der bukolischen Welt[57] nur als blasser Schemen im Hintergrund. Somit stehen in beiden Gedichten die Folgen der Enteignungen und die Reaktionen der früheren Besitzer und ihres Umfeldes auf jene völlig im Zentrum. Doch damit nicht genug: Selbst der Protagonist der neunten Ekloge ist nicht nur nicht anwesend, sondern in seiner sozialen Beziehung zu »seinem« (vgl. *vestrum Menalcam*, v. 10) ebenfalls nur andeutungsweise profilierten Moeris völlig unbestimmt.[58]

Noch eine letzte Bemerkung zu den »Wurzeln« der *Dirae* in der neunten Ekloge: Wenn Moeris in seinen hastigen Bericht der jüngsten Vorkommnisse zähneknirschend die Parenthese »*quod nec bene vertat*« einschiebt, so kann dieser kurze (fluchende!) Ausbruch als Sprössling gesehen werden, dessen gewaltige, schwarze Früchte die *Dirae* später ernten werden.[59]

Die erste Ekloge
Wachsen schon die soeben vorgeführten Anklänge in der Wortwahl und die Analogien in den dargestellten Ausgangssituationen zu einer Verwandt-

---

54 Zu dem etwaigen juristischen Hintergrund des »haec mea sunt« als *actio in rem* vgl. Coleman *ad loc.*

55 Das Vorkommen dieses *rapta* direkt nach der Erwähnung von einem *tantum scelus* kann im übrigen als weiteres Argument für Scaligers Konjektur *raptorum* in Vers 82 der *Dirae* gelten; um einer *petitio principii* aus dem Wege zu gehen, sollte man freilich diese Übereinstimmung nicht als weiteres Indiz einer Abhängigkeit bemühen.

56 Wie angedeutet ist die Syntax in beiden Fällen vollkommen parallel: *vivi pervenimus* (Pf.), *ut* (»nur damit«) *possessor ... diceret* (*ecl.* 9, 2 /3) ~ *mea rura reliqui* (Pf.), *miles ut* (»nur damit«) *... accipiat* (*Dirae* 84/85). Das Perfekt der *Dirae*-Stelle ist natürlich ein präsentisches.

57 Vgl. Segal, S. 286/287.

58 »Also the relation of Moeris to Menalcas is left rather vague. It is presumably a master-servant relation, but it is never made quite clear whether Moeris is slave or free (contrast the emphasis on Tityrus' acquisition of his freedom in *E.* 1.27ff.)« (Segal, S. 278). Man vergleiche auch die drei Rekonstruktionsversuche bei Coleman *ad loc.*

59 Vgl. die Schlussbetrachtungen bei Fraenkel, *Dirae*.

schaft von *Dirae* und Vergils neuntem Hirtengedicht zusammen, so gilt dies in noch höherem Maße für die erste Ekloge,[60] welche »modulates with greater pathos than the Ninth from the beauty of the pastoral world to the disturbances in the poet's Italy. This pastoral beauty is seen with a heightened intensity because it has to be left behind.«[61] – Hier ist also die Nähe zu den in den *Dirae* dargestellten und evozierten Grausamkeiten noch größer. Vom Beginn der ersten Ekloge und seiner Nachahmung in den *Dirae* ist oben schon gehandelt worden. Hier gilt es noch zu verfolgen, in welchen signifikanten[62] Punkten die 103 Verse der *Appendix Vergiliana* dem Eingangsgedicht Vergils folgen. Dieses beginnt mit einem scharfen Kontrast: Der Sprecher, Meliboeus, beschreibt den von ihm angesprochenen Tityrus: Dieser übe sich an einem *locus amoenus* auf seiner Hirtenflöte (*avena*, v.2) in der Muse des Waldes und lasse entspannt die Wälder von seinen Liebesliedern widerhallen, während[63] er von sich selbst sagen muss:

>   nos patriae finis et dulcia linquimus arva.
>   nos patriam fugimus;

(*ecl.* 1, 3/4a)

Dies hat der Dichter der *Dirae* aufgegriffen: Auch ihm ist das zu verlassende Land »süß« (*dulcia rura, valete*, v. 89), auch er ist ein Flüchtender (*exsul*, v. 84), befindet sich im Zustand des Verlassen-Habens (resultatives Perfekt: *reliqui*, v. 84). Beide, Meliboeus und der *Dirae*-Sprecher treiben mühsam ihre letzten *capellae* vor sich her,[64] welche bald das ihnen vertraute Futter werden entbehren müssen.[65] Doch es gibt einen bedeutsamen Unterschied: Meliboeus setzt sich selbst scharf von dem immer noch seine Flöte spielenden Kollegen Tityrus ab, denn sein Gesang – und mit diesem sein Instrument – ist verstummt: *carmina nulla canam* (v. 77).[66] Führt jedoch die »radikale« Entwurzelung des Hirten in der ersten Ekloge zu dessen Schweigen, so verwandelt der Fluchende der *Appendix Vergiliana* seine Flöte (*avena*, v. 7 und 97[67] bzw. *fistula*, v. 75) oder σῦριγξ (*avenae*, v. 19[68]) hingegen in ein Werkzeug seines unheilvollen Hasses: Auf diese Weise wird, was *prima facie* als typisches Element der Bukolik Vergils der Signa-

---

60 Vgl. hierzu besonders Reitzenstein.
61 Segal, S. 292.
62 Ein Blick auf die erschöpfende Parallelstellenzusammenstellung bei Jahn, *Abhängigkeit*, 2. Forts., S. 31-36 mag eine Liste aller möglichen Anklänge liefern.
63 Adversative Asyndeta: *tu* (v. 1) – *nos* (v. 3), ebenso: *nos* (v. 4) – *tu* (v. 4).
64 *ecl.* 1, 12/13, *Dirae* 91.
65 *ecl.* 1, 49 (vgl. 51) und 78, *Dirae* 92.
66 Ebenso *ecl.* 9, 67: *Carmina tum melius, cum venerit ipse, canemus.*
67 Vers 97 der *Dirae* mit dem Ablativ *avenā* am Hexameterende erinnert in besonderer Weise an den zweiten Vers der ersten Ekloge.
68 Ein gelungenes Wortspiel mit den verdörrten *avenae* (»Haferhalme«) aus *Dirae* 15!

lisierung dieser besonderen Gattung[69] dient, zu demjenigen, was die Verwünschungen in den *Dirae* erst möglich macht. Als Bestätigung für diese Sichtweise mag gelten, dass der Dichter sie zusätzlich emphatisch durch einen eigenen Adynata-Block (vv. 4-8) untermauert. Demnach stellt das sonst friedliche Instrument des Tityrus das Organ der Flüche dar; als Medium derselben fungieren die *carmina*, welche für Meliboeus, Moeris und Lycidas verstummt sind, in den Versen der *Dirae* hingegen omnipräsent und fast dämonisch verstärkt werden: Erwähnungen des *carmen* sowie des *canere* bzw. *cantare* durchziehen bedrohlich das gesamte Gedicht.[70] Dieser Aspekt des Selbstbezuges wird, wie schon oben zum ersten *Dirae*-Vers bemerkt, bald besprochen werden.

Drei letzte unfragliche Parallelen mögen den Vergleich von *Dirae* und erster Ekloge abschließen: Zunächst lässt letztere den enteigneten Meliboeus zu Tityrus, dem der *iuvenis* in Rom als *praesens deus* das Landgut behalten ließ, den μακαρισμός sprechen:[71]

> Fortunate senex, ergo tua rura manebunt
> et tibi magna satis, quamvis lapis omnia nudus
> limosoque palus obducat pascua iunco!
> (Verg. *ecl.* 1, 46-48)

Das in eine befriedigende Zukunft schauende Futur *manebunt* (v. 46) kontrastiert Meliboeus später mit einer sarkastischen[72] Selbstanrede und einem verbitterten Blick zurück (*quondam*, v. 74) auf das, was für ihn *nicht mehr* ist:

> Insere nunc, Meliboee, piros, pone ordine vites.
> Ite meae, felix quondam pecus, ite capellae!
> (Verg. *ecl.* 1, 73/74)

Es folgen (vv. 75-78) in Negationen Beschreibungen dessen, was in der Zukunft[73] gerade *nicht* der Fall sein wird. Beide soeben zitierten Vergilpassagen scheinen durch die Verse der *Dirae* deutlich hindurch: Betrachten wir zunächst die wehmütige Aufforderung des Meliboeus an seine *capellae*, die

---

69 S.o. zu Nemesian *ecl.* 1, 3 (*harundo*) und 1, 4 (*calami*).
70 *carmen*: vv. 1, 14, 19, 25, 30, 47, 54, 71, 75, 97; *canere*: v. 2; *cantare*: v. 26. Natürlich gehören hierhin auch spezifische Verwendungen z.B. des Verbs *dicere*: vgl. vv. 8 oder 41.
71 Vgl. *ecl.* 1, 51: *Fortunate senex, hic inter flumina nota / et fontis sacros frigus captabis opacum*.
72 Vgl. Segal, S. 272 und 295, wo auch Schlussfolgerungen aus den Parallelstellen dieses Verses *innerhalb* der *Bucolica* gezogen werden, sc. *ecl.* 9, 50: *Insere, Daphni, piros; carpent tua poma nepotes* und dem Schlussvers der Sammlung, *ecl.* 10, 77: *Ite domum saturae, venit Hesperos, ite capellae.*
73 Zum »interplay between past and future« in diesen Versen und der »present-tense timelessness« vgl. Segal, S. 277.

Heimat endgültig zu verlassen (v. 74); der Sprecher des Fluchgedichtes lässt seine Ziegen in analoger Wortwahl den Abschied noch etwas herauszögern[74] (*Dirae* 91): *Tardius, a, miserae descendite monte capellae!* – Hier tritt also ein einfach beschreibendes *miserae* an die Stelle des Rückblickes in der ersten Ekloge: *felix quondam pecus*. Dieses Motiv findet sich gleich dreimal in die *Dirae* eingewoben, hiervon an zwei Stellen in Verbindung mit jenem *senex*, welcher in Vers 10 als *senex noster* direkt genannt ist und in Vers 33 als *vetus dominus* ebenfalls bezeichnet sein muss.[75] In zynischer Umkehrung der Verhältnisse des Tityrus, dem seine *rura* bleiben werden, ist es jedoch in den *Dirae* eben jener »alte Herr«, welchem das (nur einst!) Glück bringende Land (*felicia rura*, v. 10), dessen Name immer noch Glück bringend klingt (*felix nomen*, v. 90), und der (nur einst!) Glück bringende Wald (*felicia ligna*, v. 33) genommen wurde. Somit ist durch diese Anklänge der μακαρισμός des *fortunate senex* bei Vergil durch die *Dirae* vollkommen ummoduliert worden in die klagende Tonart des »*felix quondam pecus*« des Vertriebenen der ersten Ekloge.

Doch diese Umgestaltung in der *Appendix Vergiliana* geht auch an dieser Stelle noch viel weiter: Meliboeus hatte Tityrus selig gepriesen, obwohl dessen gerettete *pascua* überzogen sind von »nacktem Gestein«, »Sumpf« und »Schlamm liebender Binse« (vv. 47/48). Mag diese Feststellung auch schon in den Eklogen des Sarkasmus nicht entbehren,[76] so stellt es doch eine maliziöse Wendung dar, wenn eben diese bei Vergil noch entschuldbaren Eigenschaften das Ambiente des in den *Dirae* angestrebten »Fluchzustandes«[77] ausmachen: Auch hier sind es Binsen und Sümpfe, die aus (»stein«harter?) Erde heraustreten (sollen), um dem heranrückenden *miles* von vornherein jeden Nutzen an seinem neuen Land zu verderben:

---

74 Vgl. Kröner, S. 69.
75 Vgl. Kröner, S. 70.
76 Vgl. Coleman *ad loc.*: »So maybe Tityrus' farm would not have qualified after all for *assignatio* to veterans [...]; hence the young ruler's eagerness to concede the request. Nevertheless to Meliboeus, as he contemplates the grim alternative, this land seems enviable indeed.«
77 Zu diesem Terminus vgl. Speyer, Sp. 1176/1177.

Emanent subito sicca tellure *paludes*,
et metat hic *iuncos*, spicas ubi legimus olim.

(*Dirae* 72/73)

Auch findet sich in den *Dirae* eine weitere Anspielung auf einen möglichst »steinigen« Boden: Denn was sollen die *colles* des Verses 11 anderes hervorbringen, wenn sie die *pascua* versagen werden, als einen *lapis nudus*? Und auch die *spissa harena* (v. 51) bildet ein würdiges Pendant zu dem Binsen nährenden »Schlamm« der ersten Ekloge. Somit wird nicht nur dem eben noch ersprießlich zu nennenden Inventar eines Landgutes, wie Tityrus es bei Vergil besitzen darf, jeder positive Aspekt geraubt, nein: Auf dem umgekehrten Weg innerhalb des Textdialogs wird auch die Situation des Tityrus der ersten Ekloge selbst durch den *Dirae*-Dichter *qua* Rückverweis nachträglich zum Schlimmsten umgedeutet – zumal wenn Meliboeus und (in engster Anlehnung an ihn) der Fluchende ausrufen:

Impius haec tam culta novalia *miles* habebit, barbarus has segetes. En quo *discordia civis* produxit miseros: His nos consevimus agros!	O male devoti, raptorum crimina, agelli, tuque inimica tui semper *Discordia civis*, exsul ego indemnatus egens mea rura reliqui, *miles* ut accipiat funesti praemia belli?
(*ecl.* 1, 70-72)	(*Dirae* 82-85)

In beiden Fällen ist es der *miles*, welcher, ohne es zu verdienen, das geliebte Land erhalten wird; Meliboeus gibt ihm zudem noch das Epitheton *impius*, welches in den *Dirae* leitmotivisch auch auf das Umfeld des *advena* übertragen wird: *impia* sind dessen künftige Freuden (v. 9), *impia* ist seine Hand (v. 31), *impia* auch die Messrute (v. 45), durch deren Einsatz das neue Grundstück eingeteilt wurde. Beide Male hört man den verstörten Ausruf bzw. die ungläubige Frage,[78] ob es denn wirklich sein könne, dass man »für die da« (*his*) seine Äcker bestellt und »ohne eigene Schuld« (*indemnatus*) nun sein Gut verlassen muss. Die *Dirae* gehen jedoch auch in diesem Fall insofern weiter, als sie durch die Häufung von Adjektiven[79] und vor allem durch die Apostrophen an die Äcker und die personifizierte *Discordia* das Pathos der bukolischen Schwesterpassage – diese voraussetzend – weit überbieten.

Adynata
Die letzte hier zu betrachtende und zu interpretierende Parallele zwischen *Dirae* und der ersten Ekloge Vergils soll die Verwendung von Adynata

---

78 Sowohl am Ende des Verses *ecl.* 1, 72 als auch an demjenigen von *Dirae* 85 fällt es schwer, sich endgültig zwischen einem Ausrufungs- und einem Fragezeichen zu entscheiden.
79 Vgl. *exsul – indemnatus – egens*, v. 84 und hierzu das Schema oben auf Seite 42.

sein, welche auch das Tor zu einer kurzen Betrachtung der übrigen Eklogen aufstoßen wird. Aus den obigen Beispielen dürfte bereits die enge Nähe hervorgegangen sein, so dass es lohnend sein dürfte zu beobachten, welche Sinnverschiebungen der *Dirae*-Dichter gegenüber Vergil vornimmt.[80]

Adynata sind von Natur aus das Mittel *par excellence*, um »commissive« Sprechakte (»Versprechen, Ankündigungen, Drohungen«[81]) emphatisch zu untermauern: Hierbei wird eine Aussage »X wird nie geschehen.« in eine Form »X wird erst geschehen, wenn Y geschieht« transformiert, wobei Y – stochastisch gesprochen – ein »unmögliches Ereignis« darstellt.[82] Ein literarischer Prototyp für diese Verwendung stellt die Passage Herodot 1, 165 dar:[83] Die Einwohner von Φώκαια in Kleinasien beschließen, ihre von den Persern belagerte Heimatstadt zu verlassen; sie belegen jeden, der zurückbleiben sollte, mit ἰσχυραὶ κατάραι: »πρὸς δὲ ταύτῃσι καὶ μύδρον σιδήρεον κατεπόντωσαν καὶ ὤμοσαν μὴ πρὶν ἐς Φώκαιαν ἥξειν πρὶν ἢ τὸν μύδρον τοῦτον ἀναφανῆναι.« – Allerdings kehren sie später dennoch zurück, ohne dass (wie man vermuten darf) sich der Eisenklumpen an der Meeresoberfläche wieder gezeigt haben könnte.

Als Korollar zu diesen Adynata können diejenigen Stellen gelten, in denen das topische unmögliche Ereignis Y als wirklich dargestellt wird, um dem Gefühl Ausdruck zu verleihen, völlig perverse Umstände zu erleben. Solches findet sich zum Beispiel schon bei Archilochos, wenn dieser (*fr.* 122 West) einen Vater[84] mit Bezug auf eine ebenfalls exzeptionelle Sonnenfinsternis sagen lässt, nun sei es noch nicht einmal mehr eine Überraschung, wenn die Tiere des Waldes ihre Weideplätze mit den Delphinen tauschen sollten.[85] – Auf diese Form der erstaunten Entrüstung wird in Kürze zurückzukommen sein.

---

80 Unzulänglich behandelt wird dieser Aspekt von van der Graaf, S. 112, der sich damit begnügt, in Anlehnung an Dutoit anzugeben, *wie viele* Adynata sich in den *Eklogen* und anderen Werken finden. Ansätze hingegen bei Kröner, S. 74-77, der leider zu lange bei der *Struktur* der Adynata verweilt und hierbei auch vor einer *petitio pricipii* bei der Bestimmung des »Sinn[s] des Gedichtes« nicht zurückschreckt: »In den Dirae aber treten als Nachsätze zu den Adynata zwei Gedanken auf, die dem Sinn des Gedichtes sehr fern liegen. Vers 7 bringt den unbedingten Willen des Landmannes zu freier Rede zum Ausdruck. Aber dieses Gedicht ist ja gar keine politische Denkschrift, die sich für Meinungs- und Redefreiheit einsetzen will.«

81 Wunderlich, Dieter: Studien zur Sprechakttheorie, Frankfurt a.M. 1976, S. 77. – Die Sprechakttheorie wird unten in Abschnitt 2.2.4.2 zu einem tragenden Pfeiler dieser Arbeit werden.

82 Ich subsumiere also gegen Dutoit Aussagen der Form »Solange Y wahr ist, wird auch X wahr sein.« nicht unter dem Oberbegriff »Adynaton«, dessen *alpha privativum* man ernst nehmen sollte.

83 Direkte Quelle für z.B. Horazens 16. Epode, vgl. Mankin zu *Epod.* 16, 17 und 25/26.

84 Vgl. Aristoteles *Rhet.* 3, 17, 1418b28.

85 Ein Beispiel für die Anwendung dieser Figur auf die unruhigen Zeiten in Rom bietet Hor. *carm.* 1, 2, 7-20.

Zurück zum Tityrus der ersten Ekloge: Um die Unvergänglichkeit seines Dankes, welchen er für den *iuvenis divus* in Rom, der ihn seine *rura* behalten ließ, empfindet, möglichst nachdrücklich auszudrücken, greift er eben zum Mittel des Adynatons: Erst dann werde er das Antlitz seines Wohltäters vergessen, wenn Tiere und Menschen ihre angestammten Lebensräume verließen, Hirsche also in der Luft[86] weideten oder Fische vom Meerwasser im Stich gelassen würden. Dieser verständlichen Verbundenheit setzt Meliboeus, der *seinen* angestammten Lebensraum verlassen muss, sofort seine eigene Misere durch ein scharf antithetisch anschließendes *at nos* (v. 64) entgegen. Sein Leidensgenosse in den *Dirae* indessen bedient sich desselben Stilmittels wie der erleichterte Tityrus, dessen Worte auch wiedergegeben seien:

Ante leves ergo pascentur in aethere cervi	*Ante* lupos rapient haedi, vituli *ante* leones,
et freta destituent nudos in litore pisces,	delphini fugient pisces, aquilae *ante* columbas
ante pererratis amborum finibus exsul	et conversa retro rerum discordia gliscet –
aut Ararim Parthus bibet aut Germania Tigrim,	multa *prius* fient *quam* non mea libera avena:
quam nostro illius labatur pectore voltus.	Montibus et silvis dicam tua facta, Lycurge.
(*ecl.* 1, 59-64)	(*Dirae* 4-8)

Im Fluchgedicht sind es also die Speise- bzw. Jagdgewohnheiten, welche zunächst als Verankerung des Schwures im Reich der Natur gewählt werden, bevor mit dem Vers 6 ein großer Sprung heraus aus der üblichen Topik hinein in ein höheres Abstraktionsniveau getan wird:[87] Alle Ordnung wird sich in Unordnung[88] umkehren und als eine solche überhand nehmen. Bedeutsam ist jedoch, welches als unmöglich geschilderte Ereignis hier in den *Dirae* in Auseinandersetzung mit und Absetzung von dem vergilischen Vorbild den analogen Temporalsatz ausfüllt: War es in der ersten Ekloge die dankbare Erinnerung an den *Wohltäter*, deren Ewigkeit gelobt wird, so steht hier die παρρησία der Hirtenflöte, d.h. der hierauf gespielten Lieder bzw. Gedichte (eine zweifache Metonymie), im Zentrum des Schwurs: Ewig werden die Taten des *Übeltäters* Lycurgus verkündet werden.[89] Was

---

[86] Zu dieser Lesart (statt des *aequore* der *recc.*) und ihrer Funktion innerhalb des Adynatons vgl. Dutoit, S. 67-70.

[87] Vgl. Dutoit, S. 84: »Recherche de motifs nouveaux qui va jusqu'à supprimer toute apparence d'expression proverbiale, schéma très marqué: faits concrets groupés deux à deux et généralisation«.

[88] Man vergleiche die *prima facie* ähnlich widersprüchlich-proleptische Ausdrucksweise *inimica tui semper Discordia civis* (*Dirae* 83).

[89] Auch die Verse 33/34 der zehnten Ekloge (*O mihi tum quam molliter ossa quiescant, / vestra meos olim si fistula dicat amores!*) können hier anklingen: In diesem Fall stünden sich ewig verkündete Verbrechen und die *solliciti amores* (*ecl.* 10, 6) des Gallus gegenüber, der um den Verlust seiner Lycoris – von Apoll als *tua cura* bezeichnet: vgl. *Dirae* 101! – trauert.

also bei Vergil eine Form des stillen Gedenkens war, wird hier zu einem Akt des lauten (vgl. *montibus et silvis dicam*) Anklagens.

Doch die *Dirae* greifen nach diesen Anfangsversen in Ringkomposition[90] noch ein zweites Mal auf das Adynaton zurück, wobei sie die soeben bereits angedeuteten Tendenzen zu fortschreitender (philosophischer[91]) Abstraktion noch weiter voran treiben:

> Dulcia amara *prius* fient et mollia dura,
> candida nigra oculi cernent et dextera laeva,
> migrabunt casus aliena in corpora rerum,
> *quam* tua de nostris emigret cura medullis.

(*Dirae* 98-101)

Zwei Dinge sind hier zu konstatieren: Zunächst hatte schon das erste Adynaton der *Dirae* (bei gleicher Verszahl[92]) die vollkommen ausgewogene Syntax der Vergilverse (dreimal zwei Verse, jeweils eingeleitet von einem *ante* bzw. *quam*) durchbrochen, dies wird nun durch die je nur einfache Anführung eines *prius* bzw. *quam* noch weitergeführt. In einer gegenläufigen Bewegung nähert sich jedoch dieses zweite Adynaton wieder der emphatischen Danksagung des Titurus an, denn in beiden Fällen wird die Apodosis von dem Versprechen des Sich-Erinnerns gebildet, in beiden Fällen findet sich dieselbe Konstruktion, allerdings mit einer pointierten inhaltlichen Transformation: Aus des Gönners personifiziertem *voltus*, welcher niemals aus seinem von Dank erfüllten Herzen (*pectore* als *abl. sep.*) gleiten werde, wird in dem Munde des *Dirae*-Sprechers die *cura* um das sogar angesprochene (*tua*) Verlorene, welche in deutlicher Überzeichnung des vergilischen Hypotextes nicht nur aus dem *pectus*, sondern sogar aus dem noch tiefer befindlichen »Mark« nicht »wandern« werde. Auf diese Weise treten die *Diren* gleich zweimal in einen Dialog mit den Versen 59-63 (und ihrem Kontext) der ersten Ekloge. Dieser gestaltet sich so, dass der Hypertext jener vergilischen Passage, sie umgestaltend und korrigierend, zweimal heftig »widerspricht«: Aus gelassenem, wenn auch bestimmtem Dank wird einmal eine inbrünstige Kampfansage an den mächtigen Feind, zum anderen die leidenschaftlich-erotische Beteuerung ewiger Treue, welche schließlich in den zwei Versen der *Dirae*-Coda in Abwandlung und

---

90 Dutoit, S. 83 spricht von »un couplet chanté sur le même air. La réplique est parfaite, vers pour vers, hémistiche pour hémistiche, jusqu'à *corpora rerum* qui rappelle *discordia rerum*.«

91 Dutoit, S. 83 klagt: »Le malheur est qu'il s'engage ainsi à donner une expression abstraite à des impossibilités qui ont déjà un charactère abstrait et aboutisse à une formule d'autant moins intelligible qu'elle se donne plus l'air d'un énoncé philosophique.«

92 Ich zähle den Vers 8 – wie es auch Kenney mit der Zeichensetzung seiner Ausgabe insinuiert – noch zu der Apodosis des Adynatons.

Übersteigerung eines Adynatons[93] noch einmal unter Verwendung des *meminisse*-Motivs bekräftigt wird:

> Quamvis ignis eris, quamvis aqua, semper amabo:
> Gaudia semper enim tua me meminisse licebit.

(*Dirae* 102/103)

Äußerst beachtenswert sind in diesem Zusammenhang zwei Distichen des Properz, auf die besonders Fraenkel, *Dirae*, S. 144 aufmerksam macht: Der Elegiker bringt nämlich beide Adynata der *Dirae* wieder zusammen,[94] indem er das (von manchen in seiner Unbestimmtheit als anstößig empfundene[95]) *multa prius*[96] der ersten Stelle (*Dirae* 7) zusammen mit zwei konkreten ἀδύνατα aus dem Bereich der natürlichen Ordnung[97] mit dem innigsten Schwur ewiger Liebe im Wortlaut der Verse *Dirae* 101-103 verbindet:

> *Multa prius*: Vasto labentur flumina ponto,
>   annus et inversas duxerit ante vices,
> quam *tua* sub nostro mutetur pectore *cura*:
>   *Sis quodcumque voles*, non aliena tamen.

(Properz 1, 15, 29-32)

Auf diese Weise werden die die *Dirae* umrahmenden Adynata, welche nur in ihrer Schlusswendung ein (quasi-)erotisches[98] Gepräge annehmen, in ihrer Gänze der erotischen Stimmung der Elegie dienbar gemacht:[99] Man

---

93 Aus dem Schema »Es müsste schon Y eintreten, damit X geschehen könnte.« wird »Mag auch jedes beliebige Y eintreten, X wird immer wahr sein.«, wobei die Antithesen *ignis* und *aqua* als Repräsentanten »jedes beliebigen Y« gelten können.

94 So auch Fraenkel, *Dirae*, S. 144: »Perhaps Propertius remembered the passage of the Dirae«. Anders Dutoit, S. 94: »Le vers [Properce I, 15,] 31 est à rapprocher de Virg., *Buc.* I, 63 [...] et des *Dirae*, v. 101 [...]. Properce imite probablement Virgile.« – Für letzteres sprechen die Anklänge *labentur* (Prop. 1, 15, 29) mit seinem separativen Ablativ (*vasto...ponto*) und *nostro...pectore* (Prop. 1, 15, 31) an den Vers 63 der ersten Ekloge: *quam nostro illius labatur pectore voltus*; allerdings stellen die Formel *multa prius* (v. 29, vgl. *Dirae* 7), die Junktur *tua...cura* (v. 31, vgl. *Dirae* 101) und das Motiv des konzessiven *sis quodcumque voles* (v. 32, vgl. *Dirae* 102) ein kaum zu widerlegendes Argument *für* eine direkte Verwendung der *Dirae*-Verse und *für* die oben postulierte Synopse der beiden *Dirae*-Adynata durch Properz dar.

95 Vgl. Fraenkel, *Dirae*, *ad loc.*

96 Diese Lesart mit Interpunktion nach dem *prius* mit Rothstein, Fraenkel und Fedeli, der im *apparatus criticus* seiner Properzedition (Stuttgart 1984) ebenfalls – mit Verweis auf Fraenkel, *Dirae*, S. 144 – die Verse *Dirae* 7-9 als ausschlaggebend anführt.

97 Nämlich der Topos des ἄνω ποταμῶν und »un adynaton qui nous était inconnu jusqu'ici: le renversement des saisons« (Dutoit, S. 94).

98 Hierzu vgl. Unterabschnitt 2.2.4.3.

99 Diese Tendenz auch sonst bei Properz: »Properz [...] fasst auch die Bukolik ausschließlich als Liebesdichtung auf bzw. ist nur an diesem Aspekt interessiert« (Schmidt, *Reflexion*, S. 150/151 mit Stellen).

mag sogar sagen, dass Properz in diesem Dialog mit seinen Vorgängern die Verse Vergils durch die »Linse« der *Dirae* mit wahrnimmt:

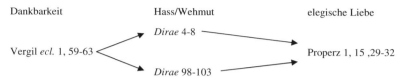

Oben (S. 71) wurde bereits auf ein Korollar der Adynaton-Figur (»X wird erst geschehen, wenn Y geschieht.«, wobei Y ein normalerweise evident »unmögliches Ereignis«, meist aus dem Bereich der Natur, darstellt) hingewiesen, welches darin besteht, dass jene sonst evidente und durch die übliche Topik der Adynata noch unterstrichene Unmöglichkeit des Ereignisses Y gerade aufgehoben wird: So wird, was sonst in den Protaseis der Adynata als Symbol für das Unmögliche *par excellence* steht, ein Signifikant für tatsächlich vollkommen pervertierte Umstände, wie sie der Sprecher der *Dirae* durch seinen Ausruf *en prima novissima nobis!* (v. 93) für sich in Anspruch nimmt. Was er durch diese kurze, abstrakte Formel bündig zum Ausdruck bringt, gilt jedoch wesentlich prägnanter, da konkreter, für das Ganze des Gedichtes: Sämtliche Flüche zielen ja auf nichts anderes ab, als in einem Rache(sprech)akt eben diejenigen Zustände eintreten zu lassen bzw. das Eintreten derjenigen Zustände zu evozieren, welche *topoi* für eine Umkehrung aller natürlichen Ordnung, also das *prima novissima* darstellen. Die »Topizität« dieser *topoi* (im herkömmlichen Sinne benutzt) gewährleistet wiederum der Horizont der vergilischen *Bucolica*. Als Komplement zu der obigen Betrachtung der ersten und neunten Ekloge sollen deshalb zum Abschluss des Kapitels nun je ein Beispiel aus dem fünften und dem achten Gedicht Vergils betrachtet werden, wodurch ein weiteres Mal demonstriert werden wird, wie eng sich der Dichter der *Dirae* in seiner transformierenden Nachahmung am Eklogentext bewegt.

Die achte Ekloge
In der achten Ekloge trägt Damon sein Lied von einem unglücklich in ein Mädchen namens Nysa verliebten Hirten vor. Den Fluss des Gesangs unterbricht er – wie es die *Dirae* tun – in unregelmäßigen Abständen durch den *versus intercalaris*: *incipe Maenalios mecum, mea tibia, versus!*, welcher im letzten Vers dieser ersten Eklogenhälfte (v. 61) analog zu Theokrits erstem *Idyll* abgewandelt wird: *desine Maenalios, iam desine, tibia, versus!*. Diese Einsprengsel sollen die ungläubige Entrüstung des Enttäuschten anfeuern, deren Ursache prosaisch in Vers 26 gegeben wird: *Mopso Nysa datur*. Ein Analogon für dieses unerhörte Faktum vermag der Arme jedoch in der Natur nicht zu finden und zweimal muss er, um den Grad seiner

Bestürzung zu verdeutlichen, zu dem Bild einer pervertierten Ordnung greifen:

> Iungentur iam grypes equis aevoque sequenti
> cum canibus timidi venient ad pocula dammae.
>
> (*ecl.* 8, 27/28)

Für ihn wird also bald eintreten, was der *Dirae*-Dichter in einer *conversa retro rerum discordia* (v. 6) unter Verwendung von ähnlichen Bildern aus der Tierwelt (Umkehrung der Nahrungskette statt der vergilischen Freundschaft zwischen Beute und Jäger) erst als Bedingung für das Verstummen seiner *avena* ansetzte. Doch einige Verse später steigert der unglücklich Verliebte seine Evokation einer verkehrten Welt noch: Hierbei beginnt er mit demselben Bild wie das erste Adynaton der *Dirae*, deren Gedichtganzes in dieser Hinsicht als eine Art der μακρολογία[100] dieses *topos* gelten kann, der hier in der achten Ekloge nur kurz aufblitzt:

> Nunc et ovis ultro fugiat lupus, aurea durae
> mala ferant quercus, narcisso floreat alnus,
> pinguia corticibus sudent electra myricae,
> certent et cycnis ululae, sit Tityrus Orpheus,
> Orpheus in silvis, inter delphinas Arion.
>
> (*ecl.* 8, 52-56)

Waren die ersten Adynata (vv. 27/28) im Indikativ Futur gehalten als »prophecy of nature's disruption«,[101] so geht Damon nunmehr zum Konjunktiv Präsens über. Es ist allerdings fraglich, ob – wie Coleman *ad loc.* es will – dieser Modus hier völlig eindeutig als der Optativ eines »prayer« zu erklären ist: Dies wäre zwar eine willkommene Parallele zu den Flüchen der *Dirae*. Während jedoch der Enteignete der *Appendix Vergiliana* eine hinreichende Motivation vorweisen kann, sein eigenes Landgut 72 Verse lang mit spezifischen Flüchen zu belegen, und hierbei ebenfalls gelegentlich – im Vertrauen auf die Wirksamkeit seiner Verwünschungen – in den *indicativus futuri*[102] hinüber gleitet, ist es nicht einleuchtend, warum der Protagonist des Damonliedes dafür *beten* sollte, dass z.B. »Tamarisken Bernstein ausschwitzen« (v. 54). Hier geht es doch vielmehr darum (wie schon bei den *futura* der vv. 27/28), nachdem die Ordnung in einem wörtlich verstandenen κόσμος durch den Liebesverrat entwurzelt worden ist, diese Pervertierung alles Natürlichen auch in allen Erscheinungsformen sichtbar zu machen, damit das Ausmaß dieses *prima novissima* noch deutlicher werde. Im

---

[100] Zu diesem Terminus vgl. Cairns, S. 119.
[101] Coleman zu *ecl.* 8, 52ff.
[102] Z.B. *iactabis* (v. 29), *cades* (v. 33) oder *dices* (v. 41). Vgl. Kröner, S. 76 und zur Relevanz dieses Tempus für das Fluchen als *speech act* unten Abschnitt 2.2.4.2.

Unterschied zu den *Dirae* ist also nichts Heißersehntes Gegenstand dieser Konjunktive, sondern vielmehr das »Nun mag auch...« eines *konzessiven Optativs*[103] oder das »Nun dürfte wohl auch...« eines *Potentialis*, welcher am ehesten dem obigen Futur entspräche. Diese Differenz kommt schließlich noch einmal sehr pointiert zum Vorschein bei einer Synopse der *Dirae*-Verse 45/46 und der Worte, die Damons Hirt vor der finalen Ankündigung seines Selbstmordes (vv. 59-61) spricht:

Omnia – vel medium – fiat mare: Vivite silvae!   Pertica qua nostros metata est impia agellos,
                                                  qua nostri fines olim, cinis omnia fiat.

(*ecl.* 8, 58)   (*Dirae* 45/46)

Allein die syntaktische Auffälligkeit des singularischen Verbs *fiat* in beiden Passagen rechtfertigt bereits ein Nebeneinanderstellen derselben[104] sowie die Frage: Welche semantisch-pragmatische Transformation erfährt der Eklogenvers in der *Appendix Vergiliana*? – Was bei Damon bzw. Vergil als Kulminationspunkt des Bilderkatalogs in einer zusammenfassenden Hyperbel Resignation ausdrückte: »Nun *mag* alles zu Meer werden, ja sogar zur hohen See: Lebt wohl, ihr Wälder!«,[105] wird im Munde des Vertriebenen zu dem planmäßigen Willen, dass »alles zu Asche werden *soll*«. Im Übrigen kann es als eine weitere μακρολογία gelten, wenn Vergils *omnia fiat mare* sich als Keim der (anschließenden!) *Dirae*-Verse 48-53 wieder findet.

Auf diese Weise verwandelt sich erneut ein Motiv, welches in den Eklogen nur eines neben anderen war und sich einer komplexeren Intention (z.B. Damons Darstellung einer für einen unglücklich Verliebten verkehrten Welt) unterordnete, in den für das Gedicht der *Dirae* zentralen Gegenstand: Ein Gedanke wird so gleichsam aufgenommen, transformiert, verstärkt und ausgearbeitet. Für Damons Hirten war es ein Element der *natura perversa*, dass nun »sogar Käuzchen mit den Schwänen wetteifern«. Darf man es als einen Ausdruck *seines* wütenden Trotzes verstehen, wenn der *colonus* der *Dirae* programmatisch eben diese kürzlich noch angefeindeten Tiere erstarkt an den Anfang seiner Flüche stellt, die er so prononciert als *cycneas voces* (v. 1) bezeichnet?

Die fünfte Ekloge
Der Verlust der geliebten Nysa löste im Lied des Damon die Unordnung des Kosmos aus; in Mopsus' Epikedion der fünften Ekloge (vv. 20-44) entspricht dieser Peripetie der Tod des mythischen Hirten Daphnis, und in

---
103 Als dessen »Apodosis« dann sogar der *versus intercalaris* des Verses 57 fungieren kann!
104 Vgl. Coleman *ad loc.*, van der Graaf *ad loc.*
105 Coleman *ad loc* spricht auch hier davon, dass »the goatherd *prays* that the present perverse world in which he has suffered so unjustly may complete its own disruption in the same way.« (meine Kursive)

einem Akt der συμπάθεια verkehrt sich trauernd die gesamte Natur: Die Hirten hüten ihre Herden nicht mehr, welche ihrerseits auch von selbst die Aufnahme von Futter verweigern, es klagen wilde Löwen, Berge und Wälder, und schließlich spricht Mopsus sein eigenes verstorbenes Urbild direkt an:

> Postquam te fata tulerunt,
> ipsa Pales agros atque ipse reliquit Apollo.
> Grandia saepe quibus mandavimus hordea sulcis,
> infelix lolium et steriles nascuntur avenae;
> pro molli viola, pro purpureo narcisso
> carduos et spinis surgit paliurus acutis.

(*ecl.* 5, 34-39)

Spätestens die wörtliche Übernahme von mindestens drei Formulierungen[106] aus diesen Vergilversen in die ersten drei Fluchstrophen der *Dirae* (vv. 9-24) stellt eine Einladung der *Appendix* dar, diese beiden Passagen nebeneinander zu stellen. Und auch schon die geschilderten Situationen tragen auf beiden Seiten vollkommen identische Züge: Der Schmerz über den Tod des Daphnis lässt in der fünften Ekloge Vergils die Götter Pales und Apoll das Land verlassen, so dass in den sonst üppige Gerste bergenden Furchen nur noch Lolch und wilder Hafer gedeihen, das »zarte Veilchen« und die »bunte[107] Narzisse« vergehen[108] und von »Unkraut«, Disteln und Christdorn, ersetzt werden. Dies ist eben der in den *Dirae* heraufbeschworene Fluchzustand, denn die Götter sollen die *rura* verlassen (*Ceres*, v. 15 und *Venus*, v. 20) oder sie als Feinde angreifen (*Iuppiter*, vv. 35/36, *Neptunus*, vv. 50, 58, 63 und *Vulcanus*, v. 52[109]), damit dort mannigfaltige *sterilitas* überhand nehme (*Dirae* 9-18), alles Schöne verschwinde (*Dirae* 20-24) und nur noch nutzlose Binsen (*Dirae* 73) überblieben. Vom Fluchenden wie von Mopsus wird hierbei nachdrücklich der Kontrast zu der *früheren* Fruchtbarkeit des Landes hervorgehoben, wobei jeweils ein Nebensatz mit der Beschreibung des einstigen Zustandes betraut wird:

Grandia saepe *quibus* mandavimus hordea sulcis, infelix lolium et steriles nascuntur avenae.	et metat hic iuncos, spicas *ubi* legimus olim.
(*ecl.* 5, 36/37)	(*Dirae* 73)

---

106 Z.B. *ecl.* 5, 36: *grandia ... mandavimus hordea sulcis*, vgl. *Dirae* 15: *effetas Cereris sulcis condatis avenas*; *ecl.* 5, 37: *infelix lolium et steriles nascuntur avenae*, vgl. *Dirae* 15 (Versschluss!) und 9: *impia Trinacriae sterilescant gaudia vobis*; *ecl.* 5, 38: *pro purpureo narcisso*, vgl. *Dirae* 20/21: *serta..., / purpureo campos quae pingunt verna colore*.

107 *purpureus* – vgl. Coleman *ad loc.*

108 Eine ähnliche Synästhesie von vergehendem Schönen findet sich explizit in der Wendung *dulcia non oculis, non auribus ulla ferantur* (*Dirae* 24).

109 Auch wenn besonders *Ceres* und *Vulcanus* eher *Allegorien* darstellen, so ist doch signifikant, dass eben von diesen Gebrauch gemacht wird.

War die gottverlassene Verödung der Natur bei Vergil eine Implikation des Todes des Daphnis, stellte sich also als sympathetisches Symptom notwendig von selbst ein, so liegen die Dinge für den Sprecher der *Dirae* anders: Von mehreren möglichen Alternativen – er hätte zum Beispiel der passiveren Resignation eines Meliboeus der ersten Ekloge verfallen können – wählt er in seinen ersten drei Fluchstrophen bewusst diejenige Alternative, in der er sein ehemaliges Landgut vorsätzlich eben dem sterilen Fluchzustand des Mopsusepikedions überantwortet. So wird aus einer unabwendbaren Reaktion der Natur die empörte Reaktion des Enteigneten, der sich (nicht ohne Wehmut) willkürlich gegen das zuvor Geliebte wendet, dessen Untergang diesmal nicht beklagt, sondern herbeigewünscht wird.

Dieser Eindruck verdichtet sich endgültig, wenn man in beiden Gedichten die jeweils sich anschließenden Verse betrachtet. Die fünfte Ekloge fährt mit den letzten Ehren für Daphnis fort und lässt das Lied des Mopsus mit einem Epitaph (*carmen*) schließen:

> ›Daphnis ego in silvis, hinc usque ad sidera notus,
> *formonsi* pecoris custos, *formonsior* ipse.‹

(*ecl.* 5, 43/44)

Dass gerade die emotional-erotisch aufgeladene *formonsitas*[110] des Verstorbenen *und* des ihm anvertrauten Viehs hier dezidiert in den Mittelpunkt dieser Beschreibung gerückt wird, die als Nachruf immerhin *en miniature* eine umfassende Charakterisierung des Daphnis geben soll,[111] unterstreicht nur, als ein wie großer Verlust der beklagenswerte Tod dieses geliebten Hirten hier geschildert wird. Umso pointierter mutet es an, wenn es in den folgenden drei Strophen der *Dirae* (vv. 25-29; 30-36; 37-41) die *silva* ist, welche – direkt angesprochen – mehrfach mit dem liebevollen Epitheton[112] *formosa*[113] ausgestattet wird.[114] Der intendierte Dialog mit der fünften Ekloge ist an dieser Stelle zudem evident, da sich in den *Dirae* die vergilische Folge von Positiv und Komparativ jenes Adjektivs (sogar an denselben Versstellen) wieder findet:

---

110 Zu dieser »Schlüsseleigenschaft« als »one of the characteristic terms of praise in the Eclogues« vgl. Coleman *ad loc.*, der in diesem Zusammenhang auch auf das typisch bukolische *in silvis* des Daphnisepitaphs hinweist; karg die Bemerkung bei Clausen *ad loc.*
111 »All Daphnis' qualities are summed up in the couplet.« (Coleman *ad loc.*)
112 Zu dessen erotischer Konnotation vgl. Abschnitt 2.2.4.3.
113 Zur Opposition von *formonsus vs. formosus* vgl. Coleman 39. In der Orthographie dieser Arbeit halte ich mich bei der Schreibung dieses Adjektivs an die Entscheidung des Herausgebers des jeweils zitierten Textes (bes. der *Bucolica* und der *Dirae*).
114 vv. 27, 32 – die einzigen Fundstellen dieses Adjektivs in den *Dirae*.

*formosae*que cadent umbrae, *formosior* illis
ipsa cades, veteris domini felicia ligna

(*Dirae* 32/33)

Doch in dem Fluchgedicht wird die *silva* als »schöne Geliebte« nicht betrauert oder auch nur verschont, nein: Gerade sie wird in diesen drei Strophen zum Gegenstand bzw. Opfer der Flüche, denn geschoren, gefällt und verbrannt werden soll sie. Mit Vergils Ekloge verbunden durch das intertextuelle Band der identischen Unfruchtbarkeitsymptome der Natur, übersteigern die *Dirae* also die Intensität des Pathos, indem sie Katastrophen, die dort unweigerlich auf den betrauerten Tod des Daphnis folgten, willentlich auf ein Objekt bündeln, welches mehrfach prononciert als ein verehrtes beschrieben wird und auch als solches oft besungen wurde: *multum nostris cantata libellis, / optima silvarum* (vv. 26/27). Die Zerstörung des Geliebten stellt ein deutliches Korrelat der emotionalen Entwurzelung des Sprechers dar, der nur noch zu solchen Verwünschungen Zuflucht nehmen kann.

Zusammenfassung

An dieser Stelle sei ein kurzes Zwischenresümee versucht. Es ist hoffentlich durch die ausgewählten Beispiele sichtbar geworden, dass es sich nicht bloß um eine *façon de parler* handelte, wenn auf den letzten Seiten, statt auf Quellenforschung zurückzugreifen, immer wieder von der *Dialogizität* der Beziehung zwischen den *Dirae* und den Eklogen Vergils die Rede war: Auf diese Weise sollte zum einen betont werden, wie wichtig es ist, die Verse der *Bucolica* nicht einfach als Steinbruch für das inferiore Dichten der *Appendix* zu betrachten, aus welchem *more centonis* ohne Rücksicht auf die ursprüngliche Eingebundenheit des Entnommenen Wortmaterial in die epigonalen Gedichte entlehnt wurde. Um dieser bereits beklagten Tendenz entgegenzuwirken, wurde jeweils die Wichtigkeit des vergilischen *Kontextes* betont, in welchen die nachgeahmten Verse eingebettet sind: Es macht einen Unterschied, ob der Dichter der *Dirae* irgend etwas über »Berge und Wälder« zu sagen hat und hierfür einfach auf einen Vergilvers zurückgreift, der just diese beiden *Wörter* an bequemer Stellung liefert – oder ob (wie gezeigt wurde) gebender und nehmender Vers dieselbe Situation beschreiben, in der die beiden *Worte* jeweils das Publikum eines singenden Hirten bezeichnen.

Andererseits durfte hierbei nicht stehen geblieben werden: Nach dem »Ob« und dem »Von Wo« des Entlehnens ging es vor allem um das »Wie« der *imitatio*, genauer um die Frage: Welcher schöpferischen Transformation (*aemulatio*) unterziehen die *Dirae* die von den *Bucolica* gebotenen Motive, Konstellationen und Szenen? Anhand mehrerer Beispiele kristallisierte sich die Antwort heraus: Das Gedicht der *Appendix Vergiliana* greift nach Passagen aus verschiedenen Eklogen, um sie amalgamierend in größtmöglicher Übersteigerung zu intensivieren. Dies gilt einerseits für schon bei Vergil mit Trauer oder Zorn konnotierte Elemente: So verbanden sich z.b. die Verzweiflung des liebeskranken Hirten in Damons Lied der achten Ekloge und das sympathetische Zusammenbrechen der natürlichen Ordnung, mit der die Natur in der sechsten Ekloge auf den Tod des Daphnis reagiert; das Ergebnis dieser Verschmelzung ist in den *Dirae* der Wunsch des fluchenden Sprechers, in Zukunft möge (mindestens) die öde Sterilität seiner *rura* als eng verbundenes Korrelat seiner Wut und Verzweiflung offenbar werden.

Dennoch bleibt es auch bei diesem Zusammenführen vergilischer Stränge nicht: Der auf den letzten Seiten postulierte Dialog muss seiner Natur gemäß ein *bi*direktionaler sein. Natürlich ist dies nicht in dem primitiven Sinne gemeint, dass Vergil die *Dirae* imitierte. Doch vermag das Fluchgedicht die Eklogenverse selbst nachträglich umzudeuten, also »Informationen« auch in die Richtung der *Bucolica* »zurück« zu senden: So wurden die verzeihlichen Nachteile der geretteten *rura* des vergilischen Tityrus zu Symptomen des von den *Dirae* heraufbeschworenen Fluchzustands, und vielleicht wird nach einer Lektüre der *Dirae* auch Tityrus nie wieder in dem Maße als ein *fortunatus senex* erscheinen, wie es vor dem Eingreifen, d.h. vor der Lektüre des Fluchgedichtes der Fall war. Diese Sichtweise entspricht dem, was Hinds »*polemical ›correction‹ in allusion*« nennt – insofern, als die *Dirae* Vergil an dieser Stelle »korrigieren« durch »a polemical engagement by the poet with his tradition [...]; in his self-presentation the alluding author was seen (variously) to reject, correct, or pay homage to his antecedents, acknowledging their importance but ultimately claiming his own version as superior.«[115]

Man kann (und ich werde) nun so weit gehen, sogar »*Dirae*-typische Momente«[116] der Eklogen auszumachen – und zwar in dem Sinne, wie Hinds, S. 109 von Ovids »*enjoyment of a very (dare I say it?) Ovidian moment in his predecessor*« (nämlich Vergil) spricht. Dies auszuführen, übersteigt den Rahmen des vorliegenden Kapitels; es wird einiger theoretischer Grundlegungen bedürfen und den Gedankengang des 3. Kapitels bestimmen.

Wenn bereits die Rede von verschiedenen Aspekten des »Wie« der Entlehnung von Vergilischem durch die *Dirae* ist, dürfte an dem »Dass« indes kein Zweifel mehr bestehen. Jedoch impliziert die Aufnahme von Elementen aus einem anderen Text keineswegs die eigene Einordnung in die Gattung jenes Vorbildes. Als ein Beispiel mag Longos dienen: Dieser greift

---

115 Hinds, S. 18.
116 »Momente« im Sinne sowohl von »Augenblicken« als auch von »Merkmalen«.

zwar mehrfach massiv in seinen *Lesbiaka* auf die Neue Komödie zurück, aber freilich ist sein Roman deshalb noch lange nicht jener Gattung zuzuschlagen. Aus diesem Grund wurde in erster Annäherung an die »Gattungsfrage« am Beispiel Nemesians verdeutlicht, mittels welcher Signale ein antiker Dichter sich sowohl an sein Vorbild anlehnt als auch sich von ihm absetzt und auf diese Weise »Gattung« erst entstehen lässt. Die hier gewonnenen Einsichten wurden alsdann auf die *Dirae* übertragen, und es konnte in detaillierter Analyse vor allem des Prooms (*Dirae* 1-8) gezeigt werden, dass das »Fluchgedicht« sich vollends in die so verstandene bukolische Matrix, zu der auch das Metrum[117] und der erste Vers gehören, einpasst. Eine solche *prima-facie*-Gattungszugehörigkeit, als die »Veränderung einer früheren Dichtung« (E.A.Schmidt) gefasst, konnte also affirmiert, eine andere wird sogleich im nächsten Abschnitt diskutiert werden.

Die Eklogen Vergils stellen also insofern die »poetische Heimat« der *Dirae* dar, als poetische Einkleidung (z.B. Hirten als Protagonisten und Sprecher) und Wortwahl in transformierender Nachahmung den *Bucolica* entnommen werden; dies deckt sich, wie ebenfalls angedeutet wurde, auch mit dem Verständnis antiker Kommentatoren (Donat, Servius) von literarischer Nachfolge innerhalb einer Gattung.

Abschließend kann dieser Befund durch das Zeugnis eines – neben Nemesian – weiteren antiken Dichters noch untermauert werden, nämlich dasjenige Vergils selbst: Hierzu sei betrachtet, auf welche Weise Vergil in seiner *Georgica*-σφραγίς die Aussage »In meiner Jugend verfasste ich bukolische Gedichte.« in Worte kleidet und somit höchstpersönlich die für ihn selbst grundlegenden Charakteristika bukolischen Dichtens kurz zusammenfasst:[118]

> Illo Vergilium me tempore dulcis alebat
> Parthenope studiis florentem ignobilis oti,
> carmina qui lusi pastorum audaxque iuventa,
> Tityre, te patulae cecini sub tegmine fagi.
>
> (Verg. *georg.* 4, 563-566)

Damals in Neapel war das Dichten, welches Vergil soeben in Bezug auf sein Lehrgedicht noch mit dem Verb *canere* (*georg.* 4, 559) bezeichnete, also noch[119] ein *ludere*.[120] Das Thema dieses »spielenden Dichtens« gibt Vergil mit den *pastores* an. Dann drückt er mit dem letzten Vers der *Geor-*

---

117 Es sei daran erinnert, dass die ovidische *Ibis* aus elegischen Distichen besteht.
118 Schmidt, *Reflexion*, S. 159 spricht von »Vergils eigene[r] Charakteristik seiner Bukolik«.
119 Zu dieser Veränderung des vergilischen »Dichtungsanspruchs« vgl. Schmidt, *Reflexion*, S. 289/290.
120 Vgl. Ov. *trist.* 2, 537/538: *Phyllidis hic idem* [sc. Vergil] *teneraeque Amaryllidis ignes / bucolicis iuvenis luserat ante modis.*

gica auch den *Bucolica* seine σφραγίς auf, indem er den ersten Vers der ersten Ekloge leicht abgeändert und in einer Funktion zitiert, mit der man sonst eine Überschrift betrauen würde – ein weiteres Indiz für den oben bereits angedeuteten paratextuellen Charakter des ersten Eklogenwortes:[121] Diesem wird denn auch durch die Apostrophe ein noch größeres Gewicht beigemessen. Des Weiteren evoziert die Nennung der »schattigen Buche« bündig den *locus amoenus* des hier explizit angesprochenen Textes.

Diese vergilische Skizze kann als Kriterium für das Vorliegen bukolischer Dichtung herangezogen werden. Hiervon ausgehend darf man sogar nur anhand dieser wenigen Vergilverse die *Dirae* vollkommen der Bukolik zuschlagen: Sie beginnen mit dem (dann ebenfalls paratextuell zu nennenden) *Battare*, werden nicht müde, das *canere / cantare* bzw. die *carmina* eines *pastor* zu beschreiben, der seinen *locus amoenus* zwar zu zerstören sich zum Vorsatz gemacht hat, dessen *amoenitas*, ja sogar *formo(n)sitas* jedoch eben dadurch besonders hervorhebt – man vergleiche nur die Zerstörung aller *dulcia* sowie der *silva* in den *Dirae*-Strophen B.3 und B.4 (vv. 19-24; 25-29).

Schließlich impliziert Vergil in den soeben zitierten vier Versen seiner σφραγίς die Programmatik einer Poetik, derer er sich in seiner Jugend bedient habe und die deutlich die Züge der so genannten Neoteriker trägt: Zunächst bezieht sich das Attribut *audax* (v. 565) auf die »kühne« Leistung, als *erster* in Rom bukolisch gedichtet zu haben; dies ist jener lukrezische[122] und »*remotely Callimachean*«[123] *topos* des eigenen Primats in der Dichtung, welchen Vergil bereits *ecl.* 6, 1/2 selbstbewusst vortrug, wobei das *dignari* (*ecl.* 6, 1) der *Bucolica* in den *Georgica* pointiert zu einer *audacia* der Jugend geworden ist. Diese besteht auch darin, sich einem *ignobile otium* zu widmen, indem man nicht *reges et proelia* (*ecl.* 6, 3) besingt, sondern »nur spielt« (*lusi*, v. 565), also (mit einem Augenzwinkern) nichts Ernsthaftes betreibt: *nugae*, wie Catull dies in seinem Einleitungsgedicht nennt. Wird somit von Vergil selbst bukolische Dichtung in den Bereich des tändelnden Kleinen verlegt, so entspricht dem, dass auch Catull sich der Diminutive bedient, um die Form seiner *carmina* zu beschreiben: Er spricht von dem *libellus* (*carm.* 1, 1 und 8) oder den *tabellae* (*carm.* 50, 2), in die er seine

---

121 Ebenso Schmidt, *Reflexion*, S. 17/18: »Mit dem Zitat des ersten Verses des Eklogenbuches meint er das ganze Buch, deutet aber auch an, dass der Eingang tatsächlich als Modell für das ganze Buch gedacht ist, indem er einen singenden Hirten darstellt.« – Die Zugehörigkeit des *Tityrus* zu der Gruppe der Paratexte bezeugt schon Ovid (*Amores* 1, 15, 25/26) bündig: *Tityrus et fruges Aeneiaque arma legentur, / Roma triumphanti dum caput orbis erit*.
122 Lukrez 1, 926-930 (= 4, 1-5). Vgl. Properz 3, 1, 1-4.
123 Clausen *ad ecl.* 6, 1/2. – Man vergleiche etwa die κέλευθοι ἄτριπτοι (mit Pfeiffers Ergänzung) der Verse 27/28 des *Aitien*-Prooöms (*fr.* 1 Pfeiffer).

versiculi (*carm.* 50, 4) schreibt – und zwar eben »spielend« (*lusimus*, *carm.* 50, 2).

Wie verlockend es auch als Argument wäre, so käme es doch einer *petitio principii* gleich, ein konjiziertes *lusibus* oder ein vielleicht korruptes *ludimus* des Verses 26 der *Dirae* hier anzuführen, um das Anklingen neoterischer Dichtungsprogramme nachzuweisen. Immerhin ist es sehr erstaunlich, dass der Fluchende in zwei recht dicht aufeinander folgenden Versen die *silva* zunächst oft von seinen *libelli* (v. 26) besungen und dann endgültig von seinen *libelli* (v. 34) verflucht sein lässt. Mutet es schon seltsam an, wenn der Hirte Mopsus in Vergils fünfter Ekloge (vv. 13/14) seine nicht kurzen *carmina* auf einer grünen Buchenrinde niederschrieb,[124] so ist es noch überraschender, wenn der *Dirae*-Sprecher entweder ein schriftliches Fixieren seiner Lobpreisungen und Flüche vor deren effektive Wirkung schiebt (*devota libellis* / ... *flagrabit*, vv. 34/35) oder aber mit den urbanen *libelli* in kühner Metonymie seine ruralen *carmina* bezeichnet. In beiden Fällen jedoch spricht die Gewolltheit dieses Ausdruckes dafür, dass die *Dirae* nicht nur formal und thematisch der von Vergil erstellten Matrix bukolischen Dichtens entsprechen, sondern auch ein nur kurzer Blick auf jenen ausgefallenen Sprachgebrauch im Fluchgedicht erweist, dass dieses auch in der Übernahme poetologischer Konzepte der so genannten *poetae novi*, wie sie im Rückblick der *Georgica*-σφραγίς aufblitzen und auch sonst in den *Bucolica* selbst nachgewiesen werden können, den Eklogen folgt.

2.2 Vergils Eklogen als poetologische Heimat der *Dirae*

Im vorigen Abschnitt galt es, durch Betrachtung der vergilischen Eklogen und impliziter bzw. expliziter Beschreibungen ihres Wesens z.B. bei Nemesian bzw. Vergil selbst *induktiv* das konstitutiv Bukolische an ihnen herauszudestillieren. In diese Matrix konnten die *Dirae* vollständig eingegliedert werden; in den Hintergrund gestellt wurde hierbei die Praxis früherer Forschung, lediglich zu betonen, wie oft und wie genau die *Appendix* ihr Vorbild Vergil zitiert – zu Gunsten einer Analyse, auf welche Weise Vergilisches zusammen mit seinem Kontext in den *Dirae* anklingt und transformiert worden ist. Die so gewonnene Auffassung von Bukolizität (im Sinne des Vorliegens einer notwendigen und hinreichenden Bedingung für bukolische Dichtung) verdankt sich einem Modell, welches durchaus in jene aristotelischen Elemente der Darstellungsmittel (οἷς), des Gegenstandes (ἅ)

---

124 Siehe hierzu unten S. 106-109.

und der Darstellungsweise (ὡς) einer Nachahmung (Mimesis) in den *Dirae* eingepasst werden kann.[125]

Doch dieser *prima-facie*-Befund genügt nicht, um das Wesen der Bukolik hinreichend zu beschreiben: Dass und in welche Richtung diese Gattung und mit ihr das Gedicht der *Dirae* in einen weiteren Rahmen gestellt werden muss, wie er durch die Unterscheidung von poetischer und poetologischer Heimat der *Dirae* bereits angedeutet wurde, soll nun im folgenden verdeutlicht werden. Dies wird vor allem in Auseinandersetzung mit Ernst A. Schmidts Monographie *Poetische Reflexion: Vergils Bukolik* geschehen. Die dort geäußerten Thesen zum Wesen der Bukolik blieben zwar in ihrer Radikalität nicht unwidersprochen,[126] dennoch kann den in ihnen zusammengetragenen tieferen Einsichten eine weittragende Bedeutung nicht abgesprochen werden: Dass es sich bei diesen Eklogen- und eben auch *Dirae*-Interpretationen, die das oben Gesagte nicht obsolet machen, sondern nur in sich »aufheben«, nicht nur um zusätzliche, entbehrliche *purpurei panni* handelt, sondern sie hinreichend durch die betrachteten Texte selbst motiviert werden, mögen, bevor ich mich einer engeren Beschäftigung mit der Bukolikauffassung Schmidts zuwende, zwei Auffälligkeiten sichtbar machen, die sich bei näherer Lektüre vergilischer Passagen und unter Beachtung hier zu findender Ambivalenzen sofort ergeben und den jeweiligen Gegenstand der folgenden Abschnitte bestimmen werden.

1) Man betrachte zunächst noch einmal Vergils Rückblick auf sein eigenes bukolisches Dichten in der σφραγίς der *Georgica*. Hier fasst er das Werk, an dessen Ende er sich gerade befindet, in seinen Hauptthemen zusammen: *Haec super arvorum cultu pecorumque canebam / et super arboribus* (*georg.* 4, 559). Der traditionellen (μῆνιν ἄειδε, θεά, vgl. *arma virumque cano*) Bezeichnung des epischen (Be-)Singens mit dem Verb *canere* wird das Thema des Lehrgedichtes mittels der Präposition *super* (=*de*) beigefügt. Entsprechend kann in der Beschreibung seiner *Bucolica* Vergil mit *carmina ... lusi pastorum* (v. 565) natürlich meinen: »Spielend verfasste ich (*lusi*) Lieder (=Gedichte) von (=über) Hirten.« – Indessen kann das soeben als *genetivus obiectivus* aufgefasste *pastorum* ebenso als *genetivus subiectivus* interpretiert werden im Sinne eines: »Lieder wie sie Hirten singen«. Diese Zweideutigkeit ist nur dadurch möglich, dass Vergil in der Präsentation seiner Bukolik bewusst[127] auf eine klärende Präposition wie *de* oder *super* verzichtet. Gemäß der zweiten Lesart stellte sich Vergil in gewisser Weise auf dieselbe (hier nicht logisch aufgefasste) Ebene, auf der sich auch die

---
125 *Poetik* 1447a16-18. – Vgl. Genette, *Architext*, S. 90-97.
126 Vgl. z.B. Effe / Binder, S. 67.
127 Vgl. Schmidt, *Reflexion*, S. 243/244.

von ihm dargestellten Hirten bewegen: Indem Vergil Lieder singt, wie sie Hirten singen, wird er für diesen Moment selbst zum singenden Hirten. Nur so kann auch Properz ihn später in die Landschaft der Eklogen versetzen, wenn er Vergil anspricht: *Tu canis umbrosi subter pineta Galaesi / Thyrsin et attritis Daphnin harundinibus* (Properz 2, 34, 67/68). Dass Vergils Gesang hier auf den *harundines* »gespielt« wird, schließt den Sinn eines epischen ἀείδειν aus und unterstreicht das Versetzen des Dichters in die Hirtenwelt.

Der letzte Vers der *Georgica* verstärkt diesen Eindruck: *Tityre, te patulae cecini sub tegmine fagi*. Abgesehen von der auch von Schmidt beschriebenen[128] abermaligen Betonung des singenden (nicht: dichtenden) Bukolikers kann man diesen Satz auch noch radikaler lesen: Das konstitutive *cecini* hat das Partizip *recubans* des ersten Verses der Eklogen ersetzt. Nun legt zwar der oberflächliche *Sinn* der σφραγίς freilich die Ergänzung eines *recubantem* nahe, so dass man (als Hauptsatz) übersetzte: »Dich, Tityrus, besang ich, *wie du* unter dem Schattendach einer weit ausgebreiteten Buche ruhtest.« Aber die Syntax diktiert eine andere Lesart: Da das Partizip fehlt, müsste die Ortsangabe eigentlich zum Prädikat *cecini* gezogen, also ein *recubans* mit verstanden werden. So paradox dies scheinen mag: Diese syntaktische Ambivalenz lässt Vergil in seiner eigenen bukolischen Landschaft unter der Buche ruhen, lässt ihn an die Stelle des Tityrus treten, ja zu Tityrus werden, unter dessen Namen Vergil in der sechsten Ekloge von Apoll angeredet wird (v. 4).[129] Auf diese Weise kreuzen sich die logischen Ebenen von Dichter, Sänger und Besungenem noch durchdringender und verwischen die Grenze zwischen Objekt (*Tityrus*) und Subjekt (*Tityrus*, Vergil) des *canere*.

2) In dem (sonst interpretatorisch nicht unproblematischen) Proöm seiner vierten Ekloge äußert sich Vergil ein weiteres Mal zu seiner eigenen Bukolik:

---

128 Vgl. Schmidt, *Reflexion*, S. 45/46.
129 Dieser Eindruck erhärtet sich, wenn man auch *ecl.* 6, 8: *agrestem tenui meditabor harundine Musam* betrachtet: In dem poetologisch bestimmten Proöm dieser Ekloge spricht Vergil selbstbewusst *e propria persona*, indem er den Vers *ecl.* 1, 2 (*silvestrem tenui Musam meditaris avena*) variiert, in welchem eben Tityrus angesprochen und beschrieben wird.

Sicelides Musae, paulo maiora canamus.
Non omnis arbusta iuvant humilesque myricae;
si canimus silvas, silvae sint consule dignae.

(*ecl.* 4, 1-3)

Auf einen (etwas) höheren Gegenstand also möchte er seine (immer noch bukolische[130]) Dichtung richten; nicht allen gefallen »Baumpflanzungen« und »niedrige Tamarisken«, aber wenn er »Wälder besingt«, dann mögen diese Wälder eines Konsuln würdig sein.

Als eine zweite symptomatische Ambivalenz in der bukolischen Sprache Vergils möchte ich nun eine Lesart vorgeschlagen, die zwar bei oberflächlicher Lektüre ein wenig forciert erscheint, sich aber, wie der dritte Teil dieser Arbeit erweisen wird, aufdrängt, wenn man berücksichtigt, mit welchen Begriffen Vergil in seinem Eklogencorpus auch sonst auf seine eigenen Verse Bezug nimmt. Anstatt nämlich einem transitiv gebrauchten *canere* (»*be*singen«) die *silvae* als äußeres bzw. affiziertes Objekt zuzuweisen, ist es ebenso möglich, *canere* (»singen«, nach dem oben gesagten dann auch: »dichten«) mit einem inneren bzw. effizierten Objekt *silvas* zu konstruieren. Lässt man sich hierauf ein, sind es »Wälder«, die das *canere* selbst bezeichnen und modifizieren (»inneres« Objekt) bzw. durch das Singen erst geschaffen werden (»effiziertes« Objekt) und in der Sprache des Dichters »wachsen«. Auf diese Weise gelangte man zu einer Semantik von *silvae*, die dem Namen entspräche, welchen später P. Papinius Statius seinen fünf Büchern von Gelegenheitsgedichten gab.[131]

Eine Entscheidung, welche syntaktische Interpretation in den beiden Alternativen, die soeben vorgestellt worden sind, jeweils die (ausschließlich) gültige sei, ist unmöglich. Sie zu suspendieren und Wörter wie *canere* oder *silvae* in einem syntaktisch-semantischen ἀπὸ κοινοῦ zu konstruieren, führt dazu, dass beide Lesarten gleichwertig nebeneinander stehen können, sich gegenseitig ergänzen und erhöhen. Aufgabe der nächsten beiden Kapitel wird es nun sein zu zeigen,

(1) dass diese Arten von Ambivalenzen konstitutiv für Vergils Eklogen sind und so jeweils als Paradigma auch in den *Dirae* wirken,

(2) inwiefern also Bukolik eine Reflexion auf das eigene (bukolische) Dichten ist und eben hierdurch die »Bukolizität« von *Bucolica* und *Dirae* erst begründet,

---

130 Vgl. Schmidt, *Reflexion*, S. 155/156.
131 Man vgl. Gellius' *praefatio* zu seinen *Noctes Atticae*, wo er §§ 3-10 verschiedene Werktitel diskutiert und neben dem Namen *silvae* (§ 6) auch andere Landschaftsbezeichnungen wie »λειμῶνες«, *pratum* und »τόποι«(!) aufzählt.

(3) wie bei Vergil und in der *Appendix Vergiliana* das bukolische Dichten *von* Landschaft und ein Bezeichnen des bukolischen Dichtens *als* Landschaft so weit in eins gehen, dass beides gleichzeitig zu denken ist. Das Ziel dieser Analyse wird die Interpretation dessen sein, dass sich die *Dirae* als Verfluchungen von Landschaft – das heißt unter diesen Prämissen aber auch: von Dichtung – also eben gegen jene Gattung wenden, zu welcher sie selbst infolge der in den Abschnitten 2.1 und 2.2 dargestellten Signale zu zählen sind.

E. A. Schmidts »grundlegende Charakteristika« der Bukolik

Auch Schmidt, *Reflexion* beginnt – wie es der obige Abschnitt 2.1 tat – seine Analyse der vergilischen Eklogen mit einer Betrachtung der Elemente, die *prima facie* das Bukolische dieser Gedichte ausmachen. Doch über diese katalogartige, im Gegensatz zu dem obigen möglichst induktiven Vorgehen eher als deduktiv[132] zu kennzeichnende »Aufstellung der grundlegenden Merkmale der Gattung Bukolik«,[133] die für ihn bereits ein »geschlossenes Konstruktionssystem« sind, stellt Schmidt alsbald ein »grundlegendes Charakteristikum«,[134] dem jene fünf vorgängigeren Merkmale unterzuordnen sind. Diese werden in den nächsten Abschnitten jeweils betrachtet, um zu demonstrieren, dass die vorgenommene Subsumierung der *Dirae* unter die bukolische Gattung auch nach diesen Kriterien gerechtfertigt ist. Aufgespart wird während dieser Überlegungen indessen bewusst das Moment der »poetischen Reflexion«, das für Schmidt jenes eigentliche Mark der Bukolik bildet: Das 3. Kapitel dieser Arbeit wird Ergebnisse präsentieren, die, wenn auch aus einer gänzlich anderen Richtung kommend, an jenes von Schmidt postulierte »grundlegende Charakteristikum« angenähert werden können und schließlich auch sollen.

2.2.1 Hirtensänger und Hirtenlieder[135]

Gegenstand bukolischer Gedichte sind nicht etwa idyllische Beschreibungen von weidenden, küssenden oder faustkämpfenden Hirten, sondern von diesen wird nur gehandelt, insofern sie *singen*. Somit ist das Wortfeld um *canere* zentral:[136] Alle Eklogen sind, enthalten oder behandeln die *carmina*

---

132 Vgl. Schmidt, *Reflexion*, S. 19/20: »Auch dieses Gattungsmerkmal soll nicht durch Interpretation Theokrits und Vergils begründet werden.«
133 Schmidt, *Reflexion*, S. 17.
134 Ebd.
135 Schmidt, *Reflexion*, S. 17-19.
136 Anstatt allerdings an dieser Stelle seiner deduktiven Argumentation den Vers Verg. georg. 4, 566: *Tityre, te patulae cecini sub tegmine fagi*, dessen Komplexität soeben dargelegt wurde, anzuführen, hätte Schmidt induktiv-heuristisch verfahren können, da aus jenem *cecini* die zu zeigende Eigenschaft der vergilischen Bukolik noch lange nicht folgt; auch dass bei Theokrit das

bzw. die Musik der Hirten. Wenn sich nun der Dichter selbst (siehe obige Vorbemerkungen) als Sänger vorstellt, ist sowohl die Dichtung selbst als auch ihr Stoff als »Bukolik« zu bezeichnen.[137] Dass nun die *Dirae* von den *carmina*[138] bzw. dem *canere*[139] eines die *fistula* spielenden Hirten[140] handeln, ist evident und durch das *repetamus carmine* des ersten Verses auch entsprechend prononciert beschrieben.

2.2.2 Hexameter[141]

Wie schon in Kapitel 2.1 bemerkt, ist die Wahl des Versmaßes maßgeblich für bukolisches Dichten: Ausnahmen vom daktylischen Hexameter innerhalb der Gattung gibt es fast nicht. Die ἀμοιβαία ἀοιδά des achten theokritischen Idylls besteht ausnahmsweise aus elegischen Distichen; diese wurden, wie Schmidt, *Reflexion*, S. 38 bemerkt, von der Antike jedoch zusammen mit dem Hexameter durchaus noch unter dem Oberbegriff der ἔπη subsumiert, so dass hier kein wirklich schwerwiegendes Abweichen von sonst Üblichem vorliegt. Auffälliger sind hier schon spätantike Phänomene wie das ebenfalls schon erwähnte (oben, Anm. 16) um 400 n.Chr. verfasste christliche Hirtengedicht *De mortibus boum* des Severus Sanctus Endelechius, das dieser in asklepiadeischen Strophen verfasste.[142]

Kurz kann also festgehalten werden, dass die hexametrischen *Dirae* sich metrisch in den Befund, den die theokritische, vergilische und (weitgehend) nachvergilische Bukolik bietet, einfügen lassen. Doch die Übereinstimmungen gehen noch weiter.

Vergil beschreibt im Proöm zu seiner sechsten Ekloge selbst seine Art, bukolisch zu dichten, wenn er seinen Primat in der lateinischen Hirtendichtung hervorhebt: »prima *Syracosio* dignata est ludere *versu* / nostra ...« (*ecl.* 6, 1/2) – Schmidt[143] weist zu Recht darauf hin, dass *Syracosius versus* »ein merkwürdiger Ausdruck« wäre, »wenn seine Bedeutung mit ›Hexameter‹ erschöpft wäre.« – Zwar will es nicht einleuchten, warum für ihn

---

Adjektiv βουκολικός nur mit Substantiven wie ἀοιδά und μοῖσα verbunden wird, hilft hier wenig. Nichtsdestoweniger zeigt eine *Betrachtung* der zehn Eklogen sofort die Wahrheit des Postulats.

137 »Der Name Bukolik der Dichtgattung ist identisch mit dem Namen ihres Gegenstandes, der wiederum bukolisches Lied ist.« (Schmidt, *Reflexion*, S. 18)
138 *Dirae* 1, 14, 19, 25, 30, 47, 54, 71, 75, 97.
139 *Dirae* 2; cantare: *Dirae* 26.
140 Zum Hirtensein des *Dirae*-Sprechers vgl. oben Abschnitt 2.1.
141 Schmidt, *Reflexion*, S. 38-45.
142 Vgl. Effe / Binder, S. 141-146.
143 Schmidt, *Reflexion*, S. 39.

Syracosius versus nicht »schlechthin Dichten in der Nachfolge Theokrits«[144] bezeichnen kann, böte doch der Vers Verg. *georg.* 2, 176 mit seiner Ankündigung der Hesiodnachfolge ein hinreichendes Analogon für diese Sprechweise: »*Ascraeum*que[145] cano Romana per oppida *carmen*.« Auch hier findet sich ein Adjektiv, in welchem die Heimat des Gattungsarchegeten ausgedrückt ist, bezogen auf ein Substantiv, mit dem sich die Dichtung Vergils selbst bezeichnet.[146] Indes: Durch die Wahl des Substantivs »*versus*« zu Beginn seiner sechsten Ekloge lenkt Vergil die Aufmerksamkeit auf diesen Baustein seiner *carmina*, der in besonderer Weise vom Metrum konstituiert wird. Insofern kann man Schmidt folgen, wenn er im *Syracosius versus* einen Hinweis auf *die besondere Art* sieht, in der Theokrit seine Hexameter verfasste. Diese metrische *differentia specifica* bestünde dann in der so genannten »bukolischen Dihärese«.[147] Dass es diese Besonderheit ist, die Vergil hier meint, sieht Schmidt[148] dadurch bestätigt, dass der Vers *ecl.* 4, 1 mit seinem abgetrennten Adoneus *ludere versu* ein Beispiel für eine »starke« bukolische Dihärese bietet.

Metrik und Stilistik der *Dirae* sind von Eskuche, S. 52-63 und besonders ausführlich von van der Graaf, S. 44-122 behandelt worden. Ziel des letzteren war es, hierdurch die Autorschaft Vergils zu erweisen. Dass ihm dies in keiner Hinsicht gelungen ist, hat Kröner, S. 102-114 emphatisch dargelegt. Da im vorliegenden Kontext derartige statistische Untersuchungen nicht fruchtbar gemacht werden können, mag eine schnelle Durchsicht der *Dirae* genügen: Diese ergibt, dass von den 103 Versen dieses Gedichtes 73 Verse eine bukolische Dihärese zeigen, dies entspricht einem Anteil von ca. 71 %. Somit ist deutlich, dass in den Hexametern der *Dirae* auch dieses Charakteristikum bukolischer Dichtung der Regelfall ist; zudem weisen von jenen 73 Versen mit bukolischer Dihärese 69 Verse eine Penthemimeres auf[149] – auch dies in Übereinstimmung mit der Praxis der Hirtendichtung.[150]

---

144 Ebd.
145 Vgl. *ecl.* 6, 69/70: *Hos tibi dant calamos – en accipe – Musae, / Ascraeo quos ante seni.*
146 Vgl. *ecl.* 10, 50/51: *Ibo et Chalcidico quae sunt mihi condita versu / carmina pastoris Siculi modulabor avena.*
147 Zum Begriff der »bukolischen Dihärese« und ihrer Wahrnehmung in der Antike vgl. Schmidt, *Reflexion*, S. 39-45.
148 Schmidt, *Reflexion*, S. 39.
149 Ausnahmen: *Dirae* 57; 61; 66; 86.
150 Vgl. Crusius, F. / Rubenbauer, H.: Römische Metrik, Hildesheim / Zürich / New York ⁸1992, § 53, 6.

2.2.3 Kürze[151]

Selbst ein oberflächlicher Blick auf die Bukolik bei und nach Vergil ergibt den formalen Befund, dass die Verse eines solchen Gedichtes sich auf einen gewissen numerischen Umfang beschränken. Schmidt, *Reflexion*, S. 32/33, Anm. 81 listet als jeweilige durchschnittliche Länge der bukolischen Gedichte für Theokrit 89, für Vergil 83, für Calpurnius Siculus 108 (ohne seine lange 4. Ekloge: 98), für die *Carmina Einsidlensia* ca. 44 und für Nemesian 80 Verse auf. Somit lägen die *Dirae* (ohne die *Lydia*!) mit ihren 103 Versen durchaus noch in der für die Bukolik zu konstatierenden Spannweite der Gedichtlänge, wenn auch an der oberen Grenze; doch selbst innerhalb der zehn vergilischen Hirtengedichte werden die *Dirae* von den 111 Versen der 3. und den 109 Versen der 8. Ekloge noch überboten.

Auch wird das Motiv der Kürze in den *Dirae* selbst thematisiert: Abgesehen von seinen weiteren poetologischen Implikationen, die bereits angesprochenen wurden, bezeichnet der Diminutiv der *libelli* (*Dirae* 26 und 34) natürlich zunächst einmal eben die Kleinheit, d.h. die Kürze der Gedichte des Fluchenden, wie sie sich auch in den *Dirae* selbst realisieren muss. Der Name »εἰδύλλιον« (und auch *ecloga*) besagt nichts anderes.[152] In einem Vorgriff auf das fünfte Merkmal der vergilischen Bukolik sei bereits hier bemerkt, dass die »Kürze« des Dichtens programmatisch von Kallimachos herausgehoben wird, wenn er sich in seinem *Aitien*-Prolog gegen die Forderungen der Telchinen nach einem herkömmlichen Epos verteidigt und sein eigenes Verfassen von Versen als ein »Herauswälzen« eines ἔπος ἐπὶ τυτθόν ... παῖς ἅτε (*fr.* 1, 5/6 Pfeiffer) beschreibt und hier sogar das Adjektiv »ὀλιγόστιχος« (v. 9) benutzt. Seinen Widerhall findet dieses Prinzip bei Vergil in poetologischen Reflexionen wie denen im Proöm der sechsten Ekloge, wo das *tenuis* (v. 8) als Gegensatz zum *pinguis* (v. 4) natürlich auch eine numerische Kleinheit von Gedichten ausdrückt.[153] Noch deutlicher wird dies jedoch in der zehnten Ekloge. Hier verraten sowohl das Proöm durch eine von *pauca ... carmina* (vv. 2/3) quantifizierte Bukolik (*fluctus Sicani*, v. 4) als auch der Epilog durch seine selbstreferentielle, poetologische Metapher *gracili fiscellam* [Diminutiv!] *texit hibisco* (v. 71) die Überzeugung davon, dass die Länge bukolischer *carmina* begrenzt sein muss.

Verwandt mit dem Motiv der Kürze – wenn nicht sogar eine Implikation desselben – ist das Bewusstsein dafür, dass ein Gedicht, damit es ein der Gattung geschuldetes Maß nicht überschreite, an einem bestimmten Punkt

---

[151] Schmidt, *Reflexion*, S. 32-38.
[152] Schmidt, *Reflexion*, S. 36/37.
[153] Schmidt, *Reflexion*, S. 32/33 bemerkt, dass »die relative Kürze der bukolischen Gedichte offenbar mit ihrer λεπτότης und insofern auch mit dem kallimacheischen Programm zusammenhängt«.

zu seinem Abschluss gebracht werden muss. Die Feststellung hört auf, banal zu sein, wenn man bedenkt, dass gerade dieses Zum-Abschluß-Bringen von der Bukolik explizit thematisiert wird. Dies geschieht auf der poetischen Ebene selbst: Die Eklogen 1, 2, 6, 9 und 10 »müssen« schließen,[154] da ihre »Zeit«, d.h. der bukolische »Tag« mit dem Kommen des Abends ausgeklungen ist.[155] Ebenso beendet Vergil seine zehnte Ekloge noch mit einem zusätzlichen Hinweis darauf, dass sein *extremus*[156] *labor* (v. 1) nun lang »genug« sei: *Haec sat erit, divae, vestrum cecinisse poetam* (v. 70), und Palaemon muss auf der Ebene der bukolischen Handlung den Wechselgesang zwischen Menalcas und Damoetas und mit diesem auch die zweite (und längste!) der Eklogen abbrechen – als ob er »spüre«, dass das Gedicht nun beschlossen werden muss: *Claudite iam rivos, pueri: sat prata biberunt* (v. 111). Auf diese Weise scheint eine Figur, die sonst auf der Ebene des vom Bukoliker Erzählten angesiedelt ist, in die Steuerung, ja »Regie« des Eklogentextes einzugreifen. Um es in der nützlichen Terminologie Gérard Genettes zu fassen: Es kommt zu einem »Anteil-Nehmen«[157] (μεταλαμβάνειν) Palaemons am Akt des Eklogendichtens, eine Metalepse entsteht. Bedenkt man dies, dann wird durch das *iam* in *ecl.* 3, 111 und das *iam* in *ecl.* 1, 82 nicht nur die fortgeschrittene Zeit des bukolischen Tages sondern auch die recht hohe Verszahl bezeichnet.

Zudem kann ein weiteres Beispiel für diese metaleptische Sprache des rechtzeitigen Vollendens in den beiden Liedern der achten Ekloge erkannt werden: Damon und Alphesiboeus lassen jeweils den Sprecher bzw. die Sprecherin ihres *carmen* über den letzten ihrer *versus intercalares* ankündigen, dass ihre »Redezeit« vorbei ist:

> Desine Maenalios, *iam* desine, tibia, versus. (*ecl.* 8, 61)
> Parcite, ab urbe venit, *iam* parcite, carmina, Daphnis. (*ecl.* 8, 109[158])

Auch hier bezeichnet jeweils ein (im griechischen Vorbild fehlendes) *iam* ein Jetzt sowohl der inneren als auch der äußeren Zeit der Ekloge.

Ein Analogon für dieses (metaleptische) Bewusstsein, dass der eigene Gesang einem fristgemäßen Abschluss zugeführt werden muss, stellen eben die *Dirae* dar. Auch hier, wie in der achten Ekloge, sind *versus intercalares* das Mittel, das Lied zu gliedern. Auch hier ist es die Form des letzten Interkalarverses, die auf intradiegetischer Ebene den Abschluss des Fluchgesan-

---

154 Vgl. *ecl.* 1, 82/83; 2, 66/67; 6, 85/86; 9, 63-65; 10, 75-77. Vgl. auch *ecl.* 8, 14-16.
155 Vgl. Coleman *ad ecl.* 6, 86: »the heavens [...] are reluctant, *invito*, when the shadow of night, which is *gravis cantantibus* (10.75), brings the recital to a close.« – Ähnlich Schmidt, *Reflexion*, S. 35.
156 Ein Signal, dass auch der Umfang der Eklogen*sammlung* nun für groß genug erachtet wird.
157 Zur näheren Erklärung dieser Termini siehe den Abschnitt 2.2.4.1 dieser Arbeit.
158 Eklogen- *und* Liedschluss!

ges, auf extradiegetischer Ebene das Ende des Gedichtes Dirae ankündigt: *extremum carmen revocemus, Battare, avena.* (*Dirae* 97) So bestätigen diese Verse der *Appendix Vergiliana* die von dem Diminutiv *libelli* (*Dirae* 26 und 24) ausgegangene Vermutung, dass hier die Absicht ihren Ausdruck findet, »ein gewisses Maß«[159] der Länge nicht zu überschreiten. Die *Dirae* entsprechen also auf der Seite der bloßen Anzahl der Verse durchaus dem, was Schmidt unter dem »Motiv der Genüge« subsumiert; er führt hierzu aus:

Genüge, Sättigung, am Ende eines Gedichtes von diesem prädiziert, bedeutet, dass das Gedicht wirklich erfüllt, abgeschlossen ist, dass eine Fortsetzung, Verlängerung überflüssig wäre und Übersättigung erzeugen würde. Das setzt voraus, dass bestimmten Erwartungen ein Maß, welches für das Gedicht verbindlich ist, entgegengehalten wird.[160]

Dieses Maßhalten kontrastiert Schmidt im Folgenden selbst mit der Liebe des Gallus, die eben kein Maß kennt: *Ecquis erit modus?* (*ecl.* 10, 28) – Im Gegensatz zu der Form der zehnten Ekloge kennt also deren zentraler Gegenstand keine Grenzen, die seine überbordenden Gefühle zu beschränken vermöchten:[161] Kann Vergil, der Dichter der formgerechten Ekloge, »seine« Ziegen als »gesättigte« (*saturae*, v. 77) heimschicken, so gilt dies keinesfalls für Pathos und Pothos des liebeskranken Gallus, dessen Emotionen jeden Rahmen durchbrechen:

> Amor non talia curat
> *nec* lacrimis crudelis Amor *nec* gramina rivis
> *nec* cutiso *saturantur* apes *nec* fronde *capellae*.
>
> (*ecl.* 10, 28-30)

Es ist der Weg in die Richtung der Elegie, den Vergil hier betritt.[162] Die *Dirae* führen durch andere Gefilde, wenn sie ihrerseits die klar begrenzte Form von einem inhaltlich wirkenden Pathos sprengen lassen: Hass, nicht Liebe bricht hier alle Dämme. Dieses Phänomen, das als Symptom des Zustrebens auf eine bestimmte Form von ὕψος gedeutet werden kann, wird in Abschnitt 3.3.1.1 Gegenstand einer eingehenderen Betrachtung sein.

---

159 Schmidt, *Reflexion*, S. 32.
160 Schmidt, *Reflexion*, S. 34/35.
161 Vgl. *ecl.* 10, 22: *Galle, quid insanis?*
162 Vgl. Properz 2, 15, 30/31: *Errat, qui finem vesani quaerit amoris: / verus amor nullum novit habere modum.*

2.2.4 Rollenwechsel[163]

Bevor mit dem »Kallimacheischen Stilideal« das fünfte und letzte »grundlegende Charakteristikum« besprochen werden wird, welches die Behandlung der *Bucolica* und der *Dirae* in den (zugegeben: vageren) Bereich der Ästhetik hinüberleitet, soll nun für längere Zeit eine Beobachtung in den Mittelpunkt gerückt werden, die Schmidt seinerseits als letzte bespricht, nachdem er zunächst ausführt:

> Für die Gattung Bukolik ist schließlich die Variation der Sängerrolle typisch. Unter Sängerrolle verstehe ich die Rolle, die der Vortragende einnimmt. Dieser aber tut als Sänger der bukolischen Gedichte nichts anderes, als deren Dichter, der sein Dichten als Singen auffasst, nachzuahmen. Hexametrische Dichtung, Epos wird gesungen.[164]

Mit dieser Feststellung wird im Gegensatz zu Stilurteilen ein »formalerer«, d.h. einer verifizierenden Analyse zugänglicher Boden betreten: Bevor wieder »Empirismus und Spekulation« die Untersuchung bestimmen (müssen), gibt es die Möglichkeit einer »strengen Mechanik«,[165] die nicht nur das letzte Zitat in eine präzisere Sprache zu übersetzen vermag, sondern dieses auch in einen weiteren Rahmen wird betten können, der für die Betrachtung von Bukolik – hier vertreten von den *Dirae* und den vergilischen Eklogen – von großem Nutzen sein wird. Das Instrumentarium hierfür sollen in vorliegender Arbeit die narratologischen Ansätze Gérard Genettes liefern, die bereits kurz anklangen und nun endlich ausführlicher dargestellt werden sollen. Vor diesem Exkurs muss jedoch noch ein Wort zu einer möglichen, berechtigten Frage gesagt werden: Ist es legitim, Kategorien und Begriffe der Narratologie, also vornehmlich einer auf Romane der Neuzeit ausgerichteten Disziplin, auf dichterische Werke der Antike wie die *Bucolica* und die *Dirae* zu übertragen? – Diese Frage ist indessen eindeutig zu bejahen, denn:

(1) Bukolische Dichtung ist nicht nur ein »Singen«, sondern immer ein »Singen von...«.[166] Mag diese Feststellung auch banal erscheinen, so impliziert sie doch z.B. die fundamentalen Fragen, *auf welche Weise* ein vorgetragener Gesang, der eine bestimmte, wenn auch noch so kurze »Geschichte« behandelt, in eine etwaige Umgebung innerhalb einer Ekloge eingebettet ist; *wie* diese »Geschichte« mittels des Gesanges »erzählt« wird oder *welche Beziehung* zwischen Erzählendem und Erzähltem hergestellt wird. – Dieses sind genuin narratologische Fragestellungen.

---

163 Schmidt, *Reflexion*, S. 45-57.
164 Schmidt, *Reflexion*, S. 45.
165 Genette, *Erzählung*, S.195.
166 Vgl. *ecl.* 1, 5: *formonsam resonare doces Amaryllida* [sie ist also der »Inhalt« des Gesangs] *silvas*; *ecl.* 4, 3: *si canimus silvas*; *ecl.* 5, 10-12; *ecl.* 8, 5: *Damonos Musam dicemus et Alphesiboei*; *ecl.* 9, 19/20; *ecl.* 10, 6: *sollicitos Galli dicamus amores*.

(2) Hexametrische Dichtung auch in bukolischer Einkleidung kann prinzipiell immer unter dem Oberbegriff der »ἔπη« subsumiert werden – eben dies pflegte die Antike zu tun.[167] Somit haben die Eklogen (und die *Dirae*) mit ihren »Erzählungen« auch formal einen Anteil an derjenigen griechisch-römischen Gattung, die als die narrative *par excellence* gelten darf: das Epos. Hierein fügt sich, dass denn auch das narrative Element in den Eklogen (und den Idyllen) großen Raum einnimmt: Man denke etwa an die *carmina* innerhalb der achten Ekloge Vergils, an die »Erzählungen« der ersten, zweiten, vierten(!), neunten und zehnten Ekloge oder an das zweite oder siebte Idyll Theokrits. – Hätte im übrigen Genette seine narratologischen Überlegungen vor 2000 Jahren angestellt (was keinesfalls einen Anachronismus bedeuten muss!), wäre sicherlich nicht Chariton,[168] sondern Homer, Apollonios Rhodios, Vergils *Aeneis* oder Ovids *Metamorphosen* sein primäres Untersuchungsobjekt gewesen und hätte so den paradigmatischen Platz zugesprochen bekommen, den er vor drei Jahrzehnten Prousts *À la recherche du temps perdu* eingeräumt hat.

(3) Genette selbst beschränkt seine Untersuchungen keineswegs auf (moderne) Romane, sondern bezieht *passim* auch die homerischen Gedichte und die *Aeneis* in seine Betrachtungen ein, ja nimmt sogar auf andere Formen wie Catulls *carmen* 64[169] oder den platonischen *Theaitetos*[170] Bezug. Auch äußert er sich explizit zu dieser Frage, wenn er etwa allgemein von einer induktiv gewonnenen »narrative[n] Poetik«[171] spricht, die auch anwendbar bleibt auf »welche andere Klasse oder Spielart von Erzählung auch immer«,[172] weil »die literarischen Texte, *unter Einschluss der poetischen*, in ihrer ganz überwiegenden Mehrzahl narrative sind«.[173] Auf diese Weise setzt er sich zum Ziel, durch verfeinerte Mittel der Analyse »die traditionellen Objekte wie »der Roman« oder »die Dichtung«[174] zu überwinden.

(4) Schließlich, wie die weiteren Ausführungen darlegen werden, »funktioniert« der Genettesche Ansatz nun einmal heuristisch, er bewährt sich schlicht in dem Sinne, dass die von ihm geschaffenen bzw. benannten narratologischen Kategorien und Termini unabhängig von ihrer Provenienz ein adäquates Modell bereitstellen, mit dessen Hilfe sich die zur Rede stehenden Aspekte der *Dirae* und der *Bucolica* gewinnbringend illustrieren und präzise benennen lassen. Insbesondere für das »Fluchgedicht« hoffe ich, hierbei bisher noch nicht erkannte Strukturen offen legen und prägnant beschreiben zu können.

Es dürfte nunmehr als gerechtfertigt erscheinen, wenn im folgenden Exkurs eine kurze Zusammenfassung derjenigen Genetteschen Begriffe gegeben wird, die für den hier behandelten Gegenstand von Relevanz sind. Um

---

167 Vgl. Schmidt, *Reflexion*, S. 38 und 282.
168 Dieser wird erwähnt von Genette, *Erzählung*, S. 257.
169 Genette, *Erzählung*, S. 165.
170 Genette, Erzählung, S. 169.
171 Genette, *Erzählung*, S. 12; vgl. Genette, *Erzählung*, S. 195, wo von einem »Fortschritt in der Poetik« die Rede ist.
172 Ebd.
173 Genette, *Erzählung*, S. 195, meine Kursive.
174 Genette, *Erzählung*, S. 189.

letztere vor Augen zu führen, soll als Beispiel jeweils die *sechste Ekloge* Vergils dienen – natürlich nur, um die hierbei gewonnenen Einsichten und Instrumente in einem nächsten Schritt, zu Schmidts Ausführungen zurückkehrend, auf die *Dirae* anzuwenden.

2.2.4.1 Gérard Genettes Narratologie, Vergils Eklogen und die *Dirae*

Der folgende Abriss legt zwei Arbeiten Genettes zugrunde: Den in seinen *Figures III* erschienenen *Discours du récit* sowie das »Postskriptum« hierzu, den *Nouveau discours du récit*. Beide Schriften finden sich zusammengefasst in der von A. Knop besorgten und von J. Vogt herausgegebenen deutschen Übersetzung *Die Erzählung* wieder, aus der hier zitiert wird.

Genette fächert zunächst (Genette, *Erzählung*, S. 15/16) den normalerweise undifferenziert verwendeten Begriff »Erzählung« in drei Aspekte auf, die er terminologisch streng scheidet:

(1) Als »*Geschichte*« definiert er dasjenige, *von dem* erzählt wird, also das »Signifikat« des narrativen Aktes, dessen »Inhalt«, wie er aus der Oberfläche des Textes beim Lesen bzw. Hören rekonstruiert werden kann. Dies ist es,[175] was sonst in der Narratologie ausgehend vom Russischen Formalismus *fabula* bzw. *story* genannt wird.[176]

(2) »*Erzählung*« bezeichnet für Genette die Worte, *mittels derer* bzw. die Rede, *in der* von Ereignissen als von Elementen der »Geschichte« berichtet wird, also den »Signifikanten, die Aussage, den narrativen Text oder Diskurs«. In englischer Terminologie wird dies, dem russischen *sjužet* entsprechend, gewöhnlich *plot* genannt.

(3) Drittens fügt Genette der traditionellen Dyas von *story* und *plot* als dritten Aspekt den Begriff der »*Narration*« hinzu. Dies meint die performatorische Tatsache, *dass* etwas erzählt wird, also den »produzierenden narrativen Akt«, betont also die vom Inhalt des Berichteten abstrahierte Handlung des Berichtens.

Dieser Dreiteilung folgend kann man die sechste Ekloge wie folgt beschreiben: Das von den Versen *ecl.* 6, 13-86 gebildete *carmen* stellt diejenige Narration dar, durch deren bloße Gegenwart als eine Art von *pagina* (v. 12) der performative Akt konstituiert wird, in welchem Varus (vv. 7; 10; 12) die ihm angemessene Ehrung erhält. So leitet das Proöm der Ekloge (vv. 1-12) zwar ein *bukolisches* Thema ein, lässt dieses aber so sehr im Unbestimmten, dass sich die Ankündigung darauf beschränkt, *dass* etwas Bukolisches folgen wird. Ebenso kann sich der Silen nur dadurch von seinen

---

175 Der Gleichsetzung gibt Genette, *Erzählung*, S. 199 »seinen Segen«.
176 Vgl. Šklovskij, Viktor: Der parodistische Roman. Sternes ›Tristam Shandy‹, in: Striedter, S. 245-299, hier 297: »In Wirklichkeit ist die Fabel nur das Material für die Sujetformung.«

Fesseln befreien (lassen), *dass* er den Knaben das Singen von *carmina*, also den Akt einer Narration in Aussicht stellt, den dann die Verse 31-81 bieten.

Zur Illustration der Unterscheidung zwischen Geschichte und Erzählung mag erneut das *carmen* des Silens (vv. 31-81) dienen: Hier besteht die Geschichte aus dem Stoff, von dem berichtet wird und dessen zeitliche Ausdehnung zwar nicht notwendig groß sein muss, sich hier jedoch von der Entstehung eines poetischen (bzw.: poetologischen[177]) Universums über zahlreiche Mythen und Geschichten von Deukalion und Pyrrha über Gallus bis Tereus und Philomela erstreckt, die unter »normalen« Umständen mehrere Tausend Verse beanspruchen würden. Eben dies ist das Besondere der Ebene der Erzählung, auf welcher diese Entscheidung einer *dispositio* getroffen wird, die ungeheure Länge dieser mythischen Zeit auf 51 Verse zu konzentrieren: Hier steht also die Frage im Vordergrund, *wie* der Silen den Gegenstand seines Gesanges vorträgt. Dieser Gebrauch von Erzählung ist der landläufigste, denkt man doch am ehesten daran, die Verse 31 bis 81 schlicht als die Erzählung des Silens zu bezeichnen. Die Geschichte und die Narration hingegen sind nie direkt zugänglich, sondern müssen aus dem »Diskurs der Erzählung«, aus dem lesbaren Text zunächst erst durch induktive Abstraktion gewonnen werden.

Ich stelle zunächst die nunmehr wohldefinierte Erzählung in den Mittelpunkt. Eine solche kann sich auf verschiedenen Ebenen, die Genette »diegetische« nennt, befinden: Dies ist das Verhältnis, in dem die (mindestens) zwei *carmina* der sechsten Ekloge (vv. 13-86 bzw. vv. 31-81) zueinander stehen und das von »weder zeitlicher noch räumlicher Natur«[178] ist, sondern einem »Innen und Außen« bzw., etwas mathematischer, einem »Enthaltensein in...« entspricht. Das Lied *ecl.* 6, 13-86 enthält das Silenlied (vv. 31-81). Also geht es hier nicht nur um eine bloße Einrahmung (Einleitung – Hauptteil – Schluss), die Innen und Außen als disjunkte Objekte behandelte, sondern darum, dass beides allein dadurch schon eng miteinander verwoben ist, dass »der Narrationsakt, der sie [*sc.* die »innere« Erzählung] hervorbringt, ein Ereignis ist, von dem in der ersten [d.h. der »äußeren« Erzählung] erzählt wird.«[179] Um diese Beziehungen mit größerer terminologischer Klarheit benennen zu können, definiert Genette: »Jedes Ereignis, von dem in einer Erzählung erzählt wird, liegt auf der nächsthöheren diegetischen Ebene zu der, auf der der hervorbringende narrative Akt dieser Erzählung angesiedelt ist.« (Genette, *Erzählung*, S. 163) – Diese Kette von Inklusionen ist indessen (zunächst) nicht nach beiden Seiten des Äußeren / Unteren und Inneren / Oberen unbeschränkt, sondern wird nach unten hin

---

177 Vgl. die Ausführungen in einem hierzu bald erscheinenden Artikel des Verfassers.
178 Genette, *Erzählung*, S. 162.
179 Genette, *Erzählung*, S. 163.

klar durch diejenige Instanz begrenzt, aus deren Mund gesprochen bzw. von deren Hand geschrieben der Text als Ganzes zu denken ist. Hiervon ausgehend (»aufsteigend«) definiert Genette (zunächst) drei diegetische Ebenen,[180] die hier auf die Verhältnisse in der sechsten Ekloge angewendet werden sollen:

(1) Zunächst ist der Akt der Abfassung (d.h. hier: des »Singens«) der ganzen Ekloge von ihrem ersten bis zum letzten Vers auf jener ersten Ebene anzusiedeln, die Genette als »*extradiegetische*« bezeichnet. Es mag verführerisch sein, diese Ebene mit der einer historischen Realität gleichzusetzen, innerhalb derer der Mantuaner Vergil eben dieses Gedicht in den Jahren zwischen 42 und 35 v.Chr. verfasst habe. Doch muss streng zwischen einem solchen »realen Autor« und dem »fiktiven Autor« eines Textes unterschieden werden.[181] Letzterer ist gerade nicht jene historische Person, von der wir (bisweilen) wissen, dass sie die betrachteten Verse oder Zeilen schuf, sondern diejenige »narrative Instanz«, von der der Text selbst verfasst zu sein vorgibt. Eine Bestimmung und Benennung dieser Instanz kann daher nur aus den vom Text gebotenen Informationen induktiv erschlossen werden;[182] insofern darf das Subjekt der Abfassung, das auf der extradiegetischen Ebene der sechsten Ekloge angesiedelt ist, eben nicht mit dem Namen »Vergil« versehen, sondern muss »Tityrus« genannt werden: Dies geht aus der Anrede Apolls an den fiktiven Autor als narrative Instanz in den Versen 4/5 unweigerlich hervor. Was den realen Autor dieses Gedichtes (und anderer Eklogen bzw. der *Dirae*) als die »*literarische* Instanz«[183] betrifft, so berührt dieser weder für Genette noch für die hier folgenden Überlegungen dieser Arbeit »irgendwie den Raum unserer Frage«.[184] Als überraschendes, aber notwendiges Korollar dieser Entscheidung müsste die narrative Instanz auf der extradiegetischen Ebene jeder Ekloge, wenn überhaupt, dann mit »Menalcas/Tityrus« bezeichnet werden, sind dies doch die einzigen Namen, d.h. Instanzen, die aus dem Corpus der *Bucolica* – als Ganzes betrachtet – gewonnen werden können.[185] Dieser Befund ändert sich erst

---

180 Genette, *Erzählung*, S. 162-165.
181 Vgl. Genette, *Erzählung*, S. 163/164.
182 Vgl. etwa Eco, *Lektor in fabula* (bes. S. 74-76), wo er die Begriffe »Modelleser« und »Modellautor« als »Textstrategien« einführt.
183 Genette, *Erzählung*, S. 164 (oben).
184 Ebd. – In dieser (für diese Arbeit zentrale) Sichtweise ist die Frage nach dem historischen Autoren der *Dirae* in der Tat *a priori* irrelevant.
185 Vgl. die zentralen Stellen *ecl.* 6, 4 (Tityrus) und (im Corpus der *Bucolica* 7-9 Verse zuvor!) *ecl.* 5, 85-87 (Menalcas); die Tatsache, dass in den drei letztgenannten Versen explizit, d.h. in Gennette'scher Terminologie: »intertextuell« (Genette, *Palimpseste*, S. 10) auf die zweite und dritte Ekloge verwiesen wird, stellt eine Einladung dar, die *Bucolica* als Ganzes zu betrachten und

dann, wenn man eine Stelle wie jene *Georgica*-Sphragis (4, 559-566) hinzunimmt, in welcher »Tityrus« in die dritte Person verschoben wird und der Name »Vergilius« an seine Stelle tritt. – Analog zu der Unterscheidung von realem und fiktivem Autor wird man natürlich auch zwischen einem *fiktiven* narrativen Adressaten, als welcher in der sechsten Ekloge Varus angesprochen wird und sich somit auf derselben narrativen Ebene wie Tityrus befindet, und dem *realen* Leser (d.h. uns) differenzieren; hier kann allenfalls eine Einladung mitschwingen, sich mit dem angesprochenen narrativen Adressaten zu identifizieren.[186]

(2) Die Ereignisse, *von denen* die narrative Instanz der sechsten Ekloge berichtet und die also »innerhalb« des Extradiegetischen liegen, siedelt Genette auf der *intradiegetischen* Ebene an. Diese »Erzählung« muss nicht notwendig auf eine »Geschichte« verweisen, welche von vielen Ereignissen konstituiert wird, in der also »viel passiert«; es ist ebenso möglich, dass »dieser Inhalt nur von schwacher dramatischer Intensität und ereignisarm«[187] ist: Man wird nicht fehlgehen, z.B. das poetologische, d.h. extradiegetische Proöm in diesem Sinne ereignisärmer zu nennen als die dann folgenden Verse (vv. 13-86). Eben diese liegen auf der nächsten, intradiegetischen Ebene, denn die sechste Ekloge gliedert sich eindeutig in zwei, durch das *pergite, Pierides* des Verses 13 voneinander abgesetzte Teile. Diese stehen jedoch nicht einfach »nebeneinander«; vielmehr ist die Priorität (auch in ihrem wörtlichen Sinne) hier eindeutig, da der zweite Teil, die eigentliche Erzählung, in der die Ekloge einleitenden Erzählung auf der extradiegetischen Ebene vorkommt und somit enthalten ist. Dieser Übergang wird von Vergil bzw. Menalcas/Tityrus als solcher auch deutlich gekennzeichnet: Das Demonstrativpronomen *haec* (v. 9) und die *pagina* des Verses 12 kündigen die im nächsten Vers beginnende intradiegetische Erzählung an, ein übriges bewirkt eben jenes *pergite, Pierides*.

(3) Natürlich kann die Einschachtelung insofern noch weiter getrieben werden, als die intradiegetische Ebene ihrerseits noch weitere Erzählungen enthalten kann: Dies geschieht mit den Versen 31 (*namque canebat, uti* ...) bis 81 der sechsten Ekloge, deren narrative Ebene mit Genette als »metadiegetisch« zu bezeichnen wäre. Damit nicht genug: Wenn innerhalb dieser metadiegetischen »Erzählung« des Silens die Verse 69 (*dixerit*) bis 73 die

---

auch das Namenspaar »Menalcas/Tityrus« auf einer *allen* Eklogen gemeinsamen extradiegetischen Ebene anzusiedeln. Dies bestätigt die neunte Ekloge mit ihren »*Menalcas*zitaten« vv. 27-29; 46-50 (vgl. vv. 32b-36), die diesen Namen erneut in ähnlicher Weise hervorhebt.
186 Vgl. Genette, *Erzählung*, S. 186/187.
187 Genette, *Erzählung*, S. 16.

Worte des Linus wiedergeben, in denen dieser dem Gallus von der Vergangenheit seiner Syrinx erzählt, so sind diese Ereignisse um die Musen, Hesiod und Apoll sogar auf einer »meta-metadiegetischen« Ebene anzusiedeln. Diese Beziehungen lassen sich wie folgt illustrieren:

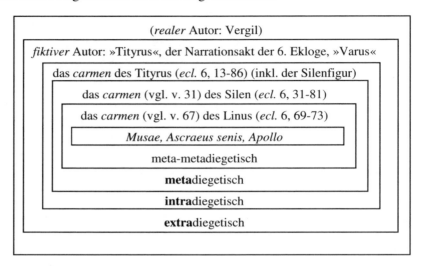

Metalepsen
So evident diese Struktur auch sein mag und sich sogar bei einer nur oberflächlichen Lektüre aufdrängt, so nützlich ist jedoch die Genettesche Terminologie, um einerseits die erkannten Beziehungen eindeutiger *benennen* und andererseits komplexere Fälle begrifflich scharf beschreiben und analysieren zu können. Einen solchen Fall stellen z.B. die folgenden Verse (wieder aus der sechsten Ekloge) dar:

> Tum canit Hesperidum miratam mala puellam;
> tum Phaëthontiadas musco circumdat amarae
> corticis atque solo proceras erigit alnos.

(*ecl.* 6, 61-63)

Das Auffällige, ja Überraschende liegt hier darin, dass das intradiegetische *canit* des Silen, der das Subjekt aller drei hier zu findenden Prädikate ist, deutlich macht, dass nun ein weiterer Abschnitt des auf metadiegetischer Ebene anzusiedelnden Liedes beginnt; dieses handelt zunächst von Atalante und den Äpfeln der Hesperiden. Doch während *circumdat* und *erigit* auf derselben syntaktischen Ebene liegen wie das erste Prädikat, wird durch diese beiden Verben ein paradoxer Effekt erzeugt: Der erzählende Silen, der sonst nur dadurch auf eine nächsthöhere narrative Ebene Einfluss ausüben kann, dass er sich entschließt, eine Geschichte zu erzählen, greift nun direkt in diese Geschichte selbst ein und wird hier als innerhalb der meta-metadiegetischen Ebene handelnd dargestellt:[188] Anstatt zu »besingen, wie...«, ist es nun ein »er bewirkt, dass ...«, das ihm zugesprochen wird.[189] Somit kommt es zu einer überraschenden Interferenz zwischen zwei sonst durch eine »heilige Grenze«[190] getrennten Ebenen, hier der metadiegetischen und der meta-metadiegetischen. Dieses Phänomen ist altbekannt. Man sagt z.B., Vergil »lasse« Dido im vierten Gesang der *Aeneis* »sterben«,[191] so als greife er handelnd aus dem extradiegetischen Universum in die Geschehnisse auf der nächsthöheren (hier: intradiegetischen) Ebene ein, also als »bewirke der Dichter selbst die Dinge, die er besingt«.[192] Doch auch das Gegenteil ist denkbar: So greift im fünften Akt von Henrik Ibsens *Peer Gynt* »Der Passagier« allein dadurch schon von der intradiegetischen Ebene aus in die extradiegetische Ebene ein, dass er sich derselben bewusst ist und, zusammen mit jenem nach einem Schiffbruch auf der stürmischen See treibend, sie als Quelle des Trostes für den »Helden« des dramatischen Gedichtes benutzen kann:

> Peer Gynt. Von hinnen, Scheusal! Spute dich!
> Nicht sterben, Mann – an Land will ich!
> Der Passagier. Des seien Sie nur unverzagt!
> Man stirbt nicht mitten im fünften Akt. (*Gleitet weg.*)

(Übersetzung: Herrmann Stock[193])

---

188 Vgl. Servius *ad loc.*: *mira autem est canentis laus, ut quasi non factam rem cantare, sed ipse eam cantando facere videatur.*
189 Vgl. Schmidt, *Reflexion*, S. 213/214, der ebenfalls »zwei Arten der Poiesis« unterscheidet.
190 Genette, *Erzählung*, S. 168.
191 Das Beispiel stammt aus Genette, *Erzählung*, S. 167.
192 Fontanier bei Genette, *Erzählung*, S. 167. Vgl. Coleman *ad ecl.* 6, 62/63: »by making Silenus responsible[!] for what actually happens in the story Vergil draws attention to the descriptive skill of the recital, by which the whole transformation from the initial *Phaethontiades* to the final *alnos* is vividly recreated«. – Ein weiteres Beispiel für diese »Überlappung« der Ebenen findet sich in der neunten Ekloge, wenn dort Lycidas, aufgewühlt wegen der Abwesenheit des Sängers Menalcas, ausruft: *Quis caneret Nymphas? Quis humum florentibus herbis / spargeret aut viridi fontes induceret umbra?* (vv. 19/20) – Auch hier lösen also zwei Prädikate des »direkten Eingreifens« ein Verb auf derselben *syntaktischen* Ebene ab, welches als Signal für die Einbettung einer nächsthöheren (hier: metadiegetischen) Ebene fungiert, die als direkt von der intradiegetischen Ebene beeinflusst dargestellt wird.
193 Stuttgart (RUB) 1982. – Ein radikaleres Beispiel für ein Eingreifen von Figuren aus einer narrativen Ebene in die nächst *tiefere* Ebene gibt Genette, *Erzählung*, S. 167: »Cortazar erzählt die Geschichte eines Mannes, der von einer der Personen des Romans ermordet wird, den er gerade liest«. Für den Bereich des Films verweist Schmitz, S. 71 auf Woody Allens Film *Deconstructing Harry* (1997). Auch Genette, *Erzählung*, S. 252, Anm. 4 verweist auf Allen, der auch in einer seiner Erzählungen ausgiebige Verwendung für das Überschreiten der narrativen Ebenengrenzen in beide Richtungen gefunden hat. – Auch die Intradiegese des Romans *Das Foucaultsche Pendel* von Umberto Eco lässt sich lesen als gewaltige Metalepse, durch die sogar Protagonisten (Belbo, Diotallevi) ums Leben kommen.

Dieses Sich-Einmischen einer narrativen Ebene in die nächsthöhere bzw. -tiefere war oben schon in Bezug auf die Kürze als grundlegendes Charakteristikum der Bukolik angeklungen, indem sich die intradiegetischen Hirten einiger Eklogen als eines Ablaufens der extradiegetischen Zeit, also des Umfangs einer Ekloge bewusst zeigten. – Als Oberbegriff für alle diese »Transgressionen« definiert Genette den Terminus der (narrativen) »Metalepse«.[194]

Besonders bei denjenigen Hirten der Eklogen, die sich, wie beschrieben, des Ablaufens ihrer poetischen »Redezeit« bewusst sind, wird ein wichtiger Aspekt der Metalepsen deutlich: Sie »spielen mit der doppelten Zeitlichkeit von Geschichte und Narration«;[195] für die *Bucolica* heißt dies: Das kallimacheische Dichten »ἐπὶ τυτθόν« lässt von seiner extradiegetischen Ebene aus den intradiegetischen Tag zu Ende gehen und so die Hirten ihren Gesang beenden.

Metalepsen können durch ihre Vermischung zweier sonst disjunkter Welten, »der, in der man erzählt, und der, von der erzählt wird«,[196] einen humoristischen, aber auch beunruhigenden, ja verstörenden Effekt auf den Leser bzw. Hörer ausüben: Wenn Plautus wie Ibsen seine Figuren bisweilen die dramatische Illusion durchbrechen lässt oder der Silen als tatsächlich eingreifender Schöpfer einer poetischen Welt dargestellt wird, so wird in beiden Fällen eine changierende Ambivalenz evoziert, die – und das stellt die nicht ausgesprochene »metaphysische« Implikation dar – auch den Leser bzw. die Leserin einzuholen vermag:

Das Verwirrendste an der Metalepse liegt sicherlich in dieser inakzeptablen und doch so schwer abweisbaren Hypothese, wonach das Extradiegetische vielleicht immer schon [intra-]diegetisch ist und der Erzähler und seine narrativen Adressaten, d.h. Sie und ich, vielleicht auch noch zu irgendeiner Erzählung gehören.[197]

Rahmungen
Kehren wir nun zu E. A. Schmidts Charakterisierung der Bukolik zurück. Wenn dieser konstatierte, der Vortragende in der Bukolik tue »als Sänger der bukolischen Gedichte nichts anderes, als deren Dichter, der sein Dichten als Singen auffasst, nachzuahmen.«,[198] dann kann man dies nun etwas genauer fassen: Der »Dichter, der sein Dichten als Singen auffasst« kann bei Betrachtung der *Bucolica* nur der fiktive Autor sein, der dem Leser/Zuhörer hier bisweilen auf extradiegetischer Ebene (in den so genannten »poetologischen« Passagen) unter den Namen Menalcas und Tityrus entge-

---
194 Genette, *Erzählung*, S. 168.
195 Ebd.
196 Genette, *Erzählung*, S. 169.
197 Genette, *Erzählung*, 169.
198 Schmidt, *Reflexion*, S. 45.

gentritt. Insofern ist es unnötig[199] und für eine Methode wie die obige, von Genette ausgehende sogar unzulässig, in die Richtung eines realen Autors »Vergil« zu zielen, der sich dann in einem anderen Gedicht wie den *Bucolica* zu seinen früheren *carmina* äußert: Ein Verweis auf *ecl.* 4, 1 und 3: *paulo maiora canamus* bzw. auf *si canimus silvas* oder auf *ecl.* 10, 8 und 70: *non canimus surdis* bzw. *vestrum cecinisse poetam* genügt völlig, um zu zeigen, dass der extradiegetische Akt des Verfassens der Eklogen als ein Singen gedacht werden soll.

Es ist evident, dass auf der extradiegetischen, intradiegetischen und auf einer metadiegetischen Ebene der *Bucolica* die Hirten als *singende* dargestellt werden. Die Tatsache, dass in verschiedenen Eklogen zwischen verschiedenen Ebenen der Einbettung der eigentlichen Hirtenhandlung in die narrative Umgebung unterschieden werden muss, veranlasst Schmidt dazu,[200] auf die platonische Dreiteilung dichterischer Darstellungsformen im dritten Buch der *Politeia* und deren Rezeption in späterer Zeit zu rekurrieren: Natürlich kann man eine Ekloge wie die vierte so charakterisieren, dass hier nur der »Dichter« spreche, nach Platon also eine ἁπλῆ διήγησις[201] vorliege, während z.B. sich die erste und die neunte Ekloge mit ihrer durchgehenden »Simulation«[202] einer dramatischen Situation (des Gesprächs zwischen Tityrus und Meliboeus) des Einmischens eines »Dichters« enthielten, also insgesamt eine μίμησις darstellten; ein Gedicht wie *ecl.* 2 hingegen bietet beides, bedient sich also einer Darstellung δι' ἀμφοτέρων (*sc.* ἁπλῆ διήγησις: vv. 1-5, μίμησις: vv. 6-73). Auch Genette lässt seine Überlegungen oft[203] in Platons Narratologie *avant la lettre* gründen; doch während die Genetteschen Termini für die vergilische Bukolik und die *Dirae* ein nützliches Instrumentarium darstellen, erweist sich – wie auch Schmidt abschließend zugeben muss – »das platonische Schema als unzureichendes Arbeitsinstrument zur Erkenntnis der Sängerrolle in der Bukolik«.[204] Ich kehre also zu der französischen Theorie zurück.

In den Eklogen wird sowohl auf extradiegetischer als auch intradiegetischer[205] Ebene gesungen.[206] Dies deutet bereits an, dass beide Ebenen auf

---

199 Wie Schmidt, *Reflexion*, S. 45/46 es tut: »So hat denn Vergil[!] auch seine bukolischen Gedichte nicht gedichtet, sondern gesungen: ›Tityre, te patulae cecini sub tegmine fagi‹ [Verg. *georg.* 4, 566].«
200 Schmidt, *Reflexion*, S. 46-52.
201 Vgl. *Politeia* 392 d5/6.
202 Für Genette, *Erzählung*, S. 200 »vielleicht die beste Übersetzung des griechischen *mimêsis*«.
203 Vgl. besonders Genette, *Erzählung*, S. 18; 116-118; 120-124; 220.
204 Schmidt, *Reflexion*, S. 52.
205 Und metadiegetischer usw. – vgl. die obigen Ausführungen zur sechsten Ekloge.

eine Weise miteinander *verbunden* sind, die über das kanonische »Enthaltensein in ...« hinausgeht. Schmidt, *Reflexion*, S. 45 umschreibt dieses Mehr denn auch in zwei Richtungen: Zum einen spricht er davon, dass der Vortragende eine »Sängerrolle [...] einnimmt«, also »persönlich« von einer narrativen Ebene auf die nächsthöhere emporsteige. Anderseits mag es zwar nur als eine Metapher für eine thematische Ähnlichkeit gemeint sein, wenn Schmidt davon spricht, dass ein (nach Genette: intradiegetischer) vortragender Sänger in den Eklogen singend »nichts anderes« tue, als den (nach Genette: extradiegetischen) singenden Dichter dieser Gedichte »*nachzuahmen*«.[207] Dies, wörtlich genommen, hieße tatsächlich, dass ein Hirt wie Mopsus in der fünften Ekloge, »seinen eigenen« Dichter Menalcas/Tityrus (also den Verfasser der Eklogen) imitiere. Und genau dies (und viel mehr) wird unten behauptet werden.

Schmidt selbst betont, wie durchlässig in der Bukolik die Grenzen zwischen den Bereichen sind, die er »Rollen« nennt und die zum Teil dasjenige beschreiben, was oben als »narrative Ebenen« definiert worden ist:

Für die bukolische Dichtung scheint typisch zu sein, dass zwischen den Rollen des Dichters (Sängers) als Erzählers, Sprechers, Sängers und den entsprechenden eines Hirten ebenso wenig ein fundamentaler Unterschied besteht wie zwischen den Rollen des Erzählens, Redens und des Singens untereinander.[208]

Diese Beobachtung illustriert er anhand des dritten theokritischen Idylls, indem er hier drei verschiedene »Rollen« herausdestilliert: In den ersten beiden Versen ist der Ziegenhirt »sein eigener προλογίζων«,[209] indem er ankündigt,

a) welche *Art von Lied* er vortragen wird (κωμάσδω),

b) wer der *Adressat* dieses Liedes sein wird (ποτὶ τὰν Ἀμαρυλλίδα) und

c) unter welchen *Umständen* dies geschehen wird.

Doch nach diesem an ein fiktives Publikum gerichteten Prolog übernimmt der Sprecher in den Versen 3-5 die »Rolle« eines »Akteurs«: In einer »ῥῆσις« wendet er sich an den in v. 2 in der 3. Person erwähnten Τίτυρος, den er bittet, seine Ziegen zu hüten. Auf diese Weise wird durch sparsamste Mittel – wie Genette, *Erzählung*, S. 256 sie scherzhaft für Prousts *Recherche* präsentiert – »aus einer extradiegetischen eine eingeschachtelte Narra-

---

206 Vgl. Schmidt, *Reflexion*, S. 52: »Der bukolische Dichter ist durchgehend Sänger, ob er erzählt, ob er jemanden anredet, zum Publikum spricht oder ein eigenes Lied singt, ob ein anderer erzählt, mit jemandem anredet oder zum Publikum spricht oder ein Lied singt.«
207 meine Kursive.
208 Schmidt, *Reflexion*, S. 54.
209 Schmidt, *Reflexion*, S. 53.

tion«[210] gemacht – oder, um es mit Schmidt zu fassen: »Dem Lied für Amaryllis wird dadurch der Charakter genommen, ein selbständig in sich ruhendes fertiges und als vorhanden verfügbares Produkt zu sein. Es wird Teil einer bukolischen Szene«.[211] Dann erst beginne die eigentliche »Rolle« des dritten Idylls, der κῶμος des Ziegenhirten, der sich direkt an seine angebetete Amaryllis wendet.

Diese Trias von πρόλογος, ῥῆσις und κῶμος (letzteres hier als Beispiel für ein »eigentliches« Lied) mag als symptomatisch für das Phänomen gelten, das Schmidt mit »Rollenwechsel« charakterisiert. Das rasche Hin- und Herwechseln zwischen verschiedenen dieser »Rollen« und den zu ihnen gehörigen Adressaten, das er ebenfalls an einigen Eklogen Vergils aufzeigt,[212] bestimmt auch die unruhige Diktion des Beginns der *Dirae*: Die Verse 1-8 stellten in dieser Sichtweise die Worte eines πρoλoγίζων dar, indem der Sprecher hier die Art seines Liedes (*cycneas voces*, v. 1; *diras indiximus, impia vota*, v. 3), dessen Thema (v. 2), sein Publikum (*montibus et silvis*, v. 8) und den eigentlichen (mit Cairns: »logical«[213]) Adressaten (*Lycurge*, v. 8) ankündigt. Auch die Umstände des Vorzutragenden werden angegeben: Unbedingte Parrhesie soll herrschen (vv. 4-7). Das »eigentliche« Lied stellen dann natürlich die sich ab Vers 9 anschließenden Verwünschungen dar.

Doch während im dritten Idyll oder in der zehnten Ekloge diese Funktionen auf disjunkte Partien des jeweiligen Gedichtes verteilt sind, ist die Anrede (ῥῆσις) des Akteurs als eines dramatisch dargestellten Sängers in den *Dirae* bereits in den »Prolog« hinein gewoben bzw. rahmt diesen präzise eine: Die Vokative *Battare* (v. 1) und *Lycurge* (v. 8) liefern das erste und das letzte Wort des ersten Teils der *Dirae*, welcher die eigentlichen Flüche einleitet. Die hier konstatierte Durchdringung von verschiedenen Funktionen des Singens deutet auf eine Besonderheit dieses Gedichtes, die sich der Tatsache verdankt, dass die verschiedenen »Rollen« durch die Möglichkeit des schnellen Wechsels zwischen ihnen eng zusammenrücken: »Der bukolische Dichter ist nicht nur als und wie der epische Dichter Sänger, sondern auch als eine Rolle, die ohne Veränderung der Struktur der Rollenfolge mit der Rolle eines Hirtensängers austauschbar ist.«[214] – Diese »Austauschbarkeit« nun nutzen die *Dirae* in besonderer Weise aus. Wie sie dies tun, soll allerdings nicht in Schmidts Begrifflichkeit, sondern in den narratologischen Kategorien Genettes analysiert werden. Das Fluchgedicht lässt sich

---

210 Genette, *Erzählung*, S. 256.
211 Schmidt, *Reflexion*, S. 53.
212 Schmidt, *Reflexion*, S. 53-57 (*ecl.* 10; 7; 8).
213 Vgl. Cairns, S. 218-245.
214 Schmidt, *Reflexion*, S. 56.

mit beiden Systemen beschreiben, überwindet, ja sprengt jedoch, als Ganzes betrachtet, ebenfalls beide.

Um dies zu demonstrieren, sei zunächst ein Blick auf die fünfte Ekloge geworfen. Diese stellt ein einleitendes Gespräch und den sich dann anschließenden Wettgesang der Hirten Menalcas und Mopsus dar. Da diese Schilderung dramatisch und zwar »διὰ μιμήσεως« geschieht, tritt die extradiegetische Ebene, auf der der Akt der Abfassung dieses Gedichtes anzusiedeln ist, zunächst völlig zurück. Intradiegetisch treten die beiden Sänger auf, und zwar als »narrative Instanz[en]«[215] ihrer beiden Daphnislieder, deren Inhalte somit auf einer metadiegetischen Ebene verortet werden müssen. Soweit kann mit »Zirkel und Lineal« alles bequem kategorisiert und geschieden werden. Allerdings gibt es einige Durchbrechungen dieser Isolation der Ebenen zu beobachten. Oben ist bereits beschrieben worden, wie der metadiegetische Silen der sechsten Ekloge in die Geschehnisse seiner Erzählung direkt eingreift und auf diese Weise eine narrative Metalepse entsteht. In genau die entgegengesetzte Richtung zielen die Verse *ecl.* 5, 45-47: Nach dem Epikedeion des Mopsus auf Daphnis wird dieses von Menalcas auf die Weise gelobt, dass er die erquickende Wirkung des Gesanges mit derjenigen vergleicht, die der Schlaf für Ermüdete und das Trinken süßen Wassers für von Durst Ausgetrocknete darstellt. Zwar kann man hier noch nicht von einer Metalepse sprechen, da kein Element aus der metadiegetischen Erzählung direkt in das sie enthaltende Universum der beiden Hirten eingreift; doch ist die Einflussnahme des Aktes der Erzählung, den Genette »Narration« nannte, auf die Stimmung des Menalcas so groß, dass die Möglichkeit der Transgression einer Ebenengrenze als durchaus möglich erscheint.

Diese Überschreitung findet in demselben Gedicht denn auch tatsächlich statt. In den Versen 10-12 fordert Menalcas seinen Kollegen auf, als erster zu singen, und schlägt ihm einige Themen vor.[216] Doch diese weist Mopsus zurück, er hat etwas Besseres im Sinn:

> immo haec, in viridi nuper quae cortice fagi
> carmina descripsi et modulans alterna notavi,
> experiar. tu deinde iubeto certet Amyntas.
>
> (*ecl.* 5, 13-15)

Man stelle sich die einfache Frage: Wie lässt sich die Länge des 25 Verse umfassenden *carmen*, das Mopsus binnen kurzem folgen lässt, vereinbaren mit der von Mopsus offerierten Vorstellung, er habe seine *carmina* auf

---

215 Genette, *Erzählung*, S. 163.
216 *En passant* darf vielleicht darauf hingewiesen werden, dass die Redeweise »In den Versen ... fordert Menalcas auf.« selbst eine Metalepse darstellt: Die Nummerierung der Verse und die dargestellte Handlung befinden sich eindeutig auf zwei verschiedenen narrativen Ebenen.

einen *viridis cortex fagi* geschrieben, dessen Flächeninhalt ja äußerst beschränkt ist? Auch Coleman *ad loc.* vermag nicht, diesen Widerspruch aufzulösen: »Virgil is unlikely to have permitted his countrymen the barbarism of stripping fresh bark from a tree, so we must assume that Mopsus' *carmina* [...] are carved on the trunk. Twenty-five lines (20-44) written out in full would make an *implausibly long* inscription« (meine Kursive).[217] Das Auffällige an dieser Stelle wird noch dadurch unterstrichen, dass *ecl.* 5, 13/14 die erste Erwähnung eines Schreibaktes in der Bukolik überhaupt darstellt.[218] Auch die beiden anderen Passagen der Eklogen können dies nicht relativieren: Innerhalb des von Mopsus vorgetragenen Liedes stellt in den Versen *ecl.* 5, 42-44 die »literacy«[219] eines Grabspruches für Daphnis zwar ebenfalls etwas für die bukolische Welt bisher Ungekanntes dar, die *zwei* in einem harten Material zu fixierenden Verse verlassen aber mit ihrem Umfang keinesfalls den Bereich der Glaubwürdigkeit.[220] Ähnliches gilt für die zehnte Ekloge, in der Gallus seine *amores* – also doch wohl den (kurzen) Namen seiner Lycoris[221] – in *tenerae arbores* (vv. 53/54) einritzt: Zudem entspringt dieses »carving of erotic inscriptions on trees« einer anderen Gattung, derjenigen der Elegie,[222] und trägt für die Betrachtung von genuin Bukolischem wenig bei. Wirklich verwundern vermag also allein das Einritzen ganzer *carmina*, von dem die Verse *ecl.* 5, 13-15 sprachen.

Diese Verwunderung kann hier zwar nicht gemildert, aber doch eingeordnet, gedeutet und somit gleichsam »verschoben« werden. Einen Hinweis auf ein Verständnis der beschriebenen Inkongruenz des *cortex fagi* und des folgenden *carmen* des Mopsus bietet die Deixis des Demonstrativpronomens *haec* (v. 13): *Haec carmina* – dies denotiert eindeutig das Lied der Verse 20-44, wobei der Plural der *carmina* festzuhalten ist. Nun wird die »Geschichte« des Daphnisepikedeions aber tatsächlich dargestellt – und zwar von Vergil bzw. Tityrus/Menalcas, dem extradiegetischen Verfasser der fünften Ekloge. Dass Mopsus mit seinen Worten tatsächlich (auch) auf

---

217 Die Länge der *carmina* wird von Schmidt, *Reflexion*, S. 198/199 bzw. 210-212 nicht problematisiert.

218 Coleman *ad loc.*: »This is the first reference to writing of any kind in extant pastoral, Th. *Id.* 18.47-8 being outside the genre.«

219 Coleman *ad ecl.* 5, 42.

220 Mit diesem Hinweis ist indessen die referentielle Macht dieser Verse freilich noch nicht erschöpfend beschrieben: Durch den *Akt* des Singens, die Narration »errichtet« Mopsus dem Daphnis einen *tumulus*, und der *Text* seines Liedes, die Erzählung »ist« das hierauf *superadditum carmen*, das in der Tat durch die beiden Verse 43/44 als bündig zusammengefasst angesehen werden kann.

221 Vgl. Conte, S. 122: »The motif of the lover who finds relief for his suffering in wild, uninhabited places and cuts the name of his lady on the tender bark of trees seems itself to reveal a recognizably elegiac nature«.

222 So auch Coleman *ad loc.* (*ecl.* 10, 53); zum Elegischen in der zehnten Ekloge vgl. besonders Conte, S. 100-129.

Elemente des extradiegetischen Universums wie den Akt des Verfassens derjenige Ekloge Bezug nimmt, deren intradiegetisches Geschöpf er selbst ist, zeigen noch drei Beobachtungen: Erstens ist es eine *Buchen*rinde, die als Schreibunterlage für die bezeichneten Verse dient, sie gehört also zu dem Baum, der durch seine zentrale Stellung in den Eklogen als Symbol für die Bukolik Vergils gelten kann.[223] Der *cortex fagi* bezeichnete somit neben seiner (unglaubwürdigen) Funktion innerhalb der intradiegetischen Ebene der fünften Ekloge auch jene extradiegetische Substanz, die das Verfassen bukolischer Dichtung und somit die Möglichkeit von Mopsus' Existenz erst ermöglicht. Zweitens ist diese »Transzendenz« in der fünften Ekloge auch noch an anderer, komplementärer Stelle präsent, nämlich wenn Menalcas in den drei Versen 85-87 sich als Verfasser der zweiten und dritten Ekloge vorstellt und somit ebenfalls als intradiegetische Figur direkt auf extradiegetische Akte Bezug nimmt, deren Wirkungsbereich von seiner eigenen Welt eigentlich kategorial getrennt sind. Drittens: Wenn man in dem Niederschreiben der *carmina*, von dem in *ecl.* 5, 13-15 die Rede ist, also – um das Kind beim Namen zu nennen – eine narrative Metalepse sieht, gewinnt auch die »*obscure*«[224] zweite Hälfte des Verses 14 eine weitere Dimension, die sowohl dem *alterna* als auch dem *modulans* neben ihrer unmittelbaren (intradiegetischen) Bedeutung noch ein »*metaliterary meaning*«[225] verleiht, wie Conte es beschreiben würde; denn mit »*modulari*« bezeichnet der »Gallus« der zehnten Ekloge in Abhebung von der Elegie (vgl. v. 50) die Tätigkeit des *bukolischen* Verfassens von *carmina par excellence* (v. 51)[226] – dieses Verfassen ist jedoch, da es sich hier um einen (außerbukolischen) Dichter Gallus handelt, als ein extradiegetischer Akt zu denken, der durch das Verb *notare* noch einmal an eine Schriftlichkeit rückgebunden wird.

Auf der intradiegetischen Ebene müssen, wie Coleman *ad loc.* dies tut, schon einige Epizykel bemüht werden, um das Prädikativum *alterna* zu erklären. Setzt man jedoch eine Metalepse voraus, wird ein Signifikat sofort deutlich: Zwar tragen Menalcas und Mopsus keine regelrechte ἀμοιβαία ἀοιδά vor, wie sie von den Eklogen 3 und 7 geboten wird; doch vermag das *alterna* auf extradiegetischer Ebene dasselbe zu bezeichnen, was Menalcas auf intradiegetischer Ebene mit seinem *vicissim / dicemus* (vv. 50/51) meint. Auf diese Weise rücken die beiden Daphnislieder, die Menalcas zudem mit dem in *Daphninque tuum* (v. 51), d.h. »dein *Sang* von Daphnis« (als Metonymie verstanden) ausgedrückten Besitzverhältnis eng verbindet, so nahe zusammen, dass sie in Hinblick auf ihre beiden Vortragenden tat-

---

223 Dies scheint Vergil ebenfalls anzudeuten, man vgl. wieder *georg.* 4, 566: *Tityre, te patulae cecini sub tegmine fagi.*
224 Coleman *ad loc.*
225 Vgl. Conte, S. 120/121.
226 Vgl. Conte, S. 112-114.

sächlich metaleptisch als *alterna notata carmina* beschrieben werden können.

Das Postulat einer solchen metaleptischen Selbstreferentialität mag überraschen. Doch ist es genau diese Struktur, die auch Conte für die zehnte Ekloge herausarbeitet, ohne sie jedoch »Metalepse« zu nennen:[227] Wie der schiffbrüchige Passagier, der, um Peer Gynt zu trösten, sich und diesem die Gesetze desjenigen Gedichtes in »Erinnerung« ruft, als dessen intradiegetische Figuren er selbst und jener überhaupt erst existieren, ebenso wird sich der von »Vergil« gedichtete Gallus der Hilfe bewusst, die ihm seine eigene narrative Instanz von der extradiegetischen Ebene aus in die intradiegetische Ebene hinein anbietet;[228] die Einbettung in die bukolische Welt, mit der er verschmelzen könnte (oder auch nicht – wie es die Ekloge schließlich zeigt[229]), vermöchte vielleicht, Gallus' Leid zu stillen, welches aus seinem eigenen »elegischen« In-der-Welt-sein (*sit venia verbo*) resultiert. Gallus willigt zunächst ein:

Gallus's monologue (*Eclogue* 10.31-69) gives his reply to the invitation to join the bucolic. Gallus agrees to wear the mask of the shepherd Daphnis; [...] Gallus immediately displays full awareness of his metamorphosis from elegiac poet to Daphnis the shepherd, and he shows his acceptance by viewing himself as already the object of a pastoral poem. [...] Gallus understands what Virgil is doing from *within* the poem, and Gallus endorses it. This understanding underlies the poem's essentially metaliterary character. [...] Virgil's considerate interest in Gallus is directed less to his friend as such than to his friend as elegiac poet, whose sufferings *are* his poems, so that saving him would mean saving him from his elegies. Gallus himself (the Gallus who is by now part of Virgil's text) grasps this point and realizes that in this case poetry knowingly involves reflections on poetry.[230]

Zwar bringt diese Metalepse, die darin besteht, dass eine intradiegetische Figur Einsicht in extradiegetische Vorgänge gewinnt, Gallus schließlich doch keine Erlösung von seinem Liebeskummer (*omnia vincit Amor et nos cedamus Amori*, v. 69); was jedoch bleibt, ist die (bukolische) Narration der zehnten Ekloge als Monument der Liebe des Gallus zu seiner Lycoris und somit als Hommage an diesen »Dichter«:[231] *Tamen cantabitis, Arcades.*

---

227 Dies hätte er durchaus tun können, da er auch sonst oft (lobend) auf Genette zurückgreift und dessen *Figures III* sogar zitiert (Conte, S. 155, Anm. 10).

228 Eine solche Metalepse möchte Bowie, S. 77 für das 7. *Idyll* Theokrits gerade ausgeschlossen sehen: »When Lycidas speaks he addresses the narrator as Simichidas. The reader who has already recognised Lycidas as a created character will easily conceive an explanation for this. Theocritus himself could hardly, on a walk in the countryside, encounter a fictitious character. He *could* create another fictitious character who was, like himself and Lycidas, a poet, and send him into the country to encounter Philetas' creation [*sc.* Lycidas].«

229 Vgl. Conte, S. 123: »he [*sc.* Gallus] inevitably succumbs, yielding to his old self«.

230 Conte, S. 107/108.

231 Vgl. Conte, S. 124: »Gallus answers that the fact that he is dying – the feature which makes him like Daphnis – will, however (*Eclogue* 10.31, 'tamen'), qualify him for celebration in a

Schmidt, *Reflexion*, S. 45-57 hatte als konstitutives Merkmal der Eklogen Vergils eine Vielzahl von verschiedenen bukolischen »Rollen« gefunden, zwischen denen kein »fundamentaler Unterschied besteht«,[232] die also eine starke funktionale Verwandtschaft aufweisen. So kann der »Dichter« leicht zwischen den vorkommenden Rollen hin- und herwechseln, von denen die des »bukolischen Dichters« selbst nur eine Möglichkeit darstellt.[233] Den je eingenommenen *personae* entsprechen, wie oben gezeigt wurde, in der Regel verschiedene diegetische Ebenen, die in ihrer Struktur zueinander auch in ein logisch-hierarchisches Verhältnis gesetzt werden können. Ein prominenter Fall für ein solches Verhältnis ist das Phänomen der *Rahmung*. Eben diese Struktur setzt Rumpf – ohne narratologische Theorien einzubinden[234] – als hermeneutisches Modell an die Stelle der Ansätze, die Schmidt, *Reflexion* in die Diskussion eingeführt hat:

> An die Stelle von Schmidts Reflexionsmodell soll in der vorliegenden Arbeit ein ›Rahmungsmodell‹ treten. [...] ›Rahmung‹ soll dabei den Vorgang bezeichnen, dass bukolischer Gesang, wenn er zustande kommt, als auf eine Sphäre bezogen dargestellt wird, aus der er entsteht. [...] Der Begriff ›Rahmung‹, so wie er hier verwendet wird, bezieht sich somit auf die Tatsache, dass im Gedicht jeweils eine bestimmte Strukturstelle ausgefüllt ist, eben jene im Verhältnis zum wiedergegebenen Hirtengesang vermittelnde Außensphäre existiert. [...] Die Rahmung in diesem Sinne ist ein Element, das alle Gedichte des Eklogenbuches gemeinsam haben.[235]

---

song by the Arcadians« (S. 108) bzw. »As a remedy it may have failed, but the poem written for Gallus remains.«

232 Schmidt, *Reflexion*, S. 54.

233 »Der Dichter übernimmt Rollen des Dichters nicht anders als Rollen anderer.« (Schmidt, *Reflexion*, S. 54)

234 Eine solche Einbindung (z.B. Genette'scher Theorien) hätte Missverständnissen vorbeugen können, etwa wenn Rumpf, S. 71 sich absetzt: »[Der Begriff ›Rahmung‹] bezeichnet dagegen *nicht* vorrangig die konkrete *Form* der Ausgestaltung dieser Struktur: Eine Rahmenform des Gesamtgedichts im üblichen literaturwissenschaftlichen Sinne (d.h. ein vollständiger Rahmen, bestehend aus Eröffnung und Beschluss) *kann* dabei entstehen (wie in ecl. 10), *muss* dies aber nicht. Von Rahmung wird hier auch dann gesprochen, wenn etwa (wie in ecl. 2) der Rahmen nur eröffnet, aber nicht auch noch eindeutig geschlossen wird.« – Vgl. dagegen (zu Abbé Prévosts *Manon Lescaut* bzw. Band 7 seiner *Mémoires et aventures d'un homme de qualité*) Genette, *Erzählung* [zuerst erschienen 1983!], 162/163: »Der *Lion d'or*, der Marquis und der Chevalier in seiner Eigenschaft als Erzähler sind für uns in einer bestimmten Erzählung, nicht in der von des Grieux, sondern in der des Marquis, in den *Mémoires d'un homme de qualité*; die Rückkehr aus Louisiana, die Reise von Le Havre nach Calais, der Chevalier als Held sind in einer anderen Erzählung, diesmal in der von des Grieux, die in der ersten *enthalten* ist, nicht[!] nur insofern, als diese sie mit einer Einleitung und einem Schlusswort (das hier übrigens fehlt[!]) umrahmt, sondern auch insofern, als der Erzähler der zweiten Erzählung bereits eine Figur der ersten ist, und weil der Narrationsakt, der sie hervorbringt, ein Ereignis ist, von dem in der ersten erzählt wird.«

235 Rumpf, S. 71.

Das Ziel der Arbeit Rumpfs[236] bildet nun die Illustration dessen, was bei Schmidt mit einer Austauschbarkeit und Permeabilität der bukolischen Rollen schon präfiguriert ist: Die »Darstellung einer Gemeinsamkeit zwischen Rahmen und Gerahmtem«, das heißt einer Abschwächung der strengen Trennung zwischen zwei sonst kategorisch geschiedenen Ebenen.[237] Auf diese Weise »bekräftigt *und* überschreitet er [*sc.* Vergil] das, was seine Bukolik ausmachte.«[238] Dies geschehe, so Rumpf, in dem Schlussgedicht der *Bucolica*, der 10. Ekloge, die dem Gallus gewidmet sei. Dieses Gedicht beschreibe »ein Konvergieren der Standpunkte des Rahmenden und des Gerahmten und überschreitet so die Rahmungspoetik des Eklogenbuchs«.[239]

Beziehungstypen eingebetteter Erzählungen. Die »mise en abyme«.
Solche »Verschmelzungstendenzen«[240] sieht Rumpf jedoch lediglich[241] dadurch gegeben, dass die Ereignisse auf metadiegetischer und intradiegetischer Ebene in der zehnten Ekloge eine gleiche Struktur aufweisen.[242] Insofern umschreibt er, was Genette »die wesentlichen Beziehungstypen [...], die die metadiegetische Erzählung mit der ersten Erzählung, in die sie sich einfügt, verbinden können«,[243] nennt. Hierbei werden sechs[244] verschiedene Funktionen von thematischen Beziehungen zwischen einbettender und eingebetteter narrativer Ebene unterschieden[245]:

1. Die *explikative* Funktion: Durch einen Rückblick wird unmittelbar kausal erklärt, wie es zu bestimmten Ereignissen in der umgebenden Diegese kommen konnte. »Es

---

236 Vgl. Rumpf, S. 13.
237 Ausgeblendet seien hier Kategorien wie z.B. diejenige einer »Lebenssphäre als Praxissphäre« oder einer »Dichtungssphäre als einer Sphäre ›unpraktischen Handelns‹« (vgl. z.B. Rumpf, S. 239).
238 Rumpf, ebd.
239 Rumpf, S. 240.
240 Rumpf, S. 251.
241 Vgl. Rumpf, ebd.: »Rahmen und Gerahmtes zeigen in ecl. 10, *obwohl voneinander unterscheidbar*, Verschmelzungstendenzen.« (meine Kursive)
242 Vgl. Rumpf, S. 252/253, z.B. »Sein [*sc.* ›Vergils‹] *amor* ist von dem des Gallus nicht wesenhaft verschieden.« (S. 252); »Der bukolische Rahmendichter führt das aus, woran [der metadiegetische] Gallus gescheitert ist« (S. 253). Dass zwar eine enge thematische Verwandtschaft auf zwei verschiedenen narrativen Ebenen vorliegt, diese beiden jedoch immer noch streng getrennt sind, postuliert Rumpf, wenn er den von der zehnten Ekloge in Szene gesetzten *amor* des Gallus mit demjenigen des dichtenden *poeta* in Beziehung setzt: »Bei aller notwendigen[!] Rahmung und (daraus folgenden) Distanzierung ist auch das Dichten (über *etwas* und besonders über *jemanden*) in sich nichts anderes als *amor*.« (Rumpf, S. 252)
243 Genette, *Erzählung*, S. 166.
244 Zunächst (in seinen *Figures III* von 1972) hatte Genette nur *drei* fundamentale Beziehungstypen zwischen zwei aufeinander folgenden narrativen Ebenen beschrieben. Diese Aufteilung geht jedoch einerseits vollkommen in seiner erweiterten Fassung auf, andererseits spricht Genette, *Erzählung*, S. 255 selbst von einer *Verbesserung* seines früheren Systems.
245 Genette, *Erzählung*, S. 255.

ist das Balzacsche ›c'est pourquoi‹«.[246] Beispiel: Die vor den Phäaken vorgetragenen »metadiegetischen« Apologe des Odysseus in den Büchern neun bis zwölf der *Odyssee* sollen erklären, *warum* Nausikaa ihn am Strand finden konnte.

2. Die *prädiktive* Funktion: Es wird ein »prophetischer« Blick in die Zukunft geworfen, der offenbart, zu welchen Folgen die Ereignisse in der einbettenden Diegese führen werden. Beispiel: Das Orakel, das Oidipus erhält.

3. Die *rein thematische* Funktion: Ohne »einen Einfluss auf die diegetische Situation [zu] haben«,[247] wird eine Erzählung eingefügt, deren Ereignisse zwar in keinerlei Kausalnexus zu denen der »Haupt«diegese stehen, jedoch eine Strukturähnlichkeit mit jenen aufweisen, die man adäquat auch als eine Art von Isomorphie bezeichnen kann. Beispiel: Die Kontrast[!]beziehung, die in Catulls *carmen* 64 zwischen den fröhlichen Ereignissen der Hochzeit des Peleus und der Thetis einerseits und dem ekphrastisch dargestellten Unglück der Ariadne andererseits herrscht.

Einen Sonderfall dieser Funktion stellt die *mise en abyme* dar. Sie ist »eine Extremform dieser Ähnlichkeitsbeziehung, die hier fast die Grenze zur Identität[!] überschreitet.«[248] Der Terminus »mise en abyme« geht hierbei auf André Gide[249] zurück, der ihn der Heraldik entlehnt hat. Er bezeichnet[250] diejenige Substruktur einer Diegese, welche in einem reflexiven Akt *en miniature* die Struktur des sie selbst enthaltenden[251] Ganzen wie »*un petit miroir convexe*«[252] widerspiegelt – und zwar möglichst genau und erkennbar,[253] wie man zur Unterscheidung von der obigen, »normalen« rein thematischen Form sagen muss. Eine Einflussnahme auf das Geschehen der einrahmenden narrativen Ebene ist *per definitionem* ausgeschlossen.[254] Als Beispiel erwähnt Gide selbst das Spiel im Spiel im dritten Akt des *Hamlet*.[255] Etwas »prosaischer« kann man dieses Phänomen auch definieren: »Any diegetic segment which resembles the work where it occurs, is said to be placed *en abyme*.«[256]

4. Die *persuasive* Funktion: Diese unterscheidet sich von der rein thematischen Form nur insofern, als hier die metadiegetische Narration einen Einfluss auf die einschlie-

---

246 Genette, *Erzählung*, S. 166.
247 Ebd.
248 Ebd.
249 Vgl. Gide, André: Journal 1889-1939, Paris 1948, S. 41.
250 Für diese Definition vgl. Dällenbach, *Récit spéculaire*, S. 15-19.
251 Mathematisch dürfte man also von einer Art von »Automorphie« sprechen.
252 André Gide, ebd.
253 Vgl. Dällenbach, *Récit spéculaire*, S. 16: »Sa [*sc.* de la mise en abyme] propriété essentielle consiste à faire saillir l'intelligibilité et la structure formelle de l'œuvre.«
254 Vgl. Dällenbach, ebd.: »Évoquée par des exemples empruntés à différents domaines, elle [*sc.* la mise en abyme] constitue une réalité structurelle qui n'est l'apanage ni du récit littéraire, ni de la seule littérature.«
255 Für die Literatur der klassischen Antike bleibt das Phänomen der *mise en abyme* noch ausführlich zu untersuchen. Beispiele können etwa in der neunten Ekloge Vergils, welche in ihrem Verlauf ein Scheitern der Bukolik vor Augen führen, in dem Zerbrechen der typisch bukolischen Buchen in Vers 9 oder in der Ekphrasis (zu solchen »nonverbalen« Darstellungen vgl. Genette, *Erzählung*, S. 165) der γραφή im Proöm der *Lesbiaka* des Longos gesehen werden.
256 Ron, S. 436.

ßende diegetische Situation hat oder haben soll. Beispiele: (1) Jede Fabel, die belehrend in eine Erzählung eingeflochten wird, um ein Gegenüber zu einer Änderung seines Verhaltens zu bewegen. (2) Die Erzählung von der unglücklichen Europa dient bei Horaz, *carmen* 3, 27, 25-76 dazu, mit dem Akt dieser Narration die anfangs angesprochene Galatea von einer Abreise ins Ungewisse abzuhalten.[257]

5. Die *distraktive* Funktion: Der Narrationsakt enthält keinerlei thematische Beziehung zu der umgebenden Diegese und dient lediglich dazu, eine bestimmte Zeitspanne zu überbrücken – etwa, um »die Zeit totzuschlagen«.[258] Genettes Beispiel: »Erzählen Sie uns doch eine Geschichte, bis der Regen aufhört«.[259]

6. Die *obstruktive* Funktion: Der Narrationsakt ist wie bei der vorangehenden Funktion durch keinerlei thematische Strukturentsprechungen mit der einbettenden Diegese verbunden und erfüllt im Gegensatz zu der 5. Funktion den Zweck, Zeit zu gewinnen – etwa, um ein eventuell drohendes Ereignis hinauszuzögern. Genette erinnert an das berühmteste Beispiel hierfür:[260] Die Geschichten in *Tausendundeine Nacht*, die Scheherazade dem Sultan erzählt, um den Tod hinauszuschieben.

Es ist nunmehr evident, dass Rumpf in der zehnten Ekloge das von ihm für das Eklogencorpus erschlossene »Rahmungsmodell« insofern überschritten sieht, als in diesem Gedicht eine ungewöhnlich enge thematisch-strukturelle Beziehung zwischen den intradiegetischen Ereignissen, die den *poeta* (auch als extradiegetische narrative Instanz!) vor allem in den Versen 1-8 und 70-77 betreffen, und den metadiegetischen Ereignissen, die das Leiden des Gallus in den Versen 9-69 beschreiben, besteht.[261] Verortet werden kann diese Verwandtschaft als Genettes dritte, »rein thematische« Funktion; möchte man andererseits – je nach Interpretation der 10. Ekloge – den »Vergil« der Anfangs- bzw. Schlussverse aus dem Leiden des Gallus gelernt haben sehen, dann läge die erste, »explikative« Funktion vor, etwa um zu sagen, »*c'est pourquoi*« Vergil bukolisch, nicht elegisch dichtet. Sollte schließlich mit dem »Gallus« der Metadiegese der *meus Gallus* der Intradiegese (und nur vielleicht der Extradiegese!) zu einer Änderung seines Verhaltens, Dichtens etc. bewogen werden, dann hätte man in dem Mittelteil die vierte, persuasive Funktion Genettes vor sich.

---

257 Zu dieser Interpretation vgl. Cairns, S. 189-192. Die Ode 3, 27 bietet im übrigen ein schönes Beispiel dafür, dass die »Einrahmung« einer metadiegetischen Erzählung durch (Intra-)Diegetisches keinesfalls bedeuten *muss*, dass dieser »Rahmen« nach der Metadiegese auch wieder (etwa durch einen Epilog) geschlossen wird. – Die enge thematische Beziehung zwischen Intra- und Metadiegese wird in Vers 25 durch das *Sic et Europe...* sogar explizit gemacht.
258 Genette, *Erzählung*, S. 255.
259 Genette, *Erzählung*, S. 254.
260 Genette, *Erzählung*, S. 167 bzw. 255.
261 Vgl. Rumpf, S. 253: »Das Gedicht *ist* aber nicht nur zu Dichtung gewordener *amor*, [...] sondern es bildet auch *in seiner Gestalt* diesen Dichter-*amor*, dessen Ausdruck es ist, noch einmal ab.«

Dieses »Konvergieren der Standpunkte des Rahmenden und des Gerahmten« (s.o.), in dem Rumpf *den* schließlich vollzogenen Schritt hinaus aus den Eklogen und ihrer impliziten Poetik sieht, stellt jedoch nicht das extremste Beispiel für ein Aufbrechen der sonst *prima facie* zu beobachtenden Regel, das heißt hier: für ein Überlappen zweier narrativer Ebenen dar, die ja normalerweise streng voneinander geschieden sind durch jene »bewegliche, aber heilige Grenze zwischen zwei Welten: zwischen der, in der man erzählt, und der, von der erzählt wird.«[262] Es ist dies vielmehr, wie hier vorgeschlagen werden soll, das Phänomen der Metalepse. Es transzendiert an signifikanten Stellen Schmidts Charakteristikum der verschiedenen Rollen, die der bukolische Sänger einnimmt. Dass diese bereits von Schmidt selbst keinesfalls als weit voneinander getrennt angesehen werden, bezeugt die Tatsache, dass es für ihn gerade zu den bereits angeführten *differentiae specificae* der Gattung »Bukolik« gehört, dass die verschiedenen Rollen eben austauschbar sind und der Dichter mühelos zwischen ihnen hin- und herzuwechseln vermag, so dass auch seine eigene, genuine Rolle eine wesentliche Relativierung erfährt:

Der Dichter übernimmt Rollen des Dichters nicht anders als Rollen anderer.[263]

Der bukolische Dichter ist nicht nur als und wie der epische Dichter Sänger, sondern auch als eine Rolle, die ohne Veränderung der Struktur der Rollenfolge mit der Rolle eines Hirtensängers austauschbar ist.[264]

Im Grunde liegt hier schon *in nuce* dasjenige vor, was Rumpf insbesondere für die zehnte Ekloge gezeigt hat: Aus Schmidts *struktureller* Isomorphie zwischen den verschiedenen Rollen, die Rumpf überzeugend als sich gegenseitig rahmende darstellt, wird bei Rumpf eine *thematische* Isomorphie unter dem Zeichen des *amor*. Hierbei wird die Rollen- bzw. Rahmenform dadurch überschritten, dass nunmehr zwei (immer noch durchgehend disjunkte!) Diegesen ein und dieselbe Welt als Referenten haben: »Ihre Wirklichkeit ist *eine*; in ihr scheint eine Autonomie auf, in der die Distanz von Dichtung und Praxis tatsächlich aufgehoben ist.«[265] – Die »Distanz« ist »aufgehoben«. Dies bedeutet, dass die narrativen Ebenen sich *berühren*.

Dieser Befund, der im übrigen auch von Schmidt durchaus impliziert, jedoch *qua* Austauschbarkeit der Rollen bereits für alle Eklogen postuliert wird, kann als Anlauf dienen, um zu dem Phänomen der Metalepse zu gelangen, welches ein noch weiter gehendes, ja ungeheures Ineinandergehen der Ebenen bzw. Rollen beschreibt. Die Metalepse wird von Rumpf selbst angedeutet, etwa wenn er feststellt: »Seine abschließende Selbstdarstellung

---

262 Genette, *Erzählung*, S. 168/169.
263 Schmidt, *Reflexion*, S. 54.
264 Schmidt, *Reflexion*, S. 56.
265 Rumpf, S. 255.

[*sc. ecl.* 10, 70/71], in der er ein Körbchen flicht, *entwirft ein Bild* vom Dichter, in dem dieser Handelnder in einem eigenen Dichtungsraum ist.«[266] So kommt es, dass »das autonome Dichten wiederum als Handeln in ihr [*sc.* der bukolischen Sphäre] beschrieben werden *kann*.«[267] Doch die Szene des *dum sedet et gracili fiscellam texit hibisco* (v. 71), das durch das *cecinisse poetam* des Verses 70 eindeutig poetologisch[268] gemeint ist, bezeichnet zwar das Dichten (*cecinisse*) als Handeln (*texere*); dieses Handeln beschreibt jedoch, wenn man kurzfristig die Galluserzählung als für den *poeta*-Sprecher der Verse 1-8 bzw. 70-77 intradiegetische ansetzt, eben kein Ereignis *innerhalb* dieser, d.h. eben kein intradiegetisches. Die Handlung des *texere* bezeichnet vielmehr den Akt der »Narration«[269] der Verse 9-69, also das Extradiegetische *par excellence*,[270] so dass es zu keinem (Hin-)-Eingreifen in den Verlauf des Intradiegetischen kommt, die Ebenen als narrative an dieser Stelle also getrennt bleiben.

Archäologie
Interessant sind die *Art* und die *Geschichte* dieser poetologischen Metapher *fiscellam texere* im Epilog der zehnten Ekloge. Das Verfassen des Gedichtes wird hier gleichgesetzt mit dem Flechten eines Körbchens – ein Bild, das später auch auf andere schriftliche Gebilde ausgedehnt wurde, so dass man allgemein von einem »Text« sprechen konnte und kann. Zunächst ist hierbei zu bemerken, dass das äußere, effizierte Objekt dieser Handlung, nämlich die (bukolische!) *fiscella*, die hier das entstandene Ergebnis des Dichtens bezeichnet, eben jener Sphäre (der Hirtenwelt) entstammt,[271] die den Gegenstand bzw. Inhalt der zehnten Ekloge als Element der *Bucolica*, also als bukolischem Gedicht[272] ausmacht. Dies ist freilich bereits durch Schmidts Austauschbarkeit der bukolischen Rollen vorgezeichnet. – Worauf hier jedoch kurz eingegangen werden soll, ist die Tatsache, dass die Etymologie des Wortes *texere*, obschon von Vergil hier sicherlich nicht gewusst bzw. aufgerufen, auf überraschende komparatistische Parallelen aufmerksam macht: Die geläufige[273] Bedeutung dieses lateinischen Verbs

---

266 Rumpf, S. 254, meine Kursive.
267 Rumpf, S. 255, meine Kursive. In seiner Anmerkung 173 (vgl. auch Anm. 174) gibt Rumpf als Illustrationen eben die beiden Metalepsen, die *ecl.* 9, 19/20 und *ecl.* 6, 62/63 zu finden sind.
268 So schon Servius *ad loc.*: *significat se composuisse hunc libellum tenuissimo stilo*.
269 Vgl. Genette, *Erzählung*, S. 16.
270 Vgl. Genette, *Erzählung*, S. 163.
271 Vgl. Coleman *ad loc.*
272 Zu bukolischen Elementen *innerhalb* des Gesangs des Silens vgl. Coleman, S. 203.
273 Ältere, ursprüngliche Verwendungen von *texere* lassen sich in lateinischer Literatur durchaus noch nachweisen: Vgl. Darmesteter, James: Eine grammatikalische Metapher des Indogerma-

»weben, flechten« stellt eine Bedeutungsverengung eines älteren »zusammenfügen, (kunstvoll) verfertigen, zimmern« dar, welches sich z.B. in dem verwandten griechischen »τέκτων« als »Zimmermann, Bildhauer, Baumeister, Künstler« (vgl. τέχνη < *téksnā) wieder findet. Auch »ὁ τέκτων« kann – etwa bei Pindar *Pyth.* 3, 112-114 (wie bei Vergil Gedichtschluss) – den Verfasser von *Dichtung* bezeichnen. Zugrunde liegt diesen Wörtern die indogermanische Wurzel *tekþ,[274] welche sich als √takṣ im Altindischen[275] (Vedischen) wieder findet. Das Frappierende ist nun, dass in allen diesen drei »klassischen« Sprachen – Lateinisch, Griechisch, Sanskrit bzw. Vedisch als ältere Sprachstufe – dieses »Zimmern, Zusammenfügen, Verfertigen« als *terminus technicus* für das Verfassen von Dichtung gebraucht wird, so dass man hier mit Recht von einem Element der indogermanischen Dichtersprache[276] – wenn nicht gar einer indogermanischen *Poetologie* – sprechen kann. Dieses indogermanische »Bauen« von Versen sei kurz an Hand der Ṛgvedasaṃhitā, der ältesten indischen Hymnensammlung, deren Wurzeln z.T. weit in das 2. Jahrtausend v. Chr. hineinragen, illustriert. Als Beispiel mag die einer Dichterin *Ghoṣā* zugeschriebene Hymne *ṚV* 10, 39 an das altindische Pendant zu den griechischen Dioskuren, die beiden *Aśvin*s, dienen. Auch dieses Gedicht weist – wie die zehnte Ekloge Vergils – ein poetologisches »Nachwort« auf, in dem sich die narrative Instanz zu ihrem Werk äußert. Der 14. und letzte Doppelvers lautet hier: *etaṃ vām stomam aśvināv akarmātakṣāma bhṛgavo na ratham | nyamṛkṣāma yoṣaṇāṃ na marye nityaṃ na sūnuntanayaṃ dadhānāḥ ||* (»Diese Hymne haben wir für Euch, ihr *Aśvin*s, gemacht, gezimmert wie die *Bhṛgu*s einen Wagen; wir haben sie geschmückt wie das Mädchen für den Bräutigam und bringen sie Euch dar wie einen eigenen Sohn, der das Geschlecht fortpflanzen wird.«) – Dieses »Wir haben die Hymne gezimmert wie einen Wagen.« stellt nicht nur einen etymologisch-indogermanischen Urahn für Vergils *texere* dar, sondern wählt wie Vergil als Bild für die hergestellte (bzw. sich soeben darstellende) Dichtung ein Element aus eben demjenigen Bereich, der soeben den Inhalt der Metadiegese bildete: Vergil singt von der Welt der Sängerhirten und wählt als Bild für diesen Gesang einen für Bauern typischen Korb, *Ghoṣā* preist, d.h. auch: singt von den *Aśvin*s und wählt als Bild für ihre (in direkter Deixis bezeichnete: *etaṃ*) soeben vorgetragenen Narration den Wagen (*ratha*), welcher als typisches Attribut der indischen

---

nischen, in: Rüdiger Schmitt (Hg.), Indogermanische Dichtersprache, Darmstadt 1968, S. 26-29, hier: S. 28/29. Darmesteters Aufsatz erschien zuerst 1878.

274 Vgl. Rix, Helmut: Historische Grammatik des Griechischen, Darmstadt ²1992, § 91.

275 Und im Avestischen, ebenfalls zur Bezeichnung des Verfertigens einer Hymne, vgl. Darmesteter, ebd., S. 26.

276 Vgl. Schmitt, Rüdiger: Indogermanische Dichtersprache. Eine Skizze, in: Ders. (Hg.), Indogermanische Dichtersprache, Darmstadt 1968, S. 334-343, hier: S. 334-336.

Dioskuren ein wichtiges Konstituens der Metadiegese (vv. 1-13, mehrfach wörtlich erwähnt) darstellt. – Auf diese Weise ließe sich also auch aus komparatistischer Sicht illustrieren, wie weit Vergils literarische Technik sich in den *Bucolica* vorwagt. Denn nicht nur, dass er den Inhalt seiner (metadiegetischen) Dichtung als poetologisches Bild für diese wieder verwendet und mit dieser Wahl tief in die Tradition dichterischen Schaffens hineingreift: Anders als die vedische Hymne, die den *Vergleich* noch explizit gemacht hat (*na* = wie), wird in der zehnten Ekloge die narrative Instanz Tityrus / Menalcas ohne ein etwa distanzierendes *ut selbst* in der Welt seiner Dichtung sitzend dargestellt, *während* er dichtet: *dum*[!] *sedet et gracili fiscellam texit hibisco*. Ob »Austauschbarkeit der bukolischen Rollen« oder »Überschreitung der Rahmenform in der 10. Ekloge« – deutlich wird auch vor diesem Hintergrund, wie (thematisch!) nah sich die einzelnen narrativen Ebenen kommen.[277]

Auch für die sechste Ekloge, die hier nochmals als fruchtbares Beispiel in Anspruch genommen werden soll, beschreibt Rumpf, S. 226-232 den Dreischritt, den die Erzählung des Silens (vv. 31-81) nimmt, adäquat. Die Geschichten des Silens werden allgemein in *oratio obliqua* (d.h. in obliquen Konjunktiven indirekter Fragesätze) erzählt, welche über die gesamten fünfzig Verse durch Prädikate wie *canebat, uti ...* (v. 31), *his adiungit, ... quo fonte ...* (v. 43), *tum canit, ... ut ...* (vv. 64/65) oder *narraverit* (v. 78) eingeleitet wird.[278] Die Distanz dieses Erzählmodus wird jedoch im Folgenden verkürzt. Dies geschieht zunächst durch das Prädikat *refert* (v. 42), durch das der Silen die vier Geschichten, welche die Verse 41/42 konstituieren, direkt wiederzugeben scheint. Hinzu treten dann die ausgedehnten *direkten* (meta-metadiegetischen, s.o., S. 100) Reden der Verse 55-60 (Pasiphaë) bzw. 69-73 (Linus), welche eine zunehmende Unmittelbarkeit erzeugen. Ein weiteres Indiz für dieses Abnehmen der Mittelbarkeit stellt die von Rumpf, S. 232 aufgezeigte Tatsache dar, dass die beiden emotionale Anteilnahme evozierenden Apostrophen der Verse 47 und 52 an die *virgo infelix* Pasiphaë nicht eindeutig einer Sprecherinstanz zugeordnet werden können: Werden sie von dem singenden Silen ausgerufen oder spricht sie der Sänger der Verse 13-86, der die Worte des Silens wiedergibt? Das

---

277 Auch Pindar (Νέστορα καὶ Λύκιον Σαρπηδόν᾿, ἀνθρώπων φάτις, / ἐξ ἐπέων κελαδεννῶν, τέκτονες οἷα σοφοί / ἅρμοσαν, γιγνώσκομεν – »Nestor und den Lykier Sarpedon, von denen die Menschen immer noch reden, lernen wir aus den tönenden Worten kennen, wie sie weise Baumeister zusammengefügt haben.«, *Pyth.* 3, 112-114) geht nicht in die Richtung, die Vergil einschlagen wird, indem hier der τέκτων ganz Metapher ist: Er ist in keine Szene eingewoben, die dieses Motiv wörtlich nimmt oder gar thematische Parallelen zwischen zwei narrativen Ebenen aufbaut.
278 Vgl. Rumpf, S. 231, Anm. 115.

heißt: Sind die Apostrophen extradiegetisch (der erzählende Tityrus nimmt Anteil) bzw. intradiegetisch (Tityrus schildert Pasiphaës Unglück ab) oder metadiegetisch (Silen kommentiert)? Die Unentscheidbarkeit dieser Frage[279] lässt die Ausrufe zwischen den verschiedenen narrativen Instanzen schweben, verwischt die Grenze zwischen diesen, verschleiert die Distanz zwischen ihnen und lässt sie ineinandergehen – eine Verkürzung, die Genette, *Erzählung*, S. 169 als »reduziert metadiegetische« bzw. »pseudodiegetische« definiert, ohne jedoch auch die schillernde Ambiguität mitzumeinen, die hier in der sechsten Ekloge die einzelnen »Rollen« zusammenrücken lässt. Die Konsequenzen sind poetologische und werden als solche in Kürze betrachtet werden.

Die zwei Arten von Metalepsen
Den dritten Schritt in der fortschreitenden Annäherung zweier narrativer Ebenen stellt nun eben die Metalepse dar. Rumpf, S. 231 deutet zwar in ihre Richtung, vor deren Radikalität er jedoch zurückzuschrecken scheint.[280] Sie scheint ihm unglaubwürdig. Doch dies gehört gerade zu den Attributen dieses Phänomens:

Alle diese Spiele [*sc.* von Metalepsen] bezeugen durch die Intensität ihrer Wirkungen die Bedeutung der Grenze, die sie mit allen Mitteln und selbst um den Preis der Unglaubwürdigkeit überschreiten möchten, und *die nichts anderes ist als die Narration (oder die Aufführung des Stücks) selber.*[281]

Die Interferenz zwischen zwei narrativen Ebenen, die sich *qua* Metalepse überlappen, kann – wie oben (S. 101) bereits demonstriert – auf zwei Arten geschehen, die sich beide in der sechsten Ekloge manifestieren.

(1) Die narrative Instanz einer ersten Ebene greift handelnd *hinein* in eine zweite Diegese, welche erst als von jener ersten hervorgebracht und aus ihr entstehend dargestellt ist. Auf diese Weise »tröstet« der Silen tatsächlich seine Pasiphaë (v. 46), auf diese Weise »umgibt er« tatsächlich »die Schwestern des Phaëthon mit dem Moos auf

---

279 Ein Analogon stellen die Verse *ecl.* 9, 32b-36 dar: Hier kann lange darüber gestritten werden, ob Lycidas sie *direkt* (auf sich selbst Bezug nehmend) spricht oder ob Lycidas hier (eine höhere narrative Ebene aufspannend) die Worte des fernen Sängers Menalcas *wiedergibt* (vgl. Coleman *ad loc.*). – Unsicherheiten der Handschriften in der Sprecherzuweisung des Mittelteils dieser Ekloge liefern ein weiteres Signal für diese narrative Ambivalenz.
280 Vgl. Rumpf, S. 231, Anm. 116: »Der Gesang ist als Tröstungsvorgang dargestellt; zugleich aber *versteht sich*, dass er *keine reale* Tröstung bieten wird, da die im Gesang dargestellte Figur *kein reales* Gegenüber des Singenden und ihr unglückliches Schicksal im Mythos längst besiegelt ist. Der Gesang ist gewissermaßen *ein unpraktischer Trost*. Er hat tröstende Eigenschaften, kann aber dennoch *am realen Unglück nichts ändern.*« (meine Kursive) – Die Pointe der Metalepse liegt jedoch gerade darin, dass eben das von Rumpf in diesem Zitat Negierte evoziert wird.
281 Genette, *Erzählung*, S. 168.

einer bitteren Rinde und lässt sie als schlanke Erlen aus dem Erdboden aufwachsen« (vv. 62/63).

(2) Eine Figur greift aus einer Diegese, der sie angehört, handelnd *hinaus* auf diejenige Ebene, deren narratives Produkt sie selbst erst ist. So wird sich z.B. das Geschöpf seines narrativen Schöpfers bewusst, etwa wenn in Contes Interpretation der zehnten Ekloge Gallus »bemerkt«, dass ihm sein narrativer Schöpfer kollegiale Hilfe angedeihen lassen möchte. In der sechsten Ekloge geht diese Art der »hinausgreifenden« Metalepse jedoch viel weiter.

Zunächst hat man schon lange[282] Strukturähnlichkeiten zwischen der Metadiegese (das Lied des Silens, vv. 31-81), der Intradiegese (das Lied des Tityrus, vv. 13-30) und der Extradiegese (dem poetologischen Vorspiel, vv. 1-12) wahrgenommen; so sind z.b. besonders die auf zwei Ebenen vertretenen Dichterweihen, nämlich die des Tityrus (Prolog) und die des Gallus (vv. 64-73),[283] zu nennen sowie die Spiegelung, die darin besteht, dass zunächst (vv. 4/5) ein Gott (Apoll) einem Sterblichen (Tityrus) den Auftrag zu singen gibt, dann aber zwei Sterbliche (Chromis und Mnasyllos) einem Unsterblichen (Silen).[284] Nun ist es nicht nur so, dass die verschiedenen Ebenen sich durch diese Ähnlichkeiten bis zu einem Zusammenfallen *nahe kommen*,[285] nein: Die narrative Inklusion kehrt sich sogar um. In seinem *carmen* erschafft der Silen eine Welt,[286] er lässt sie explizit kosmologisch aus einem *magnum inane* heraus *entstehen* (vv. 31-40). Diese Welt ist einerseits diejenige der Dichtung, denn die Geschöpfe, von denen sie bevölkert wird, sind die Gegenstände der Literatur (Pyrrha, Prometheus, Pasiphaë etc.). Es ist andererseits aber zugleich die Welt der Dichter: Nicht nur, dass Silen *von* poetischen Geschöpfen spricht, er spricht auch *wie* poetische Schöpfer, nämlich z.B. wie Lukrez (vv. 31-40, vgl. Coleman *ad loc.*) oder wie C. Licinius Calvus (vv. 47 und 51: *a, virgo infelix* zitiert Calvus *fr.* 9 Blänsdorf: *a, virgo infelix, herbis pasceris amaris!*). Damit nicht genug. Im Vollzug eines Dreischritts geschieht das größte ἀπροσδόκητον[287] dadurch, dass im Katalog des Silens inmitten der »Einträge«, die die mythischen, d.h. literarischen Figuren ausmachen, zwischen Heliaden und Scylla sich plötz-

---

282 Vgl. Schmidt, *Reflexion*, S. 278-283 und Rumpf, S. 230-232.
283 Als ein Verbindungsglied kann Apoll gesehen werden: Man vergleiche etwa v. 11: *nec Phoebo gratior ulla est* mit v. 73: *ne qui sit lucus, quo se plus iactet Apollo*.
284 Vgl. Schmidt, *Reflexion*, S. 257 und Rumpf, S. 227/228.
285 So schon Schmidt, *Reflexion*, S. 257: »Am Schluss des Gedichts erfährt man auch erst, dass Chromis und Mnasyllus Hirten sind. Sie weiden Schafe (v. 85), wie es nach Apolls Worten zu den Aufgaben des Hirtensängers gehört. Vergil-Tityrus und die beiden Knaben *stehen auf einer poetischen Stufe*: was sie wünschen und tun, gilt stellvertretend für den Bukoliker Vergil.« (meine Kursive)
286 Vgl. oben, Anm. 177.
287 »The initiation of Gallus comes abruptly into this mythological catalogue« (Coleman *ad ecl.* 10, 64).

lich Gallus findet.²⁸⁸ Natürlich gilt es, sich davor zu hüten, aus diesem Passus (wie aus der Intradiegese der zehnten Ekloge) biograph(ist)ische Rückschlüsse auf einen historischen Gallus zu ziehen. Allein: Wahr ist, dass der Silen hier Bezug auf ein Element derjenigen narrativen Ebene nimmt, die als extradiegetisch bezeichnet werden muss. Dass tatsächlich das extradiegetische Universum hier bezeichnet wird, unterstreichen zusätzlich zwei Dinge: Die Parallelisierung dessen, was Gallus geschieht, mit dem, was die metadiegetische Instanz der sechsten Ekloge selbst (*sc.* »Tityrus«) von sich berichtet (nämlich die Dichterweihe),²⁸⁹ und das Zeugnis Properzens, welcher in seiner Elegie 2, 13(a) (vv. 3-8²⁹⁰) in deutlicher Anspielung auf *ecl.* 6, 64-73 das dort Geschilderte auf seine eigene extradiegetische Ebene projiziert. Doch berichtet der Silen nicht nur von einem extradiegetischen Gallus – dies alleine begründete bereits eine Metalepse; vielmehr lässt er ihn sogar erst entstehen: Das *carmen* erschafft vom kosmologischen Ursprung an (vv. 31-40) aktiv²⁹¹ einen »Raum«,²⁹² dem nicht nur die Dichtung selbst, sondern eben auch die Verfasser derselben anzugehören scheinen. Deshalb kann man (gegen Veremans, S. 818) sagen, dass die sechste Ekloge sogar folgendes evoziert: Der Silen lässt mit der Welt der Bukolik die narrative Instanz, als deren Erzählung er seinerseits eigentlich nur existiert, in einer gewaltigen Metalepse selbst erst entstehen. Über jedwede Parallelen und Berührungspunkte zwischen zwei narrativen Ebenen hinaus kommt es an diesem Punkt also zu einer so weitgehenden Überlappung, einem Ineinandergreifen von Erzählendem und Erzählten, dass jede narrative Hierarchisierung suspendiert scheint.

Dass dies kein beiläufiges Phänomen ist, welches die *Bucolica* an dieser Stelle präsentieren, sondern dass es sogar in den Status eines poetologi-

---

288 Man vergleiche die überraschenden Erwähnungen etwa des »Pollio« in der dritten Ekloge (vv. 84-89) oder des »Varus« in der neunten Ekloge (vv. 26-29). – Zu erwägen wäre, ob nicht auch die unerwartete Nennung des in keiner Weise näher erläuterten, ein (pseudo-)historisches Substrat evozierenden Namens »Lycurgus« in Vers 8 der *Dirae* und das plötzliche »Verschwinden« dieser Figur unter dem Einfluss dieser *Bucolica*-Passagen steht.
289 Vgl. Schmidt, *Reflexion*, S. 278-281.
290 *Hic (sc. Amor) me tam gracilis vetuit contemnere Musas, / iussit et Ascraeum sic habitare nemus, / non, ut Pieriae quercus mea verba sequantur / aut possim Ismaria ducere valle feras, / sed magis, ut nostro stupefiat Cynthia versu: / tunc ego sim Inachio notior arte Lino.*
291 Dass das *carmen* des Silen dies vermag, zeigt eben die erste Art der Metalepse, wie sie die Verse 61-63 ausdrücken.
292 Diese Metapher ist die Schmidts: »Man kann also schließen: die Lieder des Katalogs stellen den *Dichtungsraum zwischen* heroischem Epos (welches ›größer‹ ist) und erotischer Elegie (welche ›kleiner‹ ist) dar. Eben deshalb fehlen diese beiden. Der Katalog bezeichnet so den Raum der Dichtung des Typs ›deductum carmen‹, in den *die Bukolik* gehört. *Diese selbst fehlt, weil sie das Ganze, nämlich das Gedicht mit dem Katalog, ist*, weil sie in der Reflexion auf den *Raum*, dem sie angehört, diesen nicht durch ihre Ansiedlung in ihm charakterisieren kann.« (Schmidt, *Reflexion*, S. 281, meine Kursiven)

schen Programms erhoben ist, belegt neben den geschilderten inhaltlichen Parallelen zwischen der Tityrus- und der Gallus-Erzählung sowie der narrativen Verknüpfung durch die geschilderten Metalepsen zudem auch der Vers 13 der sechsten Ekloge. Freilich kann hier das »*Pergite, Pierides.*« gelesen werden als: »Geht über zu einem anderen Punkt, ihr Musen.«,[293] so dass auf das extradiegetische, poetologische Prooem der Verse 1-12 mit dem intradiegetischen Rest des Gedichtes der nächste, vom ersten verschiedene und abgesetzte Teil folgte. Doch *Pergite, Pierides* kann ebenso bedeuten: »Fahrt fort mit dem Begonnenen, ihr Musen.«,[294] so dass entweder eine Kontinuität zwischen Tityrus' Erzählung vom Silen und den Liedern der übrigen Eklogen behauptet, der Exkurscharakter des Prooems also gleichsam als solcher hervorgehoben würde[295] – oder aber die Einheit der *gesamten* sechsten Ekloge betont werden soll, indem das *pergite* die beiden Teile (Extradiegese und Intradiegese) eng verbindet. In diesem Fall wäre es nicht nur gerechtfertigt, sondern sogar vom Gedicht selbst explizit motiviert, die poetologische Betrachtung der Eröffnungsverse auch auf den Rest der Ekloge auszudehnen: Das Durchbrechen (nicht: Austauschbarkeit oder Isomorphie) der Grenzen zwischen Genettes narrativen Ebenen, wie es der Silen in seinen Metalepsen vollzieht, gerät zu einem bukolischen Prinzip *sui generis*. Von dieser Beobachtung aus soll nun endlich der Sprung in die *Appendix Vergiliana* gewagt werden.

2.2.4.2 Die narrative Struktur der *Dirae*

Die Legitimität einer Anwendung von Genettes narratologischen Kategorien auf die Eklogen Vergils ist oben (S. 94) bereits begründet worden. Zwar genügte es, durch eine (bisher noch nicht abgeschlossene) Subsumption der *Dirae* unter eine Gattung »Bukolik« es auch für dieses Gedicht der *Appendix Vergiliana* zu motivieren, nach seinen narrativen Strukturen zu fragen. Der Nachweis dieser Legitimation kann jedoch auch direkt vorgenommen werden.

Hierbei geht es um die fundamentale Frage, ob die *Dirae* Elemente des »Erzählens von...«, des »Berichtens von...« enthalten, wie es für die *Bucolica* bereits angemessen demonstriert worden ist – oder ob sie lediglich (im Sinne der Platonischen Πολιτεία) rein mimetisch die Äußerungen eines Sprechers simulieren. In Genettes Worten: Gehören die *Dirae* noch zum

---

[293] Vgl. *OLD s.v. pergo*, 2b: »(of a speech or speaker) to proceed (to a topic, conclusion, etc.).«
[294] Vgl. *OLD s.v. pergo*, 3: »To proceed (in a course of action) with the intention or expectation of completing it, go on (with).«
[295] So Rumpf, S. 227.

»narrativen Modus« oder stellen sie lediglich einen »Figurenmonolog« dar, einen »Text im dramatischen Modus also, den man [...], ohne ein Wort daran zu ändern[,] auf die Bühne bringen könnte«?[296]

Die prädiktive Erzählung
Narrative Elemente gibt es in den *Dirae* viele. Zunächst muss man sich von der Vorstellung lossagen, die Narration müsse auf eine Geschichte Bezug nehmen, welche ihr zeitlich vorausgehe. Dies ist in narrativen Texten freilich der Normalfall, den man mit Genette als »*spätere* Narration«[297] bezeichnen kann, jedoch in Hinblick auf das zeitliche Verhältnis von Narration und Geschichte nur einer von vier Narrationstypen. Außerdem gibt es nämlich noch die »*gleichzeitige* Narration«, bei der die beschriebene Handlung soeben, d.h. simultan geschieht (Beispiel: Teichoskopie), und die »*eingeschobene* Narration«, in der die Narration von der Geschichte in Abständen immer wieder eingeholt und »auf den neuesten Stand« gebracht wird und hierauf reagiert (Beispiel: Briefroman). Die vierte und letzte Form stellt die »*frühere* Narration« dar, der Genette auch die von Tzvetan Todorov geprägte[298] Bezeichnung »prädiktive Erzählung« beigibt.

Die Möglichkeit einer prädiktiven Erzählung war oben[299] bereits aufgeleuchtet, nämlich im Zusammenhang der Beziehungen, die eine Metadiegese zu ihrer einbettenden Narration unterhalten kann und von denen eine »die prädiktive Funktion einer metadiegetischen Prolepse, die nicht mehr auf die früheren Ursachen, sondern die späteren Folgen der diegetischen Situation hinweist«,[300] darstellt. Weitere Beispiele für prädiktive Erzählungen gibt es in der antiken Literatur genug, man denke nur etwa an die prophetischen Passagen in Lykophrons *Alexandra*, die als makrologischer Botenbericht in eine von den Versen 1-30 und 1461-1474 geschilderte extradiegetische Situation eingebettet sind,[301] oder an die vierte Ekloge Vergils, in welcher nach einem extradiegetischen ersten Teil (vv. 1-3) die Narration ebenfalls eine »Geschichte« zu ihrem Signifikat hat, deren Realisierung noch aussteht. Sowohl bei Lykophron als auch bei Vergil ist das

---

296 Genette, *Erzählung*, 252 (vgl. auch Anm. 6).
297 Vgl. hierzu und zu den folgenden Begriffen Genette, *Erzählung*, S. 154/155.
298 Vgl. Genette, *Erzählung*, S. 154: »Es scheint sich von selbst zu verstehen, dass die Narration nur nach dem kommen kann, was sie erzählt, aber diese Evidenz sieht sich schon seit Jahrhunderten in Frage gestellt von der Existenz der ›prädiktiven Erzählung‹ in ihren verschiedenen Formen (prophetische, apokalyptische, orakelhafte, astrologische, chiromantische, kartomantische, oneiromantische Erzählung usw.), deren Ursprung sich im Dunkel der Zeiten verliert [...].«
299 S. 112 – in Bezug auf das Orakel, das Oidipus erhält.
300 Genette, *Erzählung*, S. 255.
301 Watson, S. 23, Anm. 110 weist darauf hin, dass in den Augen einiger Interpreten eine Grenze zwischen Fluch und Prophezeiung in der *Alexandra* aus der Richtung des letzteren Genres überschritten werde.

Signal *par excellence* für diese Prädiktivität natürlich der *Indikativ Futur*. Diese Art von Verbformen ist jedoch keine notwendige Bedingung: Für das Futur kann freilich auch ein Präsens eintreten,[302] konstituierend ist allein der antizipierende Charakter der jeweiligen Erzählung.

So kann Vergil in seiner prädiktiven vierten Ekloge durchaus mit präsentischen Verbformen beginnen, die durch das (resultative!) Perfekt des ersten Prädikates und dessen Adverb *iam* (vgl. *iam*, v. 6 und 7) sogar noch fester an eine Gegenwart gebunden werden:

> Ultima Cumaei *venit iam* carminis aetas;
> magnus ab integro saeclorum *nascitur* ordo.
> *Iam redit* et Virgo, *redeunt* Saturnia regna,
> *iam* nova progenies caelo *demittitur* alto.
>
> (*ecl.* 4, 4-7)

Dass jedoch tatsächlich ein narratives Signifikat bezeichnet ist, dessen Eintreten noch aussteht, deuten bereits die Futura *desinet* und *surget* des Verses 9 sowie der Imperativ *fave* des folgenden Verses an. Dies wird jedoch vollends deutlich, wenn die Ekloge mit Vers 11 endgültig in den Indikativ Futur wechselt, der das Gedicht bis Vers 45 prägt und die prädiktive Erzählung trägt, welche auf der intradiegetischen Ebene zu verorten ist. Eine Narration kommt also zustande, narratologische Kategorien sind anwendbar.

Das konstitutive Merkmal der *Dirae*, dem dieses Gedicht auch seinen Namen verdankt, sind ihre *Flüche*. Dieser Sprechmodus findet sein grammatisches Abbild in Verbformen des optativen Konjunktivs bzw. – im Griechischen – des kupitiven Optativs. Nun läge der Einwand nahe, das eben dieser Sprechmodus als Sprechakt, d.h. als Handlung vollkommen in dem *hic et nunc* der Situation auf der extradiegetischen (hier verstanden als: »performativen«) Ebene aufgeht. Dann verschwände mit einem narrativen Signifikat auch jede (Intra-)Diegese und mit dem Vorliegen eines reinen »Figurenmonologs« wären narratologische Betrachtungen unangebracht. Eine solche Sichtweise griffe jedoch zu kurz: Auf der Bühne der *Dirae* wird nicht einfach ein Rolle aufgeführt, die sich in a-diegetischen Flüchen wie *Abi in malam crucem!* ergeht. Die Situation ist komplexer.

How to do things with words
Um diese Viel- bzw. Mehrschichtigkeit benennen und illustrieren zu können, möchte ich auf John L. Austins Theorie der Sprechakte verweisen. Als

---

302 Vgl. Genette, *Erzählung*, S. 154: »die prädiktive Erzählung, die im allgemeinen im Futur steht, die aber auch im Präsens vorgetragen werden kann, wie der Traum von Jocabel in *Moyse sauvé*«.

Beispiel für eine Anwendung derselben mögen die Verse 76-78 der *Dirae* dienen:

> Praecipitent altis fumantes montibus imbres
> et late teneant diffuso gurgite campos,
> qui dominis infesta minantes stagna relinquant.

Hier gilt es, mit Austin drei verschiedene Sprachfunktionen zu unterscheiden:

(1) Das bloße, rein semantisch betrachtete Aussprechen dieser Worte, die »gesamte Handlung, ›etwas zu sagen‹«,[303] also das, was Genette in narrativen Zusammenhängen als »Narration« bezeichnet hat, bildet für Austin den »Vollzug eines *lokutionären* [locutionary] Aktes«.[304]

(2) Der lokutionäre Akt konstituiert jedoch eben im Moment seiner Durchführung eine weitere Handlung. Diese stellt die Antwort auf die Fragen dar: Was *bedeutet* es, *dass* diese Worte gesprochen werden? Was tut der Sprecher, *indem* er sie in einem lokutionären Akt äußert? – Die mit dem Aussprechen verbundene Handlung nennt Austin »einen *illokutionären [illocutionary]* Akt«.[305] Indem der Sprecher der *Dirae* die Verse 76-78 spricht, die auf das Hereinbrechen von Regengüssen und Überschwemmungen Bezug nehmen, vollzieht er eine Handlung: Er wünscht, er beschwört herauf – er *flucht*. Und es ist diese performative Funktion der Worte, welche vollkommen im Hier und Jetzt der Sprechsituation der *Dirae* aufgeht und von Genette auf derjenige »extradiegetischen« Ebene angesiedelt würde, die, narratologisch betrachtet, explizit schon in den Anfangsversen mit ihren adhortativen Konjunktiven wie *repetamus* (v. 1) und *canamus* (v. 2) und mit dem Vorsatz des *canam* (v. 8) bezeichnet ist.

(3) Doch es gibt noch eine dritte Sprachfunktion: »Wer einen lokutionären und damit einen illokutionären Akt vollzieht, kann in einem dritten Sinne [...] auch noch eine weitere Handlung vollziehen. Wenn etwas gesagt wird, dann wird das oft, ja gewöhnlich, gewisse Wirkungen auf die Gefühle, Gedanken oder Handlungen des oder der Hörer, des Sprechers oder anderer Personen haben; und die Äußerung kann mit dem Plan, in der Absicht, zu dem Zweck getan worden sein, die Wirkungen hervorzubringen. Wenn wir das im Auge haben, dann können wir den Sprecher als Täter einer Handlung bezeichnen [...]. Das Vollziehen einer solchen Handlung wollen wir das Vollziehen eines *perlokutionären (perlocutionary)* Aktes nennen und den vollzogenen Akt [...] ›Perlokution‹.«[306] – Auf diese Weise könnte man (im Glauben an eine »magische« Macht der Worte) einen vom Fluchenden der *Dirae* vollzogenen perloku-

---

303 Austin, S. 112.
304 Ebd., meine Kursive.
305 Austin, S. 116, meine Kursive.
306 Austin, S. 118/119, meine Unterstreichung. Die englischen Pendants zu Austins Begriffen wurden in allen drei obigen Definitionen jeweils vom deutschen Übersetzer E. v. Savigny hinzugefügt.

tionären Akt dadurch bezeichnen, dass man etwa sagte: »Er hat sein Land *ver*flucht, er hat einen ›Fluchzustand‹[307] tatsächlich herbeigeführt, die Äcker *sind* überflutet.«

Diese Überlegungen zeitigen als Ertrag die Erkenntnis: Illokutionäre und perlokutionäre Elemente sind den hier betrachteten Sprechakten inhärent, so dass insbesondere der Vollzug eines perlokutionären Aktes bei der Analyse von Lokutionen mitgedacht werden kann und sollte. Dies bedeutet für die Flüche der *Dirae* (wie für alle Verfluchungen dieser Art), dass hier die Evokation von »gewisse[n] Wirkungen«, d.h. des tatsächlichen Eintretens – wie wahrscheinlich auch immer – des Gewünschten untrennbarer Bestandteil des Sprechakts »Fluchen« ist. Wer verflucht, evoziert *qua* Sprechakt immer auch schon das In-Erfüllung-Gehen seiner Flüche, so dass das Ersehnte als Realität aufblitzt, als ob die Worte *efficiunt, quod figurant*. Zu betonen ist hierbei, dass der Fluchende eben evoziert; es geht hier also nicht um eine empirische Verwirklichung des im Optativ Ausgedrückten, also nicht um die Frage, ob, wer flucht, *wirklich* an die Macht seiner Worte glaubt, sondern es geht in den *Dirae* um eine poetische Verwirklichung: In der von der internen Logik der Flüche konstituierten Wirklichkeit *werden* die Verwünschungen eintreten. Diese Logik ist diejenige, die den drei dargestellten Funktionen des Sprechaktes inhäriert.

Was jedoch bereits mit der perlokutionären Funktion des Verfluchens als Sprechakt »Verfluchen« impliziert wird, kann (und muss[308]) sogar explizit ausgedrückt gefunden werden, wenn man nach den Versen *Dirae* 76-78, die soeben als Beispiel dienten, weiter liest:

> Cum delapsa meos agros *pervenerit* unda,
> piscetur nostris in finibus advena arator.

(*Dirae* 79/80)

Der hier ausgedrückte Fluch, der Ankömmling möge auf dem Grundstück nicht pflügen, sondern dort vielmehr nur noch fischen können, wird eingeleitet und zeitlich bestimmt von einem Nebensatz, der jedoch nicht – wie es eine externe Logik geböte – die Erfüllung des Überschwemmungsfluches als Bedingung für das Folgende in einen Konditionalsatz kleidet. Vielmehr erweist das *cum temporale*, dass das zukünftige Eintreten der Perlokutionen vom Sprecher der *Dirae* als ein sicheres vorausgesetzt wird.

Das Vertrauen in die Wirksamkeit von geäußerten Flüchen wird oft dargestellt: Explizit sagt dies zum Beispiel Tibull in seiner Elegie 1, 5.[309] Hier

---

307 Speyer, Sp. 1176.
308 Vgl. Hendrickson, S. 109: »Just as the curse of early mythology was always effective, so likewise the curse as a literary *motif* demanded its fulfilment as an artistic necessity.«
309 Vgl. hierzu besonders Watson, S. 160-163.

verflucht er eine *callida lena*, die seine erotischen Pläne durchkreuzt, in überraschend exzessiven Verwünschungen, welche »are a far cry from the other imprecations against *lenae* which are found in Latin poetry«.[310] Die Passage wird beherrscht von einem *martellato* der Konjunktive:

> Sanguineas *edat* illa dapes atque ore cruento
>   tristia cum multo pocula felle *bibat*:
> Hanc *volitent* animae circum sua fata querentes
>   semper et e tectis strix violenta *canat*.
> Ipsa fame stimulante furens herbasque sepulcris
>   *quaerat* et a saevis ossa relicta lupis,
> *currat* et inguinibus nudis *ululet*que per urbem,
>   post *agat* e triviis aspera turba canum.
>
> (Tibull 1, 5, 49-56)

Dass die Perlukotionen dieser Flüche als tatsächlich zukünftige angesehen werden und so die von den Optativen evozierte Szenerie nachträglich zu der Geschichte einer »prädiktiven Erzählung« erklärt wird, zeigt das folgende Distichon:

> Evenient,[311] dat signa deus: Sunt numina amanti,
>   saevit et iniusta lege relicta Venus.
>
> (Tibull 1, 5, 57/58)

Etwas völlig Analoges spricht Ovid aus, wenn er in der Rolle eines »zaubernden Priesters«[312] seinen Feind *Ibis* verflucht. Nachdem er jenem in Wunschkonjunktiven zunächst unter anderem das Schicksal des *Dirae*-Sprechers angewünscht hat,[313] erklärt er feierlich:

> *Evenient. Dedit* ipse mihi modo *signa* futuri
>   *Phoebus*, et a laeva maesta volavit avis.
> Certe ego, quae voveo, superos motura putabo
>   speque tuae mortis, perfide, semper alar.
>
> (Ovid *Ibis* 125-128)

---

310 Watson, S. 160.
311 Ich lese hier gegen Watson, S. 160 und 40 (»»eveniet‹ (sc. my curse)«) den Plural mit Georg Lucks Ausgabe (Teubner ²1998). Den Ausschlag gibt Ovids textkritisch einwandfreies *evenient* des unten folgenden *Ibis*-Zitates, auf welches Luck leider in seinem *apparatus* nicht verweist.
312 Häuptli zu *Ibis* 127-134.
313 *Ibis* 111: *Exul, inops erres alienaque limina lustres.* Vgl. *Dirae* 84: *Exsul ego indemnatus, egens mea rura reliqui,* sowie Verg. *ecl.* 9, 5/6: *Nunc victi, tristes, quoniam fors omnia versat, / hos illi – quod nec bene vertat – mittimus haedos.* – Das einleitende *exul* legt nahe, dass Ovid hier eher auf die *Dirae* als auf Vergil rekurriert, obwohl das Asyndeton der Adjektive alle drei Passagen verbindet.

Nicht nur, dass Ovid mit seinem *evenient* (*sc. haec* bzw. *mea vota*: vgl. *quae voveo*, v. 127) dasselbe Verb wie Tibull verwendet. Auch er lässt eine Gottheit (statt Venus: Apoll), die von der Legitimität der Flüche bewegt wird, entsprechende »Zeichen geben« (*signa dare*), die auf die Erfüllung des Gewünschten deuten.[314]

In den soeben betrachteten Texten wurden optative Konjunktive erst im nachhinein von einem »extradiegetischen« indikativischen *evenient* in den ontischen Adelsstand eines sicheren Ereignisses erhoben. Ähnlich, aber viel effektiver geht Horazens fünfte Epode vor: Den Hexen, die ihn gefangen haben und nun zur Herstellung eines Liebestrankes töten wollen, schleudert ein *puer* schließlich seine Flüche entgegen:

> Diris *agam* vos: dira detestatio / nulla expiatur victima.
> Quin, ubi perire iussus exspiravero,[315] / nocturnus *occurram* furor
> *petam*que voltus umbra curvis inguibus, / quae vis deorum est Manium,
> et inquietis assidens praecordiis / pavore somnos *auferam*.

(Horaz *Epode* 5, 89-96)

Die voluntativen Futura, die noch auf der Grenze zum Konjunktiv stehen, streichen hier bereits deutlich eine Entschlossenheit des Knaben heraus, deren Gefährlichkeit in den Augen der Antike schon allein dadurch potenziert wird, dass hier ein *Sterbender* spricht.[316] In dem ersten Wort des 89. Verses kann man eine Personifikation sehen, die dann den griechischen Ἐρινύες entspräche:[317] »the Ἐρινύες are curses personified, executing and fulfilling the maledictions pronounced«.[318] Eine solche Instanz der Dirae, die auch als *ultrices* auf der Türschwelle sitzen können,[319] stellt nichts anderes dar als eine Manifestation eben der Perlokutionen des Sprechaktes »Fluchen«. Dass diese tatsächlich eintreten werden, erhellt, wenn die ersten Personen der angeführten Verse alsbald von Futura abgelöst werden, die eindeutig eine indikativische Abschilderung von zukünftigen Ereignissen liefern:

> Vos turba vicatim hinc et hinc saxis petens / *contundet* obscenas anus.
> Post insepulta membra *different* lupi / et Esquilinae alites,
> neque hoc parentes, heu mihi superstites, / *effugerit* spectaculum.

(Horaz *Epode* 5, 97-102)

---

314 Die Vorstellung, dass eine göttliche Macht für die Verwirklichung von Verfluchungen sorgen werde, lässt sich in der antiken Literatur bis zu den ἀραί des Chryses zurückverfolgen (*Ilias* 1, 37-42); vgl. Watson, S. 26/27.
315 Man vergleiche das Futur II *pervenerit* aus *Dirae* 79.
316 Vgl. Watson, S. 27.
317 So Watson, S. 30.
318 Hendrickson, S. 108.
319 Verg. *Aen.* 4, 473.

Das obige kommentierende *evenient* ist hier implizit in die metadiegetische Erzählung selbst, die dieser zur beschreibenden Prophezeiung geratene Fluch darstellt, integriert: Der Sprecher vertieft sich so sehr in seine sprachliche »μίμησις *futuri*«,[320] dass er sogar trotz seines nahen Todes in dieser Vorstellung zu schwelgen vermag, wie es der Schlussvers verrät.

Es dürfte deutlich geworden sein, wie durchlässig die Grenze zwischen Fluch und Prophezeiung ist. Der perlokutionäre Aspekt des Fluchens *impliziert* bereits einen prophetischen Blick in die Zukunft, dessen Umherschweifen die eigene narrative Ebene einer prädiktiven Erzählung zu konstituieren vermag; diese Ebene hat dann etwa Geschichten von bestraften Kupplerinnen und Hexen zum Gegenstand. Eine Annäherung an dieses Phänomen erfolgte soeben von zwei Seiten: Derjenigen der Verwünschungen und derjenigen Weissagungen, welche als Flüche funktionalisiert werden.

Entscheidend für das hier gegebene Ziel der Untersuchung ist nun, dass ein derartiges Aufspannen einer eigenen narrativen Ebene schon seit jeher zu dem Inventar von Literatur zählt, die von Flüchen und Verwünschungen handelt. Das Stilmittel *par excellence* hierfür ist ein vorübergehender oder endgültiger Übergang noch während des Fluchens vom optativen Konjunktiv in den Indikativ des Futurs: »The same belief in the impossibility of escaping the effect of a curse is mirrored in the not infrequent substitution, in ἀραί, of the future indicative for the imprecatory optative or imperative«[321].

Diese »Mischung« der Modi begegnet bereits in der »1. Straßburger Epode«, die heute allgemein Hipponax zugewiesen wird:

---

320 Vgl. Ovid, *Ibis* 125: *signa futuri*.
321 Watson, S. 233.

```
      ...
κύμ[ατι] πλα[ζόμ]ενος
κἂν Σαλμυδ[ησσ]ῶι γυμνὸν εὐφρονέστ[ατα   5
Θρήϊκες ἀκρό[κ]ομοι
λάβοιεν - ἔνθ<α πόλλ᾽> ἀναπλήσει κακὰ
δούλιον ἄρτον ἔδων -
ῥίγει πεπηγότ᾽ αὐτόν· ἐκ δὲ τοῦ χν<ό>ου
φυκία πόλλ᾽ ἐπιχ<έ>οι,   10
κροτέοι δ᾽ ὀδόντας, ὡς [κ]ύων ἐπὶ στόμα
κείμενος ἀκρασίηι
ἄκρον παρὰ ῥηγμῖνα κυμα[.......·
ταῦτ᾽ ἐθέλοιμ᾽ ἂν ἰδεῖν,
ὅς μ᾽ ἀδίκησε, λ[ὰ]ξ δ᾽ ἐφ᾽ ὁρκίοισ᾽ ἔβη -   15
τὸ πρὶν ἑταῖρος [ἐ]ών.
```

(Hipponax fr. 194 (dubium) Degani)[322]

Die Vorstellungen von den künftigen Perlokutionen seiner Verwünschungen reißen den Sprecher (die Sprecherin?) dieser Verse dazu hin, in ihnen zu schwelgen und antizipatorisch gleichsam sein inneres Auges schon über die Szenerie seiner Träume schweifen zu lassen, was er auch selbst äußert: ταῦτ᾽ ἐθέλοιμ᾽ ἂν ἰδεῖν (v. 14). Dieses parenthetische[323] *à-part*-Sprechen stellt einen plötzlichen Ausbruch von zusätzlicher (extradiegetischer) Einmischung dar, wie sie auch in den Versen 7/8 zum Ausdruck kommt: Mitten zwischen die kupitiven Optative des Fragmentes (λάβοιεν, ἐπιχέοι, κροτέοι) ist der Indikativ Futur »ἀναπλήσει«[324] (v. 7) gestellt: als adäquater Ausdruck des subjektiven Schon-Sehen-Könnens des Verses 14. Für den Sprecher – d.h.: in der Realität der Extradiegese – *werden* diese Dinge geschehen, so dass das hier in Optativ und Indikativ Geschilderte tatsächlich eine prädiktive Erzählung, also eine eigene narrative Ebene konstituiert.

---

322 Übersetzung: » ... von der Woge hin und her geworfen; / und in Salmydessos mögen ihn, den nackten, aufs freundlichste / Thraker mit knotigem Haarschopf / aufnehmen – da wird er viele Leiden erdulden, / wenn er das Sklavenbrot frisst! / ihn, der vor Kälte steif geworden ist; und aus jenem Meerschaum dort / möge er viel Seetang von sich fallen lassen, / und mit den Zähnen soll er klappern, wenn er wie ein Hund auf der Schnauze / liegt in seiner Hilflosigkeit daliegt / just am Rand der Brandung: [genau dort möge er von den Wellen hin und her gerollt werden] – / diese Dinge möchte ich gerne erblicken! –, / er, der mir unrecht tat und mit seinen Füßen auf die Schwüre trat, / obwohl er doch früher mein Freund war.«

323 Der von »ὅς« eingeleitete Relativsatz knüpft direkt an den Vers 13 an. Man vergleiche etwa in Verg. *ecl.* 9, 6 das ebenfalls parenthetische *quod nec bene vertat*, welches die Emotionalität auch dieser Äußerung steigert.

324 Gegen »Glättungsversuche« wie die R. Reitzensteins und M. L. Wests, die an dieser Stelle gerne einen Optativ »ἀναπλήσαι«, den sie den *superscripta* entnehmen, konjizieren möchten, lasse ich mit E. Degani und D. E. Gerber den Indikativ des Papyrus stehen.

Horazens 10. Epode, in der man eine Bearbeitung der ersten Straßburger Epode sehen kann (aber keineswegs muss), geht ähnlich vor. Das Gedicht stellt ein – wie F. Cairns es genannt hat – »*inverse propempticon*«[325] dar, in welchem der Sprecher dem verhassten Mevius eine möglichst schlechte (See-)Reise wünscht. Dies geschieht zunächst in Konjunktiven,[326] welche alle denkbaren Gefahren auf dem Meer heraufbeschwören. Schließlich jedoch wird in Analogie zu dem schwelgenden »ἔνθα πόλλ' ἀναπλήσει κακά« der Straßburger Epode das Korsett des Optativkatalogs (vv. 3-14) gesprengt, und die pathetische Interjektion *o* leitet den Schluss der Epode ein. Dieser kennt nur noch Indikative:

> O quantus instat navitis sudor tuis / tibique pallor luteus
> et illa non virilis eiulatio / preces et aversum ad Iovem,
> Ionius udo cum remugiens sinus / Noto carinam ruperit!
> Opima quod si praeda curvo litore / porrecta mergos iuverit,[327]
> libidinosus immolabitur caper / et agna Tempestatibus.

(Horaz *Epode* 10, 15-24)

Das drohende Bevorstehen der perlokutionären Folgen dieses Negativpropemptikons ist in dem *instat* (v. 15) explizit gemacht, und wieder – wie Venus bei Tibull und Apoll bei Ovid – ist es eine Gottheit, die als exekutive Macht der Perlokutionen angeführt wird: Diesmal ist es Iuppiter, der sich den Bitten des Mevius *verschließen* soll, um die Flüche des Sprechers zu unterstützen.[328] Auch wird wie mit dem Futur II des Verses *Dirae* 79: *cum delapsa meos agros pervenerit unda* in zwei Gliedsätzen (*cum temporale*: vv. 19/20, *quod si*:[329] vv. 21/22) mit dem nämlichen Tempus konstatierend auf eine Zeit Bezug genommen, zu der das Gewünschte bereits verwirklicht sein wird. Doch anders als in den *Dirae*, wo in Vers 80 mit dem Konjunktiv *piscetur* ein weiterer Wunsch folgt, enthält das letzte Verspaar der 10. Epode den endgültigen Übergang in den Indikativ: Bock und Lamm *werden* geschlachtet werden. Freilich: Dies wird geschehen, »wenn also« (*quod si*) Mevius die *mergi* als fetter Leckerbissen erfreut haben wird. Doch diese Bedingtheit des Opferversprechens wird durch zweierlei abgemildert und

---

325 Vgl. Cairns, S. 130.
326 *differat*, v. 6; *insurgat*, v. 7; *appareat*, v. 9; *feratur*, v. 11.
327 Die Wahl zwischen dieser 3. Person und der *v.l. iuveris* der *deteriores* fällt nicht leicht, vgl. Mankin *ad loc.* – Doch die gerade im soeben betrachteten Zusammenhang auffällige Parallele mit dem *à-part*-Sprechen der Straßburger Epode legt eine »zähneknirschende« 3. Person *iuverit* nahe. – Zu vergleichen ist das Schwanken der Ausgaben in der Personalendung *flagrabis/flagrabit* im Vers *Dirae* 35.
328 Zur zentralen Bedeutung von Gottheiten für *propemptika* vgl. Cairns, S. 115.
329 Freilich ist dieses *quod si* konditional, also hypothetisch; dennoch rückt es die Protasis – zumal durch den Indikativ – näher an eine Verwirklichung als es ein einfaches *si* täte. Den Konjunktiv Perfekt sehe ich durch das Futur *immolabitur* (v. 23) für beide Prädikate ausgeschlossen.

dadurch das Prädiktive verstärkt: Einerseits durch das immer noch wirksame, prophetische *o quantus instat* des Verses 15; zum anderen ist in diesen Versen das Paradoxe Programm. Denn nur auf der Ebene des Gedichtes und dessen interner Logik kann die einfache, aber dennoch zulässige Frage beantwortet werden: Woher soll der Sprecher der 10. Epode wissen, wann sein Opfer in der Ferne gestrandet sein wird, das Opfer also durchzuführen sein wird?

Er *wird* es wissen – ebenso wie der Sprecher des von Lykidas vorgetragenen Liedes in Theokrits siebtem Idyll, den *Thalysia*. Dieses Gedicht stellt im Gegensatz zur Mevius-Epode ein »normales«, da wohlwollendes, Propemptikon für einen Ageanax dar. Auch hier kommt ein insofern komplexer Sprechakt zum Ausdruck, als erneut die Perlokutionen eines illokutionären Aktes (hier: »eine gute Reise wünschen«) in den Mittelpunkt gerückt werden. Dass seine guten Wünsche tatsächlich ihre *perlokutionäre* Wirkung haben »müssen«, ist in denselben Bereich der Subjektivität zu verweisen wie der Glaube des *Dirae*-Sprechers an die Effektivität seiner Flüche. Doch genau dieser Bereich erhält den ontischen Status des Faktischen, denn: »The normal propemptic speaker utters good wishes for the departing traveller. But Lycidas, instead of wishing Ageanax a good voyage and so forth, *states that he will have a good voyage.*«[330] – Das Signal *par excellence* dieses Konstatierens ist erneut der Indikativ Futur:

> *ἔσσεται* Ἀγεάνακτι καλὸς πλόος εἰς Μιτυλήναν,
> ...
> αἴ κα[331] τὸν Λυκίδαν ὀπτεύμενον ἐξ Ἀφροδίτας
> ῥύσηται· θερμὸς γὰρ ἔρως αὐτῷ με καταίθει.
> χαλκυόνες *στορεσεῦντι* τὰ κύματα τάν τε θάλασσαν
> τόν τε νότον τόν τ' εὖρον, ὃς ἔσχατα φυκία κινεῖ,
> ...
> Ἀγεάνακτι πλόον διζημένῳ ἐς Μιτυλήναν
> ὥρια πάντα γένοιτο, καὶ εὔπλοος ὅρμον ἵκοιτο.
>
> (Theokrit *id.* 7, 52; 55-58; 61/62)

Schließlich (v. 62) fällt der Sprecher also doch noch in Wunschoptative zurück und bindet auf diese Weise die indikativischen Futura der vorangehenden prädiktiven Erzählung eng an die illokutionäre Gegenwart des vorgetragenen Liedchens, der Lokution. Eine signifikante Parallele zu der

---

330 Cairns, S. 27, meine Kursive.
331 Diese konditionale Einfärbung dämpft das »Prophetische« kaum: Zum einen bezeichnet dieser »speziell-prospektive« Konjunktiv in der Protasis bereits etwas, »*womit man rechnen kann oder muss*« (Bornemann, E. / Risch, E.: Griechische Grammatik, Frankfurt a.M. ²1978, § 279); liest man andererseits den Nebensatz *streng konditional*, so kann Lykidas' Sprecher auch unter der Bedingung, dass Ageanax seinem Verlangen willfährt, keinesfalls voraussagen, dass die Naturgewalten ihm eine ruhige Seereise gestatten werden.

Mevius-Epode besteht nun darin, dass der Verabschiedende in den folgenden Versen verspricht, an jenem Tag (τῆνο κατ' ἆμαρ, v. 63), an dem Ageanax unversehrt sein Ziel erreicht haben wird, seiner Freude über dessen Ankunft Ausdruck zu verleihen:

> κἠγὼ *τῆνο κατ' ἆμαρ* ἀνήτινον ἢ ῥοδόεντα
> ἢ καὶ λευκοΐων στέφανον περὶ κρατὶ φυλάσσων
> τὸν Πτελεατικὸν οἶνον ἀπὸ κρατῆρος *ἀφυξῶ*
> πὰρ πυρὶ κεκλιμένος, κύαμον δέ τις *φρυξεῖ*.

(Theokrit *id.* 7, 63-66)

Die Futura machen erneut deutlich, dass festlicher Kopfschmuck, Getränke und Mahlzeiten für den Sprecher Dinge sind, die *tatsächlich* eintreten werden:

Theocritus' concept is unique – a ›welcoming banquet‹, held at the place the traveller has left, to celebrate not his return but his arrival at his destination. Moreover, the concept involves an impossibility: in antiquity communications were such that Lycidas on Cos could not know of the safe arrival of Ageanax at Mytilene on the very same day ([v.] 63) as Ageanax arrived there. This impossibility [...] is part of a deliberate design of Theocritus to convey a state of mind of the propemptic speaker Lycidas.[332]

Es ist dieser erregte »state of mind«, der den Sprecher alles Empirische transzendieren lässt, so dass er einen prophetischen Blick in die Zukunft werfen zu können meint, der jeder Fallibilität entbehrt.

Das Wort als Waffe I
So können bei Theokrit eine sichere Ankunft und ein darauf zum rechten Moment folgendes Festmahl versprochen werden, so kann auch Ovid in seiner *Ibis* ewigen Hass und Kampf geloben. Wie sicher dieses ist und sein wird, zeigt die Rückbindung an offensichtliche Konstanten in Kultur und Natur, die an die Adynata des *Dirae*-Prologs erinnern:[333]

Pugnabunt arcu dum Thraces, Iazyges hasta,	Ante lupos rapient haedi, vituli ante leones,
dum tepidus Ganges, frigidus Hister erit,	delphini fugient pisces, aquilae ante columbas
robora dum montes, dum mollia pabula campi,	et conversa retro rerum discordia gliscet –
dum Tiberis liquidas Tuscus habebit aquas,	multa prius fient quam non mea libera avena:
tecum bella geram.	montibus et silvis dicam tua facta, Lycurge.
(Ovid *Ibis* 133-137a)	(*Dirae* 4-8)

Die Kriegserklärungen an eine 2. Person in der *Ibis* (*tecum bella geram*, v. 137) wie in den *Dirae* (*dicam tua facta*, v. 8) finden in beiden Gedichten darin ihren adäquaten Ausdruck, dass es Beispiele des Kampfes oder der

---
332 Cairns, S. 164.
333 Man vergleiche auch die Adynata *Ibis* 31-40.

Jagd sind, die neben anderen gewählt werden. So geraten diese Verse jeweils zur *mise en abyme* des sie enthaltenden Gedichtes:
Ovid nimmt Bezug auf Pfeile und Langlanzen (*hastae*) von kriegerischen Thrakern und Jazygen.[334] Nicht nur, dass eben diese (Kriegs-)Metaphorik in den *bella* des Verses 137 sofort von Ovid selbst wieder aufgegriffen und selbstreferentiell zur Charakterisierung des eigenen, auf der extradiegetischen Ebene zu verortenden narrativen Aktes verwandt wird. Schon im Prolog der *Ibis* hatte der Sprecher seinem Opfer explizit den Krieg (*bella*, v. 46; vgl. die *proelia*, v. 45) erklärt und angekündigt, *noch nicht* (zweimal: *nondum*) mit der *hasta* direkt – das heißt: mit Namensnennung und im jambischen Versmaß – auf den angesprochenen Feind zu zielen:

> Prima quidem coepto committam *proelia* versu,
> non soleant quamvis hoc pede *bella* geri.
> Utque petit primo plenum flaventis harenae
> nondum calfacti militis *hasta* solum,
> sic ego te nondum *ferro iaculabor acuto*,
> protinus invisum nec petet *hasta* caput,
> et neque nomen in hoc nec dicam facta libello,
> teque brevi, qui sis, dissimulare sinam.
> Postmodo, si perges, in te mihi liber iambus
> tincta Lycambeo sanguine *tela* dabit.
>
> (Ovid *Ibis* 43-52)

Anders als für die *libelli* (vgl. *Dirae* 26 und 34) des *Dirae*-Sprechers, dessen Adynata ja gerade in der Ankündigung *montibus et silvis dicam tua facta* (v. 8) mündeten, gilt hier also noch die Einschränkung: *in hoc nec* [d.h. *nondum*] *dicam facta libello* (v. 49). Indes: Durch die enge Parallelisierung, die die Verse *Ibis* 133-137a zwischen dem Schießen der Thraker bzw. der Jazygen und dem poetischen Krieg des Sprechers vornehmen, wird dieses *nondum* implizit auf einer metaphorischen Ebene wieder zurückgenommen.

Das »Rhetorische« bei Paul de Man
Ein analoges implizites »Zurücknehmen« des *prima facie* Gesagten ist ebenfalls in den soeben zitierten *Dirae*-Versen zu beobachten. In diesem Adynaton fungiert – wie oben (S. 70-75) beschrieben wurde – als »unmögliches Ereignis Y« die Vorstellung, Tauben könnten Adler, Fische Delphine, Kälber Löwen und – zuallererst! – Böckchen Wölfe, kurzum: die Beute ihren sonst völlig überlegenen Häscher jagen. Doch, was hier als vorgeblich

---

334 Welchem dieser zwei Stämme auch immer welche dieser beiden Waffenarten zugewiesen werden muss (so dass also eventuell nach einem Vergleich mit Ov. *Pont.* 1, 3, 59/60 hier *pugnabunt hasta dum Thraces, Iazyges arcu* zu lesen wäre): Vgl. Häuptli *ad loc.*

unmöglich vorausgesetzt ist, genau dies geschieht in der impliziten (extradiegetischen) Logik bzw. Wirklichkeit der *Dirae*: Der vertriebene *colonus* der *Dirae*, der das Opfer der übermächtigen Staatsgewalt – in v. 83 repräsentiert durch die Allegorie der *Discordia* – war und ist, hat den Spieß umgedreht: In seinem *carmen* ist er es, der nunmehr die an seiner Misere Schuldigen mit seinen *vota* verfolgen kann. In dieser Poesie hat sich die in der politischen Wirklichkeit unumkehrbare Hackordnung umgekehrt: Auf diese Weise verfolgt das Böckchen tatsächlich den Wolf und klagt dessen Taten (*facta*, v. 8) an. Der Wolf wird denn auch in Apostrophe direkt angesprochen: Es ist *Lycurgus* (v. 8) als Λυκοῦργος, verstanden als Possessivkompositum *Λυκό-ϝεργος, also: »der, dessen Taten (ἔργα bzw. *facta*) diejenigen eines Wolfes (λύκος bzw. *lupus*) sind«.[335] In *dieser* Realität ist es »wirklich« soweit gekommen, dass *conversa retro rerum discordia* (v. 6) *gliscit*: Alles hat sich umgekehrt, wie es der *Dirae*-Sprecher auch selbst gegenüber seinem *pater gregis* betont (v. 93): *En, prima novissima nobis!* – So gerät schließlich dasjenige, was als fester Bestandteil des rhetorischen »Adynatons« gewöhnlich ein ἀ-δύνατον *par excellence* bezeichnet, zu einem »rhetorischen« Symbol dafür, wie verkehrt für den Fluchenden die Zustände in der Welt geworden sind: Für den Sprecher sind selbst die sonst verlässlichsten Naturgesetze außer Kraft gesetzt.

Dieser zweite, spezifischer gebrauchte Begriff von »rhetorisch« möchte an Paul de Mans Definition desselben erinnern: Auf ihn sei kurz eingegangen, da er bereits an dieser Stelle exemplarisch zu illustrieren vermag, an welche Grenzen strukturalistische Analysen wie die in dieser Arbeit bisher in Anlehnung an Genette vorgenommenen stoßen können.[336] Diese »Rhetorik« de Mans geht zunächst von den traditionellen rhetorischen Mitteln,

---

335 Für eine solche Entmythologisierung und Re-Etymologisierung des Namens »Lykurg« spräche auch die Aporie, die Kröner, S. 34/35 beschreibt: »Obwohl eine ganze Reihe aus der Mythologie bekannter Namen in den Dirae vorkommen, bezieht sich nur einer[!] auf eine menschliche Person: Lykurgus v. 8. Dabei besteht zwar trotz vieler Erklärungsversuche keine Einigkeit darüber, ob damit auf den thrakischen König oder den spartanischen Gesetzgeber angespielt werde; aber soviel ist klar, dass, welche mythische Person auch gemeint sein mag, diese nur Allegorie ist für eine historische (welche, ist gleichfalls umstritten)[,] die der Verfasser der Dirae nicht nennen will. Der mythologische Zusammenhang, der mit diesem Namen wachgerufen wird, dient dazu, die Allegorie für Eingeweihte verständlich zu machen. In ganz ähnlicher Weise wird, diesmal[!] aus dem Tierreich, in der Ibis Ovids eine Allegorie für den vorhandenen Gegner gewählt«. – Zu einer Etymologisierung des Namens vgl. Fraenkel, *Dirae*, S. 34: »I doubt whether the poet was learned enough – if he was it would make a nice point – to know that λύκος had long come to denote the enemy.«

336 Unter expliziter Nennung Genettes, dessen »Studien über figurative Formen« er zwar als »vielleicht differenziertestes Werk aus dieser Schule« lobt, übt de Man, S. 35 Kritik an der »literarischen Semiologie, wie sie heute in Frankreich und anderswo praktiziert wird«. Sein Vorwurf besteht darin, dass diese Theoretiker »Grammatik und Rhetorik in vollkommener Harmonie miteinander funktionieren lassen und von grammatischen zu rhetorischen Strukturen mühelos und ohne Unterbrechung übergehen.«

Tropen und Figuren, aus,[337] um diese dann in der Folge dadurch zu problematisieren, dass er zeigt, wie eine unauflösbare »Spannung zwischen Grammatik und Rhetorik«[338] entstehen kann. Wie diese aufkommt, demonstriert er an einem »Beispiel der Sub-Literatur der Massenmedien:

> Von seiner Frau gefragt, ob er seine Bowling-Schuhe drüber oder drunter geschnürt haben will, antwortet Archie Bunker mit einer Frage: ›Was is' der Unterschied?‹ Als eine Leserin von erhabener Einfalt erklärt ihm daraufhin seine Frau mit größter Geduld den Unterschied zwischen drüber Schnüren und drunter Schnüren, worin auch immer der liegen mag, aber ruft dadurch einen Wutausbruch hervor. ›Was is' der Unterschied?‹ fragte nicht nach dem Unterschied, sondern meinte statt dessen: ›Ich pfeif' auf den Unterschied.‹[339]

Dasselbe Phänomen illustriert de Man später noch einmal auf etwas sublimerer Ebene anhand eines Gedichtes von Yeats,[340] welches ebenfalls das hier wichtige Schema einer rhetorischen Frage beinhaltet. Wie fruchtbar diese Analysen sein könnten, ließe sich leicht etwa an der berühmten Frage des Chores im 2. Stasimon des sophokleischen *Oedipus Tyrannus* (vv. 895/896): »εἰ γὰρ αἱ τοιαίδε πράξεις τίμιαι, / τί δεῖ με χορεύειν;« erweisen.

Hier soll es nicht um rhetorische Fragen gehen, sondern um dasjenige, worauf de Man mit diesem einen Fallbeispiel abzielt:

> Worauf es ankommt ist dies: Ein vollkommen klares syntaktisches Paradigma (die Frage) erzeugt einen Satz, der mindestens zwei Bedeutungen hat, von denen die eine ihren eigenen illokutiven Modus [also bei Archie Bunker: »wissen Wollen, worin sich drüber und drunter Schnüren unterscheiden«] bejaht und die andere ihn verneint.[341]

Wenn beide Bedeutungen sich wirklich ausschließen, zugleich aufeinander so großen Einfluss ausüben, dass sie sich gegenseitig »aktiv« widersprechen, und »wenn es unmöglich ist, mit Hilfe grammatischer oder anderer sprachlicher Hinweise zu entscheiden, welche der beiden Bedeutungen [...] den Vorrang hat«,[342] bezeichnet de Man diese »radikale Suspendierung der Logik«[343] als »rhetorisch«.

Eben dies geschieht in den Eingangsadynata der *Dirae*. Es ist eben nicht einfach so, dass der Fluchende in dieser rhetorischen (im traditionellen Sinne) *figura* (σχῆμα) nur verdeutlicht, wie groß seine Wut auf den Enteigner und sein Vertrauen in die perlokutionären Wirksamkeit der Flüche ist;

---

337 Zu diesem Ausgangspunkt vgl. de Man, S. 35.
338 de Man, S. 38.
339 de Man, S. 38/39.
340 de Man, S. 40-43.
341 de Man, S. 39.
342 de Man, S. 40.
343 Ebd.

noch trifft es zu, dass lediglich zusätzlich, d.h. auch unabhängig hiervon das Aussprechen der Adynata den Gedanken daran evoziert, wie verkehrt die Verhältnisse um den *colonus* herum geworden sind. Vielmehr macht die enge Verkettung dieser beiden Aspekte die Interpretation viel komplexer: Denn nicht nur sind alle normalen Verhältnisse für den Sprecher im etymologischen Sinne »*per*vertiert«, er selbst kehrt durch und in seinen Flüchen alle üblichen Hierarchien um. Denn in der politischen Ordnung sind es *Lycurgus* (v. 8), die *praetores* (v. 82) und die *Discordia* (v. 83), die ihren Einfluss auf den *colonus* ausüben. Als Objektivierung dieser *facta* (v. 8) wird der *miles* als »*an*kommender« *ad-vena* – emphatisch in Anadiplose (mit *separatio*: vgl. oben S. 62 zu dem *rura* der vv. 2/3) – auf das Landgut kommen. Dieser Bewegung[344] – ausgedrückt in dem Prädikat des Nebensatzes *militis impia cum succedet dextera ferro* (v. 31) – wird Einhalt geboten, obwohl der Enteignete in der Gegenwart des Gedichtes mit seiner Flucht physisch die Stoßrichtung des erwarteten neuen Besitzers fortsetzt:[345] Das heraufbeschworene *cadere* der Bäume raubt diesem Vorstoß jede Erfolgsaussicht, und das am Beginn des Verses 34 isoliert stehende *nequiquam* lässt für den *Dirae*-Sprecher den Angriff auf ihn jäh ins Leere laufen.

Damit nicht genug: Wie soeben bemerkt, wird mit den Flüchen diese Bewegung umgekehrt, denn nun sind es die Verwünschungen, die auf den sonst überlegenen Lycurgus, den *miles* und seinen neuen Besitz zukommen. Diese Richtung wird denn auch durch gerichtete dynamische Verben durch alle Verse der *Dirae* hindurch verdeutlicht: *diras indiximus* (v. 3), *Eurus agat* (v. 38), *Africus immineat* (v. 39), *migret Neptunus* (v. 50), *agat Neptunus* (v. 58), *incurrant* (v. 69), *praecipitent* (v. 76). Das Eintreffen des *miles* wird darüber hinaus mit demjenigen der Überschwemmungen eng parallelisiert, indem jeweils Wortbildungen zu der Wurzel *vĕn-* zugeordnet werden: *Cum delapsa meos agros per*ve*nerit unda, / piscetur nostris in finibus ad*ve*na arator, / ad*ve*na, ...* (vv. 79-81). Schließlich wird das radikale Umkehren der gewohnten natürlichen Ordnung, das innerhalb der Realität der Verwünschungen vollzogen wird, in den Verwünschungen selbst wieder aufgenommen, wenn den Flüssen – anaphorisch insistierend – dasjenige befohlen wird, dessen Unmöglichkeit in vielen antiken Adynata gerade als eine evidente ausgenutzt wird:[346]

> *flectite* currentis lymphas, vaga flumina, *retro*,
> *flectite* et *adversis* rursum diffundite campis (vv. 67/68).

---

344 Vgl. oben S. 25.
345 Vgl. v. 84: *exsul*, v. 84: *reliqui*, v. 87: *ibo in silvas* und v. 91: *descendite*.
346 Vgl. Dutoit *passim*.

Von diesen zwei Versen wird noch eine zusätzliche Brücke zu den Adynata des *Dirae*-Prooms geschlagen: *retro* (v. 67) und *ad-versis* (v. 68) lassen zwei Schlagwörter des Verses 6 anklingen: *Et con-versa retro rerum discordia gliscet*. – Der Fluchende scheint sich bewusst zu sein, dass er eine solche absolute Perversion der Natur heraufbeschwört. Wie oben bemerkt, betrifft dies insbesondere die Hackordnung zwischen dem *colonus* und der schemenhaften Autorität des *Lycurgus*: Aus dem *rapere*, unter dem letzterer als Wolf den Fluchenden als Böckchen leiden lässt, wird sein eigenes *fugere* vor den Verwünschungen des Enteigneten. Diese Entwicklung findet zudem ihre Entsprechung darin, dass sich eben diese beiden Verben in den Adynata von Vers 4 (*rapient*) zu Vers 5 (*fugient*) abwechseln. Rhetorisch (*qua* Adynaton) hat der *Dirae*-Sprecher also klargemacht, dass durch seine Flüche und in deren Logik und Wirklichkeit nicht nur das Böckchen den Wolf jagen wird, sondern auch ein *retro flectere* von gewohnten, sicheren Abläufen in der Natur stattfinden wird.

Doch zugleich entsteht in diesen Versen der *Dirae* jenes »semiologische Rätsel«,[347] das de Man »rhetorisch« nannte. Dies erhellt aus einer näheren Betrachtung der logischen Struktur, die die Figur der anfänglichen Adynata mit dem Rest des Gedichtes verbindet. Die Figur des Adynatons konstituiert sich in den Versen 4-8 durch das logische Schema: »Y kann erst geschehen, wenn X geschieht.« Hierbei ist Y das Ereignis, dass der Sang des Fluchenden mit seiner Anklage an Lycurgus verstummt, und X setzt sich zusammen aus den (mindestens – denn *multa prius fient*, v. 7) fünf »unmöglichen« Ereignissen der Verse 4 bis 6. An der »figurativen Bedeutung«, die dieses »grammatikalische Muster«[348] vermitteln soll, kann kein Zweifel bestehen: »Nie werde ich davon ablassen, euch zu verfluchen.« – Dieses rhetorische Schema impliziert einen illokutionären Sprechakt (»illokutiven Modus«[349]): »Ich gelobe, deine Taten ewig anzuprangern, und werde nie aufhören, meine *rura* wirksam zu verfluchen.«

Doch hierin unterläuft dem *colonus* etwas *prima facie* sicherlich nicht Intendiertes, etwas, das de Man nach Kenneth Burke »*deflection* – die Abbiegung« nennt, »definiert [...] als ›geringfügige Abweichung oder unwillkürlicher Irrtum‹, [...] als die dialektische Subversion der festen Verbindung zwischen Zeichen und Bedeutung [...], die innerhalb grammatischer Muster am Werk ist«.[350] Denn überraschenderweise fällt die von dem Ganzen der *Dirae* konstituierte »Bedeutung« des Adynatons, gefasst als rhetorisches »Zeichen«, auf dieses Zeichen selbst zurück und verändert es radikal, d.h.

---

347 de Man, S. 40.
348 de Man, S. 39.
349 Ebd.
350 de Man, S. 37.

subversiv: Wie oben gezeigt wurde, liefert gerade das Adynaton für den Sprecher die Sicherheit, mit der die verkehrten Verhältnisse eintreten werden, die die *Dirae* heraufbeschwören und an deren zukünftige Realität sie fest zu glauben vorgeben. Die Subversion besteht nun darin, dass es zu diesen verkehrten Verhältnissen, die das Adynaton verbürgt, gehört, dass in den Flüchen tatsächlich ein Böckchen[351] den Wolf (*Λυκό-ϝεργος) »zerreißt«, indem es von dessen *facta* kündet und dessen *impia gaudia* (v. 9) durch Verfluchungen zerfetzt. Somit zerstört bei »buchstäblicher« Lesung der *Dirae* das Eingangsadynaton durch die von ihm geleistete Rückbindung an empirische Sicherheiten seine eigenen Voraussetzungen, die aus diesen empirischen Sicherheiten bestehen, und setzt sich auf diese Weise durch seine eigene Kraft subversiv selbst außer Kraft. Eine Skizze mag dieses nicht unkomplexe Paradoxon verdeutlichen:

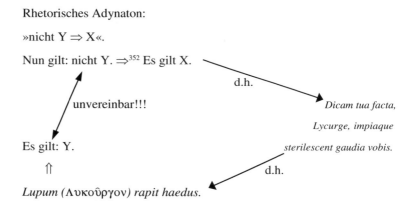

Hierbei bezeichnet »Y« das Ereignis: *Lupos rapiunt haedi.* und »X« das Ereignis: *Mea libera avena dicam tua facta.* – Man sieht, wie hier die Logik der rhetorischen Figur des Adynatons zu ihrer eigenen Suspendierung führt. Dies gilt natürlich nur unter der eben gemachten Voraussetzung, dass man »buchstäblich« liest. Bei oberflächlicher Lektüre eröffnet sich mit dem von der Rhetorik des Sprechers *prima facie* Intendierten eine erste Ebene, die sich mit der Tiefenstruktur, die von dem beschriebenen Paradoxon offen gelegt wird, nicht vereinbaren lässt. Auch – und das macht das »rhetori-

---

351 Die Bezeichnung des bukolischen Sängers als *haedus* ist adäquat, sind doch sowohl *haedi* als auch *lupi* in der bukolischen Welt fest verankert: Vgl. zu den *lupi*: Verg. *ecl.* 2, 63; 3, 80; 5, 60; 7, 52; 8, 52; 8, 97; 9, 54; zu den *haedi*: Verg. *ecl.* 1, 22; 2, 30; 3, 34; 3, 82; 5, 12; 7, 9; 9, 6; 9, 62.

352 Also ein simpler *modus ponens*.

sche« (de Man) dieser Lokution aus³⁵³ – lässt sich nicht entscheiden, welcher dieser beiden inkompatiblen Bedeutungen der Vorrang eingeräumt werden soll: Der *colonus* beschwört sowohl die Wirksamkeit seines Adynatons, das seinen Worten rhetorische Kraft verleihen soll, als auch diejenige seiner Flüche, die schließlich sein eigenes Adynaton außer Kraft setzt. Diese Struktur lässt sich mit de Mans Beispiel parallelisieren und daraufhin befragen, was de Man im obigen (S. 124) Zitat als das bezeichnete, »worauf es ankommt«:

Archie Bunker	*Dirae*
Rhetorische Figur: Rhetorische Frage:»Was is' der Unterschied?« *Illokution der figurativen Bedeutung:* »Ich pfeif' auf den Unterschied.« *Illokution der buchstäblichen Bedeutung:* »Ich will den Unterschied kennen lernen.«	*Rhetorische Figur:* Adynaton: »nicht-Y ⇒ X« *Illokution der figurativen Bedeutung:* »Nicht-X wird nie der Fall sein.«, d.h. »Ich gelobe, immer anzuklagen.« *Illokution der buchstäblichen Bedeutung:* »Nicht-X ist möglich.«, d.h. Einräumen der Möglichkeit zu verstummen

Anders also als in den Versen 21-23 der achten Ekloge Vergils, die dasjenige darstellen, was oben (S. 71) als *Korollar* zu dem Gebrauch von Adynata bezeichnet wurde, indem Damon hier zum Ausdruck des Grades der von ihm empfundenen Perversion ein sonst »unmögliches Ereignis« schlicht als möglich bezeichnet, richtet sich in den *Dirae* ein rhetorisch regelrecht eingesetztes Adynaton »rhetorisch« (de Man) gegen sich selbst. Dies geschieht freilich auf dem Wege der Evokation von für zukünftig (d.h. möglich) erachteten Vorgängen, deren übersteigerter Charakter oben (S. 80) ebenfalls schon herausgestellt wurde.

So gilt für das Proöm der *Dirae* dasselbe, was de Man zu der rhetorischen Frage in jenem Gedicht von Yeats bemerkt: Es stellt sich heraus, »dass das gesamte Schema, das von der ersten Lektüre entworfen worden ist [d.h. für die *Dirae*: eine »traditionelle« Lesung eines Adynaton-*topos*], unterminiert oder dekonstruiert werden kann von der zweiten«,³⁵⁴ die im

---

353 Und zwar in einem höheren Grade als das Archie-Bunker-Beispiel, das jedoch luzider und dadurch praktischer ist.
354 de Man, S. 41.

Fall der *Dirae* dazu führt, dass nicht mehr entschieden werden kann, ob das unmögliche Ereignis der traditionellen Adynaton-Struktur noch als solches aufgefasst, also ernst genommen wird. Es versteht sich, dass unter solchen Umständen die Rede von einem *topos* absurd erscheinen muss. Der Text der *Dirae* wendet sich an dieser Stelle als Kommentar seiner selbst gegen sich selbst *als Text*. Eine endgültige Entscheidung zwischen den beiden sich gegenseitig widersprechenden Alternativen einer buchstäblichen und einer figurativen Lektüre, wobei letztere freilich die *prima facie* sofort erschließbare ist, wird verunmöglicht. Dies ist jedoch nicht als Schwäche oder logische Unaufmerksamkeit des Dichters zu werten, sondern verleiht den *Dirae* zusätzliche Plastizität, ja gerade durch diese Dekonstruktion werden diese Verse sogar »poetischer«:

Die Dekonstruktion ist nichts, was wir dem Text hinzugefügt hätten, sondern sie ist es, die den Text allererst konstituiert hat. Ein literarischer Text behauptet und verneint zugleich die Autorität seiner eigenen rhetorischen Form [...]. Dichtung ist die avancierteste und verfeinertste Form der Dekonstruktion.[355]

Ich kehre zurück zu dem oben (S. 132-133) diskutierten Motiv der Kriegserklärung im Zusammenhang mit dem Phänomen des Übergangs vom Wunschkonjunktiv zum prophetischen – oder mit Genette: prädiktiven – Indikativ Futur. Nur die Sicherheit, die in diesem Phänomen ihren Ausdruck findet, konnte in den *Dirae* die Verkehrung von natürlichen Verhältnissen als eine für den Sprecher (allein hierauf kommt es an) zukünftige gewährleisten und zu dem soeben beschriebenen »rhetorischen« Schillern der rhetorischen Figur des Adynatons führen. Nachdem Ovid seinem Gegner »Ibis« einen Krieg erklärt hat (v. 137), dessen Dauer durch eine Rückbindung an natürliche und kulturelle Konstanten als ewiger geschildert wird (vv. 133-136), folgt mit den Versen 137-196 eine prädiktive Erzählung, deren futurische Indikative parallel zu den in dem Rest der *Ibis* ubiquitären optativischen Konjunktiven stehen, denen sie präludieren. Dies gestaltet Ovid in zwei Schritten: Zunächst schildert er in Konkretisierung und grotesker Übersteigerung seines Versprechens, »Ibis« ewig zu bekriegen, wie er auch nach seinem eigenen Tod noch weiterkämpfen wird. Der Indikativ evoziert die Zuversicht des Sprechers, der seine Kriegsmetaphorik auch in dieser Ankündigung fortsetzt. Denn auch dann noch wird er seinem Gegner nachsetzen in der Erinnerung an dessen Taten (*factorum...tuorum*, v. 141: man vergleiche das *dicam tua facta, Lycurge* der *Dirae*, v. 8):

---

355 de Man, S. 48.

> nec mors mihi finiet iras,
> saeva sed in Manis Manibus *arma* dabit.
> Tum quoque, cum fuero vacuas dilapsus in auras,
> exanguis mores oderit umbra tuos
> Tum quoque *factorum* veniam memor umbra *tuorum*,
> insequar et vultus ossea forma tuos..
>
> (Ovid *Ibis* 137b-142)

Das Insistieren auf der Wirksamkeit der eigenen Flüche führt dann zu besonderer Sorgfalt des Sprechers: Wie der *colonus* der *Dirae* geflissentlich möglichst alle Naturgewalten heraufbeschwört, so decken die Verse 143-150 der *Ibis* in Katalogform möglichst viele verschiedene, anaphorisch durch jeweils ein *sive* eingeleitete Todesarten ab, die dem Hass des Fluchenden nichts werden anhaben können. Es folgt eine prädiktive Erzählung der Heimsuchungen, die »Ibis« von dem Geist seines Erzfeindes wird zu gewärtigen haben (vv. 151-158). Doch auch, so leitet Ovid über (vv. 159/160), der Tod des Verfluchten wird dessen Leiden nicht beenden können: Dieser zweite Schritt bildet ein gewaltiges Crescendo, welches die zukünftigen Qualen des »Ibis« während seines Sterbens (vv. 161-170) und in der Unterwelt (vv. 171-192) schildert. Was hier festgehalten werden soll: Diese Abschnitte stehen alle durchgängig im Indikativ Futur.

Schließlich charakterisieren zwei rhetorisch ausgefeilte Passagen noch einmal die Ausmaße des zukünftigen Leids: Die Dauer des Hasses und der Strafen illustriert das Polyptoton des Verspaares 193/194: *Nec mortis poenas mors altera finiet huius, / horaque erit tantis ultima nulla malis*. Die Wortspiele der absurden *mors altera* und einer zweiten *hora ultima* stellen das Monströse der Prophezeiung vor Augen. Die Vielzahl und die Intensität[356] der Torturen, derer sich der Verfluchte wird »erfreuen« dürfen, schildern die beiden Schlussdisticha dieses Teils der *Ibis*. In einer wohl nicht mehr zu überbietenden Steigerung des Paradoxen schildert der Sprecher die Wirkung der Leiden seines Opfers auf ihn:

> Tot tibi vae misero venient talesque ruinae,
> ut cogi in lacrimas me quoque posse putem.
> Illae me lacrimae facient sine fine beatum:
> Dulcior hic risu tum mihi fletus erit.
>
> (Ovid *Ibis* 203-206)

So viele und so üble Strafen werden »Ibis« ereilen, dass der Fluchende selbst feuchte Augen wird bekommen können (vv. 203/204)! Der perlokutive Akt des Verwünschens wird also dadurch *ad absurdum* geführt, dass triumphierende Schadenfreude zunächst zugunsten von Tränen zurückzutre-

---

[356] Vgl. hierzu noch Abschnitt 3.3.1.1.

ten scheint. Doch diese scheinbare Opposition von Gefühlen wird schließlich in zwei Oxymora »aufgehoben«: Die Betroffenheit wird den Sprecher nur noch glücklicher – und zwar auf ewig – machen und »dieses Weinen« wird ihm »süßer als das Lachen« sein. Diese Empfindungen, die man mit Recht ἀδύνατα nennen darf, dienen hier also weder zur Begründung eines rhetorischen Adynatons noch zur (direkten) Abbildung erlittener perverser Umstände und des damit verbundenen Unrechts: Vielmehr versuchen sie, unmittelbar-mimetisch den unvorstellbar gewaltigen Hass des Sprechers zu vermitteln. Dieser Hass ist es, der zu der prädiktischen Unfehlbarkeit des Gewünschten und dann Prophezeiten führt, wie sie auch in diesen vier Versen zu der Verwendung von Indikativen des Futurs führt (*veniet, facient, erit*). Man kann also schließlich durchaus sagen, dass Ovid in den Versen 137-194 eine Erzählung in seine *Ibis* einbettet – und zwar eine solche Erzählung, die von Ereignissen berichtet, deren Abfolge in einer vorhergesehenen Zukunft liegt.

Ich fasse kurz zusammen. An den ausgewählten Beispielen – der 4. Ekloge, Tibull 1, 5, der 5. Epode, der Straßburger Epode, der *Ibis* und auch schon an den *Dirae* – ist deutlich geworden, wie durchlässig die Grenze zwischen dem Sprechakt »Fluchen« und dem Narrationsmodus »Prophezeien« ist. Ihre Überschreitung wird bereits impliziert von den dem Fluchen als Sprechakt inhärenten perlokutionären Aspekten, sie wird (extradiegetisch) motiviert von dem erregten *state of mind* der oben jeweils beschriebenen Fluchenden und wird emphatisch vollzogen in dem paradigmatischen vorübergehenden (Straßburger Epode, *Ibis*) oder endgültigen (Tibull, 5. Epode) Hinüberwechseln vom optativen Konjunktiv in ein prophetisches Futur. Spätestens, wenn dieses Tempus vorliegt, wird deutlich, was dann auch *ex posteriori* für die optativischen Passagen vindiziert werden darf: In diesen Flüchen und durch diese Flüche wird eine eigene, wohldefinierte narrative Ebene aufgespannt, die sich in den Rahmen, den die Gegenwart des Fluchenden bildet, einfügt – oder (besser) mit Genette: »*Jedes Ereignis, von dem in einer Erzählung erzählt wird, liegt auf der nächsthöheren diegetischen Ebene zu der, auf der der hervorbringende narrative Akt dieser Erzählung angesiedelt ist.*«[357] In diesem Sinne bilden etwa die Verse 133-194 der *Ibis* tatsächlich die selbständige narrative Ebene einer (Intra-)-Diegese, nämlich – durch ihren Verweis auf noch ausstehende Ereignisse, von denen berichtet wird – eine prädiktive Erzählung.

Nun soll endlich die Aufmerksamkeit dem narrativen Ganzen der *Dirae* gelten, um die gemachten Beobachtungen und gewonnenen Erkenntnisse an dem Text dieses Gedichtes zu erproben und dieses vor dem Hintergrund der

---

357 Genette, *Erzählung*, S. 163.

obigen Analysen narratologisch zu profilieren und zu situieren. Hierzu soll noch nicht linear vorgegangen, sondern zunächst im Überblick bestimmt werden, welche Elemente der *Dirae* auf einer intradiegetischen narrativen Ebene zu verorten sind.

Der Übergang vom Optativ in den Indikativ, der in den Versen *Dirae* 76-80 vollzogen ist, wurde bereits analysiert (S. 125). Man hätte bei dieser Passage noch einwenden können, dass es sich ja nur um einen einzelnen Nebensatz handele, der den Indikativ Futur II beinhaltet, oder dass es sich bei diesem Tempus sogar vielmehr um einen Konjunktiv Perfekt – also einen Potentialis der Gegenwart[358] oder eine Modusattraktion – handele, so dass von diesem isolierten Befund keine weiteren Schlüsse gezogen werden dürften. Nun werden diese Bedenken jedoch hinfällig, wenn man sich den *silva*-Strophen (B.4, B.5 und B.6), d.h. den Versen *Dirae* 25-41 zuwendet. Nachdem die Teile B.1, B.2 und B.3 (von einer präsentischen Beschreibung abgesehen[359]) ausschließlich aus Fluchkonjunktiven bestanden haben,[360] die auch (mit nur der einen, bekannten Ausnahme) die restlichen Strophen des Mittelteils bestimmen werden und sich auch innerhalb des Abschnittes B.3 wieder finden,[361] geht der *Dirae*-Sprecher in Vers 29 nach dem *versus intercalaris* vollends[362] zum Indikativ Futur über:

> Sic precor, et nostris superent haec carmina votis: 25
> Lusibus et multum nostris cantata libellis,
> optima silvarum, formosis densa virectis,
> tondemus virides umbras, nec laeta comantis
> *iactabis* mollis ramos inflantibus auris
> (nec mihi saepe meum *resonabit*, Battare, carmen),   30
> militis impia cum *succedet* dextera ferro
> formosaeque *cadent* umbrae, formosior illis
> ipsa *cades*, veteris domini felicia ligna –
> nequiquam: nostris potius devota libellis
> ignibus aetheriis *flagrabis*.   35

(*Dirae* 25-35a)

---

358 Zur Nähe von Potentialis und Futur vgl. Rubenbauer, H. / Hofmann, J. B. / Heine, R.: Lateinische Grammatik, Bamberg 1989, § 259, 2 (zum Potentialis): »Da sich Konjunktiv Präs. und Indikativ Fut. in der Bedeutung berühren, besteht oft zwischen dem potentialen und dem indefiniten futurischen Fall (vgl. den grich. Eventualis) kein merklicher Unterschied«.
359 ... *serta, / purpureo campos quae pingunt verna colore*, vv. 20/21.
360 B.1: *sterilescant* (v. 9), *parturiant* (v. 11); B.2: *condatis* (v. 15), *flavescant* (v. 16), *cadant* (v. 17), *desint* (v. 18); B.3: *mutent* (v. 23), *ferantur* (v. 24).
361 Im »Windkatalog«: *spirent* (v. 37), *agat* (v. 38), *immineat* (v. 39). Kein »Fluchkonjunktiv«, aber doch zumindest in der Aussage vergleichbar ist das *cinis haec tibi fiat oportet* des Verses 36.
362 Auf den Indikativ Präsens *tondemus* (v. 28) wird in Kürze eingegangen werden.

Das Besondere an dieser Passage ist nicht nur der abschildernde Indikativ.[363] Vielmehr fällt auch auf, dass sich offenbar die Anteilnahme des Fluchenden während seines Fluchens intensiviert: Ähnlich wie der Ovid der *Ibis*, der seine Verwünschungen so weit treibt, dass ihm schließlich sogar hämische Schadenfreude und Genugtuung in bittersüße Tränen umschlagen, denen eine prophetische Schilderung präludiert, richtet hier der Sprecher der *Dirae* seine galligen Verwünschungen gegen ein bestimmtes Objekt auf den *rura*, das sich in für dieses Gedicht auffälliger Weise dadurch auszeichnet, dass es ganz besonders emotional aufgeladen erscheint. Diese Wirkung erzielt vor allem die mehrfache Apostrophe an die *silva* (vv. 26-29, vv. 32/33, vv. 40/41), die zudem mit einem »kosenden« Epitheton geschmückt wird (*optima silvarum*, v. 27) und auch sonst mit dem wiederholten *formosa* des Verses 32 ein Attribut erhält, welches gewöhnlich eher (geliebten) Personen zukommt als Sachen.[364] Ein weiteres Indiz liefert die *Battarus*-Apostrophe (v. 30): Die *silva* bildet das Subjekt zu *resonabit*, welches hier in einer weniger häufigen[365] Konstruktion *transitiv* gebraucht wird und die einstigen *carmina* (den Plural impliziert das *saepe*) des Sprechers zum direkten Objekt hat.

Diese Verwendung findet sich in den Eklogen lediglich einmal[366] – und zwar mit eindeutig erotischen Konnotationen:[367] *Tu, Tityre, lentus in umbra / formonsam resonare doces Amaryllida silvas* (*ecl.* 1, 4/5). Hier finden sich zudem sogar *ad verbum* die *silva* sowie die *formonsitas* wieder. Auf diesen elegischen Beigeschmack wird später zurückzukommen sein. Was hier bereits festgehalten werden muss, ist die Beobachtung, dass gerade an einem solchen emphatischen *peak* der *Dirae* der Indikativ sich vollends Bahn bricht und die Möglichkeit eines Konjunktivs in die Sicherheit des Futurs überführt. Dasselbe Phänomen ist außerdem noch einmal zu beobachten, denn nach dem nüchternen Windkatalog der Verse 37-39, der mit seinen Fluchkonjunktiven vollkommen das Gepräge der entsprechenden Aufzählung in der zehnten Epode des Horaz trägt:

---

363 Von Kröner, S. 50, Anm. 3 (zu *Dirae* 35) nur *en passant* bemerkt: »Auch hier ist dieser überraschenden Wendung schon die Spitze abgebrochen. Ehe noch der Landmann gebeten hat, spricht er schon aus, dass himmlisches Feuer den Wald verzehren wird.«

364 Vgl. das Daphnisepithaph *ecl.* 5, 43/44, welches hier ohne sicherlich mit seiner Art von Polyptoton (*formonsi – formonsior*) im Hintergrund steht: *Daphnis ego in silvis, hinc usque ad sidera notus, / formonsi pecoris custos, formonsior ipse.* – Hier wird gerade die Schönheit der Person »Daphnis« vor dem Hintergrund der Tiere herausgestellt, während *Dirae* 32 der Komparativ *formosior* gerade der *silva* zukommt.

365 Vgl. Coleman *ad ecl.* 1, 5.

366 Intransitiv verwendetes *resonare* findet sich *ecl.* 2, 13 (von den Zikaden) und 7, 13 (von den Bienen).

367 Vgl. hierzu Abschnitt 2.2.4.3.

Ut horridis utrumque verberes latus, / *Auster*, memento fluctibus,
niger rudentis *Eurus* inverso mari / fractosque remos *differat*;
insurgat Aquilo quantus altis montibus / frangit trementis ilices.

(Horaz *Epode* 10, 3-8)

Thraecis tum *Boreae spirent* immania vires,
Eurus agat mixtam fulva caligine nubem,
Africus immineat nimbis minitantibus imbrem, ...

(*Dirae* 37-39)

folgt in den *Dirae* als (nur formal untergeordneter) Nebensatz mit einem *cum inversum* der Hauptgedanke dieser Verse mit einem erneuten Indikativ Futur:

... cum tu, cyaneo resplendens aethere, silva,
non iterum *dices*, crebro quae ›Lydia‹[368] dixti.

(*Dirae* 40/41)

Der Angriff auf die geliebte *silva* und die damit verbundene Emphase zeigen, wie ernst es dem Sprecher ist und wie effektiv für ihn seine Flüche sein werden, so dass er tatsächlich auf zukünftige Geschehnisse Bezug nehmen kann. Selbst wenn er sich hierbei »nur« des optativen Konjunktivs bedient, macht besonders der soeben beschriebene mögliche Wechsel in den Indikativ des Futurs und zurück dennoch deutlich, dass beide Modi eine narrative Menge bezeichnen. In Genettes Terminologie:

Die *Dirae* spannen durch die Narration, deren Prädikate aus indikativischen und optativischen Verben besteht, eine homogene[369] narrative Ebene auf, auf der sowohl das in den Flüchen Evozierte als auch das in den Prophezeiungen Berichtete eine Erzählung als einen Signifikanten konstituieren. Das Signifikat hierzu ist eine Geschichte, deren Elemente auf der Zeitachse nach dem in den *Dirae* unmittelbar Dargestellten (z.B. als die Aufforderung *canamus* in Vers 1) liegen: Es liegt also eine *prädiktive Erzählung* vor. Da diese erzählten Ereignisse sicher *nach* dem spätesten Element der »Basiserzählung« der *Dirae* (nämlich: »Der *colonus* verlässt fluchend seine *rura*.«) liegen, stellt diese Diegese des weiteren eine (heterodiegetische[370]) »externe Prolepse«[371] dar.

---

368 Zu diesen (vorläufigen) Anführungszeichen vgl. Abschnitt 2.2.4.3..
369 Diese Homogenität bezieht sich hier nur auf die Frage, ob die betreffenden Ereignisse *einer* oder *mehrerer* Mengen von narrativen Signifikaten zugewiesen werden können, wobei für den ersten Fall argumentiert wird: Natürlich gibt es einen Unterschied im Aussagemodus zwischen einem Wunsch und einer Feststellung. Doch es geht hier nicht um eine Messung der Distanz zwischen Erzähler und Erzähltem, sondern um die Frage *ob* ein narratologisches »Erzählen von...« vorliegt.
370 Der *colonus* wird bei Eintreten des Fluchzustandes nicht mehr zugegen sein: Vgl. Genette, *Erzählung*, S. 48; 174-177.

Eine Art von (homodiegetischer!) »interner Prolepse« liegt zugrunde, wenn der *Dirae*-Sprecher in den *Coda*-Versen 86-103 (Abschnitte C.1 bis C.5) vorwegnimmt, was unmittelbar oder bald vor ihm liegt, also noch direkt zu der Spannbreite der Basiserzählung gerechnet werden kann: Der weitere Weg des *colonus* (vv. 86-88, vgl. auch den Imperativ *descendite*, v. 91), der Ausblick auf das Exil (vv. 92 und 94) und das *qua* Adynaton abgesicherte Treueversprechen des zweiten Abschieds (vv. 95-103). Hierin wird allerdings keine weitere Erzählung (narrative Ebene) eröffnet, denn z.B. ein *obstabunt iam mihi colles* (v. 87) ist viel zu eng mit der eigentlichen (vom Standpunkt des künftigen Fluchzustands: extradiegetischen) Basiserzählung verbunden, um eine eigene Diegese zu konstituieren. Dies merkt auch Genette an: »Die *internen* Prolepsen bringen dasselbe Problem mit sich wie die entsprechenden Analepsen: das der Interferenz, einer möglichen Überschneidung von Basiserzählung und proleptischem Erzählsegment.«[372] – Diese Interferenz ist es, die im Falle der *Dirae* die Schlussverse nur eine Prolepse sein lässt, während für das fluchend Prophezeite die Kategorie einer eigenen narrativen Ebene beansprucht werden kann.[373] Hier gibt es ebenfalls eine Interferenz bzw. Beeinflussung, die jedoch von anderer Art ist als die soeben in Genettes Worten angedeutete und bald in den Mittelpunkt gerückt werden wird.

Ähnlich verhält es sich mit den Versen *Dirae* 81-85, die, wie schon bemerkt wurde, an signifikant später Stelle des Gedichtes mit der Vorgeschichte des Fluchenden bislang vermisste Informationen präsentieren: Hier wird also

nachträglich eine frühere Lücke der Erzählung [gefüllt,] die demnach mit provisorischen Auslassungen arbeitet, die früher oder später [bzw. (wie in den *Dirae*): sehr spät] ergänzt werden, einer narrativen Logik folgend, die vom Zeitverlauf partiell unabhängig ist.[374]

---

371 Vgl. Genette, *Erzählung*, S. 46/47 sowie 31/32 und zu der als Narration anzusehenden Evokation des Fluchzustandes S. 25: »Mit *Prolepse* bezeichnen wir jedes Manöver, das darin besteht, ein späteres Ereignis im voraus zu erzählen oder zu evozieren«. Zwar liegen das Verlassen des Landgutes und das Brennen der *silva* auf zwei verschiedenen narrativen Ebenen – dies ist ja gerade die These der obigen Ausführungen und die Berechtigung dafür, neben der »Ordnung« auch die Genettesche Kategorie der »Stimme« zu bemühen –, doch sind diese beiden Szenarien durch die Szenerie, die eben die *rura* darstellen, miteinander verbunden, können also prinzipiell (wenn auch nur in der »Phantasie« des fluchenden Erzählers, die hier jedoch allein den Ausschlag gibt) auf derselben Zeitachse verortet werden.
372 Genette, *Erzählung*, S. 48.
373 Dennoch sind die Übergänge fließend: »Jede Anachronie [z.B. Pro- oder Analepse] stellt gegenüber der Erzählung, in die sie sich einfügt – der sie sich aufpfropft –, zeitlich gesehen *eine zweite Erzählung* dar, die der ersten [...] subordiniert ist« (Genette, *Erzählung*, S. 32, meine Kursive).
374 Genette, *Erzählung*, S. 34.

Poetologische Heimat der *Dirae*   147

Eine solche Art der Rückblende bzw. »Analepse« nennt Genette[375] *kompletiv*. Außerdem greift sie erstens aus dem Ambitus der Basiserzählung heraus, es handelt sich also um eine *externe*[376] Analepse, und zweitens betrifft die Rückblende »den Handlungsstrang der Basiserzählung«,[377] sie ist also *homodiegetisch*.[378] Dass auch hier die Gefahr einer Interferenz zwischen Basiserzählung und analeptischem Element besteht, ja diese hier sogar der Fall ist, zeigt die Betrachtung einer grammatischen Erscheinung:

> Exsul ego indemnatus egens mea rura reliqui,
> miles ut accipiat funesti praemia belli?

(*Dirae* 84/85)

Analepse und Basiserzählung sind hier deutlich dadurch miteinander verbunden, dass das Perfekt des *reliqui* zwar auf die Vergangenheit verweist, jedoch nicht als historisches Vergangenheits-, d.h. Nebentempus ein *miles ut acciperet* nach sich zieht, sondern durch den Konjunktiv Präsens des Verses 85 zu einem präsentischen Tempus und durch den resultativen Aspekt als Haupttempus[379] gleichsam in die Basiserzählung hineingezogen wird.

Dieser Begriff der »Basiserzählung« ist jedoch hier nicht so wohldefiniert wie es ein Handlungsstrang wie etwa derjenige in den Apologen des Odysseus ist. Allein: Dies liegt nicht an einer etwaig mangelnden Erkennbarkeit einer Geschichte in den *Dirae*, sondern vielmehr an einer problematisierbaren Auffindung der extradiegetischen Ebene in diesem Gedicht. Denn normalerweise ist es ein extradiegetischer »Erzähler erster Stufe« (z.B. Homer),[380] der auf der intradiegetischen Ebene eine Geschichte (z.B. diejenige der Odyssee) erzählt, in die er eine Analepse (z.B. die Apologe) einflicht. Wenn der *colonus* der *Dirae* jedoch auf seine eigene Vorgeschichte und nähere Zukunft Bezug nimmt, dann scheint sich dies auf der extradiegetischen Ebene abzuspielen – es sei denn, dass man diesen Ana- und Prolepsen jeweils den Status einer eigenen Intradiegese beimisst. Dass sich in den *Dirae* dies alles tatsächlich so verhält, zeigt die Antwort auf die nun immer drängender gewordene Frage: Wo ist in diesem Gedicht die Nulllinie der extradiegetischen narrativen Ebene anzusetzen?

Festzustellen, dass ein vorliegender Text eine Narration beinhaltet, nimmt sich in der Regel recht einfach aus. Mit der Einschränkung, dass ein

---

375 Ebd.
376 Vgl. Genette, *Erzählung*, S. 32.
377 Genette, *Erzählung*, S. 33.
378 Etwa in Absetzung von einem Berichten der Vorgeschichte einer neu eingeführten Person, vgl. Genette, ebd.
379 Vgl. Rubenbauer / Hofmann / Heine, ebd., § 211, 1.
380 Vgl. Genette, *Erzählung*, S. 178.

gewisser Umweg von Überlegungen zu prädiktiven Erzählungen gegangen werden musste, gelang dies auch für die *Dirae* und ihre Fluchprophezeiungen. Schwieriger hingegen liegt der Fall, wenn es darum geht, die extradiegetische narrative Instanz genau zu bestimmen: Für die Eklogen Vergils, als *ein* Text gelesen, ist oben (S. 98) bereits herausgearbeitet worden, dass diese Instanz den Namen »Tityrus« bzw. »Menalcas« tragen muss, die sich dann zum Beispiel im Proöm der sechsten Ekloge auch selbst so bezeichnet. Sie könnte auch vollends entfallen. Dies ist in Horazens zweiter Epode fast der Fall: Die direkte Rede der Verse 1-66 mit ihrem detaillierten eskapistischen Lob des Landlebens entpuppen sich erst in der *Coda* des Gedichtes als Worte des allzu städtischen Kapitalisten Alfius. Erst durch diese vier Verse, die dann der extradiegetischen Ebene zugerechnet werden müssen, wird die Gefahr, dass es sich bei der zweiten Epode lediglich um einen außerhalb des »narrativen Modus« liegenden »Figurenmonolog«[381] handelt, schließlich gebannt:[382]

Ebenso wie der narrative oder dramatische Charakter einer Dialogszene vom bloßen Vorhandensein oder Fehlen einiger einleitender Sätze abhängt, ist auch der intradiegetische Charakter einer Narration recht häufig [...] nur ein Präsentationskunstgriff, ein in vielerlei Hinsicht vernachlässigbares Klischee. Und umgekehrt würde ein einleitender (oder, wie in *Portnoy* [und in der zweiten Epode], abschließender) Satz genügen, um – ohne dass es irgendeiner sonstigen Modifikation bedürfte – aus einer extradiegetischen eine eingeschachtelte Narration zu machen.[383]

Der Grat zwischen »narrativem« und »dramatischem Charakter«, d.h. zwischen »narrativem Modus« und »Figurenmonolog« ist also äußerst schmal, und es mag geschehen, dass ein Text tatsächlich nur oberflächlich »intradiegetisiert« ist, mit Genette also als Narration vernachlässigt werden kann (was für die zweite Epode dennoch zu bestreiten wäre).

Die *Dirae* stellen nun insofern einen besonderen Fall dar, als für sie weder bestritten werden kann noch auch hier bestritten werden soll, dass dieser Text tatsächlich aus einem »Figurenmonolog« besteht,

oder genauer (da diese Figur nicht allein ist, sondern sich an einen stummen Zuhörer wendet) aus einer langen ›Tirade‹ ohne Replik: ein Text im dramatischen Modus also, den man [...], ohne ein Wort daran zu ändern[,] auf die Bühne bringen könnte.[384]

---

381 Genette, *Erzählung*, S. 252, vgl. oben S. 110.
382 Und auf dieselbe Weise wohl auch in dem angenommenen Vorbild dieser Epode, Archilochos *fr.* 19 West; vgl. Arist. *Rhet.* 3, 17, 1418 b 28: ποιεῖ γὰρ [*sc.* ὁ Ἀρχίλοχος] τὸν πατέρα λέγοντα περὶ τῆς θυγατρὸς ἐν τῷ ἰάμβῳ »χρημάτων ἄελπτον οὐδέν ἐστιν οὐδ' ἀπώμοτον« [= *fr.* 122 West, v.1], καὶ τὸν Χάρωνα τὸν τέκτονα ἐν τῷ ἰάμβῳ οὗ ἡ ἀρχή »οὔ μοι τὰ Γύγεω.« – Eine »Intradiegetisierung« fand also jedenfalls am Anfang (ἀρχή) *nicht* statt.
383 Genette, *Erzählung*, 256.
384 Genette, ebd.

Mit diesen Worten hätte Genette nach einem nur flüchtigen Blick auf die *Dirae* auch diesen Text beschreiben können. Dennoch: Wie oben dargelegt wurde, ist der Sprecher dieses Gedichtes nicht weniger »Sänger« (d.h. »ein von ... Singender«) als seine Kollegen in den vergilischen Eklogen; er präsentiert nur kein friedliches, (im vergilischen Sinne) bukolisches Lied von zwei Knaben, die den Silen aus seinem Rausch aufwecken, sondern erweckt in Flüchen dichtend eine Welt zum Leben, von der er tatsächlich mehr als nur statisch-ekphrastisch »erzählen« kann: Eine Narration *kommt* zustande.[385] Und von dieser Narration ausgehend, kann man auch die extradiegetische Instanz bestimmen. Es ist hier durchaus nicht banal, von Genettes Strichmännchen[386] auszugehen, mit denen er in seinem *Nouveau discours du récit* das Modell der narrativen Ebenen verdeutlicht.

Auch wenn es in den *Dirae* nicht die oben analysierten tiefen Verschachtelungen der sechsten Ekloge gibt, so darf man in diesem Gedicht doch zumindest die Strichmännchen A und B in Anspruch nehmen, von denen hier jedoch nur dem ersten eine Sprechblase gebührte:

Nehmen wir an, ein extradiegetischer Erzähler (und keine Figur, denn dann wäre dieses Attribut sinnlos) A (zum Beispiel der primäre Erzähler von *Tausendundeine Nacht*) produziere eine Sprechblase, d.h. eine primäre Erzählung mitsamt ihrer Diegese, in der sich eine (intra-)diegetische Figur B (Scheherazade) befände.[387]

Zwar wird jene intradiegetische Figur B in den *Dirae* nicht ihrerseits zum Erzähler einer weiteren (dann metadiegetischen) Erzählung, doch es gibt mindestens *eine* solche Figur: Es ist dies die *silva*, welcher in Hinblick auf die vollendete Prosopoiie tatsächlich ohne Symbolmissbrauch ein Strichmännchen zusteht. Durch die Auswechselbarkeit von Optativen und den »narrativeren« Indikativen werden auch alle anderen Opfer der Flüche zu Figuren der Diegese, ja sogar die *dulcia rura* und die abwesenden, aber dennoch in der zweiten Person angesprochenen zukünftigen (verhinderten) Nutznießer selbst:

Impia Trinacriae sterilescant gaudia *vobis*. (*Dirae* 9)
effetas Cereris sulcis *condatis* avenas. (*Dirae* 15)

---

385 Ähnlich Kröner, S. 23/24: »Das Gedicht [*sc*. die *Dirae*] besitzt – wie alle nicht[!] dramatischen Eklogen Vergils – ein Prooemium. Im Unterschied von denen in den Eklogen aber wird das Prooemium nicht vom Dichter gegeben, der sich in den scenischen Gedichten von den sprechenden Personen ausdrücklich abhebt [...] und nach dem Prooemium einen Einschnitt macht. Diese Prooemien enthalten regelmäßig eine Andeutung des behandelten Stoffes und den Vorsatz zu singen [...] oder die Angabe, dass man den Gesang einer Person wiedergeben will [...]. In den Dirae ist gleichfalls Vorsatz und Themenangabe im Prooemium enthalten: cycneas voces repetamus, divisas sedes et rura canamus.«
386 Genette, *Erzählung*, S. 250.
387 Genette, *Erzählung*, 249.

Dies hat rückwirkend eine überraschende Konsequenz für die extradiegetische Ebene und deren primären Erzähler,[388] der *per definitionem* die äußerste Sprechblase von sich gibt und dadurch auch in den *Dirae* bestimmt ist: Dieser letztere ist, obwohl extradiegetische narrative Instanz, eingebunden eben in dasjenige, was Genette als dramatischen Modus oder »Figurenmonolog« beschrieb. Man könnte ihn in der Tat – und in diesem Sinne wäre das Attribut dann *pace* Genette nicht mehr sinnlos – als eine »extradiegetische Figur« auf eine virtuelle Bühne bringen, ebenso wie Menalcas und Mopsus in der fünften Ekloge, sobald man diese als abgeschlossenen und sich selbst genügenden Text betrachtet. Doch: In diesem Gedicht wie in den *Dirae* kommen Narrationen zustande, die mit den Genetteschen Modellen adäquat beschrieben werden können. Warum sollten diese dramatisch auftretenden Hirten singend nicht auch erzählen dürfen? – Dieses »Hochprojizieren« (bzw. – in der Genetteschen Orientierung: »Herunterprojizieren«) des dramatisch inszenierten Erzählmodus von einer intradiegetischen oder metadiegetischen auch auf die extradiegetische Ebene stellt sich als nur eine weitere Ausdrucksform dessen dar, was E. A. Schmidt als einen Teil der *differentia specifica* der bukolischen Dichtung herausstellte und »Rollenwechsel« oder Austauschbarkeit von verschiedenen Sängerrollen nannte. Hierbei muss jedoch im Kontext der obigen Überlegungen das *Nebeneinander*, das von Schmidt dadurch impliziert wird, dass für ihn eine Instanz (»der Vortragende«[389]) verschiedene Rollen nacheinander »einnimmt«,[390] zugunsten eines narrativen »Enthalten-Sein in...« zurücktreten – eine Umgewichtung, auf deren Weg sich auch Rumpf begibt,[391] wenn auch nicht mit

---

388 Bzw.: »Erzähler erster Stufe« (Genette, *Erzählung*, S. 178).
389 Schmidt, *Reflexion*, S. 45.
390 Ebd.
391 Vgl. zu einem enthaltenden Ineinander etwa Rumpf, S. 71: »An die Stelle von Schmidts Reflexionsmodell soll in der vorliegenden Arbeit ein ›Rahmungsmodell‹ treten. [...] ›Rahmung‹ soll dabei den Vorgang bezeichnen, dass bukolischer Gesang, wenn er zustande kommt, als auf *eine Sphäre* bezogen dargestellt wird, *aus der heraus* er entsteht. [...] Der Begriff ›Rahmung‹, so wie er hier verwendet wird, bezieht sich somit auf die Tatsache, dass im Gedicht jeweils eine bestimmte Strukturstelle ausgefüllt ist, dass eben jene im Verhältnis zum wiedergegebenen Hirtengesang vermittelnde *Außensphäre* existiert.« (meine Hervorhebungen) sowie Rumpf, S. 72: »Das Modell der Rahmung ermöglicht es [...] eher, Qualitätsunterschiede zwischen *Äußerem und Innerem* zu beschreiben, *Strukturhierarchien* (die *Abhängigkeit* des Gerahmten vom Rahmen) darzustellen« (meine Kursiven). – Anders als bei Rumpf, der von einer »vermittelnde[n] Stellung zwischen dem zustande kommenden bukolischen Gesang einerseits und dem Leser des Eklogenbuchs andererseits« (S. 71) spricht, sollen jedoch in dieser Arbeit die Instanzen sowohl des realen Autors als auch eines implizierten oder gar realen Lesers weitestgehend ausgeblendet werden. Zudem ist es fraglich, ob es ein Schritt nach vorn ist, ein Rahmungsmodell »*an die Stelle von* Schmidts Reflexionsmodell« zu setzen: Betrachtet man die im Einrahmenden und im Eingerahmten *Dargestellte*, so bemerkt man die bekannten Strukturähnlichkeiten von Hirtensang, -liedern und bukolischem Rollenwechsel; so rückt dann notwendig das Phänomen in die Analyse, das Schmidt »Reflexion« nannte.

explizit narratologischem Marschgepäck. Auch beschrieb Schmidt bereits beide möglichen Richtungen des Projizierens, indem er sowohl davon spricht, dass – in narratologische Terminologie übersetzt – eine (mindestens) intradiegetische Figur die extradiegetische Instanz nachahme,[392] als auch den umgekehrten Fall einschließt.[393] Dies beschreibt bereits den oben aufgezeigten extradiegetischen narrativen Modus der *Dirae*: Der »Dichter« (um mit Schmidt zu sprechen) dieses Gedichtes kann als *bukolischer* Dichter, indem er seine Figuren nachahmt und auf die extradiegetische Ebene projiziert, ohne Reibungsverluste in die Rolle des singenden Hirtensängers schlüpfen und sich mühelos auch als »Erzähler erster Stufe« in diese (sonst intradiegetische) Struktur einfügen. Es ist implizit dies, was auch Rumpf emphatisch bejaht, indem er »zwei Grundtypen der Rahmung im Eklogenbuch«[394] unterscheidet, von denen mit Recht gesagt werden kann, dass beide gleichermaßen das Verhältnis von Intra- und Extradiegetischem und besonders den Darstellungsmodus des letzteren beschreiben. Dieser Darstellungsmodus ist je nach »Grundtyp der Rahmung« entweder von einer »Außeninstanz«, die »das Wort ergreift«[395] bestimmt – nach Rumpf ist dies in den gradzahligen Eklogen der Fall[396] – oder »szenisch-dramatisch«,[397] wie Rumpf es für die ungradzahligen Eklogen vindiziert[398] und es die obige Argumentation für die *Dirae* erwiesen hat. Die Funktion dieses dramatischen Modus, der oben (gegen Genette) auch für Narrationen auf extradiegetischer Ebene in Anspruch genommen worden ist, beschreibt Rumpf für die *Bucolica* dahingehend, dass auf diese Weise »das Entstehen von bukolischem Gesang in der bukolischen Sphäre vergegenwärtigt oder das Problem von dessen nötigen Entstehungsbedingungen thematisiert«[399] werde. Diese Erklärung ist auch im Falle der *Dirae* gültig, obwohl auch andere eine Modifikation dieser Aufgabe des Szenisch-Dramatischen bewirken: Das Fluchgedicht inszeniert tatsächlich einen Grenzfall der »bukolischen Sphäre«, in dem bukolischer Gesang bloß noch *in statu moriendi* entstehen kann – nur um drastisch zu thematisieren, was mit ihm selbst geschieht, wenn die »nötigen Entstehungsbedingungen« (im Rumpfschen Sinne) *nicht* mehr gegeben sind. Eine Verschärfung dieser Aussage wird zentraler Gegenstand des 3. Kapitels dieser Arbeit sein.

---

392 Schmidt, *Reflexion*, S. 45: »Dieser [*sc.* der Vortragende] aber tut als Sänger der bukolischen Gedichte nichts anderes, als deren Dichter [...] nachzuahmen.«
393 Schmidt, *Reflexion*, S. 54: »Der Dichter übernimmt Rollen des Dichters nicht anders als Rollen anderer.«
394 Rumpf, S. 72.
395 Ebd.
396 Rumpf, S. 221-239.
397 Rumpf, S. 72.
398 Rumpf, S. 205-221.
399 Rumpf, S. 71. – Vgl. das am Ende von meiner Anm. 391 Gesagte.

Verfolgen wir, um diesen Abschnitt abzuschließen, noch kurz durch den Text der *Dirae* hindurch die Verteilung von auf der extradiegetischen und der intradiegetischen Ebene zu verortenden Passagen. Dies soll unter Annahme der (nur vorläufigen) Hypothese geschehen, diese beiden Ebenen stünden in einem dichotom-komplementären Verhältnis zueinander. Unter dieser Voraussetzung liegt es auf der Hand, den Prolog (Abschnitt A, vv. 1-8) und – mit einer signifikanten Einschränkung: dem *extremum carmen* – den Epilog (Abschnitte C.1-4 bzw. 5, vv. 82-103) der *Dirae* auf der extradiegetischen Ebene anzusiedeln, während die Fluchstrophen (Abschnitte B.1-12, vv. 9-81) größtenteils der Intradiegese, die oben in ihren Optativen und Indikativen des Futurs als prädiktive Erzählung erwiesen worden ist, zuzuweisen sind. Es sei jedoch betont, dass »intradiegetisch« und »extradiegetisch« hierbei durchgehend nicht als (in Versen gemessene) räumliche, sondern als logische Kategorien zu denken sind.

Doch die soeben beschriebene simple Partition ihrer 103 Verse unterlaufen die *Dirae* systematisch, indem sie durch die repetitiven Einwürfe, welche die *versus intercalares* darstellen, die intradiegetische (prädiktive) Erzählung immer wieder unterbrechen und an die extradiegetische Ebene rückbinden (ja auf diese »hinunterziehen«, s.u.). Der narrative Adressat des Erzählers auf dieser Ebene ist, wie gerade die Vokative in den *versus intercalares* zeigen, die Person *Battarus*, welche somit gänzlich der Extradiegese zuzuordnen ist.[400] Auf diese Weise lichtet sich auch das Verwirrspiel der Vielzahl von verschiedenen Anreden in den *Dirae*: Eine Unterscheidung von Extra- und Intradiegese macht deutlich, dass man Battarus auf der einen Seite und die *rura* bzw. die *silva*[401] als konkreter Angesprochene auf der anderen Seite[402] als zwei kategorial voneinander geschiedene Arten von Adressat ansehen kann:

---

[400] Ebenso Kröner, S. 39: »Die Anrede ›Battare‹ in v. 1 gibt die Hauptrichtung an, die die Worte des Sprechenden nehmen; weicht dieser auch oftmals in Anrufen an andere von dieser ab, so kehrt er doch immer wieder zu ihr zurück; denn Battarus ist der, dem er sein Lied mitteilt, wie der erste Vers anzeigt: Battarus, ich will ein Lied wiederholen.« – Ähnlich Fraenkel (1966) 153/154: »The only function of Battarus is to be addressed in the vocative. In this respect, but in this respect only, he bears a similarity to the far less shadowy figure of Virgil's Tityrus, whose name occurs in the eclogues prevalently in the vocative.«

[401] Anders Kröner, S. 47/48: »In beiden Sätzen [*sc.* vv. 26-29] ist der Wald angeredet, wobei sich die Apostrophe über die beiden Verse 26/7 hinzieht. Sie ist reichlich überladen in dem Bestreben, möglichst stark bukolisch zu wirken. Der Wald ist durch das Spielen (scil. auf der Flöte) und durch Gedichte häufig besungen. Das soll den Landmann als einen Hirten erweisen, wie er bei den Bukolikern geschildert wird.«

[402] Vgl. Kröner, S. 42: »Es [*sc. Dirae* 8] ist ein Ausruf, der sich plötzlich an einen Lykurgus wendet, indem der Landmann versichert, dass er Bergen und Wäldern dessen Taten erzählen will. Eben noch schien Battarus der angeredete, jetzt sind es Berge und Wälder«.

Zum intradiegetischen Erzähler gehört ein intradiegetischer narrativer Adressat [...]. Wir, die Leser, können uns mit diesen fiktiven narrativen Adressaten nicht identifizieren, ebenso wie es diesen intradiegetischen Erzählern unmöglich ist, sich an uns zu richten, ja von unserer Existenz überhaupt etwas zu ahnen. [...]
Der extradiegetische Erzähler hingegen kann nur auf einen extradiegetischen narrativen Adressaten zielen, der hier mit dem virtuellen Leser zusammenfällt, mit dem sich dann jeder reale Leser identifizieren kann.[403]

Anzumerken ist, dass in den *Dirae* intradiegetischer und extradiegetischer Erzähler zusammenfallen, da es ein und derselbe Sprecher ist, der sich einerseits an Battarus als extradiegetischen Adressaten und andererseits an das zu Verfluchende (besonders die *silva*) wendet.

Dass durchaus auch eine andere Struktur vorliegen könnte, zeigt Lykophrons *Alexandra*: Hier berichtet ein extradiegetischer Erzähler dem auf seiner narrativen Ebene anzusiedelnden Adressaten – dem δεσπότης (v. 3) und ἄναξ (v. 9) Priamos, der schon im ersten Vers in der zweiten Person angeredet wird[404] – von den Prophezeiungen (wenn nicht Flüchen), die eine *andere* Person in ihrer Narration hervorgebracht hat: Während also Lykophron einen *hetero*diegetischen Erzähler auftreten lässt (dieser spielt *in* seiner Erzählung keine Rolle), spricht der *homo*diegetische Erzähler der *Dirae* von den Folgen, die sein *eigenes* Fluchen zeitigen wird. Dieser Vergleich liegt um so näher, als auch in der *Alexandra*, obwohl diese kein Theaterstück darstellt, ebenso wie in den *Dirae* die extradiegetische Ebene jenen dramatischen Figurenmonolog aufweist, den Genette für den narrativen Modus gerade ausgeschlossen sehen wollte.[405] Indes: Lykophron zeigt noch deutlicher als das Gedicht der *Appendix Vergiliana*, dass offensichtlich narratologisch analysierbare Strukturen vorliegen, obwohl man diesen Text »ohne ein Wort daran zu ändern auf die Bühne bringen könnte«:[406] Ein Botenbericht ist eine Narration *par excellence*.

Verschleiert wird jedoch die postulierte Dichotomie der Adressaten in den *Dirae* durch Apostrophen sowohl auf der extradiegetischen (z.B.

---

403 Genette, *Erzählung*, S. 187.
404 Λέξω τὰ πάντα νητρεκῶς, ἅ μ᾽ ἱστορεῖς, / ἀρχῆς ἀπ᾽ ἄκρας· ἢν δὲ μηκυνθῇ λόγος, / σύγγνωθι δέσποτ᾽. (*Alexandra* 1-3) – Die Identifikation des »Lesers« mit diesem »Du« fällt in der Tat mit Genette leicht: Es liegt im Sonderfall der *Alexandra* nicht fern, dass sich der Bote auch bei dem Leser der *Alexandra* als einem virtuellen Adressaten für das μῆκος seines Berichtes entschuldigt. Vgl. auch Genette, *Erzählung*, S. 280: »Denn der extradiegetische Adressat ist nicht, wie der intradiegetische, eine ›Zwischenstation‹ zwischen dem Erzähler und dem virtuellen Leser: er ist mit dem virtuellen Leser (mit dem der reale Leser sich identifizieren kann oder auch nicht) absolut eins. Mit anderen Worten, was der Erzähler zu seinem extradiegetischen Adressaten sagt, kann der reale Leser unmittelbar *auf sich beziehen*, während er sich (in diesem Sinne) nie mit dem intradiegetischen Adressaten identifizieren kann«.
405 Genette, *Erzählung*, S. 252.
406 Ebd.

montibus et silvis dicam tua facta, Lycurge, v. 8; *tuque, optima Lydia, salve*, v. 95) als auch auf der intradiegetischen Ebene (*Iuppiter – ipse / Iuppiter hanc aluit*[407] –, *cinis haec tibi fiat oportet*, vv. 35/36). Doch diese Anreden vermögen nicht, die Eindeutigkeit der jeweiligen narrativen Adressaten abzuschwächen: Anders als Battarus und die *silva* sind sowohl Lycurgus als auch Juppiter in den *Dirae* einmalige Ansprechpartner, welche alsbald wieder jeweils ihrer Präsenz, der allein die Apostrophe diente, beraubt werden – sei es dadurch, dass sie wie Lycurgus überhaupt nicht mehr erwähnt werden, sei es dadurch, dass sie wie Juppiter wieder in die Distanz der dritten Person gerückt werden (vv. 35/36 bzw. v. 52). Was jedoch nach wie vor der narrativen Dichotomie entgegenwirkt, ist das »Überkreuzspiel [chassé-croisé] von Einschüben«,[408] das die *versus intercalares* darstellen. Dass diese tatsächlich eine Unterbrechung der einen narrativen Ebene durch ein Hinein-Reden einer anderen darstellen, bezeugt schon eben jener seit Jahrhunderten verwendete Begriff selbst: Man spräche sonst wohl kaum von *versus inter-calares*, die übrigens mit dem zweiten Bestandteil ihres Adjektivs das Dazwischen*rufende* – wissenschaftsgeschichtlich betrachtet – sogar thematisieren. Die Kontinuität dieser Unterbrechungen mit der extradiegetischen Ebene des Pro- und des Epilogs gewährleisten schließlich, wie erwähnt, der Name *Battarus* sowie die ständigen selbstreferentiellen bzw. auf den Akt der Narration Bezug nehmenden Denotationen des Singens und seiner bukolischen Signifikanten. Diese können in den *Dirae* sogar als sichtbarste Konstituenten des Extradiegetischen angesprochen werden. So bietet der Prolog die Exposition des Themas:

>Battare, cycneas repetamus *carmine* voces:
>divisas iterum sedes et rura *canamus*. (vv. 1/2)

Das *dicam* des Verses 8 nimmt es schließlich wieder auf, und die *versus intercalares* variieren es als eines ihrer verbindenden Merkmale immer wieder:

---

[407] Der sogleich auf den Vokativ folgende, abrupte Wechsel in die 3. Person der Parenthese verbürgt den Apostrophe-Charakter *dieser* Anrede.
[408] Genette, *Erzählung*, S. 49.

Rursus et *hoc* iterum repetamus, Battare, *carmen*. (v. 14)
Nec desit *nostris* devotum *carmen* avenis. (v. 19)
Sic precor, et *nostris* superent *haec carmina* votis. (vv. 25 und 47)
Nec *mihi* saepe *meum* resonabit, Battare, *carmen*. (v. 30)
Tristius *hoc*, memini, revocasti, Battare, *carmen*. (v. 54)
Battare, fluminibus tu *nostros* trade *dolores*.[409] (v. 64)
Dulcius *hoc*, memini, revocasti, Battare, *carmen*. (v. 71)
Tristius *hoc* rursum dicit *mea fistula carmen*. (v. 75)

Eine enge Verbindung bzw. ein explizites Aufeinander-Bezogensein zwischen den narrativen Ebenen wird in zweierlei Hinsicht deutlich: Zum einen bringen die Pronomen und Verbformen einer ersten Person dasjenige in den Vordergrund, was Genette als *homo*diegetischen Erzähler bezeichnet: Die Extradiegese und die Intradiegese entstammen derselben narrativen Instanz; Adhortative an Battarus und Flüche gegen die *rura* spricht dieselbe Person. Zum anderen verdeutlichen die in den soeben zitierten *versus intercalares* ebenfalls unterstrichenen Demonstrativ- und Possessivpronomen, wie auch mit den Mitteln der Deixis[410] immer wieder das intradiegetisch Gesungene (die Flüche) als von der extradiegetischen Sängerinstanz hervorgebracht explizit dargestellt und somit noch enger mit dieser verbunden wird. Anders als in der *Alexandra* Lykophrons also, bei der man das Extradiegetische im Laufe ihres langen Mittelteils durchaus zu vergessen vermag, zielen die *Dirae* systematisch durch das regelmäßige Einschalten eines extradiegetischen Verses darauf, die Erzählsituation parallel neben der prädiktischen Erzählung durchweg präsent zu halten. Dass dies tatsächlich die Intention des Gedichtes ist, wird um so klarer, als dieses sich eben nicht nur eines einzigen, refrainartig wiederholten *versus intercalaris* bedient, der die Gefahr eines verblassenden Automatismus birgt, sondern immer[411] wieder variierte Formen des extradiegetischen Themas mit seinem Adressaten Battarus bietet.

2.2.4.3 Lydia

Zu diskutieren ist noch die letzte Strophe der *Dirae*. Diese stellt in mehrfacher Hinsicht eine *mise en abyme* des gesamten Gedichtes dar. Der einleitende Interkalarvers (v. 97) kennzeichnet diese Verse (*sc.* 98-103) eindeutig sowohl als bukolisch gesungene (vgl. *avena*) als auch durch die Parallelisie-

---

[409] Die *dolores* bezeichnen zwar nicht direkt das *carmen* als intradiegetische Narration, greifen jedoch auf deren Motivation (*dicam tua facta*, v. 8) und antithetisch auf die neuen Nutznießer der *rura* zurück: impia Trinacriae sterilescant *gaudia* vobis, v. 9.
[410] Zu der Deixis vgl. auch Kröner, S. 24/25.
[411] Mit nur einer Ausnahme: v. 25 = v. 47.

rung mit den von den übrigen Interkalarversen angekündigten Passagen als explizit intradiegetisch: Zu Beginn der extradiegetischen Szenerie der Verse 82-96, aus der die Narration der Flüche soeben noch entstanden war, stand bezeichnenderweise gerade kein *versus intercalaris*. Was nun mit den Versen 98-101 folgt, ist die rhetorische Figur eines Adynatons, die in Ringkomposition einen deutlichen Rückverweis auf das Adynaton zu Beginn der *Dirae* darstellt, so dass beide Passagen parallel gesetzt und gelesen werden können, ja müssen:[412]

Ante lupos rapient haedi, vituli ante leones,	Dulcia amara prius fient et mollia dura,
delphini fugient pisces, aquilae ante columbas,	candida nigra oculi cernent et dextera laeva,
et conversa retro rerum discordia gliscet –	migrabunt casus aliena in corpora rerum,
multa prius fient quam non mea libera avena:	quam tua de nostris emigret cura medullis:
montibus et silvis dicam tua facta, Lycurge.	quamvis ignis eris, quamvis aqua, semper amabo.
(Dirae 4-8)	(Dirae 98-102)

Im ersten Fall drückt die Apodosis den Stempel der Gewissheit auf einen Akt, der vollends auf der extradiegetischen Ebene liegt: Es ist das bukolische (vgl. *avena*, v. 7 und *montibus et silvis*, v. 8) Singen, also das Einleiten einer Narration (vgl. *dicam*, v. 8), deren Eintreten auf diese Weise ge- und versichert werden soll. Der zweite Fall wird schon durch den *versus intercalaris* (v. 97) als intradiegetischer eingeleitet. Dessen letztes Wort *avenā* greift zudem das *avenă* des ersten Adynatons (v. 7) wieder auf, welches sogar – wenn auch in einem anderen Kasus – an derselben Stelle des Verses steht. Der intradiegetische Charakter des vom zweiten Adynaton Beteuerten wird bei Betrachtung dieser Apodosis noch deutlicher: Das Versprechen der Treue, die weder von irgendeinem Ereignis noch von einer Veränderung des *Tu* beeinträchtigt wird werden können, korrespondiert schon deshalb aufs Allerengste mit der Intradiegese der als Ganzes betrachteten *Dirae*, da es hier die Liebe ist, welche auf ewig versprochen wird – in polarer Opposition zu dem hasserfüllten Gesangsversprechen, dass sich in Apostrophe an *Lycurgus* richtete.[413]

---

[412] Anders Kröner, S. 75: »Die umfassenden Adynata [*sc.* des *extremum carmen*] stehen in gar keinem kompositorischen Zusammenhang zu dem Vorangehenden; sie könnten genau so gut fehlen. Auffallend ist auch, dass die Art des Adynatons beide Male die gleiche ist. Einzig die Konjunktion hat gewechselt, statt ante steht prius«.

[413] Anders Kröner, S. 76/77: »In den Dirae aber treten als Nachsätze zu den Adynata zwei Gedanken auf, die dem Sinn des Gedichtes sehr fern liegen. V. 7 bringt den unbedingten Willen des Landmannes zu freier Rede zum Ausdruck. Aber dieses Gedicht ist ja gar keine politische Denkschrift, die sich für Meinungs- und Redefreiheit einsetzen will. Diese zu fordern oder zu ihrer Erhaltung aufzurufen, ist gewiss nicht die Absicht der Dirae, denn dieser Gedanke wird außer in diesem Vers überhaupt nicht berührt. Die zweite Adynatagruppe führt zu der Versicherung ewiger Treue an seine Lydia. Selbst wenn man gewillt ist, darin den Ausdruck für die Versicherung der Treue an seine ganze Heimat zu sehen, bleibt der unbefriedigende Zustand der Spannung zwischen den unaufhörlichen Flüchen und der Erklärung nicht endender Erinnerung an das Verfluchte«. –

Dass das Konzept *mise en abyme* zu Recht bemüht wird, macht schließlich der Charakter des in diesem letzten *Dirae*-Abschnitt Beschriebenen deutlich: Es handelt sich um eine prädiktive Erzählung *en miniature*, die mit dem letzten Vers der *Dirae* ihren Abschluss findet: *Gaudia semper enim tua me meminisse licebit.* Die Futura der Schlussverse spiegeln somit die Fluchoptative und prophezeienden Indikative des Mittelteils wider, die ihrerseits eine ausgedehnte prädiktive Erzählung konstituierten. Doch die Spiegelung ist mit diesem Vagen noch lange nicht erschöpft: Die *gaudia*, an die sich der *colonus* in seinem Exil nur noch wird erinnern können, stellen eine Verbindung zu jenen *Trinacriae gaudia* des Verses 9 her, welche der apostrophisch angeredeten zweiten Person zerstört werden sollten. Dass diese beiden *gaudia* tatsächlich dasselbe Signifikat bezeichnen, bezeugt Vers 102: Was wird hier mit der Sicherheit des Indikativs Futur *eris* als zu Feuer und Wasser geworden dargestellt? Es müssen dies die *silva* und die *rura*, für welche erstere in Synekdoche eintreten kann, sein, welchen in derselben Reihenfolge (*ignis-aqua*) diese Katastrophen angewünscht wurden: Der Abschnitt B.5 schilderte das Aufgehen der *optima silvarum* in Feuer (vgl. besonders vv. 34-36), hieran schloss sich nach dem »Windkatalog«, der erneut im Schicksal der *silva* kulminierte (vv. 40/41), der Passus B.7 an, welcher *ex ordine* (v. 42) das gesamte Landgut den Flammen überantwortete und auch sprachlich eng mit der ersten »Feuerstrophe« verbunden war: Das *qua nostri fines olim, cinis omnia fiat* (v. 46) greift deutlich auf das *cinis haec* [*sc. silva*] *tibi fiat oportet* (v. 36) zurück.

Keiner argumentativen Ausführungen dürfte wohl schließlich die Zuordnung der *aqua* des Verses 102 zu den Wasserstrophen B.8 bis B.12 bedürfen, die ihren Herold bereits im herandrängenden *Africus* des Verses 39 haben, dessen Sturmwolken den Regen jedoch zunächst »nur« (wenn auch im Intensivum: *nimbis minitantibus imbrem*) androhten. Somit wird deutlich, dass die Schlagwörter *ignis, aqua* und *gaudia* in der Coda des Gedichtes *en miniature* die Hauptthemen und Vorgänge der *Dirae* wiederaufnehmen, und zwar in Form einer kurzen intradiegetischen Darstellung durch eine prädiktive Erzählung, deren Indikative (*eris, amabo, licebit*) auch das Motiv der Prophezeiung von perlokutionären (Fluch-)Akten innerhalb des Mittelteils beinhalten und noch verstärken. Und, um es abschließend zu wiederholen, die (intradiegetischen) Schlussadynata nehmen die extradiegetische Ankündigung im Prolog der *Dirae*, die sich desselben rhetorischen Mittels bedient und für das gesamte Gedicht vereinnahmt werden kann,[414] in

---

Dass jene »Spannung« keineswegs einen »unbefriedigende[n] Zustand« schafft, soll unten gerade gezeigt werden.

414 Auch für die Schlussstrophe: Auch sie stellt immer noch ein Künden von den *facta* des *Lycurgus* dar.

genauen strukturellen Entsprechungen wieder auf. Die Bedingungen für das Vorliegen einer *mise en abyme* sind also durchaus gegeben.

Diese widerspiegelnde Substruktur verschiebt jedoch in zwei wesentlichen Punkten Akzente, die von der sie enthaltenden Struktur der *Dirae* gesetzt wurden: Zum einen, wie betont, rückt die *qua* Adynaton emphatische Betonung[415] des extradiegetischen Erzählens (d.h. Singens: *dicam tua facta*) auf diejenige der intradiegetisch geschilderten ewigen Erinnerung[416] an eine Liebe. Dass diese Emotion dem Hass der Flüche diametral gegenübersteht, wurde bereits bemerkt, soll hier jedoch nicht überbewertet werden. Vielmehr ergibt sich bei genauerer Betrachtung des *extremum carmen* eine viel auffälligere Besonderheit: *Prima facie* gebieten der Reminiszenzcharakter der in Vers 102 erwähnten Naturgewalten *ignis* und *aqua*, die Implikationen der *en-abyme*-Struktur der Coda sowie der »gesunde Menschenverstand«,[417] dass es sich bei der angesprochenen 2. Person der Schlussverse um die *rura* und besonders um die *silva* handelt. Dieses zunächst unproblematische Urteil wird zunehmend problematischer, wenn man (a) den Kontext, an den diese Schlussverse anknüpfen, in die Analyse mit einbezieht und (b) die Wortwahl dieser Passage nicht mehr nur *Dirae*-immanent betrachtet: (a) Von der *silva*, die in den Versen 25-41 so prominent war, ist schon lange keine Rede mehr gewesen, und auch die *rura* wurden im Laufe der beiden Abschiede (Abschnitte C.2 und C.4) durch die Fokussierung auf *Lydia* in den Hintergrund gerückt.[418] Da sich zudem innerhalb des *extremum carmen* kein Substantiv findet, welches eindeutig die *silva* oder die *rura* denotiert, sondern nur noch ein hier nicht konturiertes singularisches Du, liegt es bei ausschließlich linearer Betrachtung des Gedankenganges viel näher, hier jene *Lydia* des Verses 95 angesprochen zu sehen. (b) *tua cura* (v. 101) und *gaudia ... tua* (v. 103) können als Anklänge gesehen werden an jenes poetische Vokabular und an jene typischen Metonymien, derer sich die erotische römische Elegie bedient.[419] Aus dieser Perspektive läge es nahe, diese Worte auf einen geliebten *Menschen* bezogen zu verstehen: »The effect of the word *cura* about the year 40 B.C. is conspicuous«.[420]

---

415 Vgl. Kröner, S. 76: »Nun geben gerade die Adynata als hochpathetische Stellen die Möglichkeit, Sinn und Absicht des Ganzen zu offenbaren.«
416 Dasselbe drücken – ebenfalls durch eine Adynaton – Meliboeus' Worte *ecl.* 1, 59-63 aus, wobei hier von der ewigen Erinnerung an den *Wohltäter* die Rede ist.
417 Eskuche, S. 29 spricht vom »sanus interpres«.
418 Vgl. Kröner, S. 28 sowie 59: »Hier und erst recht in den folgenden Versen steht sie [*sc.* Lydia] im Mittelpunkt des Gedankens. Der Abschied gilt den Äckern neben ihr beim zweiten Male nur ganz kurz, und in der letzten Strophe fehlt deren Erwähnung vollkommen.«
419 Vgl. van den Graaf, S. 30/31 (mit Stellen).
420 van den Graaf, S. 31.

Das Problem ist augenfällig: Wie ist die Frage, wer denn in den Schlussversen der Dirae angesprochen sei, zu beantworten? Wie eine sich einseitig festlegende Antwort auch ausfällt, sie ist nur um den Preis eines derben Eingriffs in den Text oder der kühnen Umdeutung des *prima facie* vom Text Ausgesagten zu erkaufen: Soll man, wie z.B. Eskuche es tut, apodiktisch die *rura* zum Adressaten des *extremum carmen* erklären, also die oben beschriebenen strukturellen Verbindungen zum Mittelteil der *Dirae* hervorheben und das sonst offensichtliche referentielle *non liquet* durch »eindeutige« Konjekturen zu klären versuchen[421] – oder aber mit van der Graaf[422] die »violent controversy [...] concerning the interpretation of *tua cura*«[423] dadurch schlichten, dass man der auffälligen Unwahrscheinlichkeit, Lydia könne zu *ignis* und *aqua* werden, das Anstößige[424] nehmen und diese *puella* zur Adressatin der Verse ernennen, indem man ein *in cinerem et liquidas aquas verti*[425] als in einem Sprichwort *verblasste*[426] Metapher auffasst, die sehr wohl in Bezug auf eine geliebte Person verwendet werden könne?

Lassen wir den »sanus interpres« und den »effect of the word *cura* about the year 40 B.C.« kurz beiseite und betrachten zur dialektischen Lösung des

---

421 Eskuche, S. 28/29: »Totum epodum non ad puellam amatam, sed ad villam spectare *per se verisimile est* atque nonnullis signis certum fit. Primum enim, cum non puellam, sed villam canendam sibi proposuerit, etiam extrema stropha ad villam, unde profectus erat, *redeundum ei fuit*. Deinde magna similitudine, quae inter epodum et proodum intercidit, nobis persuadetur his strophis simillimis etiam easdem res dictas esse. Tum gaudia v. 103 ad gaudia v. 9 respicere videtur. Postremo *fieri non potest, ut sanus[!] interpres* illud quamvis ignis eris, quamvis aqua de homine accipiat, id quod, si nihil mutabitur, opus erit[!]. [...] Quibus rebus perspectis cum, nisi versus excidisse putatur aut aliquid lectionis mutatur, versus de Lydia intellegendi sint, id, quod molestum[!] est, litteras librorum manuscriptorum tua de in tua funde leniter correxerim.« (meine Kursiven)

422 »On the strength of the above parallels we are induced to apply vs. 102 to Lydia and also apply *tua cura* to Lydia.« (van der Graaf, S. 31).

423 van der Graaf, S. 30.

424 Vgl. Hermann, S. 130 (zitiert bei van der Graaf, ebd.): »Wie kann ein Liebender zu seinem Mädchen sagen: werde du Feuer oder Wasser, ich liebe dich immer?! Meine Übersetzung, die es auf das Landgut bezieht, das ja vorher ausdrücklich zum Untergange durch die beiden Elemente verurtheilt worden war, bedarf wohl keiner näheren Rechtfertigung.« – Kröner, S. 84 sieht mit Naeke die Lösung in der Betonung des *meminisse licebit*: »Naeke gibt hier die richtige Erklärung: semper amabo v. 102 wird begründet (daher enim v. 103) durch licebit: wie kann einer Wasser oder Feuer = eine Tote lieben? Er kann sich ihrer erinnern, das wird möglich sein (licebit).« – Die Betonung des in *enim* ausgedrückten Kausalnexus lässt jedoch immer noch auch ein »totes« Landgut als Adressaten zu.

425 Vgl. Tibull 1, 9, 11/12 und Properz 2, 16, 45.

426 Dass diese Metapher – so sie denn eine ist – jedoch gerade in den *Dirae*, die ja völlig um ein konkretes *in cinerem aquamque vertere* kreisen, *völlig* verblasst sein sollte (wie van der Graaf, S. 30/31 es insinuiert), erscheint absurd. Vgl. Kröner, S. 54: »Doch ist soviel klar, dass die Grundabsicht des Gedichtes eine Verfluchung durch Feuer und Wasser ist«. – Auch van der Graafs Replik (ebd.): »Hermann, Eskuche, Hubaux and others understand *tua cura* i.e. the poet's land, though always a plural is used: *agri, agelli, campi, fines* and *rura*.« läuft nach einem Hinweis auf die *eine* angesprochene *silva* ins Leere.

obigen Dilemmas *puella* vs. *rura* den Text der *Dirae* selbst: In den Versen 101-103 wird jemand oder etwas in der zweiten Person angesprochen, von dem explizit nur gesagt wird, er/sie/es werde auf ewig die *cura* des Sprechers sein und auch, wenn er/sie/es Feuer und Wasser sein *wird* (Indikativ Futur!), werde dem *amare* nie ein Ende gesetzt sein, denn (*enim*) eine Erinnerung an die *gaudia tua* werde immer möglich sein. Der einzige Singular, der dem Kontext des *extremum carmen* zu entnehmen ist und als *tu* angeredet werden könnte, ist in der Tat jene *Lydia* aus dem Vers 95.

Was wissen wir über Lydia? Wohin verweisen uns die intratextuellen Bezüge dieser Passage? – Mit *ignis* und *aqua* in Bezug auf einen Singular (v. 102) kann man nur – wie oben gezeigt – auf die *silva* der Strophen B.4-6 zurückgeworfen werden, denn hier greift van der Graafs Einwand, dass (sonst) nur Plurale wie *agri, agelli, campi, fines* und *rura* verwendet würden.[427] Auch was das Wort *gaudia* betrifft, welches nur zweimal in den *Dirae* vorkommt, so denotiert das Gedicht mit *impia Trinacriae ... gaudia* in Vers 9 nur pauschal die *divisae sedes*, also keinesfalls erotische Freuden mit einer *puella*. Betrachtet man jedoch die Verse 25-41, deren besondere Aufmerksamkeit der *silva* gilt, so ist hier dieselbe Auffälligkeit[428] zu beobachten wie in den Schlussversen: War es dort jedoch dem Namen *Lydia* nach anscheinend eine *puella*, welche mit Attributen (*ignis, aqua*) versehen wurde, die wegen der geäußerten Flüche eindeutig eher den *rura* oder der *silva* eignen, so ist es hier umgekehrt so, dass ein unzweideutig als *silva* erkennbarer (intradiegetischer) Adressat mit Zügen ausgestattet wird, die auch ohne Untersuchungen der Lexis zunächst an eine geliebte und umworbene *puella* denken lassen: Die *silva* wird oft besungen (*multum cantata libellis*, v. 26), über alle anderen gestellt (*optima*, v. 27),[429] schließlich wird der Gedanke an eine üppige Haarpracht (*laeta comantis*, v. 28[430]) und geschmeidige Arme (*mollis ramos*, v. 29) nahe gelegt. Verlässt man den Text der *Dirae*, so wird dieser gewonnene Eindruck vollends bestätigt: Gleich dreimal in sechs Versen wird die *silva* mit dem Adjektiv *formo(n)sus* bezeichnet, und dieses Adjektiv »is typical of bucolic and elegiac poetry and occurs nearly always in an erotic sense«.[431] Diese Aussage kann durch eine Betrachtung des nächsten und näheren Umfeldes[432] der *Dirae* verifiziert

---

427 Vgl. die voranstehende Anm.
428 Vgl. Kröner, S. 47/48.
429 Anders Kröner, S. 48: »dies Epitheton, das höchsten Wert bezeichnen soll, übt nur geringe Wirkung aus, denn es ist blass und abstrakt.«
430 Vgl. Ribbeck, S. 563: »Der Sänger hält das Bild fest, indem er hinzufügt ›*nec laeta comantis iactabis*‹, nämlich *umbras* als lustig flatternde und auf dem Boden flimmerndes Lockenhaar gedacht, und dieses Bild entsteht ›*mollis ramos inflantibus auris*‹.«
431 van der Graaf zu *Dirae* 27.
432 »Umfeld« meint hier Dichtung, die in zeitlicher und thematischer Nähe der *Dirae* entstanden ist.

werden. Zunächst verbindet die »Schwester« der *Dirae* selbst dieses Wort als Ausdruck des höchsten Lobes mit dem geliebten Mädchen: *non ulla puella / doctior in terris fuit aut formosior* (*Lydia* 127/128). Auch im verderbten Vers *Lydia* 171 wird – soviel ist sicher zu erkennen – der Nacken der Liebesgöttin Venus selbst als *formosum* bezeichnet. Noch interessanter sind die beiden Eingangsverse der *Lydia*:

> Invideo vobis, agri *formosa*que prata,
> hoc *formosa* magis, mea quod *formosa* puella...

(*Lydia* 104/105)

Zwar wird hier den angesprochenen *prata* schon als Element der Landschaft, dem die Geliebte Lydia gegenübergestellt wird, die Eigenschaft der *formositas* zugesprochen, diese erhält aber, wie der zweite Vers zeigt, erst durch die Gegenwart der *puella* ihre Vollendung und eigentliche Geltung. Nun läge es nahe, den Vers *Lydia* 105 mit seinen beiden *formosa*, von denen eines durch das *magis* praktisch zu einem Komparativ gemacht wird, als einen hermeneutischen Schlüssel zu dem Vers *Dirae* 32 mit seinem Polyptoton *formosae ... formosior* zu betrachten. Allein: Ein Blick auf den Hypotext *par excellence* der *Dirae* ist hier viel aufschlussreicher. Zunächst ist festzuhalten, dass von den 16 Fundstellen des Wortes *formo(n)sus* in den Eklogen Vergils 13 eindeutig erotisch konnotiert sind.[433] Von den drei übrigen präsentiert *ecl.* 5, 90 das Geschenk des Hirtenstabs (*pedum*) als *formonsum*, und *ecl.* 3, 57 ist, obwohl auch hier keine Person bezeichnet wird, insofern dennoch von Belang, als hier durch das anaphorische Asyndeton *nunc frondet silvae, nunc formonsissimus annus* eine Verbindung zwischen dem Laub der Wälder und der *formonsitas* der Jahreszeit nahe gelegt wird – in Analogie zu den *Dirae*, welche ja in Vers 27 die *virecta* der *optima silvarum* direkt als *formosa* bezeichnet haben. Die letzte zu erwähnende Stelle der *Bucolica*, das Daphnisepitaph der fünften Ekloge, verbindet die Schönheit eines Hirten mit derjenigen seiner Herde, wobei die hier verwendete rhetorische Figur zu einem Vergleich mit zwei Versen aus den *Dirae* einlädt:[434]

---

[433] *Sc. ecl.* 1,5; 2, 1; 2, 17; 2, 45; 3, 79; 4, 57; 5, 44; 5, 86 (*cf. ecl.* 2, 1); 7, 38; 7, 55; 7, 62; 7, 67; 10, 18.

[434] Vgl. van der Graaf *ad loc.* und Jahn, S. 6 zu *ecl.* 5, 43/44 (mit seinen anderen Voraussetzungen): »nach [Theokrit *id.*] I 120 Δάφνις ἐγὼν ὅδε τῆνος ὁ τὰς βόας ὧδε νομεύων, Δάφνις ὁ τὼς ταύρως καὶ πόρτιας ὧδε ποτίσδων, wo das ganz andern Zusammenhang hat. Man denke, dass er schöner ist als das Vieh! Das wird aber erklärlich, wenn man Dirae 32 vergleicht [...]. Kaum zufällige Übereinstimmung, trotzdem sonst vom Laub und Baum, hier vom Hirten und Vieh.«

›Daphnis ego in silvis, hinc usque ad sidera notus, formonsi pecoris custos, formonsior ipse.‹

(*ecl.* 5, 43/44)

formosaeque cadent umbrae, formosior illis ipsa cades, veteris domini felicia ligna –

(*Dirae* 32/33)

In beiden Fällen wird (abgesehen vom Wald, der jeweils figuriert oder mitfiguriert) durch die Polyptotonfolge Positiv-Komparativ desselben Adjektivs die zu lobende Figur (*Daphnis* bzw. die *silva*) vor dem Hintergrund abgesetzt, der von etwas gebildet wird, das in einem engen Zusammenhang mit Daphnis (sein *pecus*) oder der *optima silvarum* (die *umbrae*, ihr Laub) steht. Unterstrichen wird der allusive Charakter des *Dirae*-Verses durch den parallelen Versaufbau (Pent- und Hephthemimeres, die *formonsus*-Formen an derselben Versstelle) und die Assonanz durch helle Vokale am Versende (*ipse - ille*). Auf dieser Weise tritt, liest man die beiden Stellen neben- und nacheinander, an die Stelle von Vergils Daphnis des Hypotextes die *silva* des Hypertextes, der *Dirae*: Das Palimpsest überschreibt hierbei zwar das einstige Objekt des Lobes (Daphnis) mit seiner *silva*, der ursprüngliche erotisch-anthropomorphe Kontext bleibt durch die Deutlichkeit der Anspielung jedoch noch lesbar. Also wird hier von den *Dirae* durch die Verwendung und Modifikation des von den Eklogen Vergils konstituierten bukolischen Codes in diesen die Figur der *silva* eingeschrieben,[435] gleichzeitig färbt die ursprüngliche Verwendung des Übernommenen und Modifizierten auch auf den Wald ab, der hierdurch menschlich-erotische Züge erhält.[436]

Alle diese Aspekte führen dazu, dass die Geliebte Lydia, die vor allem den Epilog der *Dirae* bestimmt, und die Figur der *silva*, der die Verse 25-41 gewidmet sind, sich immer mehr annähern, ja in eins zu gehen scheinen. Doch selbst dieses »scheinen« kann noch getilgt werden: Betrachtet man (wie die vorliegende Arbeit) die *Dirae* als in sich abgeschlossenes Gedicht, bezieht man also keine Informationen aus der unbedingt gesondert zu behandelnden *Lydia* ein, so *kann »Lydia« tatsächlich als der Name der silva angesehen werden.*

Diese Hypothese ist einerseits innerhalb der 103 Verse nicht zu falsifizieren,[437] und andererseits lösen sich, akzeptiert man sie, viele Probleme der

---

435 Vgl. hierzu Abschnitt 3.3.2.1.

436 Thomas, S. 262/263 beobachtet in Vergils Dichtung generell einen Animismus: »That is the lesson of the *Georgics*, where we consistently see the application of Virgil's animism: vines, trees[!], beasts and bees, even the soil, are all sentient; they feel joy and suffering, success and failure, not always as paradigms for humanity, but often in their own right, as constituent elements of the world as it surely existed for Virgil.«

437 Neben Vers 41, der sogleich behandelt werden wird, findet sich die Figur der *Lydia* explizit nur in den Versen 89 und 95, aus denen sich jedoch mitnichten herleiten lässt, dass es sich bei ihr um ein menschliches Wesen handelt: Gerade das Beispiel der *silva* sowie auch der *rura* als ganzer lehrt, wie auch Elemente der Landschaft in den *Dirae* ein Objekt von Preis (*dulcior*, v. 89) und Liebe (vv. 95/96) sein können.

Textgestaltung und des Gedankengangs auf: Jenes seltsame Zurückschwenken des Gedankens auf die verbrannte *silva* im *extremum carmen* bzw. das seltsame Übertragen des Feuers und Wassers auf ein menschliches Opfer Lydia verliert alles Anstößige: Mit *Lydia* in den Versen 89 und 95 bezeichnen die *Dirae* denselben Wald, dem sie in der Schlussstrophe *qua* Adynaton unsterbliche Liebe versprechen, und die *gaudia* des Schlussverses, derer sich der Sprecher wird erinnern können, sind die *Trinacriae gaudia* des Verses *Dirae* 9, die den neuen Besitzern der *rura* vergällt werden sollen und an denen die *silva*, wie die Verse 25-41 zeigen, für den Sprecher einen beträchtlichen Anteil hat.

Diese These kann noch durch mehrere Beobachtungen mit Hilfe des Textes gestützt werden: Im zweiten (vv. 89/90) und dritten (vv. 95/96) Fall, in dem Lydia direkt angesprochen wird, findet sich dieser Name jeweils ohne jede (kategoriale[438]) Unterscheidung eingebettet zwischen (dann: andere) Landschaftsbezeichnungen wie *rura*, *fontes* und *agelli* – als nur ein Eintrag in einer (dann: homogenen) Liste. Bezeichnete der Name eine menschliche Geliebte, so überraschte viel eher eine syntaktische wie gedankliche Angleichung der *puella* an die nichtmenschlichen Elemente der *rura*, also ihr völliges Nivellement. Ohne Zweifel verschiebt indessen schließlich der »2. Abschied« den Akzent von den *rura* auf *Lydia*; doch gerade dies birgt bei einer Gleichsetzung »*silva*=Lydia« keine Überraschung – in Anbetracht der emotionalen Aufladung der Verse 25-41 und der besonderen Hervorhebung der *silva* vor allem anderen Verfluchten. Auch wäre es hiernach zu erwarten gewesen, dass die *silva* als ausgezeichnetes Element der *rura* noch ihren eigenen Abschied erhält und nicht völlig verschwiegen und unter Begriffe wie *rura* oder *agelli* subsumiert wird: Sie bekommt ihn, und zwar in den Versen 89/90, 95/96 und, am ausführlichsten, in Form des *extremum carmen*.

Was erfährt man noch über Lydia im Epilog der *Dirae*? Neben den soeben besprochenen *gaudia*, einer unbestimmt-erotischen Ebene (vgl. *amabo*, v. 102) und den Informationen, die lediglich die perlokutionären Akte der *Dirae* selbst denotieren (Abschied nehmen, vv. 89/90 und vv. 95/96, und der Fluchzustand, v. 102), wird Lydia ausschließlich durch zwei Adjektive beschrieben, die etwas wie eine Vorgeschichte der *Dirae* aufblitzen lassen. Im zweiten Fall ist dies der Superlativ *optima* – in diesem findet man jedoch eben dasjenige liebevolle Epitheton wieder, mit welchem eng verwoben die *silva* im Mittelteil der *Dirae* zuallererst eingeführt worden ist, man vergleiche:

---

[438] Natürlich lassen die Adjektive *dulcior* (v. 89) und *optima* (v. 95) Lydia (jedoch nur *quantitativ!*) hervortreten.

> Lusibus et multum nostris cantata libellis,
> *optima silvarum*, formosis densa virectis...

(*Dirae* 26/27)

> Rura valete iterum tuque, *optima Lydia*, salve.

(*Dirae* 95)

Der erste Fall (vv. 89/90) verstärkt diese intratextuelle Parallelisierung und Identifikation von *Lydia* und *silva* noch. Über die Rolle der polyptotischen Abfolge von Positiv und Komparativ des Adjektivs *formo(n)sus* als einer *reflexive annotation*,[439] mit der die *Dirae* in ihrem Vers 32 über sich selbst *als Text* hinaus auf einen anderen Text (das vergilische Daphnisepitaph) verweisen, wurde schon gesprochen. Nun ist es genau diese auffällige rhetorische Figur, die sich *innerhalb* der *Dirae* noch ein zweites Mal findet, man vergleiche:

> formosaeque [cum] cadent umbrae, formosior illis
> ipsa cades, veteris domini felicia ligna –

(Dirae 32/33)

> ›Dulcia rura, valete et Lydia, dulcior illis,
> et casti fontes et, felix nomen, agelli.‹

(Dirae 89/90)

Lydia wird also auch hier sprachlich (Polyptoton, gleiches Versende) mit der *silva* in eins gesetzt. Die Parallele ist natürlich nicht unkommentiert geblieben.[440] Man könnte es sich hierbei (zu) einfach machen und annehmen, ein schlechter Poetaster[441] habe in Ermangelung eines Talents zur *varietas* gleich einem Vergil-Cento oder einer homerischen Formel schlicht denselben Gedanken an zwei Stellen seiner Verse auf dieselbe Weise ausgedrückt: Doch erstens blieben dann immer noch die übrigen auffälligen *gedanklichen* Parallelisierungen zu erklären, zweitens beweisen die beiden Verse *Dirae* 32 und 89 gerade, dass trotz tatsächlich vorhandener *varietas* auf dem Gebiet der Syntax und der Wortwahl (*formosus* – *dulcis*) durch die erkennbaren Anklänge eine bewusst errichtete Brücke zwischen *silva* und *Lydia* sichtbar wird. Die Verwandtschaft dieser beiden Stellen heben so-

---

[439] Zu diesem Terminus in der Verwendung von Stephen Hinds vgl. unten Abschnitt 3.3.2.

[440] Vgl. Eskuche, S. 27, van der Graaf, S. 22, Fraenkel, *Dirae*, S. 152 und Goodyear, S. 37.

[441] Fraenkel, *Dirae*, S. 152 spricht immerhin von Interpolationen, die »a would-be poet« in den *Dirae* vorgenommen habe, und bemerkt zu *Dirae* 95/96: »I am not bold enough to fathom the poetaster's thought«.

wohl Fraenkel,⁴⁴² der vv. 89/90 wie alle den Namen *Lydia* enthaltenden Stellen athetieren möchte, als auch Goodyear⁴⁴³ in seiner Antwort auf Fraenkel hervor. Doch beide nehmen davon Abstand, Schlüsse aus diesen deutlichen Signalen einer bewussten Annäherung von *Lydia* und *silva* zu ziehen und neben der textkritischen Gestaltung dieses pseudo-vergilischen Gedichtes auch den Inhalt der *Dirae* als eines Ganzen einer hermeneutischen Anstrengung wert zu erachten.⁴⁴⁴

Lässt man sich jedoch auf die obige Argumentation ein, wird der Gewinn deutlich, der aus diesen Prämissen gezogen werden kann: Der Gedankengang der *Dirae*, besonders innerhalb ihres Epilogs und in Bezug auf die deutlichen Querverbindungen desselben zu den *silva*-Strophen des Mittelteils, gewinnt an Homogenität, und das »plötzliche« Auftauchen der vermeintlichen *puella* Lydia in den Schlussversen kann hinreichend motiviert und erklärt werden. Hierbei geht es nicht darum, die Auffälligkeiten der *Dirae* oberflächlich zu glätten, sondern die von ihnen intratextuell gesetzten Signale möglichst ernst zu nehmen.

Auch die erste Erwähnung Lydias in Vers 41, dessen verderbter Zustand, wie Goodyear zu Recht darlegt,⁴⁴⁵ nicht mit Sicherheit geheilt werden kann, kann ohne Probleme im Sinne der obigen These gelesen werden. Zunächst sollte

1) mit Kenney in Vers 40 Vollmers *tu* als Konjektur für das *tua* der Handschriften angenommen,⁴⁴⁶

2) in Vers 41 (ebenfalls mit Kenney) das überlieferte *dicens* als eine Assimilation an die Endung des *resplendens* (v. 40) in das syntaktisch einwandfreie Futur *dices* abgeändert,

3) für das *tua* des Verses 41 M. Schmidts Konjektur *quae* akzeptiert⁴⁴⁷ und

---

442 Fraenkel, *Dirae*, S. 152: »89 *dulcia rura valete et Lydia dulcior illis* owes its stylistic from to 32 *formosaeque cadent umbrae, formosior illis*, which in its turn depends on Verg. ecl. 5, 44, *formonsi pecoris custos, formonsior ipse*.«
443 Goodyear, S. 37: »Line 89 is irreproachable. Fraenkel remarks that it ›owes its stylistic form‹ to 32 formosaeque cadent umbrae, formosior illis, *without stating what is supposed to follow. Nothing follows, of course.* 89 may be influenced by 32, *and that is all.* This poet is rather repetitious. But what if he were not? I will refrain from exemplifying the amusing consequences if similarities in expression and phrasal structure within the works of generally unrepetitious poets were accepted as evidence for interpolation.« (meine Kursiven)
444 Vgl. zu Goodyear die Hervorhebungen der voranstehenden Fußnote und ferner Fraenkel, *Dirae, passim*.
445 Goodyear, S. 36: »Unless a better MS is discovered, the corruption in 41 is not likely to be remedied.«
446 Nach Goodyear, S. 35, dessen Argumentation zu folgen ist, »the best and most economical solution«.
447 Vgl. Goodyear, S. 35, Anm. 2: »One might further argue that the use of the same verb in *dicens* and *dixti* is, at the least, unpleasing. But this argument would be invalid. The text may be

4) für eine Interpretation dieses Verspaares das Motiv betont werden, welches für die *silva* bereits in Vers 30 und, worauf ebenfalls Goodyear aufmerksam macht,[448] mehrfach im Vorbild der *Dirae*, den Eklogen Vergils, erklingt: Der Wald als angesungenes Gegenüber, von welchem mit den Liedern auch die eigenen Worte zurückschallen.[449]

Unter diesen Voraussetzungen kann anstatt der folgenden versuchten Rekonstruktion der Verse 40/41 innerhalb einer Interpretation, die *Lydia* und *silva* als getrennte Entitäten behandelt, nämlich:

> cum tu, cyaneo resplendens aethere, silva,
> non iterum dices, crebro quae »Lydia« dixti.

eine Textgestalt treten, in der die Anzahl der Anführungszeichen auf Null reduziert wird:[450]

> cum tu, cyaneo resplendens aethere, silva,
> non iterum dices, crebro quae, Lydia, dixti.

Entsprechend den in vorliegender Arbeit bereits ausgeführten Überlegungen zu der Bedeutung der *silva* sowie den narrativen Ebenen und dem hiermit eng verbundenen Tempus- und Modusgebrauch in den *Dirae* ist das überlieferte *cum* (v. 40) unbedingt zu halten: Es leitet tatsächlich jene für Fraenkel[451] und Goodyear[452] so anstößige Apodosis ein, indem hier auf die Fluchoptative des Windkatalogs (vv. 37-39) mit einem *cum inversum*[453] im prophetischen Indikativ Futur die speziellen Folgen für den Wald geschildert werden. So entsteht um die Winde herum ein von der *silva* konstituierter Rahmen, der die Verse 25-41 zu einem homogenen Block zu machen vermag. Liest man Vers 41 wie soeben vorgeschlagen, so ergibt sich noch ein weiterer Gewinn, indem eine Forderung Goodyears auf diese Weise völlig erfüllt wäre: »both *dicens* and *dixit* lack any object, but objects they must have«.[454] In der Variante *non iterum dices, crebro quae »Lydia« dixti* bestimmt das feminine *quae* die *silva* näher, die direkte Rede ›Lydia‹ bildet das direkte Objekt zu *dixti*, das Verb *dices* (ebenso wie ein Partizip *dicens*) bleibt ohne jedes Objekt. Liest man jedoch *non iterum dices, crebro quae,*

---

corrected in such a way as to give the repetition both function and point, perhaps on the lines suggested by M. Schmidt's bold, but intelligent, *quae* for *tua* in 41.«

448 Goodyear, ebd.: »He has already employed this notion at line 30 *nec mihi saepe meum resonabit* [*sc. silva*]*, Battare, carmen*, and it is, of course, familiar from Virg. *Ecl.* 1. 5 *formosam resonare doces Amaryllida silvas* and 5. 63-4 *ipsae iam carmina rupes, / ipsa sonant arbusta*, to mention but two passages.«

449 Vgl. auch Dirae 8: *montibus et silvis dicam tua facta, Lycurge*.

450 So wird jede »punctuational chicanery« umgangen, vgl. Goodyear, S. 34, Anm. 4.

451 Vgl. Fraenkel, *Dirae*, S: 151/152.

452 Vgl. Goodyear, S. 35/36, der erwägt, die Verse 40/41 als eine Parenthese zu betrachten und das subjungierende *cum* des Verses 40 in ein neu einsetzendes *tum* zu ändern.

453 Vgl. oben S. 145.

454 Goodyear, S. 35.

Lydia, dixti, wird zu *dices* das Akkusativ-Objekt durch den gesamten Relativsatz, zu *dixti* durch das Relativpronomen im Neutrum Plural gebildet.

Weder kann noch soll jedoch verschwiegen werden, dass dieses Fallenlassen jeder Anführungszeichen und die damit verbundenen Vorteile erkauft werden um den Preis, dass auf diese Weise etwas Erstaunliches entsteht: Ein und dasselbe Gegenüber wird innerhalb von zwei aufeinander folgenden Verse einmal mit *silva* und dann mit *Lydia* angesprochen. Von allen Heilungsversuchen dieses Verspaares stellt jedoch keiner eine völlig unproblematische und konsensfähige Lösung dar, und auch die Ansicht, die Anrede *Lydia* in Vers 41 stelle (ohne Anführungszeichen) die Apostrophe an eine *puella* dar, implizierte nach dem Vokativ *silva* des vorangehenden Verses einen äußerst harschen Wechsel des Adressaten. Hier geht es nicht darum, dass *non liquet* aufzulösen, sondern lediglich darum zu zeigen, dass die erste, korrupte Erwähnung der Lydia-Figur der obigen Deutung nicht widerspricht.

2.2.4.4 Metalepsen in den *Dirae*

Aus den voranstehenden narratologischen Analysen der *Dirae* dürfte nunmehr zweierlei deutlich geworden sein:

(1) Innerhalb des Fluchgedichtes lässt sich deutlich eine extra- und eine intradiegetische Ebene unterscheiden. Durch die deiktisch verstärkte Selbstreferentialität des repetitiv betonten Aktes des Singens im Prolog und in den *versus intercalares* zeigen die *Dirae* ein explizites Bewusstsein für diese beiden kategorial disjunkten Sphären des Erzählens. Bemerkenswert hierbei ist, dass die extradiegetische Ebene eine dramatische Ausgestaltung aufweist (wie sie sich jedoch auch schon etwa in Vergils fünfter Ekloge findet) und die intradiegetische Ebene von einer prädiktiven Erzählung aufgespannt wird, welche einen zukünftigen Fluchzustand beschreibt. Als Adressaten sind jeweils Battarus bzw. das Landgut, als dessen ausgezeichnete Vertreterin die *silva* betrachtet werden kann, diesen beiden Ebenen zuzuweisen.

(2) Innerhalb der *Dirae* sind mehrfach Tendenzen zu beobachten, die beiden narrativen Ebenen unter Beibehaltung ihrer Disjunktivität einander anzunähern: Zu nennen sind besonders die regelmäßigen Unterbrechungen der Fluchnarration durch die extradiegetischen *versus intercalares*, die dafür sorgen, dass beide Ebenen beständig nebeneinander präsent bleiben, sowie die als letztes untersuchten thematischen und strukturellen Parallelen, die darin bestehen, dass das intradiegetische *extremum carmen* (*Dirae* 97-103) die extradiegetische Struktur und Thematik des Gedichtganzen *en abyme* setzt: Die *Dirae*, Monument des Hasses gegen *Lycurgus* und die

praetores, bilden sich selbst in sich selbst, verklärt in ihr polares Gegenteil, als Liebeserklärung an *Lydia* ab und formen auch durch diese thematische Isomorphie[455] gleichsam eine »Kleinsche Flasche«.[456]

Doch die Interferenzen zwischen Extra- und Intradiegese gehen in den *Dirae* weit über thematische Ähnlichkeiten und ein strukturelles Dazwischenrufen hinaus. Dies sei zunächst erneut an einer *silva*-Strophe (B.4) der *Dirae* in Kenneys Textgestaltung demonstriert:

> †Ludimus† et multum nostris cantata libellis,
> optima silvarum, formosis densa virectis,
> †tondemus† virides umbras, nec laeta comantis
> iactabis mollis ramos inflantibus auris...

(*Dirae* 26-29)

Die Änderung des *ludimus* in das von Sillig und Putsch konjizierte *lusibus* ist bereits in der Textpräsentation zu Beginn dieser Arbeit vermerkt worden. Wenden wir uns hier der Lesart *tondemus* des Verses 28 zu, welche von den *Monacenses* und dem *Bembinus* geboten wird, welche also schlechteren Handschriften vorzuziehen ist und die Kenney folglich (allerdings mit *cruces*) in seinen Text aufgenommen hat. Diese Überlieferung hat zu ausgiebiger konjekturaler Tätigkeit Anlass gegeben. Der prominenteste Verbesserungsvorschlag ist ein *tondebis* als ein »du wirst dich scheren lassen«, welches u.a. von van der Graaf[457] und Fraenkel[458] verteidigt worden ist. Diese Interpretation ist von Goodyear aus inhaltlichen Gründen mit Recht widerlegt worden; er schließt aporetisch: »I conclude that *tondebis* should not be placed in the text and further, since no other available conjecture is really cogent, that Mr Kenney's obeli are again wholly justified.«[459]

Ein Ausweg aus dieser Aporie, den diese Arbeit gehen wird, besteht darin, noch einmal zu überdenken, ob das von den Handschriften Gebotene nicht doch gehalten werden kann. Andeutungen dessen, dass das gut überlieferte *tondemus* tatsächlich einen (sogar sehr guten) Sinn ergeben kann,

---

455 Zu einer solchen Isomorphie zwischen intra- und metadiegetischer Ebene als »rein thematische Funktion« vgl. Genette, *Erzählung*, S. 166/167 und 254/255.

456 D.h. eine Flasche, deren nach unten gekrümmter Hals in eben jene Flasche mündet, deren oberster Teil er ist.

457 van der Graaf, S. 21: »Gronivius' conjecture *tondebis* is accepted by Vollmer, Rat and others. In that case the explanation is: you will shave off your boughs, i.e. when one of your trees will be cut down, many boughs of the still remaining trees will be shaved off (ripped off) by its downfall.« – Die Komplexität eines solchen Ablaufs von Ereignissen, zusammendestilliert in nur einem Wort (*tondebis*), überraschte indessen sehr.

458 Fraenkel, *Dirae*, S. 146: »The *tondemus* of the manuscripts has long ago been emended. Some copyist, finding *tondebis* in a sentence that began with *ludimus et*[!], though he knew better and changed the person. He may be forgiven, for *tondebis*, said of the wood, might well have bewildered him.«

459 Goodyear, S. 40/41.

geben van der Graaf und Goodyear schon selbst. Der erstere geht recht schnell über die Handschriften hinweg, indem er lakonisch anmerkt: »The tradition reads *tondemus* which is maintained by Reitzenstein [...], *as if the poet and his companion themselves would violate the wood.*«[460] Doch, wie alle obigen Ausführungen zu den Flüchen der *Dirae* als Sprechakten und ihren perlokutionären Implikationen hoffentlich gezeigt haben, ist es genau diese von van der Graaf nicht ohne Ironie beschriebene Vorstellung, die dieses Gedicht beherrscht und ihm sein eigenes (auch narratologisches) Gepräge verleiht: Für den Sprecher der *Dirae* haben seine Worte diese Macht, indem sie *efficiunt, quod figurant*, und der Sprechakt des Fluchens kommt für ihn in der Tat einem Angriff auf die *silva* gleich – daher, wie ausgeführt, die Indikative des Futurs, daher die beschriebene Ausgestaltung der Liebeserklärung an *Lydia* im *extremum carmen* des Gedichtes. Goodyear beschreibt dasselbe Phänomen, auch wenn er es nicht in Vers 28 wirken sieht: »[O]ur poet may quite properly choose to speak of his curses as already having taken effect«.[461]

In dieser Interpretation ist unbedingt Reitzenstein beizupflichten,[462] gegen dessen Ausführungen sich van der Graaf (und schon Ribbeck[463]) gerade absetzte:

Und ferner: was soll *militis impia c u m succedet dextera ferro formosaeque cadent umbrae, formosior illis ipsa cades* eigentlich heissen? Wenn irgendwo, so ist, glaube ich, hier klar, dass verschiedene Momente e i n e r Handlung geschildert werden sollen: *militis impia t u m succedet dextera ferro formosaeque cadent umbrae e.q.s.* Das passt freilich nicht zu den Änderungen, die man an der Überlieferung des Verses 28 gewöhnlich vornimmt, indem man für *tondemus* Futurformen wie n o n d u c e s

---

460 van der Graaf *ad loc.*, meine Kursive.
461 Goodyear, S. 42, wo er in Anm. 1 als Erklärung vorschlägt: »This may indeed be a manner of speaking borrowed from magic formulae.«
462 Dies gilt indessen *nicht* für seine Konjektur *tum* für *cum* in *Dirae* 31.
463 Vgl. Ribbeck, S. 563, dessen aufschlussreiche Polemik sich wiederzugeben lohnt: »Die Neueren freilich, die *tondemus* (oder gar *tundemus!*) durch Verseinschaltung oder mit der sonderbaren Vorstellung retten wollen, dass der Dichter selbst das Laub abstreife und damit dem Beil des Soldaten vorarbeite, wissen sich in der Construction nicht zurecht zu finden. Dass Gefälltwerden und Verlust des Laubes zusammenfällt, geht ja hervor aus der Wiederholung V. 32 ›*formosaeque cadent umbrae*‹, woran sich naturgemäss schliesst ›*formosior illis ipsa c a d e s*‹, wie die Handschriften haben, nicht *cadet*. Denn in der dritten Person wird erst im folgenden (35) vom Walde gesprochen, wo das himmlische Feuer auf ihn herabgerufen wird. Wie Einer [*sc.* Reitzenstein, S. 36] das ›lächerlich‹ finden kann, versteh' ich so wenig als die angebliche Besserung: ›abstreife ich also jetzt dein Laub‹ (*tondemus*: nämlich durch meinen Fluch, aber wo denn?); ›dann freilich (*tum*) wird der Soldat dich niederschlagen‹: nun? und weiter? ›*formosaeque cadent umbrae*‹. Also das schon abgestreifte Laub soll noch einmal fallen? Nein, sondern ›natürlich‹, um das Lieblingswort (auf einer Seite dreimal!) dieses Neueren zu brauchen, bedeutet ›*umbrae*‹ nun auf einmal Aeste, und zwar entlaubte, was beileibe nicht lächerlich ist.« – Ich verzichte meinerseits auf Polemik und die Mühe, Ribbeck, mich wiederholend, in seinen Details zu widerlegen.

oder *f u n d e s   n o n* oder dergl. einsetzt oder wie Rothstein [(1888) 516/517] an Tanzkränzchen im Walde, der noch dazu *formosis densa virectis* ist, denkt und nach den schlechteren Handschriften *tundemus* schreibt [...]. Dem Sinn der vorhergehenden Strophen entspricht allein: ›du mein geliebter Wald, dein grünend Laub habe ich verflucht‹ oder ›dein grünend Laub tilg' ich durch meinen Fluch‹ oder ›abstreife ich dein Laub‹. Nicht ein neuer Fluch, eine schmerzliche Reflexion über den früheren, über das, was jetzt geschieht, beginnt; und gerade dies besagt das überlieferte *tondemus*.[464]

Das Zitierte wirkt wie eine Paraphrase des Austinschen Sprechaktes *avant la lettre*. Denselben Weg beschreitet auch Salvatore, der *tondemus virides umbras* mit »le tue verdi ombre recidiamo« übersetzt und – wenn auch, ohne hierauf näher einzugehen – mit Arnaldi auf Parallelen in den Eklogen Vergils verweist,[465] die denjenigen nahe stehen, von denen oben als von deutlichen Beispielen für narrative Metalepsen gehandelt wurde.

Was meint dies – narratologisch präzise – für das überlieferte *tondemus* der *Dirae*, das hier mit Reitzenstein gehalten werden soll? – In seinen Äußerungen, die oben auf der extradiegetischen Ebene angesiedelt worden sind und sich vor allem im Prolog und den *versus intercalares* finden, kündigt der Sprecher dieses Gedichtes seine Flüche an, *spricht über* diese. Die intradiegetische Ebene schildert in einer prädiktiven Erzählung die Folgen der Flüche, während der Sprecher diese selbst *spricht*. Der (kanonische) Übergang von einer narrativen Ebene zur nächsten erfolgt dadurch, *dass* etwas erzählt wird, also nur durch den Akt der Narration. Nun ist dieses *tondemus* innerhalb der Intradiegese dadurch ein extradiegetisches Einsprengsel, dass es eben den Fluch- d.h. Narrations*akt* bezeichnet: »Indem ich jetzt fluche, mähe ich ab.« Das Objekt dieses Verbs ist jedoch jene *silva* des zukünftigen (vgl. *nec ... iactabis*, vv. 28/29) Fluchzustandes, von dem nur intradiegetisch erzählt wird: Der singende bzw. dichtende Erzähler greift direkt in seine Diegese ein, eine Metalepse entsteht. Dies geschieht in Analogie z.B. zu dem vergilischen Silen, der *ecl.* 6, 62/63 nicht davon sang, wie Phaëthons Schwestern von Moos umgeben wurden: Er tat dies selbst und ließ sie selbst dem Boden als Erlen entwachsen. Diesem Phänomen des *poeta creator* hat Godo Lieberg eine Monographie gewidmet, allerdings ohne mit narratologischem Interesse seine äußerst brauchbare Sammlung von Metalepsen, die aus einer narrativen Ebene heraus in die nächsthöhere eingreifen, mit diesem Genetteschen Namen zu bezeichnen. Immerhin verweisen Salvatore et al. in ihrem *apparatus criticus* zum Vers *Dirae* 28

---

[464] Reitzenstein, S. 36/37.
[465] Salvatore, S. 63, Anm. 16. Unzureichend die Begründung ebd., S. 148: »l'espressione *tondemus ... umbras*, poeticamente ardita [...], si chiarisce alla luce di Catull., 64, 41: *non falx attenuat frondatorum arboris umbram*.« – Auch die von Salvatore, S. 63, Anm. 16 selbst verglichene Stelle Verg. *ecl.* 1, 52: *et fontis sacros frigus captabis opacum* trägt zur Illustration des *Dirae*-Verses nur wenig bei.

auf die »Parallelstellen« *ecl.* 6, 61-63 und 9, 19/20 und behalten das überlieferte *tondemus* bei.

Dieses metaleptische *tondemus* bricht in einem signifikanten Punkt aus Genettes narratologischem System aus und stößt so auf paradigmatische Weise eine Tür zum Verständnis des gesamten Gedichtes auf. Um dies zu demonstrieren, sei noch einmal an Genettes Definition der Metalepse (diesmal aus dem *Nouveau Discours du Récit*) erinnert:

[...] jene bewusste Überschreitung der Schachtelungsschwelle, die wir Metalepse nennen: Wenn ein Autor (oder sein Leser) in die fiktive Handlung seiner Erzählung *eingreift* (in sie hineingezogen wird) oder eine Figur dieser Fiktion sich in die extradiegetische Existenz des Autors oder Lesers einmischt, wird die Unterscheidung der Ebenen durch solche Übergriffe zu einer verwirrenden Angelegenheit. Diese Verwirrung ist so stark, dass sie weit mehr beinhaltet als eine bloße technische ›Zweideutigkeit‹: Man begegnet ihr nur auf dem Gebiet des Humors (Sterne, Diderot) oder des Phantastischen (Cortazar, Bioy Casares) oder in einer Mischung von beidem (Borges natürlich) – oder aber sie wird geradezu zum *Sinnbild der schöpferischen Einbildungskraft*.[466]

Die Relevanz der Metalepse für die antike Literatur als »Sinnbild der schöpferischen Einbildungskraft« hat Lieberg hinreichend demonstriert.

Die Beispiele indessen, die Genette für Metalepsen benennt, entsprechen (gemäß obiger Definition) tatsächlich einem punktuellen Eingreifen eines Elementes der einen narrativen Ebene in eine andere: Dies entspricht u.a. dem zweiversigen Hineingreifen des Silens in seine Erzählung der sechsten Ekloge; und auch wenn Woody Allen[467] sich von einem Zauberer in die Handlung von *Madame Bovary* versetzen lässt, so betritt er doch eine Diegese, die zunächst ontisch – d.h. in ihrem kategorial verstandenen fiktionalen Grad – unabhängig von ihm existiert. Dies gälte auch, wenn er selbst der Autor dieser Erzählung wäre. Die Möglichkeiten, auf die Ereignisse der erzählten Geschichte Einfluss zu nehmen, sind zweierlei: Die kanonische Weise, kausal auf eine Geschichte einzuwirken, ist, *von ihr* zu erzählen, d.h. der Akt der Narration. Dies tut der *Dirae*-Sprecher nicht nur, indem er den zukünftigen Fluchzustand evoziert, er zeigt sich dieses Aktes auch bewusst, wie die beschriebenen deiktisch verstärkten Denotationen des eigenen *carmen* offenbart haben. Die zweite Möglichkeit besteht eben in der Metalepse, welche jene »heilige Grenze zwischen zwei Welten« überschreitet und zwar direkt in eine Erzählung eingreift, sich damit jedoch innerhalb dieser Geschichte befindet und sich zunächst an die Gesetze derselben halten muss: Dies beschreibt den Effekt des präsentischen *tondemus*, welche bei einer Rückbindung an die Gegenwart direkt in das zukünftige Universum des Fluchinfernos eingreift.

---

466 Genette, *Erzählung*, S. 251/252, meine Hervorhebungen.
467 Vgl. Genette, *Erzählung*, S. 252, Anm. 4.

Doch hier ist erneut an das Spezifische des Fluchens als Sprechakt zu erinnern: »Fluchen« ist nicht einfach eine »konstative Äußerung«,[468] deren Wahrheitsgehalt dadurch bestimmt wird, wie genau sie eine gegebene Wirklichkeit abschildert.[469] Vielmehr kommt jener illokutionäre Aspekt hinzu – mit der Frage: »Was *tue* ich, indem ich spreche?«.[470] Genau dies drückt das *tondemus* der *Dirae* aus. Es beschreibt wie das Noch-Ausstehende der optativen Konjunktive die illokutionären Bestandteile[471] des Sprechaktes des »Fluchens«: In einer »schmerzliche[n] Reflexion [...] über das, was jetzt *geschieht*«,[472] also selbstreferentiell, bezeichnet der Sprecher gegenüber seiner *silva* dasjenige, was er gerade *tut*, indem er seine *carmina* wiederholt, deren Gesamtheit hier tatsächlich im etymologischen Sinne auch als *carmen magicum* (*devotum*)[473] bezeichnet werden dürfen. An die Stelle des Wahrheitsgehaltes einer konstativen Äußerung tritt mit dem perlokutionären Akt der Erfolg des performativ verstandenen Sprechaktes, gemessen daran, ob es gelingt, gemäß der Illokution die Wirklichkeit zu verändern. Dass dieser Erfolg, d.h. die Perlokutionen tatsächlich eintreten werden, wird bereits durch den Indikativ des *tondemus* impliziert und erhellt vollends in den prophetischen Futurformen der *Dirae*. Man kann diese Aspekte des »Rohmaterials« (Lokution) des Gedichtes wie folgt illustrieren:

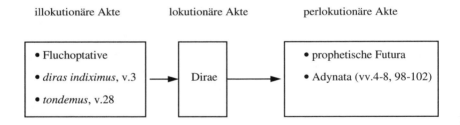

Die Differenz zu den von Genette beschriebenen Einflussnahmen der einen narrativen Ebene auf die nächsthöhere besteht hier also darin, dass die

---

468 Zu der Unterscheidung von konstativen und performativen Äußerungen vgl. Austin, S. 164/165.
469 Die »Dimension der Entsprechung zu den Tatsachen« (Austin, S. 164), vgl. den *veritas*-Begriff bei Thomas von Aquin als *adaequatio intellectus et rei*.
470 Die Frage, »welche *Handlung* man mit der Äußerung unter welchen Umständen vollzogen hat« (Austin, S. 164, meine Kursive).
471 Vgl. Reitzenstein, S. 37: »dass verschiedene Momente *einer* Handlung geschildert werden sollen«.
472 Ebd., meine Kursive.
473 Hoffmann, S. 331.

extradiegetische Ebene der *Dirae* das von ihr beschriebene Intradiegetische in seiner Gänze *als Wirkursache* selbst erst entstehen lässt: Odysseus hat keine Möglichkeit, auf die Ereignisse in seinen Apologen Einfluss zu nehmen – er kann sie nur auf die eine oder andere Weise in der einen oder anderen Version als (für wen?) fiktive oder nicht fiktive *erzählen*; dies impliziert jedoch einen anderen ontischen Status auf der Skala des Fiktionalen.

Es läge nun nahe, die Rahmenhandlung der *Dirae* selbst als eine einzige Geschichte aufzufassen, welche *qua* externer Prolepse[474] einen Ausblick auf Ereignisse bietet, die nicht nur in einem Kausalnexus mit den Fluchankündigungen, den Anreden an Battarus und den Ereignissen des Epilogs stehen, sondern auch auf ein und derselben narrativen Ebene wie jene liegen. Dies hieße jedoch, die Signale zu verkennen, die das Gedicht selbst gibt: Repetitionen und Deixis der expliziten Einleitungen von Liedern in Prolog und den *versus intercalares* lassen deutlich eine Struktur von kategorial geschiedenen narrativen Ebenen erkennen, wie sie oben in Anlehnung an Genette herausgearbeitet wurden. Es *gibt* also in diesem Gedicht jene »heilige Grenze«, auch wenn alles, was evoziert – d.h. erzählt – wird, seine Ursache eben in den Sprechakten der Flüche hat und die Elemente der Intradiegese kausal in denen der Extradiegese verwurzelt sind. Man kommt also nicht umhin, die gesamte Intradiegese der *Dirae* als Metalepse *sui generis* zu betrachten, indem diese von Ereignissen berichtet, die sie als Narration (Genette) oder Sprechakt (Austin) selbst erst hervorbringt und hervorbringen wird.

Folglich greift – um bei dem Beispiel zu bleiben – der Silen der sechsten Ekloge nur *punktuell* (vgl. die Abfolge der Prädikate: extradiegetisches *canit*, Metalepsen *circumdat* und *erigit*, schließlich wieder extradiegetisches *canit*) in eine Diegese ein, deren mythisch-literarische Ereignisse *prima facie*[475] in keinerlei kausalem Zusammenhang mit ihm und »seiner« Welt stehen:

> Tum *canit* Hesperidum miratam mala puellam;
> tum Phaëthontiadas musco *circumdat* amarae
> corticis atque solo proceras *erigit* alnos.
> Tum *canit*, errantem Permessi ad flumina Gallum
> Aonas in montis *ut duxerit* una sororum ...

---

474 Vgl. Genette, *Erzählung*, S. 46-48.
475 Das Fluchinferno findet statt, *weil* (Wirkursache, nicht Erkenntnisgrund) die Flüche des Enteigneten wirksam sein werden: Die Metalepse Vergils *impliziert* zwar (das ist das Überraschende an ihr), dass die vom Dichter geschilderten Gegenstände ebenfalls nur deswegen zustande kommen, *weil* er die schildert; die entscheidende Differenz ist jedoch, dass dies in den Eklogen nur qua Metalepse geschieht, die Kausalität in den *Dirae* hingegen kann auch auf ein und derselben Realitätsebene (also auf derselben Fiktionalitäts- bzw. ontischen Ebene, aber nicht: »narrativen Ebene«!) angesiedelt werden.

(Verg. ecl. 6, 61-65),

was wie folgt skizziert werden kann:[476]

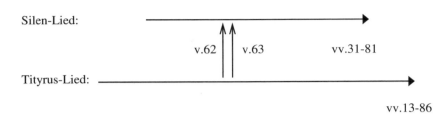

Die *Dirae* dringen hingegen (1) mit ihrer punktuellen Metalepse *tondemus* in eine Erzählung ein, deren intradiegetische Ereignisse (2) kausal als perlokutionäre Sprechakte der Extradiegese entwachsen:

Zusammenfassend kann man also sagen, dass sich die *Dirae* narratologisch derart charakterisieren lassen, dass in diesem Gedicht die von der intradiegetischen Ebene deutlich abgesetzte extradiegetische Ebene erstere auf drei Arten beeinflusst:

1) In rein räumlich-struktureller Hinsicht (welche die logisch-kategoriale Disjunktheit der narrativen Ebenen unangetastet lässt) durch die *versus intercalares*, die den Fluss der Diegese »dazwischenrufend« immer wieder unterbrechen, dadurch die Situation der Rahmenhandlung (Extradiegese) ständig präsent halten und das von der Exposition des *Dirae*-Prologs präsentierte extradiegetische *Battarus*-Motiv in der gesamten Durchführung des Mittelteils widerhallen lassen, bevor beide Ebenen in das Extradiegetische des Epilogs münden.

2) Unmittelbar, indem die (punktuelle) Metalepse *tondemus* der Handschriften den Sprecher der *Dirae* die sonst als zukünftige evozierten Ereignisse um die geliebte[478]

---

476 Zur narrativen Struktur der gesamten sechsten Ekloge s.o., S. 95-100.
477 Ich verzichte der Übersichtlichkeit halber auf eine genaue graphische Darstellung der extradiegetischen *versus intercalares*: Die Unterbrechung der intradiegetischen Ebene durch sie sei durch die Strichelung angedeutet.

und verfluchte *silva* präsentisch-direkt beeinflussen lässt; hierin drückt sich ein Bewusstsein vom Fluchen als eines Sprechakts *avant la lettre* aus, indem das in den *versus intercalares* immer wieder denotierte Äußern der *carmina* durch dieses Prädikat mit einem tatsächlich erfolgreichen[479] Handeln gleichgesetzt wird.

3) Mittelbar, denn es gibt eine von den *Dirae* implizierte, die extradiegetischen und intradiegetischen Ereignisse verbindende Brücke,[480] die durch den »langen Arm« der Flüche konstituiert wird: Diese ist der Sprech*akt* des Fluchens, an dessen Gelingen der Sprecher fest[481] glaubt und der aus der extradiegetischen, illokutionären Gegenwart die intradiegetische, perlokutionäre Zukunft kausal hervorbringen wird.

Es stellt sich nun die Frage, welche Schlüsse sich aus diesem narratologischen Befund für die Interpretation der *Dirae* als eines Ganzen ziehen lassen.

Dieses Gedicht führt in seinem Gebrauch von Metalepsen ein Phänomen fort, welches oben innerhalb der *Bucolica* Vergils, besonders in der fünften, sechsten und zehnten Ekloge untersucht worden ist: Also auch in dieser Hinsicht, die E. A. Schmidt unter dem Charakteristikum des Rollenwechsels subsumiert, prägt das Bukolische die *Dirae* nicht nur strukturell (vgl. die Abfolge πρόλογος - ῥῆσις - κῶμος[482]), sondern auch logisch-kategorial, d.h. narrativ; der Sprechakt des Fluchens verbürgt nämlich, was in den Eklogen an verschiedenen Stellen als Ausdruck eines *poeta creator* angedeutet ist. Die in die *Dirae* eingebundene Diegese, deren Beziehungstyp zum Umgebenden Genette »prädiktiv« nannte, stellt dank der perlokutionären Kraft, die für das Gedicht eine Tatsache ist, eine Mimesis derjenigen zukünftigen Ereignisse dar, die erst aus der Extradiegese resultieren werden. In Umkehrung des narrativ häufigeren *C'est pourquoi*, das in einer Metadiegese einen Grund für Vorkommnisse in der Intradiegese nachliefert (vgl. die Apologe der Odyssee), betonen die *Dirae* mit den Mitteln der Dichtung (eben der Mimesis), welche Auswirkungen das Äußern der Flüche als eine etymologisch verstandene ποίησις haben könne und *werde*.

Das Wort als Waffe II
Die narrative Grundstruktur der *Dirae*, verstärkt durch die Intensität, die sowohl eine direkte Metalepse als auch die rhetorischen (und »rhetorischen«) Mittel wie die Adynata evozieren, ist also vor allem auf *ein* Ziel hin ausgerichtet: Die Aufmerksamkeit wird gänzlich auf den Akt des Fluchens,

---

478 Die besondere Emotion, die in der zärtlichen Anrede an die *silva* zum Ausdruck kommt, mag auch den Anstoß zu dem ebenso besonderen Phänomen dieser (unmittelbaren) Metalepse gegeben haben: Der Kontrast zwischen einem liebevollen *optima silvarum* (v. 27) und dem *tondemus* des nächsten(!) Verses könnte nicht größer sein.
479 D.h. bezogen auf die perlokutionären Implikationen der Lokution »Fluchen«.
480 Im obiger Skizze durch die rechts befindliche Krümmung wiedergegeben.
481 Anders Hoffmann, S. 335/336.
482 S.o. S. 104/106.

der hier jedoch mit dem Akt des (bukolischen) Singens, d.h. Dichtens zusammenfällt, und seine perlokutionäre Komponente gelenkt. Hierbei soll die Faktizität des *carmen* diejenige des Nachgeahmten bzw. Erzählten sichern. Der Dichter zeigt, was seine Dichtung anzurichten vermag, denn Metalepsen bzw. die Schmidtsche »Variation der Sängerrolle« legen nahe, dass das in den *Dirae* Geschilderte für Dichtung im Allgemeinen gilt. Doch diese Kraft, die hier rein destruktiv genutzt wird, stellt einen Reflex auf ein äußeres, in externer Analepse (*Dirae* 81-85) geschildertes Ereignis dar. Das poetologische Stück, welches die *Dirae* also narrativ inszenieren, ist ein uraltes und eher als Droh- denn als Fluchdichtung zu charakterisieren: Die *poetische Reaktion eines provozierten Dichters*, der hier gemäß der bukolischen Selbstsituierung der *Dirae*, die sich auf der Folie der *Bucolica* bewegen, ein singender Hirte ist.

Die perlokutionäre Macht des Dichtens muss für eine solche gedichtete Reaktion als eine notwendige Bedingung gelten, denn sonst verlöre z.B. die oben bereits angeführte Drohung des *Ibis*-Sprechers im Moment ihrer Äußerung jede Spitze:

> Postmodo, si perges, in te mihi liber iambus
> tincta Lycambeo sanguine tela dabit.

(Ovid *Ibis* 51/52)

Die Kriegsmetaphorik dieser Passage ist ebenfalls schon besprochen worden (S.133), und sie ist es auch, die hier das Bild vom dichterischen Wort als Waffe liefert. Ovid nimmt es innerhalb seines *Ibis*-Katalogs noch einmal auf:

> Utque repertori *nocuit pugnacis iambi*
> sic sit in exitium lingua proterva tuum.
> utque parum stabili qui *carmine laesit*[483] Athenin[484]
> invisus pereas deficiente cibo.

(*Ibis* 519-522)

In den beiden Distichen, die jeweils Archilochos bzw. Hipponax gewidmet sind,[485] unterstreicht Ovid mit seinen Bildern aus dem Bereich der Waffen die illokutionären (*iambus pugnax* – man handelt also mit ihm, sei es auch

---

[483] Zum Dichtungs»krieg« des Hipponax vgl. auch den ersten Iambos des Kallimachos, *fr.* 191, 1-4 Pfeiffer: Ἀκούσαθ' Ἱππώνακτος· οὐ γὰρ ἀλλ' ἥκω / ἐκ τῶν ὅκου βοῦν κολλύβου πιπρήσκουσιν, / φέρων ἴαμβον οὐ μάχην ἀείδοντα / τὴν Βουπάλειον.

[484] Zu dieser Konjektur vgl. Degani, S. 12. Die Brüder Βούπαλος und Ἄθηνις »von Chios hatten den Dichter karikiert, worauf er sie mit seinen Versen so beschimpfte, dass sie sich erhängten (Hor. Epod. 6, 14)« (Häuptli *ad loc.*); vgl. die *testimonia* 1-11 bei Gerber, S. 342-351.

[485] Vgl. hierzu Rosen, Ralph M.: Hipponax and his enemies in Ovid's *Ibis*, in: *CQ* 38 (1988), S. 291-296.

zum Nachteil des Handelnden: *nocuit*) und perlokutionären (*carmine laesit*) Anteile der (Hink[486]-)Jamben.

Dasselbe sagt die von Ovid »*noch* nicht« benutzte Jambik auch von sich selbst, sei es auf römischem Boden aus dem Munde Catulls: *at non effugies meos iambos*,[487] der in diesem futurischen(!) Syntagma mit den dynamischen *iambi* den perlokutionären Akt des *iambus* in poetische Form gegossen und dadurch gleichsam festgehalten hat,[488] – sei es aus dem Munde des griechischen Archegeten dieses Genres, etwa wenn Archilochos einer angesprochenen Person verdeutlicht, was für einen Fehler diese gemacht habe, indem sie den Dichter provozierte: »τέττιγος ἐδράξω πτεροῦ«[489] – »Du hast eine Zikade am Flügel gepackt«. Lukian[490] erklärt dieses Fragment: Das *tertium comparationis* ist darin zu sehen, dass Tier wie Jambiker, beide schon von Natur aus geschwätzig, um so lauter schreien, fügt man ihnen Unrecht zu. Bereits hier in der griechischen Archaik also thematisiert Archilochos in meta-poetischer Reflexion seine Einstellung zu Schmäh- und Fluchrede; als Chiffre dient ihm hierbei jenes zirpende Insekt, dessen sich auch Platon,[491] Theokrit[492] und Kallimachos[493] zur Bezeichnung des anmutigen Dichtens bedienen werden. An dieser Stelle inszeniert sich der perlokutionäre Akt einer dichterischen Racheandrohung gleich zweimal – und zwar in der Rezeption der Archilochos-Dichtung. Zunächst im Text Lukians selbst, indem dieser dem ψευδολογιστής droht, welcher in seiner βδελυρία sogar die Gegner der drei kanonischen Jambiker in den Schatten stellt:

ταῦτά σοι καὶ αὐτὸς ἀπειλῶ, οὐ μὰ τὸν Δία τῷ Ἀρχιλόχῳ εἰκάζων ἐμαυτόν - πόθεν; πολλοῦ γε καὶ δέω - σοὶ δὲ μυρία συνειδὼς ἰάμβων ἄξια βεβιωμένα, πρὸς ἅ μοι δοκεῖ οὐδ᾽ ἂν ὁ Ἀρχίλοχος αὐτὸς διαρκέσαι, προσπαρακαλέσας καὶ τὸν Σιμωνίδην καὶ τὸν Ἱππώνακτα συμποιεῖν μετ᾽ αὐτοῦ κἂν ἕν τι τῶν προσόντων σοι κακῶν, οὕτω σύ γε παῖδας ἐπέφηνας ἐν ἁπάσῃ βδελυρίᾳ τὸν †Ὀροδοκίδην†[494] καὶ τὸν Λυκάμβην καὶ τὸν Βούπαλον, τοὺς ἐκείνων ἰάμβους.

(Lukian *Pseudologista* 2)

---

486 Vgl. *parum stabili* (v. 521) und Häuptli (1996) *ad loc.*
487 *fr.* 3 Blänsdorf; vgl. Catull 40, 1/2: *Quaenam te mala mens, miselle Ravide, / agit praecipitem in meos iambos?*
488 Vgl. Hor. *epod.* 6, 11-14: *Cave, cave, namque in malos asperrimus / parata tollo cornua, / qualis Lycambae spretus infido gener / aut acer hostis Bupalo.* – Hier betont das Heben der Hörner jedoch eher den *illokutionären* Akt des jambischen Dichtens.
489 *fr.* 223 West. Zu dem umstrittenen Wortlaut dieses Fragments vgl. Bossi, F.: Studi su Archiloco, Bari ²1990, S. 226-234.
490 *Pseudologista* 1.
491 *Phaidros* 259.
492 *Idyll* 1, 148.
493 *fr.* 1, 29 Pfeiffer.
494 Die *cruces* sind nach Degani, S. 7 zu setzen.

Das Überraschende besteht nun darin, dass Lukian in einer kühnen[495] Metonymie die Opfer der Verse selbst als ἴαμβοι bezeichnet und auf diese Weise mit den im Fall des Erfolges betroffenen Zielen des Sprechaktes »ἰαμβίζειν« auch dessen Perlokutionen nachdrücklich hervorhebt. Freilich könnte dies als rein rhetorische Trope abgetan werden, als Bild, das das Perlokutionäre nur impliziert. Doch das Bild von der Wirksamkeit der ποίησις hört auf, Bild zu sein, und wird zur Metalepse, die für die innerliterarische Realität keine *façon de parler* mehr ist, wie aus dem anderen Beispiel, der Archilochos[496]-Rezeption erhellt.

Oben (S. 118) wurden zwei mögliche Typen einer Metalepse unterschieden: Diejenige, die von einer einbettenden narrativen Ebene in eine höher anzusiedelnde Diegese hineingreift (z.B. *tondemus*, *Dirae* 28), und diejenige die aus einer eingebetteten Erzählung Einfluss auf ihre eigene narrative Instanz und deren »Welt« nimmt. Betrachtete man die diachrone Kommunikation zwischen verschiedenen Texten wiederum als eine besondere Art von (narrativem) Text, dann wäre auf eine dämonische[497] Art und Weise eben eine solche hinausgreifende Metalepse in der Archilochos-Rezeption[498] zu beobachten: Gemeint ist hier die von der Antike ausgesponnene Geschichte von Lykambes und seinen Töchtern:[499]

Lycambes habuit filiam Neobulen. hanc cum Archilochus in matrimonium postulasset, promissa nec data est a patre. hinc iratus Archilochus in eum maledicum carmen scripsit; quo tanto est dolore compulsus, ut cum filia vitam laqueo finiret. – Lycambes filiam suam promisit Archilocho daturam uxorem, quod postea denegavit. qua de causa iratus Archilochus carmina scripsit in Lycamben et eius filias, ita ut ex dolore carminum eius filiae laqueo vitam finirent.

(Pseudo-Acro zu Hor. *epod.* 6, 11-14 [= I, 404 Keller])

Lycambes Neobulen, filiam suam, Archilocho desponsavit et dotem promisit; quam quia postea negavit, Archilochus in iambico metro invectivam in ipsum fecit et tam turpia de eo dixit, quod ipsum et uxorem et filiam ad laqueos coegit: maluerunt enim mori quam sub turpibus obprobriis vivere.

(Schol. C zu Ovid Ibis 51/52 [= p. 10 La Penna])

---

495 Vgl. *LSJ, Supplement* 1996, *s.v.* »ἴαμβος«, II b 2, wo nur die Lukian-Stelle gegeben ist.
496 Dasselbe gilt auch für die Hipponax-Rezeption, nach welcher sich Bupalos und Athenis erhängt hätten, s.o. Anm. 484.
497 Vgl. das Beispiel Genettes, von dem oben (Anm. 193) berichtet wurde.
498 Das »κύψαντες« aus Archilochos *fr.* 45 West ist trotz Photios' »κύψαι· ἀντὶ τοῦ ἀπάγξασθαι« wohl doch eher erotisch (Fellatio) zu verstehen: vgl. das »κύβδα« in Archilochos *fr.* 42, 2 West, das »κύψασα« in Hipponax *fr.* 24 Degani (vgl. besonders die Stellensammlung bei Degani (1991) *ad loc.*) und die Figur der Κυψώ bei Hipponax *fr.* 127 Degani. Vgl. ferner Gerber, Douglas E.: Archilochus, *Fr.* 42 West, in: *QUCC* 22 (1976), S. 7-14 und Stoessl, Franz: Archilochos Fragment 45 W., in: *QUCC* n.s. 2 (1979), S. 157-159.
499 Man vgl. die *testimonia* 19-32 bei Gerber, S. 46-57, von denen hier die *test.* 26 und 29 ausgewählt wurden, da sie ohne *lacunae* und in Prosa die Geschichte konzis erzählen.

Diese Zeugnisse geben vor, von dem historischen (d.h. hier: extradiegetischen) Archilochos, von seinem fast-Schwiegervater Lykambes und dessen Töchtern zu sprechen. In dieser Beziehung geschieht hier – narratologisch betrachtet – tatsächlich, wovon Genette in seiner oben (S. 102) wiedergegebenen »Hypothese« spricht, »wonach das Extradiegetische vielleicht immer schon diegetisch ist und der Erzähler und seine narrativen Adressaten, d.h. Sie und ich, vielleicht auch noch zu irgendeiner Erzählung gehören«:[500] Texte wie die in der *Anthologia Palatina*[501] versammelten, des Horaz oder der Scholien machen aus der extradiegetischen narrativen[502] Instanz »Archilochos von Paros« und seinen extradiegetischen Adressaten (vor allem aus dem in *fr.* 172 West mit »πάτερ Λυκάμβα« angeredeten[503]) intradiegetische Figuren, *von* denen also erzählt wird. Auf diese Weise entsteht jene Metalepse, bei der ein intradiegetisches[504] Element die Ereignisse auf der extradiegetischen[505] Ebene immerhin soweit beeinflusst, dass sich zwei bis drei dort anzusiedelnde Figuren erhängen.

Doch selbst wenn man das Phänomen der Metalepse hier nicht in den Vordergrund setzen möchte, bleibt als *tertium comparationis*, das die Jambik und ihre Rezeption mit der narrativen Struktur der *Dirae* verbindet, und als Bedingung der Möglichkeit des jambischen Drohens sowie der besonderen Mimesis in den *Dirae* die Macht desjenigen Aktes, den Genette in seiner Kategorisierung als Narration bezeichnete und welcher als Sprechakt diejenigen Perlokutionen auslöst, die jeweils den Tod der Lykambesfamilie bzw. den Fluchzustand der *rura* bedeuten. Diese Kausalität ist indessen bereits bei Genette selbst schon beschrieben: In der Archilochos-Rezeption, in deren transtextuelles Gefüge man die Verse des Jambikers als einen Text unter anderen ebenfalls einbetten kann, erzählt die (nun intradiegetische) Narration der Jambendichtung *von* etwas Metadiegetischem (*Archilochus in iambico metro invectivam in ipsum fecit et tam turpia de eo dixit*). Die Genetteschen Funktionen der Einbettung einer Metadiegese sind oben (S. 111-113) bereits expliziert worden; im Falle der Archilochosverse läge nun deutlich eine persuasive Funktion vor, indem sie »einen Einfluss auf die

---

500 Genette, *Erzählung*, S. 169.
501 *testimonia* 20-23 bei Gerber, *Erzählung*, S. 48-51.
502 Ein narrativer Charakter der Gedichte des Archilochos wird z.B. in seinem αἶνος von Fuchs und Adler (*frr.* 172-181 West) deutlich.
503 Lykambes bildet den extradiegetischen Adressaten eben in derjenigen Epode, in der Archilochos intradiegetisch (vgl. »αἶνός τις ἀνθρώπων ὅδε, ὡς κτλ.«, *fr.* 174, 1/2 West) die in der vorangehenden Fußnote erwähnte Fabel erzählt.
504 Vgl. das *Archilochus in iambico metro invectivam in ipsum fecit et tam turpia de eo dixit* des soeben zitierten *Ibis*-Scholions.
505 In den Texten der Rezeption wird dann die »Nulllinie« nach unten verschoben: Aus Intrawird Metadiegese, aus Extra- wird Intradiegese.

diegetische Situation«⁵⁰⁶ haben und so den Tod des Lykambes bewirken, des Adressaten der Jamben. Die Dichtung ist also hier in dem Sinne erfolgreich, als eine der Perlokutionen ihrer Narration die Vernichtung des Feindes bewirkt. An dieser persuasiven Funktion haben auch die *Dirae* zumindest in der Logik ihrer Prophetie Anteil: Sie greifen »dramatisch« in die »diegetische Situation« ein, indem die in ihnen enthaltene Narration als (für den Sprecher) wirksame Flüche die extradiegetische Welt des Erzählenden so sehr auf den Kopf stellen werden, dass sogar Adynata möglich erscheinen.

Dass sich die *Dirae* also sowohl durch diese *persuasive* Funktion als auch besonders durch die *»prädiktive* Funktion einer metadiegetischen Prolepse, die nicht mehr auf die früheren Ursachen, sondern die späteren Folgen der diegetischen Situation hinweist«,⁵⁰⁷ charakterisieren lassen, kann schließlich als paradigmatisch für die Doppelnatur dieses Gedichtes gelten: In einer gewaltigen intradiegetischen Prolepse *erzählt* es prädiktiv von Ereignissen, die der Sprechakt ihrer Narration als Perlokutionen persuasiv erst *bewirken* werden. Auch in einem Vergleich mit anderer antiker Drohdichtung, deren tatsächlichen Erfolg im Falle des Archilochos die spätere Rezeption sogar explizit ausspinnt, offenbaren die *Dirae* eine solche *Performativität und Intentionalität*, wie sie als Ergebnis der obigen Analysen des Gedichtes unter den Kriterien der Narratologie und Sprechakttheorie herausgearbeitet ist.

Dieses »Gerichtetsein auf« ein Ziel/Opfer, das bei Catull dieser seiner Bestimmung nicht entkommen wird und in dessen Richtung auch die *Ibis* ihre *tela* abschießen wird, bestimmt das Ganze der *Dirae*: Wie die oben illustrierte Konzentration auf den performativen Akt ihrer Äußerung zeigt, wollen sie den Pfeil ihrer Flüche (Lokution) zielend abschießen (Illokution der Fluchoptative), und dieser wird seine Opfer treffen (Perlokution der μίμησις *futuri*). Die Intentionalität dieses Sprechens drückt die lateinische Syntax bezeichnenderweise auch örtlich aus, man vergleiche die Idiome aus den oben zitierten Scholien:

hinc iratus Archilochus *in eum* maledicum carmen scripsit...

qua de causa iratus Archilochus carmina scripsit *in Lycamben et eius filias*...

Archilochus in iambico metro invectivam *in ipsum* fecit...

Dasselbe drücken die *Dirae* programmatisch sogleich in ihrem Prolog aus:

---

506 Genette, *Erzählung*, S. 166. Die Sprechakttheorie leuchtet auch an dieser Stelle bei Genette auf, wenn er ebd. schreibt: »Die Erzählung [Lokution] Amrams bewirkt [Perlokution] (und bezweckt [Illokution]) unmittelbar, dass Jocabel folgsam wird, dies ist ein *exemplum* mit persuasiver Funktion.« (meine Ergänzungen in eckigen Klammern)

507 Genette, *Erzählung*, S. 255.

Divisas iterum sedes et rura canamus,
rura, *quibus* diras *in-diximus*, impia vota.

(*Dirae* 2/3)

In der Spannung zwischen dem auf die Zukunft ausgerichteten Adhortativ und dem resultativen Perfekt, die beide auf ihre Weise die Gegenwart mit einer anderen Zeit verbinden, steht die Selbstreferentialität des aktuellen *carmen*, die durch die Angabe des Gegenstandes (*divisae sedes et rura*) und die direkte Denotation des eigenen performativen Aktes (*diras indicere*) und dessen Qualifikation als eines »unheilvollen« illokutionären Aktes (*vovere*) geleistet wird. Umrahmt wird hierbei der Relativsatz, welcher emphatisch in Anadiplose die *rura*, die schon das (affizierte) direkte Objekt des *canamus* bildeten, wiederaufnimmt. Grammatisches Abbild der gedanklichen Intentionalität ist der finale Charakter, der sich in dem Präfix des *in-dicere* mit seinem Dativ ausdrückt: Den Pfeil, den die *Dirae* auf dieses Ziel, die *rura*, abschießen, stellen die *dirae* als effiziertes Akkusativobjekt dar.

Wohin genau fliegt dieser Pfeil? – Zunächst ist das Ziel natürlich (d.h. bei einer »naiven« *prima facie*-Lektüre) das Landgut als materielle Teilmenge der geliebten Landschaft, der verflucht wird. Aus dieser Sicht heißt *rura, quibus diras indiximus* schlicht: »Das Landgut, dem wir Flüche verkündet haben«, wobei diese »Flüche« sich auf ein inhaltlich nicht näher bestimmtes Verfluchen in der Vergangenheit (perfektiver Anteil des Perfekto-Präsens) beziehen. Die Folgen dieses Aktes, der dann im Folgenden mit den restlichen Versen der *Dirae* wiederholt wird, schildert die intradiegetische Ebene des Gedichtes.

Doch spätestens die narratologischen Überlegungen dieses Abschnittes haben zwei Ebenen freigelegt, von denen die extradiegetische sich in der Substanz des Textes vor allem dadurch zu erkennen gibt, dass sie in selbstreferentieller Weise immer wieder deiktisch auf die *carmina*, den eigenen Gesang als einen Text Bezug nehmen. So verstanden kann *rura, quibus Diras indiximus* bedeuten: »die *rura*, die wir soeben mit den *Dirae* verfluchen«, wobei sich diese Aussage auf den gegenwärtigen (präsentischer Anteil des Perfekto-Präsens) narrativen Akt bezieht, also die *Dirae* als ein Ganzes denotieren – und zwar als das Ganze eines *Textes*: Die extradiegetische Instanz »flicht« dieses Gedicht bewusst aus verschiedenen *carmina*, die jeweils durch die einteilenden *versus intercalares* und ihrer Deixis als separat bezeichnet werden: »rursus et *hoc* iterum repetamus, Battare, carmen...« – Diese Ebene spricht *über* Texte, und es soll noch gezeigt werden, dass sie auch bewusst und explizit *mit* Texten spricht – und zwar auf mehreren Wegen, die den verschiedenen Arten der Genetteschen »Transtextualität« zugeordnet werden können, wie sie unten in Abschnitt 3.1 definiert sind.

Es versteht sich von selbst, dass im Kontext der vorliegenden Analysen vor allem die Kategorie der *Gattung* im Vordergrund steht und stehen wird. Inwiefern diese eine Antwort auf die Frage, wohin der »Pfeil« der *Dirae* auf einer zweiten, höheren Ebene dieses Gedichtes zielt, gibt, wird alsbald gezeigt werden, wenn die hierfür notwendige Untersuchung der Gattungsbezogenheit der *Dirae* selbst, d.h. ihrer »Bukolizität« mit Schmidts fünftem und letztem »grundlegenden Charakteristikum«, das hier ein Brücke in den 3. Teil dieser Arbeit schlagen soll, abgeschlossen sein wird. Denn dann kann mit der Behandlung der »poetischen Reflexion«, die Schmidt als das eigentliche Wesen der vergilischen Bukolik angibt, die soeben beschriebene mannigfaltige Selbstreferentialität der *Dirae* ihren methodologisch geeignetsten Platz finden.

2.2.5 Kallimacheisches Stilideal[508]

Schmidt kennzeichnet den »Stil bukolischer Dichtung«[509] als geprägt von den kallimacheisch-neoterischen Maximen von *ludus* (παίγνιον) und *tenue* (λεπτόν, λεπταλέον); letzteres sei von rhetorischen Kategorien wie der des »ἰσχνόν« fernzuhalten und bezeichne vielmehr den Gegensatz zu einem literaturkritisch gebrauchten *pingue* (παχύ). Beide zuerst genannten Begriffe fallen an prominenten Stellen der vergilischen Dichtung. Über das *lusi* der *Georgica*-σφραγίς ist schon gesprochen worden (S. 82); hinzu kommt in den *Bucolica*, dass das nämliche Verb sich zweimal jeweils in enger Verbindung mit dem Adjektiv *tenuis* findet: In der ersten (*tenui*, v. 2; *ludere*, v. 10) und sechsten Ekloge (*ludere*, v. 1; *tenui*, v. 8).[510] Als schlagendstes Argument dafür, dass diese Anklänge bewusst den Versen des Kallimachos folgen, kann die Tatsache gewertet werden, dass bekanntlich die Verse 3-5 des Prooms eben jenes letztgenannten Gedichtes:

> Cum canerem reges et proelia, Cynthius aurem
> vellit et admonuit: ›Pastorem, Tityre, *pinguis*
> pascere oportet ovis, *deductum*[511] dicere carmen.‹
>
> (*ecl.* 6, 3-5)

---

508 Schmidt, *Reflexion*, S. 19-32.
509 Schmidt, *Reflexion*, S. 19/20.
510 Schmidt, *Reflexion*, S. 21.
511 Hier als Äquivalent zu *tenue*; die Metapher leitet sich her von dünn abgesponnenen Wollfäden, vgl. Servius *ad loc.*: »translatio a lana, quae deducitur in tenuitatem«. Dichterisch finden sich beide Wörter vereint bei Horaz *epist.* 2, 1, 224/225: *Cum lamentamur non apparere labores / nostros et tenui deducta poemata filo*.

unmissverständlich eine »literary allusion, Virgil's pastoral rendering of Callimachus' rejection of epic«[512] darstellen:

καὶ γὰρ ὅτε πρώτιστον ἐμοῖς ἐπὶ δέλτον ἔθηκα
γούνασιν, Ἀπόλλων εἶπεν ὅ μοι Λύκιος·
[.......]... ἀοιδέ, τὸ μὲν θύος ὅττι *πάχιστον*
θρέψαι, τὴν Μοῦσαν δ' ὠγαθὲ *λεπταλέην*.

(Kallimachos *Aetia fr.* 1, 21-24 Pfeiffer)[513]

Dass sich dieselbe Programmatik implizit auch in den *Dirae* ausgebildet findet, wurde bereits am Ende des Kapitels 2.1 in Bezug auf die von dem Fluchenden genannten *libelli* beschrieben. Ob dieser Diminutiv nun direkt dem Gedicht eines Neoterikers (wie eben Catulls erstem) entnommen ist oder nicht: Ein *explizit* ausgedrücktes λεπταλέον findet sich in den *Dirae* nur in den *libelli* der Verse 26 und 34 – allerdings dafür um so deutlicher mit poetologischen Implikationen, denn ebenso wie in Catulls Programmgedicht,[514] *carmen* 1, findet sich diese Bezeichnung[515] (wie dort gleich zweimal innerhalb von acht bzw. neun Versen) durch die selbstreferentielle Denotation der vorliegenden Dichtung als Element eines Diskurses, der über die Bedingungen des eigenen Dichtens reflektiert. Ebenso kann natürlich auch von den bukolischen Konnotationen von *avena(e)* und *fistula* abgesehen und die λεπτότης dieses Instrumentes betont werden: Eine Syrinx wird kein Epos ertönen lassen.

Bei der Frage, ob die obige Überschrift eines »Kallimacheischen Stilideals« eine adäquate Beschreibung auch der *Dirae* abgebe, sei dennoch noch einen Moment lang verweilt. Es wird nicht schwer fallen, in Gedichten kleineren Umfangs (vgl. Schmidts Charakteristikum der »Kürze«) mit einem Auge, welches nur verzweifelt genug sucht, auch Hinweise für eine angeblich neoterisch-kallimacheische Poetik zu finden: Dieser Vorwurf einer *petitio principii* eignete durchaus einer möglichen Implikation, in den urbanen *libelli* einen Beweis für neoterisches Dichten zu sehen. Dies kann jedoch keineswegs intendiert sein. Vielmehr muss ein Weg beschritten werden, auf dem nach Signalen gesucht wird, mit denen der Dichter der *Dirae* die Aufmerksamkeit des Rezipienten eindeutig auf die Art und Weise seines Dichtens lenkt (wie dies bei der Denotation von *libelli* der Fall ist).

---

512 Clausen, S. 174.
513 Auf die soeben zitierten Verse folgt unmittelbar der bereits erwähnte Befehl (vgl. »ἄνωγα«) Apolls, die »gemeinen« Wege zu meiden, und auf unbetretenen Pfaden zu wandern (vv. 25-28). Dass er der »erste« auf dem Weg der römischen Bukolik ist, hat Vergil ja bereits in den ersten beiden Versen der sechsten Ekloge hinreichend betont.
514 Vgl. Elder *passim*.
515 Dass in Catulls *carmen* 1 tatsächlich vor allem die von diesem Diminutiv konnotierte λεπτότης im Vordergrund steht, verbürgt die Folie der *tres c(h)artae*, vor der sich die *libelli* profilieren; vgl. Elder.

Diese Signale müssen groß, d.h. wahrnehmbar genug sein, was aber auch oft bedeutet, dass sie an einer besonders prominenten Stelle innerhalb der zu interpretierenden Dichtung zu finden sind: So *beginnt* Hesiod seine *Theogonie*, Kallimachos seine *Aitien* und Longos seine *Lesbiaka* mit Reflexionen auf den dichterischen Anspruch und die poetologische Verortung ihres Werkes, herausragende Positionen nehmen die dichtungstheoretischen Proömien Lukrezens (Buch 4[516]), Vergils (6. Ekloge) und Properzens (Elegie 3, 1) ein. Auch Theokrit nutzt die Signalwirkung prominenter Positionen innerhalb seiner Gedichte, wenn er z.B. Anfang und Ende seines ersten(!) Idylls von poetologischen Aussagen gekennzeichnet sein lässt: Was hier neben das λεπταλέον des letzten Kallimachoszitates tritt, ist das »Stilideal der Süße«.[517] Beides erschien auch schon bei Kallimachos selbst vereint, als er (*epigr.* 27 Pfeiffer) an Arats Dichtung im Gegensatz zu der Hesiods – unter Verwendung des Motivs der durchwachten Nächte (σύντονος ἀγρυπνίη, v. 4) – das μελιχρότατον (v. 2)[518] und die λεπταὶ ῥήσιες (vv. 3/4) pries.[519]

Die Süße der Dichtung tritt nun als das Angestrebte und Lobenswerte sowohl im Proöm wie auch im Epilog des ersten Idylls völlig in den Vordergrund, ja es bildet sogar das erste Wort des Theokritcorpus in seiner heutigen Form:

> *ἁδύ* τι τὸ ψιθύρισμα καὶ ἁ πίτυς, αἰπόλε, τήνα,
> ἁ ποτὶ ταῖς παγαῖσι, μελίσδεται, *ἁδὺ* δὲ καὶ τύ
> συρίσδες· μετὰ Πᾶνα τὸ δεύτερον ἆθλον ἀποισῇ.

(*id.* 1, 1-3)

Nach dem Haupt- bzw. Mittelteil des Gedichtes, der von den beiden Liedern des Θύρσις und des αἰπόλος gebildet wird, lobt letzterer die Kunst seines Gegenübers – wiederum die »Honigsüße« des Gesanges, der selbst die Zikaden übertrifft, hervorhebend:

> πλῆρές τοι *μέλιτος* τὸ καλὸν στόμα, Θύρσι, γένοιτο,
> πλῆρες δὲ *σχαδόνων*, καὶ ἀπ' Αἰγίλω ἰσχάδα τρώγοις
> *ἁδεῖαν*, *τέττιγος* ἐπεὶ τύγα φέρτερον ᾄδεις.

(*id.* 1, 146-148)

---

516 Auch als *Binnenproöm* im ersten Buch kommt dem *Avia Pieridum...* mit seiner klaren inhaltlichen Zäsur ein genügend großer Signalcharakter zu.
517 Schmidt, *Reflexion*, S. 31/32, meine Hervorhebung. Zu der »Süße« der Bukolik generell vgl. Schmidt, *Reflexion*, S. 29-32; theokritische und nichttheokritische griechische Belegstellen hierzu: ebenda, S. 29, Anm. 64.
518 Vgl. das »μελιχρότεραι« in Kallimachos, *fr.* 1, 16 Pfeiffer.
519 Schmidt, *Reflexion*, S. 99/100, Anm. 323 sieht in den Versen Verg. *georg.* 475/476: *Me vero primum <u>dulces</u> ante omnia Musae, / quarum sacra fero ingenti percussus amore* ein deutliches Echo des 27. Kallimachosepigramms.

Die »Süße der Bukolik« übernimmt Vergil und definiert mit dieser *differentia specifica* auch seine eigene Hirtendichtung: Schmidt, *Reflexion*, S. 29/30 listet allein vier Stellen auf, an denen Vergil auf seine *Bucolica* Bezug nimmt, indem er diese als *suavis* (*ecl.* 2, 55) oder als *dulcis* (*ecl.* 5, 47; 7, 37) bezeichnet oder gegen ein *amarum* (*ecl.* 10, 5) abgrenzt. Auch die nachvergilische Bukolik (Calpurnius Siculus,[520] Nemesian[521]) hat dieses Konstituens deutlich als solches wahrgenommen.[522] Außerdem weist Schmidt – für vorliegende Arbeit von höchster Relevanz – auf einige Stellen in der *Appendix Vergiliana*, nämlich im *Catalepton* hin.

In *Catalepton* 15, der abschließenden σφραγίς dieser Kleingedichte,[523] wird Vergil in Bezug auf seine Aeneis *Homereo non minor ore* (v. 2), in Bezug auf seine Georgica *Hesiodo maior* (vv. 1/2) genannt, und auch Theokrit übertrifft er, denn er ist *vate Syracosio ... dulcior* (v. 1): Der Verfasser der zwei Distichen bedient sich also, um Vergils Überlegenheit auf dem Gebiet der Bukolik auszudrücken, eines Adjektivs, welches für ihn ein konstitutives Merkmal dieser Gattung darstellen muss: *dulce*.[524] Mit dieser Charakterisierung befinden wir uns in einem Zeitraum von ca. 40-50 n.Chr.[525]

Noch näher an die Jahre, in denen die *Bucolica* entstanden (also ca. 42-35 v.Chr.), heran reicht das Gedicht *Catalepton* 9, welches Häuptli, S. 441 auf kurz nach 27 v.Chr. datiert. Die Verse 17-20 dieses Panegyricus auf Marcus Valerius Messalla Corvinus (ca. 59-13 n.Chr.) sind für die vorliegende Untersuchung von großer Bedeutung, da hier die bukolische Dichtung, die der zu verherrlichende Politiker, Feldherr und Redner in griechischer Sprache (vgl. v. 14) verfasst hat, beschrieben und gelobt wird. Die beiden Distichen lauten:

> Molliter hic [*sc.* in Messallas Gedichten] viridi patulae sub tegmine quercus
>   Moeris pastores et Meliboeus erant,
> dulcia iactantes alterno carmina versu
>   qualia Trinacriae doctus amat iuvenis.
>
> (*Catalepton* 9, 17-20)

Auf die Assonanzen, die den Vers 17 mit dem Eingangsvers der vergilischen Eklogen verbinden, muss hier emphatisch hingewiesen werden. Dies bereits führt zu einer Vermutung, die sich bei Betrachtung

---

520 *ecl.* 2, 6; 4, 9, 55, 61, 150, 160; 7, 20.
521 *ecl.* 1, 22, 82; 2, 15, 83; 4, 13.
522 Schmidt, *Reflexion*, S. 30, woher auch die Belegstellen stammen.
523 Westendorp Boerma, S. 105.
524 Westendorp Boerma *ad loc.* verweist auf die Problematisierung einer Übertragung und Übertragbarkeit u.a. des griechischen »ἁδύ« durch Vergil in das Lateinische bei Gellius (*N. A.* 9, 9, 4-7).
525 Westendorp Boerma, S. 108.

aller vier Verse sofort erhärtet: Obwohl Messalla seine Bukolik wie Theokrit, der *Trinacriae doctus iuvenis*, in *griechischer* Sprache verfasst, ist Hirtendichtung nach Vergil nicht mehr außerhalb des Paradigmas dieses römischen Dichters denkbar. Deshalb bevölkern für den Verfasser dieses *Catalepton*-Gedichtes die untheokritischen, vergilischen Figuren Moeris[526] und Meliboeus[527] jene poetische Landschaft und veranstalten ihren »theokritischen« Wechselgesang (vv. 19/20) unter der ausladenden Sommereiche, die einen »grünen« Schatten spendet, wie ihn auch Tityrus genoss. Zwei Dinge sind hier jedoch besonders festzuhalten:

Die erste Beobachtung, die *Catalepton* 9 hier beisteuern kann, ist, dass es wieder *dulcia carmina* sind, die sich die beiden Hirten in ihrem Wechselgesang hier zuwerfen. Zum anderen fällt auf, dass das Distichon der Verse 17/18 einem sehr prägnant verstandenen *esse* das Adverb *molliter* beigesellt. So »befinden« sich Moeris und Meliboeus auf zweierlei Weise unter ihrem Baum: Die *Bucolica* Messallas existieren nur noch in diesen Andeutungen des *Catalepton*. Wird die Ebene ihres somit lediglich virtuellen Textes nicht verlassen, so entspricht das *molliter* im Sinne eines »auf entspannte Weise« jenem Prädikativum *lentus*, welches in der ersten Ekloge Vergils den Tityrus näher bestimmt: So lagerten Moeris und Meliboeus entspannt in der Natur. Trägt man jedoch dem eindeutig poetologischen Charakter dieser *Appendix*-Verse Rechnung, so ist es die dichterische Darstellung, die durch jenes Adverb beschrieben wird, und es würde hier bezeichnet, »was die [Theokrit-]Prolegomena εὔκολον und μαλθακόν nennen«,[528] also der »Stil« des griechischen Bukolikers, durch welchen auch seine Nachfolger noch charakterisiert werden. Dass dieses *molle* nahezu als Synonym für ein *dulce* gebraucht wird, verbürgt Horaz, wenn er auf Vergils Eklogen zu sprechen kommt:

> *molle* atque facetum
> Vergilio annuerunt gaudentes rure Camenae.
>
> (Hor. *sat*. 1, 10, 44/45)

Das *facetum* lässt Schmidt, *Reflexion*, S. 28 dem kallimacheischneoterischem λεπταλέον / *tenue* entsprechen. Der innere Akkusativ *molle* allerdings, der die wohlwollende Freude der Musen auf dem Lande außerdem auszeichnet, vertrete bei Horaz eben jenes *dulce*, das nach Schmidt (unter Berufung auf Horaz *sat*. 1, 10, 56-59) »den sanften glatten Fluss der Verse«[529] bezeichnet. – Dies bedeutet also für unsere *Catalepton*-Verse:

---

526 Vgl. *ecl*. 8; 9.
527 Vgl. *ecl*. 1; 3; 5; 7.
528 Schmidt, *Reflexion*, S. 28.
529 Ebd.

Wenn *Moeris et Meliboeus molliter hic sub tegmine quercus erant*, dann saßen die beiden (für uns) hypothetischen Hirten einerseits *molliter* unter ihrer Eiche, andererseits wurden sie jedoch auch *molliter* durch den bukolischen Dichter dargestellt. Dieser Zweideutigkeit entspricht im übrigen auch die Tatsache, dass das Distichon vv. 17/18 eben zwei, den beiden angeführten Ebenen jeweils entsprechende Ortsangaben enthält, nämlich: 1) das poetologische *hic*, d.h. *in his carminibus*[530] und 2) das auf der poetischen Ebene einzuordnende *sub tegmine quercus*. Indes: Diese beiden Angaben werden auf einer höheren Ebene durch das Asyndeton, das auch explikative bzw. epexegetische Kraft hat, wieder zusammengeführt und »aufgehoben«, indem *hic* und *sub tegmine quercus* als eine Einheit erscheinen: Aus diesem Blickwinkel bezeichnet die *quercus* bzw. ihr *tegmen* die bukolische Dichtung selbst,[531] in der sich Moeris und Meliboeus »befinden« und ihrerseits ihre intradiegetischen Lieder *alterno versu* singen.

Wenden wir uns nun nach dieser Materialsammlung wieder den *Dirae* zu. Auch hier ist es der erste Vers, der einerseits die Aufmerksamkeit des Lesers bzw. Hörers durch die rückbezügliche und gleichsam meta-poetische Denotation des eigenen *carmen* auf das Gedicht als Gedicht lenkt, andererseits mit den *cycneae voces* den Willen bekundet, sich gewissen Normen zu unterwerfen: Diese betreffen zwar poetisch auch den Inhalt der folgenden Dichtung, indem ein »τὸ κύκνειον ἐξᾶσαι«,[532] also ein Abschiedsgesang an die *rura*, der für den Sprecher einem Tod gleichkommt, angekündigt wird; doch ist hier auch ein poetologisches, ästhetisches Anliegen ausgedrückt. Dieses muss ein ambitioniertes sein, wie sofort deutlich wird, wenn man einen vergleichenden Blick auf die Eklogen wirft: Die Schwäne stehen hier programmatisch für die höchste Sangeskunst – aus dem Blickwinkel der Bukolik. So sind es die *cycni*, mit denen zur Illustration völlig pervertierter Umstände die Käuzchen zu wetteifern wagen (*ecl.* 8, 55),[533] Varus soll dereinst von *cantantes cycni* unter die Sterne erhoben werden (*ecl.* 9, 29), und es sind die *arguti olores*, von denen sich ein Hirtensänger noch als *anser* entfernt zu sehen vorgibt, um seine Bescheidenheit auszudrücken (*ecl.* 9, 36).

Gut 10-15 Jahre später wird übrigens diesem letztgenannten Urteil vehement widersprochen, indem Properz (2, 34, 83/84) in seinen *Laudes Vergili* in jenem zurückhaltenden Sänger namens Menalcas Vergil selbst erblickt und ihm bescheinigt, er möge zwar »leiser« singen, jedoch reiche er

---
530 Westendorp Boerma *ad loc.*
531 Zu diesem »topologischen« Aspekt vgl. Abschnitt 3.2.
532 Vgl. van der Graaf, S. *ad loc.*
533 Vgl. Lukrez 3, 6/7: *Quid enim contendat hirundo / cycnis?* – Hinter dem Eklogenvers stehen Theokrit *id.* 5, 136/137: οὐ θεμιτόν, Λάκων, ποτ᾽ ἀηδόνα κίσσας ἐρίσδειν, / οὐδ᾽ ἔποπας κύκνοισι und *id.* 7, 41: βάτραχος δὲ ποτ᾽ ἀκρίδας ὥς τις ἐρίσδω.

dennoch an das *carmen* der Schwäne heran.[534] Auf diese Weise bezieht auch Properz, um seinen Dichterkollegen zu loben, den Schwanengesang direkt (wie der Verfasser der *Dirae*), d.h.: poetologisch auf bukolische Gedichte.[535] Doch welche genauen Qualitäten bezeichnet der Vergleich mit dem Schwanengesang? Die Versuchung ist groß, in den *cycneas voces* des ersten *Dirae*-Verses sogleich ein kallimacheisches Stilideal aufblitzen zu sehen und in *Battarus* somit den Βαττιάδης Kallimachos selbst zu erkennen. Eine solche Sichtweise ließe die *arguti olores* (Verg. *ecl.* 9, 36) und die *arguti grylli* (*Dirae* 74)[536] in eins gehen und sähe in den *cycneas voces* ein Äquivalent zu denen der τέττιγες, wie sie im Singular programmatisch ebenfalls im *Aitien*-Prolog des Kallimachos begegnen.[537]

Indes: Diese Gleichsetzung von Schwänen und hellenistischen Zikaden bzw. Grillen ist nicht möglich. Ich verzichte darauf, an dieser Stelle von dem Motiv des Schwans in der griechischen und lateinischen Literatur zu handeln[538] und beschränke mich darauf, jene etwaige Identität zu widerlegen. Um also zu zeigen, dass sich der Schwanengesang auf eine überzeitliche apollinische[539] Qualität von Dichtung bezieht, auf keinen Fall auf helle-

---

534 Ich belasse es bei einer Paraphrase dieser Stelle, da sonst auf die textkritischen Probleme der korrupten Verse einzugehen wäre.

535 Properz will in den folgenden Versen Vergil gegen dessen eigene Bescheidenheit verteidigen und zählt zu diesem Zweck Kleindichtungen anderer *poetae* auf: Zunächst erinnert er in drei anaphorisch eingeleiteten Distichen an die Gedichte des Varro Atacinus (vv. 85/86), Catulls (vv. 87/88) und des Calvus (vv. 89/90); schließlich fügt er noch die elegische Dichtung des Gallus hinzu (vv. 91/92), um schließlich (vv. 93/94) seiner Cynthia durch seine Verse denselben unsterblichen Ruhm zu wünschen, wie er den von seinen Kollegen besungenen Personen zuteil wurde. Hervorzuheben ist bei diesem Dichterkatalog das jeweils dritte (vv. 87; 89; 91) bzw. vierte (v. 85) Wort, mit welchem schlagwortartig das Werk des erwähnten Dichters charakterisiert wird: Das erotisch-elegische Moment der Gallusverse findet seinen Ausdruck in dem erotisch konnotierten Epitheton *formonsa*, der Gelehrsamkeit der Elegien des Licinius Calvus entspricht das Adjektiv *doctus*, wegen seiner Ausgelassenheit wird Catull als *lascivus* apostrophiert, und Varro verfasste seine *Argonautae* und die Elegien(?) auf Leucadia *ludens*. – Hier treten uns also vier Adjektive entgegen, die konzentriert die Verse von Dichtern beschreiben, welche alle in direkter Verbindung mit dem Hellenismus (d.h. Apollonios v. Rhodos, Kallimachos, Euphorion v. Chalkis, Parthenios) stehen. Mindestens zwei dieser Charakterisierungen lassen sich (wenn auch nicht textkritisch eindeutig bzw. direkt) auch auf die *Dirae* anwenden: Das dichtende Spielen – παῖς ἅτε (Kallimachos, *fr.* 1, 6 Pfeiffer) – ist in einer Form in Vers 26 der *Dirae* angesprochen – wenn auch nur bezogen auf die *Vergangenheit*; dasselbe gilt für die erotische *formositas* der *silva* in *Dirae* 27 und 32. Insofern dürfen wir wohl allein schon aus diesen wenigen Beobachtungen heraus annehmen, dass Properz die *Dirae* durchaus in diesen Katalog der typischen hellenistischen Kleingedichte hätte aufnehmen können, zumal auch das Fluchgedicht in seinem letzten Teil die Verewigung (*semper*, v. 103) einer weiblichen Lydia / *silva* ausspricht.

536 Vgl. *Culex* 153: *argutis ... cicadis*.

537 *Sc.* Kallimachos, *fr.* 1, 29-36 Pfeiffer.

538 Vgl. etwa Gossen.

539 Vgl. Kallimachos *Ap.* 1-8; *Del.* 249-259. Doch schon Platon lässt Sokrates im *Phaidon* (84 e3 - 85 b9) ausführen, dass die Schwäne in der Vorahnung ihres Todes besonders schön singen,

nistisch(-neoterisch) geprägte Poesie beschränkt ist und die Kallimacheer den κύκνος – anders als den τέττιξ – nicht exklusiv in ihrem Wappen führen dürfen, genügen zwei Fingerzeige: Zum einen verweisen die vier Vorkommen von Schwänen in den *Bucolica*[540] auf *allgemeine* dichterische Begabungen – typisch Hellenistisches bleibt hier fern: Selbst Varius und Cinna werden in der 9. Ekloge, Vers 36 explizit nur als Dichter in den Stand der *arguti olores* erhoben, nicht als einer spezifizierten kallimacheischen Poetik verpflichtete Vorbilder. Andererseits liefert Horaz *carm.* 4, 2 ein eindeutiges Kriterium: Nicht nur, dass hier der archaische Pindar als der thebanische Schwan, *Dircaeus cycnus* (v. 25), bezeichnet wird, nein: die Ode stellt als Ganzes nichts anderes als eine *recusatio* dar, eine sich bescheiden gebende Absage an das Dichten eines pindarischen Enkomions. So stellen die 7. und 8. Strophe (vv. 25-32) im adversativen Asyndeton (v. 27) den hohen Flug des thebanischen Schwans und das eigene Dichten gegenüber; dieses lässt Horaz u.a. durch das Gegenbild der fleißigen Biene Apuliens (vv. 27-31) und die an Neoterisches anklingende poetologische Selbstcharakterisierung mittels des Adjektivs *parvus* (v. 31) mit demjenigen des »reißenden Stroms« (v. 5) Pindar kontrastieren.

Also gilt es weiterzusuchen, um eine Antwort auf die Frage zu erhalten, ein wie geartetes dichterisches Selbstverständnis der *Dirae* den Anspruch der *cycneae voces* auch qualitativ zu bestimmen und somit die selbstreferentielle Spannung des ersten Verses aufzulösen vermag. Bevor hierdurch der kallimacheische τέττιξ in den Schlusssätzen dieser Arbeit also doch noch sein Äquivalent in diesen 103 Versen der *Appendix Vergiliana* finden wird, muss auf das oben erörterte konstitutive *dulce* der Bukolik zurückgekommen werden. Dieses kann zunächst im Schlussteil der *Dirae* erkannt werden, wenn sich dort der Vertriebene verabschiedet:

> Dulcia rura, valete et Lydia, dulcior illis,
> et casti fontes et, felix nomen, agelli.

(*Dirae* 89/90)

Das Epitheton *dulce* findet sich in diesen beiden Versen gleich zweimal. Dass die als weiblich begriffene *silva* hier *dulcis*, »lieblich« genannt wird, vermag nicht zu verwundern; doch welche Eigenschaft wird in der Verbindung *dulcia rura* angesprochen? – Einerseits besteht die Möglichkeit, diesen Vers als Indiz dafür zu betrachten, dass in den *Dirae* auf einer poetischen Ebene die *rura*, die *agelli* in einer Weise erotisch aufgeladen und konnotiert sind, die sonst nur einer elegischen Beziehung zu einer Frau

---

weil sie sich darüber freuen, bald dem Gott zu begegnen, dem sie heilig sind: Apollon. Diese Passage klingt an bei Cicero *Tusc.* 1, 73.

540 *ecl.* 7, 38; 8, 55; 9, 29; 9, 36.

eignet, also in Analogie zu der oben beschriebenen Personifizierung der *silva*. Andererseits schlagen diese Verse, die der *Dirae*-Sprecher zu seinem Landgut spricht und die des Meliboeus Abschiedsworte in der ersten Ekloge nachahmen: »nos patriae finis et *dulcia* linquimus *arva*.« (Verg. *ecl.* 1, 3) eine Brücke zu poetologischen Reflexionen – eben jenen, die oben mit dem Stilideal der »Süße« der Bukolik in das Zentrum der Untersuchung gerückt wurden. Denn wenn die *rura* bzw. *arva* als *dulcia* bezeichnet werden, so kann dies Adjektiv nicht nur direkt auf je eines dieser beiden Substantive bezogen werden: Vielmehr klingt durch die Nennung des Signalworts *dulcis* hier auch die Dichtung an, die sich *rura* und *arva* zu ihrem konstitutiven Gegenstand wählt: Die Bukolik als Gattung, d.h. für die *Dirae*: Die Eklogen Vergils als Referenztext. Dass hier der Verfasser der *Dirae* den Sprecher seines Gedichtes tatsächlich auf seine eigene dichterische Determination Bezug nehmen lässt, zeigt zunächst die Tatsache, dass Vergil (wie seine bukolischen Nachfolger) das bukolische Lied selbst explizit als »süß« beschreibt. Von den vier oben bereits erwähnten Stellen, die Schmidt, *Reflexion*, S. 29/30 erwähnt, seien zur Illustration nur zwei hervorgehoben. Nachdem in der fünften Ekloge Mopsus sein Daphnis-Epikedeion abgeschlossen hat, lobt ihn Menalcas, der sich ja am Schluss des Gedichtes (vv. 85-87) als Verfasser der *Bucolica* zu erkennen gibt, wie folgt:

> ›Tale tuum *carmen* nobis, divine poeta,
> quale sopor fessis in gramine, quale per aestum
> *dulcis* aquae saliente sitim restinguere rivo.‹
>
> (*ecl.* 5, 45-47)

Dass die Bezeichnung des musischen Sangesflusses (der bukolischen Narration) als *rivus* für die *Bucolica* als Ganzes Geltung besitzt, bestätigt der letzte Vers der dritten Ekloge, in der Palaemon den Wechselgesang der jungen Hirten zu einem Abschluss bringt: »claudite iam *rivos*, pueri; sat *prata* biberunt.« – Zu bemerken ist hier besonders, dass auch die *prata* als Element eines poetologischen Diskurses erscheinen.

Auch auf der extradiegetischen(!) Ebene der zehnten Ekloge erklärt die narrative Instanz, mit welcher »Geschmacksrichtung« sie die Narration ihrer Intradiegese charakterisiert sehen möchte, indem sie sich von der »Bitterkeit«[541] der Doris absetzt:

> Sic tibi [sc. Arethusae], cum *fluctus* subterlabere Sicanos,
> Doris *amara* suam non intermisceat undam,
> incipe. sollicitos Galli dicamus amores ...
>
> (*ecl.* 10, 4-6)

---

541 Zu der Ambiguität des *amarus* vgl. Coleman *ad loc.*

Erneut findet sich die Bezeichnung des bukolischen Singens als Fluss (*fluctus*), der hier allerdings sogar explizit das theokritische Prädikat des *Sicanum* erhält. Die reine Süße dieses Wassers, d.h. der eigenen folgenden Dichtung wird hierbei durch die Antithese des *amarum* umso deutlicher in den Vordergrund gerückt.

Obwohl es schon genügen dürfte, das erklärte Stilideal der Süße für die Eklogen Vergils nachzuweisen, um dann direkt dazu überzugehen, wie die *Dirae* mit dieser Qualität als von Vergil poetologisch geprägtem *terminus technicus* verfahren, sollte dennoch ein Blick auf das Fluchgedicht geworfen werden, um zu überprüfen, ob sich auch hier die Süße des Liedes *direkt* ausgesprochen findet. Dies ist jedoch in *Dirae* 71 der Fall: »*dulcius* hoc, memini, revocasti, Battare, carmen.« – Dass dieser *versus intercalaris* die folgende Strophe als »süßer« charakterisiert, hat einige Interpreten verwundert und sogar zur Umstellung oder Athetese[542] dieses Verses veranlasst. Und in der Tat ist es auf den ersten Blick nicht einfach festzustellen, in welchem Zusammenhang dieser Vers mit zwei anderen steht, auf die er sich durch seinen Komparativ deutlich bezieht:

> Tristius hoc, memini, revocasti, Battare, carmen. (Dirae 54)
> Tristius hoc rursum dicit mea fistula carmen. (Dirae 75)

Das *dulcius* ist, wo es nicht zwischen *obeli* gesetzt wird, zumindest versuchsweise einer inhaltlichen Deutung genähert worden: So erklärt Eskuche *ad loc.*, dieses Adjektiv konstituiere gar keine Opposition zu einem *triste*, und beide Begriffe seien nur der rhetorischen Abwechslung halber gewählt. Hierbei zitiert er – bezeichnend genug – Parallelstellen aus Lehr- und elegischer Dichtung.[543] Dass diese beiden Qualitäten jedoch nicht dazu dienen, *einen* Begriff wie den eines γλυκύπικρον in seine beiden Hälften zu zerlegen, zeigt zuallererst die deutlich erkennbare Parallelisierung durch die Einbettung gerade in die *versus intercalares*; diese Parallelisierung ist es aber auch, die eine Komplementarität eines Hendiadyoin ausschließt und *tristius* mit *dulcius* kontrastiert.

Zu weit geht hingegen Fraenkel, *Dirae*, S. 148, wenn er durch den von ihm durchaus postulierten Kontrast im Abschnitt B.11 sogar eine »almost idyllic note«[544] sehen möchte. Die Hypothese einer solchen »Idylle« ist von

---

542 Vgl. die Diskussion bei Goodyear, S. 42/43.
543 Eskuche *ad loc.*: »Ne quis Ribbeckio aliisque suadentibus sententias inter se graviter oppositas ex vocibus *dulcius* et *tristius* v. 54 quaerat, citamus Lygdami, ubi verba Apollinis dulcia simulque tristia dixit, carm. IV 42 *Edidit haec dulci tristia verba modo*. Legas, quaeso, etiam Ov. am. III 1, 4. *dulce queruntur aves* et Lucr. IV 584 *dulces querellas, tibia quas fundit*. Nihil igitur poetam affectasse affirmo nisi amoenam non tam sententiarum quam verborum variationem.«
544 Fraenkel, *Dirae*, S. 148. Vgl. ebd.: »For a brief moment the senseless destruction seems to be forgotten; the swamped fields may yet produce something useful, the rushes, so important for the Italian farmer in ancient and modern times; and the hole in which hitherto the cricket lived will

Goodyear – nicht ohne (berechtigte) Polemik[545] – von Grund auf widerlegt worden:[546] Weder Binsen noch Frösche hätten das Herz der Römer in einer romantischen Tonart schlagen lassen. Indem Goodyear schließlich durch ein »obelise *dulcius*« der Aporie über die Bedeutung des *dulcius* ein Denkmal setzt, stimmt er Naeke, S. 104 völlig zu, den er zitiert: »ego vero, sive praecedentia spectari putes, sive sequentia, nihil neque in praecedentibus neque in sequentibus video, quod dulce sit«.[547] Indes: Die *Dirae* evozieren nicht irgend etwas, *quod dulce* [Positiv!] *sit*, sondern sie setzen die beiden Adjektive *dulcis* und *tristis* jeweils im Komparativ, was doch nur heißen kann, dass es verfehlt ist, hier nach einer vollkommen binären Opposition wie »grausige Vernichtung« *vs.* »idyllischer Frieden« zu suchen. Auch wenn es prosaischer und weniger spektakulär erscheint: Impliziert ist vielmehr lediglich eine Gradation des Vernichtungsschreckens, wie es van der Graaf adäquater auszudrücken vermag: »the curse of 72-74 as a matter of fact is sweeter than the curse of 67-70: the croaking frog is more pleasant to see than an inundation and whirlpools.«[548] Ohne über mögliche Gefühle der Römer für quakende Frösche zu spekulieren, gilt es, den Text der *Dirae* selbst auf Signale nach einer Verortung der Flüche auf einer *tristius-dulcius*-Skala zu befragen. Neben der Betrachtung rhetorischer Mittel bleibt es indessen auch nötig darüber nachzudenken, *welche* Szenarien in den jeweiligen Verwünschungen evoziert werden.

Man vergleiche also zunächst die Strophen B.9[549] und B.12[550] mit der »*dulcius*-Strophe« B.11[551] – immer unter der Anfangs gemachten Voraussetzung, Vers 71 gegen u.a. Reitzenstein und Eskuche mit u.a. van der Graaf, Kröner und Kenney wie alle *versus intercalares* auf das Folgende zu beziehen. Zunächst fällt auf, dass die Strophen B.9 und B.12 es in ihrer düsteren Stimmung und ihrer gewaltsamen Dynamik durchaus miteinander aufnehmen können:

---

at least serve as a habitation for the frog. But the friendlier mood cannot last; *tristius ... carmen*, coming in bitter contrast at the beginning oft the next section (75), brings us back to the grim mood oft the poem as a whole.«

545 »When faced with such argument as this, one is hard put to resist frivolity.« (Goodyear, *Dirae*, S. 43)
546 Goodyear, S. 42/43.
547 Goodyear, S. 43.
548 van der Graaf, S. 27.
549 Abgesehen vom letzten Vers dieser Strophe, *Dirae* 63, der eine Vorbereitung zur Strophe B.10 darstellt.
550 Auch für den Vers 81 gilt das in der voranstehenden Fußnote Gesagte.
551 Eben diese Untersuchung fehlt seltsamerweise bei Kröner in seiner Analyse der »Gedankenführung« der *Dirae*.

Nigro multa mari dicunt portenta natare,
mostra repentinis *terrentia* saepe figuris,
cum subito emersere *furenti* corpora ponto;
haec agat *infesto* Neptunus *caeca* tridenti
atrum convertens aestum maris undique ventis
et *fuscum* cinerem *canis* exhauriat undis.
dicantur mea rura *ferum* mare (nauta caveto),
rura quibus diras indiximus, impia vota.

(*Dirae* 55-62, Abschnitt B.9)

Praecipitent altis *fumantes* montibus imbres
et late teneant *diffuso* gurgite campos,
qui dominis *infesta minantes* stagna relinquant.
cum delapsa meos agros pervenerit unda,
piscetur nostris in finibus advena arator.

(*Dirae* 76-80, Abschnitt B.12)

An die Seite von »düsteren« Denotationen von schwarzen (bzw. bleichen) Farben (*niger, caecus, ater, fuscus, canus*) als Epitheta in der Strophe B.9 treten in beiden Abschnitten die Partizipien *terrentia* (v. 56) und *furenti* (v. 57) bzw. *fumantes* (v. 76), *diffuso* (v. 77) und *minantes* (v. 78), die eine lebhafte Schilderung der zukünftigen Szenarien unterstützen, und die herbei gewünschten Meeresungeheuer, die aufgewühlte Meeresflut, die die Asche des Vernichtungsbrandes der Strophe B.7 mit sich führt, die Sturzbäche von Regengüssen, der gewaltige Strudel und die vollkommene Überschwemmung lassen sich fürwahr aufs Trefflichste mit jenem Adjektiv umschreiben, das jeweils im Zentrum der beiden Strophen – und *nur* an diesen zwei Stellen der *Dirae*! – steht: *infestus*.

Und in der Tat hebt sich hiervon die *dulcius*-Strophe deutlich ab:

> Emanent subito sicca tellure paludes,
> et metat hic iuncos, spicas ubi legimus olim,
> cum colet arguti grylli cava garrula rana.

(*Dirae* 72-74, Abschnitt B.11)

Als *tertium comparationis* zwischen dieser und den beiden soeben besprochenen Strophen kann vor allem die Plötzlichkeit (vgl. *repentinis ... figuris*, v. 56, *subito*, vv. 57 und 72 und *praecipitent*, v. 76) des Eintretens der Flüche bezeichnet werden. Hiervon abgesehen jedoch bietet das Hervortreten der von keinen unheilvollen Epitheta begleiteten Sümpfe und Binsen ein ruhigeres Bild als die soeben betrachteten Schrecken. In der ersten Ekloge Vergils hindert sogar das mit Sumpf und Binsen überzogene Weideland des Tityrus den Meliboeus mitnichten daran, ersteren für diesen bleibenden Besitz als glücklich zu preisen:

> ›Fortunate senex, ergo tua rura manebunt
> et tibi magna satis, quamvis lapis omnia nudus
> limosoque *palus* obducat pascua *iunco*!‹

(*ecl.* 1, 46-48)

Vor dem Hintergrund dieses Textes[552] erscheint es also in der Tat *dulcius*, wenn der Fluchende der *Dirae* in den Versen 72/73 seinen *rura* »bloß« Dinge anwünscht, die bei Vergil noch nicht einmal das Glück des Tityrus wesentlich zu schmälern vermögen.[553]

Und dass zudem die hell tönende Grille vom schwatzhaften Frosch abgelöst wird, stellt zwar keine »angenehme« Vorstellung dar, aber doch zumindest eine »angenehm*ere*« (Komparativ: *dulcius*) als das in den *tristius*-Strophen Evozierte. Hinzu kommt die Tatsache, dass der *advena* hier immerhin noch wird ernten können (wenn auch nur Binsen), wohingegen die Wasserschäden in den beiden obigen Passagen (wenn überhaupt: *nauta caveto!*, v. 61) nur noch mögliche Beschäftigungen für Seeleute und Fischer übrig ließen. Nimmt man dann noch hinzu, dass die *dulcius*-Strophe immerhin für einen kurzen Moment einen melancholischen (vgl. *olim*!) Blick in die genuin bukolische Vergangenheit dorthin wirft, *spicas ubi legimus olim* (v. 73), dann erscheint es nicht mehr allzu unwahrscheinlich, dass dieser Abschnitt der *Dirae* von seinem *versus intercalaris* tatsächlich *dulcius* genannt werden darf und die Überlieferung an dieser Stelle nicht unbedingt angetastet werden muss.

Die Charakterisierung des eigenen *carmen* als *dulcius* geschieht also eben an einem Punkt der Flüche, an dem mit dem Vers 73 die (intakte) Bukolik als Retrospektive kurz wieder in das *dirum* der Flüche hineinblitzt: Analog erhielten ja die *rura* – wie Lydia – als Gegenstand der Bukolik auch während des Abschieds des *Dirae*-Sprechers von ihnen das Epitheton *dulcia* (v. 89). Diese Isotopieebene des Süßen erscheint zum ersten Mal in Vers 22 der *Dirae*: Nachdem der Sprecher mit den Strophen B.1 und 2 zu Beginn seines Fluch*crescendo*s (verglichen u.a. mit den *tristius*-Strophen) noch landwirtschaftlich-bukolische εἰκότα geschildert hat, welche die *Trinacriae gaudia* zunichte machen sollen, lässt er die nächste Strophe (B.3) folgen. Diese beginnt mit einem *versus intercalaris* der bereits durch sein *desit* als Echo des vorangehenden *desint* (v. 18) das Folgende mit der Strophe B.2 verknüpft. Ähnlich wirkt die Deixis *haec ... serta* des Verses 20: In ihrer Unbestimmtheit kann sie nur rückwärtig die Szenerie der in den beiden ersten Strophen verfluchten Landschaftselemente denotieren, die durch das theokritische (da Sizilien denotierende) *Trinacriae* als genuin bukolisch bezeichnet wird und auf welche der Fortgehende, sein früheres Landgut durchschreitende *colonus* mit dem Finger zu deuten scheint. Dieser Abschnitt muss hier in das Zentrum gerückt werden, enthält er doch auf engstem Raum in nur scheinbarer Redundanz gleich dreimal die Qualität eines *dulce* bzw. *suave*:

---

552 Zur Synopse der beiden Stellen vgl. Jahn, *Abhängigkeit*, 2. Forts., S. 33.
553 Zur Bidirektionalität des Textdialogs vgl. Kapitel 3 dieser Arbeit.

> Haec Veneris vario florentia serta decore,
> purpureo campos quae pingunt verna colore
> (hinc aurae *dulces*, hinc suavis *spiritus* agri),
> mutent pestiferos aestus et taetra venena:
> *dulcia* non oculis, non auribus ulla ferantur.

(*Dirae* 20-24, Abschnitt B.3)

Der Übergang von bukolischer Landschaft zu der Figur der Venus liegt auf der Hand, wie Coleman zu *ecl.* 10, 37 bemerkt: »country life suggests country love«. Dies beobachtet er in der zehnten Ekloge, die nicht nur in Bezug auf diesen Gedankengang als ein möglicher Referenztext (mindestens) für die Strophe B.3 der *Dirae* angesehen werden kann: Hier skizziert ein elegischer Gallus »von außen«[554] mit wenigen Strichen das Wesen[555] der arkadischen, d.h. vergilischen Bukolik, die er als (un-)mögliche Alternative der Faktizität (vgl. *nunc*, d.h. νῦν δέ,[556] v. 44) seines eigenen In-der-Welt-Seins entgegensetzt:

> Tristis at ille [sc. Gallus]: ›Tamen cantabitis, Arcades‹, inquit,
> ›montibus haec vestris, soli cantare periti
> Arcades. o mihi tum quam molliter ossa quiescant,
> vestra meos olim si fistula dicat amores!
> atque utinam ex vobis unus vestrique fuissem   35
> aut custos gregis aut maturae vinitor uvae!
> certe sive mihi Phyllis sive esset Amyntas
> seu quicumque furor – quid tum, si fuscus Amyntas?
> et nigrae violae sunt et vaccinia nigra! –
> mecum inter salices lenta sub vite iaceret;   40
> serta mihi Phyllis legeret, cantaret Amyntas.
> Hic gelidi fontes, hic mollia prata, Lycori,
> hic nemus: hic ipso tecum consumerer aevo.
> Nunc ...‹

(ecl. 10, 31-44)

Die (hypothetische) Vorstellung, seine Liebe könnte Gegenstand von *bukolischer* Dichtung sein, kodifiziert Gallus dadurch, dass er dieses Thema als Akkusativ-Objekt in den sprechenden Mund der *fistula* legt (v. 34), wie es auch der *versus intercalaris* der zweiten *tristius*-Strophe (*tristius hoc rursum dicit mea fistula carmen*, *Dirae* 75) tut. Kennzeichen der Posteriori-

---

[554] Vgl. Conte, S. 108: »Gallus, however, is never more than a guest in that world. He is welcomed with loving care but remains different – an outsider. His elegiac sensibility is such that the pleasant bucolic dream is only a wish for what might have been, a regret for a life that cannot be his.«

[555] Vgl. Conte, ebd.: »Now that Gallus has accepted Virgil's gift and has seen himself as a shepherd, he discovers the virtues of the bucolic world (*Eclogue* 10.33-43). Tormented as it is by elegiac passion, his spirit is refreshed by the vision of a pastoral existence in the country«.

[556] Vgl. Conte, S. 109 und – zu Tibull 1, 10, 13 – 111.

tät der *Dirae* ist es hierbei, dass, was der fluchende *custos gregis* in den drei Versen 20-22 äußerst gedrängt ausdrückt, in dem Hypotext der zehnten Ekloge in einen luziden Gedankengang eingebettet ist: Die Vorstellung, »einer von euch zu sein« (v. 35), verbindet Gallus sogleich mit dem Hirten der Herde, dem Winzer und der bisexuellen Liebe zu Phyllis und Amyntas. Der dunkle Teint des letzteren wird damit entschuldigt, dass auch Veilchen und Hyazinthen dunkel seien. In einer Miniatur eines virtuellen bukolischen *locus amoenus*[557] ist es schließlich Phyllis, die ihm die Kränze flöchte, welche mit der bunten[558] Farbe ihrer Blumen in den *Dirae* die Felder schmücken. Ein Vergleich der beiden Verse *Dirae* 22 und *ecl.* 10, 42 bestätigt schließlich, dass beide Passagen nebeneinander gelesen werden sollten: In beiden Texten leitet eine Anapher von Ortsbestimmungen (*hic* bzw. *hinc*) eine Zweierliste von Vorzügen der Landschaft ein, die jeweils von einem Adjektiv begleitet werden. Während jedoch die zehnte Ekloge ihren *gelidi fontes* und *mollia prata* konkret vorstellbare Dinge mit diesen natürlich zusammenhängenden Qualitäten zuordnet, greifen die *Dirae* nach dem nur kurzen Aufblitzen von Liebe und Blumenschmuck auch mit den *aurae* und dem *spiritus* ins Allgemeinere. In einer so gedrängten, hastigen Diktion zählt jedes Wort, so dass mit den beiden Adjektiven *dulcis* und *suavis* die Süße hier emphatisch gesetzt ist und den »Geschmack« dieser bukolischen Miniaturidylle bündig wiedergibt, der als *suavis spiritus agri* dann aber auch die Gattung charakterisiert und synästhetisch durchweht; diese Gattung ist dann, wie besonders der wehmütige Traum des Gallus zeigt, als vornehmlich von einer solchen Szenerie konstituiert zu denken. Man beachte, dass dies die zehnte Ekloge, also die vergilische Bukolik für sich selbst artikuliert.

Doch die intakte Süße, die soeben zusammen mit der präsentischen Deixis des *haec* die *serta Veneris* für einen kurzen Moment umgab, wird sofort vergällt: An die Stelle der *aurae dulces* sollen *pestiferi aestus* und *taetra venena* treten. Da diese ebenso wenig wie *aurae* und *spiritus* in Vers 22 mit den *serta* in direkter Verbindung stehen, drängt sich hier eine metaphorische Lesart auf, wie es der nächste Vers bestätigt: Die Synästhesie[559] von Geschmackssinn, Sicht- und Gehörsinn lenkt die Aufmerksamkeit vollends auf eben das Ästhetische. Nimmt man schließlich hinzu, dass, wie gesehen, der Sprecher der *Dirae* sein eigenes *carmen* in einem »bukolischeren«

---

557 Vgl. Coleman *ad ecl.* 10, 42: »In 40-4 the pastoral *locus amoenus* is briefly sketched: willows and vines, meadows and springs, garlands, love and music«.

558 Zu *purpureo*, *Dirae* 21 vgl. van der Graaf *ad loc.* und Coleman zu *ecl.* 9, 40 und *ecl.* 5, 38: »[Purpureus], like the Greek *porphúreos* from which it is borrowed, is used of various rich or brilliant colours, e.g. black grapes (Plin. *Nat.* 14.15), poppies (Prop. 1.20.38), and even swans' plumage (Hor. *C.* 4.1.10).«

559 Zur Synästhesie in der römischen Dichtung vgl. jetzt Catrein.

Moment mit dem Prädikat der Süße ausstattet (v. 71), so kann man einerseits davon sprechen, dass dieses ästhetische Urteil zu einem Stilurteil wird, die *Dirae* also tatsächlich in dieser Hinsicht[560] dem von Schmidt postulierten kallimacheischen Ideal des *dulce* folgen. Andererseits besteht eine klare Analogiebeziehung zwischen der Strophe B.3 und dem Ganzen der *Dirae*, so dass der Begriff der *mise en abyme* sich auch hier aufdrängt: Auf der einen Seite werden die *rura* und die *silva* / Lydia, die das Angriffsziel der 103 Verse – einheitlich gesehen – darstellen, als *dulcia* bzw. *dulcior* apostrophiert (v. 89); andererseits setzen die Verse 20-24 zu ihrem Fluchgegenstand, der – wie der obige Vergleich mit dem Passus der zehnten Ekloge gezeigt hat – gerade in seiner Unbestimmtheit als ebenso »bukolisch« bezeichnet werden darf, mehrfach das Attribut *dulce* bzw. *suave* emphatisch hinzu und lassen somit die Verfluchung dieses Opfers diejenige des Objektes der gesamten *Dirae* widerspiegeln: Die Rede von einem *poème spéculaire* mag also auch hier nicht verfehlt sein.

Reprise: Noch einmal de Man
Bevor die Implikationen, die aus den keineswegs voll ausgeschöpften Beobachtungen zum »Stilideal der Süße« zu ziehen sind, eine Brücke in das nächste Kapitel schlagen, ist noch einmal auf eine weitere Substruktur einzugehen, die oben schon mit Hilfe des de Manschen »Rhetorischen« analysiert wurde: Das Adynaton. Bereits gesehen wurde, wie der *Beginn* der *Dirae* in der Ambiguität seiner Deutung das emphatisch, d.h. hier: rhetorisch gestaltet geäußerte Programm des Fluchenden »rhetorisch« dekonstruiert.

Nun ist es an der Zeit, auch auf das *Ende* des Gedichtes und die zweite Adynaton-Figur desselben einzugehen. Hierzu sei noch einmal daran erinnert, dass bereits die Qualität eines *molle* als Verwandte[561] der bukolischen Süße bezeichnet wurde: Zwar könnte man nunmehr versuchen, auch dieses Adjektiv nur deduktiv als Charakterisierung einer vergilischen Bukolik an die *Dirae* heranzutragen, um das Folgende zu untermauern, jedoch zeigen auch die *molles rami* (v. 29) der *optima silvarum* und die *mollia pabula nota* (v. 92) der *capella*, dass dieses Gedicht die Eigenschaft des *molle*, die sich freilich nicht erst über assoziative Umwege mit Zweigen und Gräsern verbinden lässt, zumindest *hervorhebt*; bezogen wird dieses Adjektiv dabei

---
560 Allerdings nur in *dieser* Hinsicht: Der destruktive Inhalt der *Dirae* verbietet es *a priori*, in diesem Gedicht generell eine poetische Süße walten zu sehen.
561 Vgl. Schmidt, *Reflexion*, S. 28: »Wenn Horaz von den Eklogen sagt: ›molle atque facetum / Vergilio adnuerunt gaudentes rure Camenae‹ [*sat.* 1, 10, 44/45], so entspricht das ›facetum‹ [...] dem kallimacheischen ›tenue‹ oder ›gracile‹, während das ›molle‹ eben den beiden genannten griechischen Adjektiven [*sc.* εὔκολον und μαλθακόν] nahe steht, wie ebenso dem im folgenden zu behandelnden ›dulce‹.«

auf Dinge, die als Repräsentanten einer intakten bukolischen Welt gelten können und als solche zusammen mit den *rura* verflucht werden. Diese Repräsentation lässt sich im vorliegenden Fall erneut an den vergilischen Eklogen selbst aufzeigen, denn die Klage des Fluchenden *mollia non iterum carpetis pabula nota!* (*Dirae* 92), die für einen Moment die frühere Gewohnheit (*nota, iterum*) und dann sofort das unabänderliche Ende (*non iterum*) derselben vor Augen stellt, stellt sich neben den Vers,[562] der unmittelbar auf die drei oben[563] bereits zitierten folgt und in dem Meliboeus einen weiteren Aspekt des Glücks des Tityrus hervorhebt: *non insueta gravis temptabunt pabula fetas.* (*ecl.* 1, 49) – Mit der Emphase einer Litotes wird hier gerade die Kontinuität dessen unterstrichen, was in den *Dirae* soeben für die Zukunft negiert wurde. Dass beide Verse tatsächlich zusammen zu lesen sind, zeigt neben den einander entsprechenden Kontexten, dem jeweils verwendeten Futur und der (von einer Negation abgesehen) identischen Aussage der beiden Sätze besonders das zentrale Wort *pabula*, das zudem jeweils an derselben Stelle des Hexameters steht. Vor diesem Hintergrund der ersten Ekloge, die ein Bild des weiterhin (wenn auch bescheidenen) intakten bukolischen (*per definitionem*) Glücks des Tityrus zeichnet, welches der *Dirae*-Vers dann evoziert und abruft, gewinnt ein (bei Vergil nicht vorhandenes) Epitheton der *pabula* im verändernden Text an entscheidender Bedeutung und vermag deshalb, auch den Charakter des Aufgerufenen bzw. »Erinnerten«, nämlich *der Bukolik selbst* zu beschreiben. Diese Bukolik erscheint indessen auch in der ersten Ekloge ebenfalls durch das Motiv der Enteignung bereits problematisiert.

Also deutet dieses *molle* auch in den *Dirae* in die Richtung einer beschriebenen und reflektierten bukolischen Welt. Diese geht jedoch, das wird in Bezug auf das verwandte *dulce* noch deutlicher, in diesem Gedicht nicht nur implizit zugrunde, sondern wird auch, wie oben gezeigt wurde, in der gesamten Strophe B.3 (*Dirae* 19-24) explizit *qua* Negation der Süße in ihr genaues Gegenteil, Pesthauch und garstiges Gift, verkehrt:

> Haec Veneris vario florentia serta decore,
> purpureo campos quae pingunt verna colore
> (hinc aurae *dulces*, hinc *suavis* spiritus agri),
> mutent *pestiferos* aestus et *taetra venena*:
> *dulcia* non oculis, non auribus ulla ferantur.

(*Dirae* 20-24, Abschnitt B.3)

---

562 Vgl. Jahn, *Abhängigkeit, 2. Forts.*, S. 33.
563 S. 193.

Die besonders in Vers 24 der *Dirae* emphatisch (Synästhesie, *non ... ulla*) erklärte Tilgung jeder Süße ist, wie gezeigt wurde, in der von den Flüchen aufgespannten Realität eine zukünftige Tatsache.

Nun entsteht jedoch eine Spannung zwischen diesem Befund und der Protasis des (nunmehr fraglichen) Adynatons, das die Schlussverse der *Dirae* enthalten:

> Dulcia amara prius fient et mollia dura,
> candida nigra oculi cernent et dextera laeva,
> *migrabunt* casus *aliena* in corpora rerum,
> quam tua de nostris *emigret* cura medullis.

(*Dirae* 98-101)

Wiederum sind es die *Dirae* selbst, welche, wie oben gezeigt wurde, die Umkehr eben der Qualitäten *molle* und *dulce* in ihr Gegenteil inszenieren. Selbst wenn sie dies nicht explizit täten, würde diese Protasis auch implizit wie die des ersten Adynatons, mit dem dieses zweite auch durch eine mögliche kontrastive Parallelisierung der Anreden an den verhassten *Lycurgus* (v. 8) und die Geliebte (v. 101) verbunden ist, durch die Darstellung eines allgemeinen *prima novissima nobis* im Ganzen dieses Gedichtes affiziert. Auf welchem Weg auch immer: Das rhetorische Mittel des Adynaton, das eigentlich dazu dienen sollte, die Unerschütterlichkeit der *cura* (wie in den Versen 4-8 diejenige der hasserfüllten παρρησία) emphatisch zu versichern, gerät wiederum, nimmt man es ernst und nicht nur als den Automatismus der Wahl eines *topos*, zu einer »rhetorischen« (im oben definierten, de Manschen Sinne) Dekonstruktion seiner selbst.

Dieser Eindruck verstärkt sich noch, wenn man nach den beiden Versen *Dirae* 98/99, die das Zusammenfallen von polaren Gegensätzen[564] denotieren, weiter liest. Zwar ist Vers 100 bei jeder der möglichen syntaktischen Konstruktionen dieses Verses in Bezug darauf, was hier eigentlich gemeint sei, nicht befriedigend zu lesen – ein Blick auf Kenneys *apparatus* an dieser Stelle mag hier genügen: »casus ... rerum *coniungi debere uidentur*[!], *sed sensus incertus. per* casus *significari* συμπτώματα *putavit Naeke,* συμβεβηκότα *Eskuche*«. Doch gleich, auf welche – wenn überhaupt – epikureischen (συμπτώματα[565]) oder aristotelischen (συμβεβηκότα[566])

---

564 Auch auf das Motiv der Schwärze wurde in der Behandlung der *tristius*-Strophen (s.o., S. 193) bereits hingewiesen; hier muss also tatsächlich alles Weiße vor der Dunkelheit zurückweichen.

565 Vgl. die *eventa* bei Lukrez 1, 449-482.

566 Vgl. Eskuche *ad loc.* – Die Pointe liegt hingegen in den *Dirae* doch gerade darin, dass sich durch die Kraft der Flüche nicht etwa nur Akzidentien (ob aristotelische συμβεβηκότα oder epikureische συμπτώματα bzw. *eventa*), sondern eben, wie oben oft genug betont, die Substanz (ob aristotelische οὐσία oder epikureische συμβεβηκότα bzw. *coniuncta*; vgl. Bailey zu Lukrez 1, 449-482) selbst der Dinge in das Gegenteil dessen verkehren soll, was dem »natürlichen« Lauf der

Begriffe hier in einem allerdings unzweifelhaft lukrezischen[567] Sprachduktus angespielt wird: Legt man getreu Ockhams Rasiermesser hier diejenige Konstruktion zugrunde, die am wenigsten Umstellungen bemüht, und bezieht mit van der Graaf (*ad loc.*) gegen Kenney den Genitiv *rerum* auf das ihm vorangehende Substantiv *corpora*[568] und betrachtet diese Junktur *corpora rerum* als eine lukrezische Periphrase für ein simples *res*,[569] so ergibt sich zwar kein vollends luzider Sinn; was jedoch gemeint sein muss, lässt sich nachvollziehen, zumal dieser Vers wie auch Vers 6[570] die vorangehenden Vorstellungen ins Abstrakte übersteigert, abschließt und zusammenfasst: »Eher werden die Dinge zufällig [d.h. τυγχάνει ὄντα] in ihnen fremde Körper wandern, bevor aus meinem Innersten die Sorge um dich verschwindet.«

Diese provisorische deutsche Übersetzung bildet jedoch eine Erscheinung des lateinischen Textes nicht ab, die von den Kommentatoren fast gänzlich zugunsten einer Diskussion der philosophischen Konnotationen oder konjekturaler Arbeit[571] vernachlässigt worden ist: Die auffällige[572] Wiederholung des Simplex *migrabunt* (v. 100) in dem Kompositum *emigret* des folgenden Verses. Diese ist, wie schon Naeke bemerkt hat,[573] sicher kein Zufall (das Verb verbindet sich in beiden Fällen nicht unmittelbar mit den Vorstellungen von *casus* und *cura*) und setzt dieses Wandern als Verb betont in den Vordergrund. Die Auffälligkeit dieser Wortwahl wird aber

---

Dinge entspricht. Auf συμβεβηκότα zielt Eskuche *ad loc.* zwar, jedoch schließt er eine epikureische Lesart dieses *terminus technicus* durch sein »ut Aristoteles dicebat« aus. – Bei alledem bleibt kritisch zu überdenken, ob es den *Dirae* tatsächlich unterstellt werden kann, dass sie sich in diesem Endpassus nicht nur lukrezischem Sprachduktus annähern, sondern auch für einen kurzen Moment in die Tiefen der dahinter stehenden epikureischen Physik eintauchen: Doch nur diese lieferte hier mit denotierten συμβεβηκότα einen adäquaten Sinn. Dass sich dieses philosophische Signifikat jedoch hinter der Kontingenz von *casus* verbirgt, ist sehr zu bezweifeln.

567 Vgl. Naeke, S. 136/137: »*Casus* Catoni sunt συμπτώματα, quae Lucretius I. 450. sqq. partim[!] *coniuncta* dicit, partim[!] *eventa*. Igitur *casus*, i.e. συμπτώματα, *rerum migrabunt*, et transferentur, *in corpora aliena*, h.e. in ea corpora, quibus non sunt propria: quod fit, quum durities molle corpus, amaritudo dulcia invadit, vel quum nigrum id, quod candidum est, laevum, id quod dextrum, oculis videtur.«

568 Es läge auch in der Beweispflicht der Gegenbehauptung (z.B. schon Naekes) aufzuzeigen, was ein *casus rerum* bedeuten sollte, welches erstens für das Verständnis der *casus* nichts beiträgt und zweitens sich einer Erklärung eher entzieht als das alternative *corpora rerum*. Anzudenken wäre immerhin auch noch eine Konstruktion ἀπὸ κοινοῦ.

569 van der Graaf *ad loc.* vergleicht etwa Lukrez 2, 232: *corpus aquae*.

570 Vgl. van der Graaf *ad loc.*

571 Gut hingegen immerhin Naeke, S. 136: »Inquirendum erat in sensum loci, antequam ad emendationem confugeretur.« – Dieser Satz sollte als Motto über jeder neueren Beschäftigung mit den *Dirae* stehen.

572 Vgl. Naeke, ebd.: »casus corruptum videbatur Heinsio. Quo commotus Burmannus, partim etiam *offensus repetitione: migrabunt – emigret, quam tamen repetitionem hoc loco poeta consulto admisit haud dubie*, varia tentat«.

573 Vgl. die vorangehende Fußnote.

entscheidend gemildert und (was mehr ist) erklärt, wenn man die einzige andere Stelle in die Interpretation integriert, an welcher sich Ableitungen des Verbs *migrare* in den *Dirae* noch findet. Es ist dies die Strophe B.8:

> Undae, quae vestris pulsatis litora lymphis,
> litora, quae dulcis auras diffundite agris,
> accipite has voces: *migret* Neptunus in arva
> fluctibus et spissa campos perfundat harena;
> qua Vulcanus agros pastus Iovis ignibus arcet,
> barbara dicatur Libycae soror altera Syrtis.

(*Dirae* 48-53)

Hier wird das Wandern *in aliena corpora* zur Realität: Der Sprecher beschreibt, wie tatsächlich (in der Logik des Fluchenden) ein Naturelement (in quasi-naturphilosophischer Allegorese: Neptun) seinen Platz dort einnimmt, wo normalerweise[574] ein anderes (ebenfalls als Allegorie: Vulcan) angesiedelt ist. Auf diese Weise ist es eine οὐσία, die hier in Allegorese bezeichnet wird und an die Stelle einer anderen tritt. Zwar werden hierbei in den Relativsätzen der Verse 48/49 und dem participium coniunctum *pastus Iovis ignibus* auch συμβεβηκότα des jeweiligen Elementes geschildert, im Vordergrund steht hierbei jedoch das *pêle-mêle* der Elemente an sich, die sich sukzessive ihre eigenen Domänen streitig machen. Dies wird dynamisch geschildert: An die Stelle der *agri* und *arva* tritt mit der Strophe B.7 das Feuer, an die des Feuers dann das Wasser.

Wenn also der Fluchende zu einem Bestandteil der Protasis seines Adynatons macht, dass *migrabunt casus aliena in corpora rerum* (v. 100), dann bedeutet dies – darin würden alle Deutungen dieses Verses übereinstimmen –, dass er diese rhetorisch als »unmöglich« gekennzeichnete Bedingung für das Verlöschen seiner *cura* innerhalb seiner Verse auf einer anderen Ebene selbst als gegeben beschreibt und sich auf diese Weise selbst widerspricht. Hier macht sich deshalb erneut eine Strömung[575] unterhalb des Textes bemerkbar, die gegen das von ihm *prima facie* Gesagte arbeitet: Am Werk ist also wieder die de Mansche »Rhetorik«, auf die man hier freilich

---

574 Der Vers 52 setzt mit der nüchternen Abschilderung seines Relativsatzes die durch die Perlokutionen der voranstehenden Strophe B.7 vollendeten Feuersbrünste bereits als »normal« voraus.

575 Je mehr man ebenfalls den Hypotext an dieser Stelle neben den *Dirae*-Versen betrachtet, desto deutlicher erkennbar wird diese Gegenströmung: In dem Adynaton *ecl.* 1, 59-63 ist zwar ebenfalls (in Bezug auf Tiere: s.o. S. 72) die Rede von einem radikalen Wechsel der Heimat, sogar das Wort *exsul* fällt (*ecl.* 1, 61), und in der »Apodosis« geht es ebenfalls um das (Nicht-)Vergessen einer Person. Doch entweder greift diese gegenläufige »Rhetorik« hier nicht, da es ja gerade nicht der Sprecher Tityrus ist, der zu einem Exil gezwungen wird – oder aber das Schicksal des Meliboeus affiziert ebenfalls das System von Naturkonstanten, so dass auch Vergil an dieser Stelle seiner *Bucolica* Gegenstand einer (hier nicht zu leistenden) Betrachtung unter diesem Gesichtspunkt der Dekonstruktion werden müsste.

nur dann stößt, wenn man sich nicht nur auf Quellenforschung und die Katalogisierung von so genannten *topoi* beschränkt, sondern sich auch den deutlichen Signalen zuwendet, durch welche die einzelnen Teile der *Dirae* miteinander verbunden sind und die dieses Gedicht bei aller Dekonstruktion als ein immer homogeneres und kohärenteres Ganzes erscheinen lassen.

Diese Kohärenz beschränkt sich indessen auch an dieser Stelle der Schlussadynata nicht auf horizontale Verweise; vielmehr sind die Bewegungen des *migrare in aliena* und des *emigrare* als ein Verlassen des Angestammten, d.h. der Heimat[576] auch ein Miniatur-Abbild (*mise en abyme*) derjenigen Dynamik, die das gesamte Gedicht Vers um Vers vorantreibt, nämlich der Exodos des fluchenden *colonus*, der während des Äußerns seiner Flüche unter Zwang die *rura* als seine *medulla* (»one's inmost part«, *OLD s.v.*, 2a) verlässt. Dieses Auswandern ist aber für ihn, so unwahrscheinlich oder gar unmöglich es auch zuvor geschienen haben mag, nun bittere Realität (*ex-sul ... mea rura reliqui*, v. 84) und lässt unterhalb der Emphase des Adynatons durch eben dieses auch anderes als möglich erscheinen: Sowohl dasjenige, von dessen Unmöglichkeit das Funktionieren dieser rhetorischen Figur sonst gewährleistet wurde, als auch das, was durch das Siegel des Adynatons als für ewig ausgeschlossen hingestellt werden sollte: Vielleicht wird tatsächlich auch die *cura* entschwinden. Alles ist nun denkbar.

---

[576] Zu dieser Bedeutung vgl. zu *emigrare* den *ThLL* V, 2 Sp. 488, Ze. 17ff. und zu *migrare* den *ThLL* VIII Sp. 935, Ze. 20ff.

3. The Rhetoric of destructive Imitation

> Es gibt zwei Arten, durch einen Wald zu wandern. In der ersten wandert man, um einen oder mehrere Wege auszuprobieren [...]. In der zweiten wandert man, um herauszufinden, wie der Wald beschaffen ist, warum manche Wege gangbar sind und andere nicht. Ebenso gibt es auch zwei Arten, sich durch einen erzählenden Text zu bewegen.[1]

Die *Dirae* der *Appendix Vergiliana* bieten gegenüber späteren Werken wie den Eklogen etwa eines Calpurnius Siculus oder gar eines Nemesian den Vorteil, keinen (zumindest erkennbaren) Dialog mit anderer, vor- oder nachvergilischer Bukolik zu führen. Auf diese Weise kann und konnte es bereits bei diesem Gedicht als einem exemplarischen in besonderem Maße gelingen, den Verfahren nachzuspüren, mit denen hier das Corpus der zehn Eklogen Vergils als Ausgangspunkt genommen und transformiert wird. Den Namen, den ein solches Feld der Untersuchung gemeinhin trägt, ist »Intertextualität« als Bezeichnung eben des Dialoges, den zwei oder mehrere Texte miteinander führen. Da jedoch dieser zunächst völlig vage Begriff »Intertextualität« sofort nach möglichst großer Trennschärfe in der Kategorisierung des Beobachteten geradezu ruft, soll nun das intertextuelle Modell Gérard Genettes in den Mittelpunkt gestellt und vor Augen geführt werden, denn diese Begrifflichkeit kommt jenem Bedürfnis nach differenzierter Betrachtung in besonders hohem Maße entgegen und wird im letzten Teil dieser Arbeit von besonderem Nutzen sein.

3.1 Arten von »Transtextualität« nach Gérard Genette

Nun ist also der Ort, kurz innezuhalten und das bereits Gesammelte zu ordnen. Betrachtet werden sollen hierzu die von Genette vorgeschlagenen Untergruppen dessen, was er mit »textuelle[r] Transzendenz«[2] bezeichnet hat, also dasjenige, was aus einem Text hinausweist und somit dazu auffordert, ihn zu verlassen: Natürlich wäre es möglich, die *Dirae* streng immanent zu interpretieren und so diesen Grundtext nicht zu verlassen. Die

---

1 Eco, *Wald der Fiktionen*, S. 41.
2 Genette, *Architext*, S. 100.

Transzendenz ist im Vorangehenden auch nicht immer nötig gewesen, um gewisse Beobachtungen wie z.B. die der »Rhetorik« der beiden Adynatagruppen in den *Dirae* zu machen. Doch der Reiz dieses Gedichtes liegt ja gerade darin, dass es – da wir im Besitz des Textes sind, der den Gesprächspartner bildet – eindeutig aus sich selbst heraus weist und einen Dialog mit den *Bucolica* Vergils führt. Diesen Brückenschlag hinüber zu anderen *Texten*(![3]) bezeichnet Genette als »Transtextualität« und meint hiermit all das, »was ihn [*sc.* einen Text] auf verborgene oder manifeste Weise mit anderen Texten verbindet.«[4] Mit welchem Überbegriff auch immer dieses »Bezugnehmen auf ...« benannt wird: Es ist dieses Gebiet, welches auf dem Sektor der Klassischen Philologie besonders die Arbeiten Contes, Hinds' und Thomas' prägt. Die Tatsache, dass Genette von einer höheren, allgemein-literaturwissenschaftlichen Warte aus Pionierarbeit leistet und dieses weite Feld bereits zumindest grob kartographiert hat, wird in der Synopse dieser Skizzierungen und jener soeben angesprochenen klassisch-philologischen Theorien dabei helfen, die vielen interessanten Befunde der letzten zwei Dezennien auf dem Gebiet der Transtextualität griechischer und lateinischer Texte weiter miteinander in Verbindung zu setzen, die Beziehungen derselben zueinander terminologisch schärfer und differenzierter zu fassen und schließlich zu einer umfassenderen Theorie der tatsächlichen Erscheinungsformen spezifisch antiker Inter- bzw. Transtextualität auszubauen. Dass solch ein Ziel durchaus eine vitale Bedeutung für die Selbstbehauptung der Klassischen Philologie selbst hat, braucht hierbei keineswegs verschwiegen zu werden.[5]

---

3 »Vielleicht hätte ich doch ausführen sollen, dass Transtextualität nur eine Transzendenz unter anderen ist; immerhin unterscheidet sie sich von jener anderen Transzendenz, die den Text mit der Realität außerhalb des Textes verbindet, die mich aber im Moment nicht (direkt) interessiert – ich weiß aber sehr wohl, dass es sie gibt: Es kann vorkommen, dass ich meine Bibliothek verlasse (ich habe keine Bibliothek). Und was das Wort *Transzendenz* betrifft, das mir als Übertritt zur Mystik angelastet wurde, so wird es hier in einem rein technischen Sinn verwendet: als Gegenteil von, glaube ich, Immanenz.« (Genette, *Palimpseste*, S. 13, Anm. 1)

4 Genette, *Architext*, S. 100, vgl. Genette, *Palimpseste*, S. 9.

5 Vgl. zu einem analogen Interesse der (allgemeinen) Literaturwissenschaft an Reflexionen über ihre eigenen Bedingungen und Legitimationen in Bezug auf dekonstruktivistische Theorieansätze: »Herkömmliche hermeneutische und dekonstruktive Positionen verknüpfen stets zwei zumindest heuristisch zu platzierende Prämissen: Werke, Texte sind unausschöpfbar, Interpretationen, Lesarten sind nicht endgültig abschließbar. Diese Prämissen halten das Lieblingsspiel der Literaturwissenschaft – Interpretationen von ihrer schlichtesten bis zu ihrer raffiniertesten Form – trefflich am Leben und *dienen somit stets auch der Selbsterhaltung der Literaturwissenschaft, sorgen für ihr Funktionieren.* Dieser funktionale Effekt von Interpretation wird meist nicht hinreichend bedacht, oft auch schlichtweg verschwiegen. Deshalb täte die Literaturwissenschaft gut daran, die Konstitutionsbedingungen von Interpretation zu klären und die diskursiven und nicht-diskursiven Praktiken zu analysieren, welche Interpretationen als Interventionsspiele allererst ermöglichen.« (Müller, Harro: Hermeneutik oder Dekonstruktion? Zum Widerstreit zweier Inter-

Genette beschreibt fünf Haupttypen von Transtextualität, welche auch hier »in der Reihenfolge zunehmender Abstraktion, Implikation und Globalität«[6] (allerdings ohne Genettes »didaktische« Vertauschung der Typen 4 und 5 in seinen *Palimpsestes*) im Folgenden knapp beschrieben und durch Beispiele (aus antiken Texten) mit Leben gefüllt werden sollen.[7] Hierbei sind im vorliegenden Kontext einer Analyse der *Dirae* besonders die Typen 1, 4 (beide mit ihren jeweiligen Unterarten) und 5 von besonderer Bedeutung, lohnen also ihrerseits eine etwas eingehendere Behandlung.

3.1.1 Intertextualität

Zunächst ist die *Intertextualität* im engeren Sinne anzuführen. Es handelt sich hierbei »eidetisch gesprochen« um die »effektive Präsenz eines Textes in einem anderen Text«,[8] sei es als deutlich markiertes *Zitat*, als weniger erkennbares *Plagiat* oder – was einer noch größeren philologischen Anstrengung bedarf – als *Anspielung*, d.h. als eine »Aussage, deren volles Verständnis das Erkennen einer Beziehung zwischen ihr und einer anderen voraussetzt, auf die sich diese oder jene Wendung des Textes bezieht, der ja sonst nicht ganz verständlich wäre«.[9] – Natürlich gilt dies über die hermeneutische Tragweite einer Anspielung Gesagte auch für die beiden anderen Beispiele von intertextuellen Untertypen: Nur muss hierbei die Motivation der Präsenz (Zitat) bzw. der jeweilige Ursprung des Geliehenen (Plagiat) betrachtet werden.

Der Unterschied zwischen Zitat und Plagiat ist natürlich die vorhandene bzw. fehlende explizite Angabe des Urhebers eines verwendeten Textes oder Textausschnittes. Problematisch wird eine solche Unterscheidung hierbei im Lichte des Fehlens eines rigorosen Urheberrechtes in der Antike, so dass sie schließlich nur noch auf einer unwesentlich erscheinenden Setzung eines Namens beruhen kann. Zudem ist es ja gerade eines jener noch (freilich nicht im hier gebotenen Rahmen) zu systematisierenden Charakteristika der antiken Textproduktions- und Textrezeptionspraxis, dass, was in Literaturen etwa der Neuzeit als »Plagiat« gölte, für die Antike eine weit weniger ehrenrührige, offene Aufforderung an den Rezipienten, einen Referenztext in den gegebenen Zusammenhang »einzuspielen«, darstellt.

---

pretationsweisen, in: Karl Heinz Bohrer (Hg.), Ästhetik und Rhetorik. Lektüren zu Paul de Man, Frankfurt a.M. 1993, S. 98-116, hier: S. 111/112, meine Kursive)

6 Genette, *Palimpseste*, S. 10.

7 Vgl. Schmitz, S. 94-97, der jedoch seine Illustrationen eher den Facetten der Hypertextualität widmet.

8 Genette, *Palimpseste*, S. 10.

9 Ebd.

Beispiele – und zwar »literarische« – einer solchen *effektiven* »Präsenz eines Textes in einem anderen Text« sind einfach zu finden und auch leicht in das Genettesche Schema einzuordnen, das das Deutlichmachen der Entlehnung und ihrer Quelle bewertet:

a) *Zitate* unter Angabe eines Autorennamens (also aus neuzeitlicher Sicht: »regelrechte«) finden sich sogar in poetischer Einkleidung, man denke etwa an die ersten Verse von Ausonius' Eklogenbuch, die den Beginn des Gedichtbuches Catulls derart zitieren:

>›Cui dono lepidum novum libellum?‹,
>*Veronensis ait poeta* quondam
>inventoque dedit statim Nepoti.
>At nos inlepidum, rudem libellum...
>
>(Ausonius 7, 1, 1-4)

b) Als eine Form des *Plagiats* mag man hingegen (allerdings ohne jedwede Konnotation des Widerrechtlichen) »eine nicht deklarierte, aber immer noch *wörtliche* Entlehnung«[10] ansehen, wie sie etwa der *Cento Nuptialis* (= Buch 17) des Ausonius mit seinem vergilischen Vers*patchwork* zu seinem eigenen konstitutiven Prinzip erklärt. Diese (extreme) Form bildet freilich eine Ausnahme. Häufiger (und interpretatorisch ergiebiger) ist jedoch ein nur punktuelles wörtliches »Anzitieren« eines anderen Textes.

Ein schönes Beispiel hierfür findet sich behandelt (u.a.) bei Conte, S. 57-59:[11] Ovid gibt im Zusammenhang der Apotheose des Romulus die Worte des Mars, des Vaters des Romulus, wieder, die er zu Jupiter spricht, um ihn an ein Versprechen zu erinnern, dass der Göttervater ihm »einst« gab: Nun, da *fundamine magno / res Romana valet et praeside pendet ab uno* (*met.* 14, 808/809), sei es an der Zeit, den toten Romulus endlich in den Himmel aufzunehmen, denn...

>›tu mihi concilio quondam praesente deorum
>(nam memoro memorique animo pia verba notavi)
>'unus erit, quem tu tolles in caerula caeli'
>dixisti: rata sit verborum summa tuorum!‹
>adnuit omnipotens...
>
>(Ov. *met.* 14, 812-816)

Die Worte, die Jupiter gemäß dieser Verse »einst« in einer Götterversammlung zu Mars sprach (*sc.* v. 814), finden sich in einem völlig ähnlichen Kontext in unveränderter Form auch in Ovids Vers *fasti* 2, 487 wieder. Das Bemerkenswerte ist hierbei weniger die Tatsache, dass sich Ovid hier

---

10 Ebd., meine Kursive.
11 Vgl. auch die Ausführungen bei Hinds, S. 14-16.

(auch) selbst zitiert, als vielmehr der Befund, dass es sich bei Jupiters Worten um einen Vers handelt, den ihm »einst« schon Ennius (*ann.* 54/55 Skutsch) in den Mund gelegt hatte: *unus erit, quem tu tolles in caerula caeli / templa.*

Unabhängig davon, dass es einiges zu dem »Gedächtnis« des ovidischen Mars (vgl. *nam memoro memorique animo pia verba notavi, met.* 14, 813) zu sagen gibt, stellt das einzige, was in der *Metamorphosen*-Stelle (entfernt) darauf hinweist, dass es sich bei den Worten des Jupiter nicht nur um ein Götter-, sondern auch um ein Dichterzitat handelt, das Adverb *quondam* dar[12] – der Name »Ennius« wird nicht genannt. Somit ginge man nicht fehl, den reproduzierten Vers als ein (konstruktives) Plagiat im oben definierten, Genetteschen Sinne zu verstehen. Den Unterschied zu einem philologischen Zitat, wie es soeben exemplifiziert wurde, stellt auch Conte, S. 59 deutlich heraus: »Such a case could be called a 'quotation' (Pasquali, for instance, used 'citazione' without making further distinctions), but philology already applies this term in a specific sense.« Für letzteren gibt Conte als Beispiel u.a. eben jenen oben als Beispiel für ein Genettesches »Zitat« angeführten Beginn der Eklogen des Ausonius. Den Unterschied zwischen beiden Zitationsweisen erläutert Conte dann, die Genettesche Distinktion zwischen intertextuellem »Zitat« und »Plagiat« (die Bezeichnungen sind hierbei freilich ohne Belang) antizipierend, wie folgt:

Both [*sc.* Persius und Ausonius] openly acknowledge the work of another, so that no tension is established between the two texts. No ›expropriation‹ of an older text occurs, because the new verbal segment does not rework the old one dialectically; it simply inserts the only text statically within itself. Thus no interpretation occurs between the two texts – no violence is done to the ›propriety‹ of the old text, and the new text sets up no new meaning to add to its own evident sense (so that there is no complication of sense or of the artistic process).[13]

Genau diese implizite partielle »Enteignung« des ursprünglichen literarischen Urhebers ist aber eben die *differentia specifica*, die die zweite (Plagiat) gegen die erste Art (Zitat) von Genettescher Intertextualität absetzt.

c) Ein gutes Beispiel für eine *Anspielung* im oben definierten Sinn findet sich bei Thomas (1999) 120/121. In den *Georgica* gibt Vergil folgende Empfehlung:

---

12 Bzw. – noch vager – in der *fasti*-Stelle das Tempus des Prädikates *dixisti* (*fast.* 2, 488).
13 Conte, S. 60.

Umida solstitia atque hiemes orate serenas,
agricolae; hiberno laetissima pulvere farra,
laetus ager: nullo tantum se Mysia cultu
iactat et ipsa suas mirantur Gargara messis.
quid dicam, iacto qui semine comminus arva
insequitur cumulosque ruit male pinguis harenae,
deinde satis fluvium inducit rivosque sequentis,
et, cum exustus ager morientibus aestuat herbis,
ecce supercilio clivosi tramitis undam
elicit? illa cadens raucum per levia murmur
saxa ciet, scatebrisque arentia temperat arva.

(Verg. georg. 1, 100-110[14])

Vor allem zwei Dinge fallen hier auf: Zum einen die beiden durchaus gesucht und maneriert wirkenden Ausdrücke *supercilio clivosi tramitis* und *scatebris*, andererseits martialisch konnotierte Wendungen (*comminus, insequitur, inducit*[15]), die in der Beschreibung der ländlichen Arbeit zunächst doch zu überraschen vermögen. Der Weg zur Erklärung beider Auffälligkeiten *beginnt* bei der Beobachtung, dass Vergils Verse *georg.* 1, 104-110 eine »close translation«[16] einer Passage aus der *Ilias* darstellen:

Ὡς δ᾽, ὅτ᾽ ἀνὴρ ὀχετηγὸς ἀπὸ κρήνης μελανύδρου
ἂμ φυτὰ καὶ κήπους ὕδατι ῥόον ἡγεμονεύῃ
χερσὶ μάκελλαν ἔχων, ἀμάρης ἐξ ἔχματα βάλλων,
τοῦ μέν τε προρέοντος ὑπὸ ψηφῖδες ἅπασαι
ὀχλεῦνται, τὸ δέ τ᾽ ὦκα κατειβόμενον κελαρύζει
χώρῳ ἔνι προαλεῖ, φθάνει δέ τε καὶ τὸν ἄγοντα·
ὣς αἰεὶ Ἀχιλῆα κιχήσατο κῦμα ῥόοιο
καὶ λαιψηρὸν ἐόντα· θεοὶ δέ τε φέρτεροι ἀνδρῶν.

(*Ilias* 21, 257-264[17])

---

14 Ich füge eine Übersetzung bei, um das »martialische« dieser Passage hervorzuheben: »Bittet um feuchte Sommer und heitere Winter, / ihr Bauern; ist der Winter trocken, gedeiht der Dinkel am besten und / ist der Acker fruchtbar: Auch ohne Bearbeitung kann sich Mysien einer solchen Ernte / brüsten, und Gargara staunt so über seine eigenen Erträge. / Was soll ich von jenem reden, der mit dem Werfen von Saatgut Felder *handgemein angreift* / und Haufen kaum fruchtbaren Sandes aufgräbt, / dann zur Genüge einen Fluss und die ihm folgenden Bäche *hineinmarschieren lässt* / und, wenn der ausgetrocknete Acker verdorrt und die Gräser eingehen, / – schau! – von einer Anhöhe eines abschüssigen Pfades das fließende Wasser / hervorlockt? Dieses stürzt mit dumpfem Getöse über die glatten / Steine herab und kühlt sprudelnd die trockenen Felder.«

15 Natürlich kann *inducere* auch einfach »hineinleiten« heißen; indes: nach den ἀπροσδόκητα der beiden vorangehenden Verse wird dies Wort von jenen gleichsam in dasjenige hinein gesogen, was man gemeinhin ihre »Isotopieebene« nennt: Diese stellt hierbei die militärische Komponente des *inducere* in den semantischen Vordergrund.

16 Thomas, S. 121.

17 »Und wie, wenn ein Mann, um einen Graben zu ziehen, von einer Quelle mit dunklem Wasser / entlang der Pflanzungen und Gärten dem Wasser den Fluss weist, indem er, / eine Hacke in

Nun genügte es nicht, im Sinne einer Quellenforschung nur festzustellen, dass sich Vergil hier an ein »Vorbild« Homer halte. *Dass* er dies tut, sagt der Text selbst explizit: Die oben als auffällig bezeichneten Redewendungen sind nämlich leicht erkennbar nichts anderes als Übersetzungen dessen, was Vergil in der *Ilias* vorfand; so treten an die Stelle der Ortsangabe »χώρῳ ἔνι προαλεῖ« (v. 262) und des Verbs »κελαρύζει« (v. 261), welches so selten ist wie die lateinischen *scatebrae*,[18] jeweils Vergils *supercilio clivosi tramitis* bzw. *scatebris*. Es bleiben die militärischen Momente in der Nachbildung. Diese werden erst erklärbar, wenn man den *Kontext* der *Ilias*-Stelle berücksichtigt.[19] Der homerische Grabenzieher ist nur eine Figur innerhalb eines Gleichnisses: Wie der von ihm losgelassene Wasserstrom nicht nur ihn selbst einholt, sondern – und dies wird von der Emphase des »ἅπασαι« (v. 260) betont – auch alles mit sich reißt, auf das er trifft und für das in der Miniatur des Gleichnisses hier die ψηφῖδες stehen, mit eben solcher Gewalt prallt im Großen der Fluss Skamander auf den mit ihm kämpfenden Kieselstein Achill. Es ist dieses Element des Kampfes, das Vergil – in pointierter Umkehrung der Verhältnisse in der Dyas Natur–Mensch[20] – in das Vokabular eindringen lässt, mit dem er die nunmehr um so heroischer erscheinende Tätigkeit des Sämannes schildert. Doch erst der homerische Kontext bietet den ἥρως.

Ein weiteres eindeutiges Beispiel für eine solche Intertextualität ist oben (S. 195) bereits behandelt worden: Das »Auftauchen« der *Venus* im Vers 20 der *Dirae* lässt sich dann motivieren, wenn man den Kontext und den Gedankengang der Worte des Gallus in der zehnten Ekloge als hier »effektiv präsent« betrachtet.

---

den Händen, Hindernisse aus dem Graben wirft, / von dem hervorströmenden Wasser alle Kieselsteine / weggespült werden und jenes in schnellem Fluss herabrieselt / an einem abschüssigen Ort und sogar seinen eigenen Geleiter überholt: / So traf den Achill immer wieder die Woge des Flusses, / mochte er noch so flink sein: Es sind doch Götter stärker als Menschen.«

18 Ebd.

19 Vgl. ebd.: »What Virgil expects of his reader is recollection of the *context* of the Homeric simile (a context not represented in the Virgilian lines), for it is that context, and not the simile itself, that informs his deeper poetic intentions.« – Man sieht: Erst das Charakteristikum der Genetteschen Intertextualität, dass ein Text in einem anderen *effektiv präsent* sein muss, gewährleistet das »Funktionieren« der vergilischen Signale; denn hier genügt es nicht, nur auf einen Text*ausschnitt* zu rekurrieren, der hinter bzw. in der *Georgica*-Stelle steht, sondern es muss eben der Kontext »präsent« sein, das heißt: Der Text als ganzer.

20 Das homerische Gleichnis illustriert die natürliche Kraft des Wassers, d.h. des Skamander, die *gegen* einen Menschen ausgeübt wird. Bei Vergils sind es gerade die Anstrengungen eines *Menschen*, der mit Hilfe des Wassers sich eine Natur urbar machen möchte, die leider nicht die Mysiens ist. Anders Thomas, S. 121: »The figure behind the Homeric irrigator is of course Achilles«.

3.1.2 Paratextualität

Formal viel luzider definierbar ist der zweite Typus der Genetteschen Transtextualität, die *Paratextualität*:[21] Diese Art von Beziehung setzt – wie die nächste – insofern ein trennende Betrachtung von zwei Texten voraus, als diese tatsächlich als auch materiell gleichzeitig präsent gedacht werden können und nicht nur als Allusionen oder Transformationen auf einen Text im Hintergrund verweisen. Dieses Nebeneinander wird besonders bei dem deutlich, was Genette den *Para*text eines Textes nennt. Hierunter versteht er die Arten »zusätzlicher, auto- oder allographer Signale, die den Text mit einer (variablen) Umgebung ausstatten«,[22] also alles, was zu dem eigentlichen »Körper« eines Textes hinzugefügt[23] wird: »Titel, Untertitel, Zwischentitel; Vorworte, Nachworte, Hinweise an den Leser, Einleitungen usw.; Marginalien, Fußnoten, Anmerkungen; Motti; Illustrationen«.[24]

Beispiele aus der antiken Literatur für Paratexte sind reichlich:[25] Man denke nur etwa an Syllabi bzw. σίλλυβοι, an authentische oder »allographe« Überschriften (z.B. in Lukrezens *De rerum natura*), an alle Formen von Proömien, an in der Tradition keineswegs konstante Werk- und Buchtitel (etwa der homerischen Gedichte) oder an explizite Vorworte wie etwa dasjenige zur zweiten Auflage der ovidischen *Amores* oder die Prosavorworte zu Gedichten des Ausonius (z.B. *Cento nuptialis, Cupido cruciatur, Bissula* etc.). So banal diese Beispiele sind: Viel weniger banal wäre es, eine umfassende(re) Theorie der antiken Paratextualität – etwa in der Folge und in Abgrenzung zu Genettes Ergebnissen – zu liefern.

3.1.3 Metatextualität

Der dritte Typ von Transtextualität, die *Metatextualität*, könnte mit Recht als *raison d'être* der Klassischen Philologie bezeichnet werden:[26] Er bezeichnet diejenigen Texte, welche als *Kommentar* (im weiteren Sinne) eines anderen Textes dienen, »ohne ihn unbedingt zu zitieren (anzuführen) oder auch nur zu erwähnen [...]. Dies ist die *kritische* Beziehung par excel-

---

21 Hierzu vgl. besonders: Genette, *Paratexte*.
22 Genette, *Palimpseste*, S. 11.
23 Ein schönes Beispiel für ein bewusstes, verwirrendes Spiel mit verschiedenen Paratexten zu ein und demselben Grundtext (*sc.* Edgar Allan Poes *Narrative of Arthur Gordon Pym*) findet sich bei Eco, *Wald der Fiktionen*, S. 29-33.
24 Genette, *Palimpeseste*, S. 11.
25 Einschlägig hier die Monographie Schröder.
26 Zu diesem *bricolage intellectuel* des Literaturwissenschaftlers, der Metatexte »erzeugt«, vgl. Genette, G.: Structuralisme et critique littéraire, in: Genette, *Figures I*, S. 145-170 [deutsche Übersetzung von Ausschnitten hieraus ist Genette, *Strukturalismus*].

lence«:[27] So stellt natürlich einen Metatext zu den *Dirae* die vorliegende Arbeit dar, eine Rezension derselben wird ihrerseits ein Meta-Metatext sein usw.

Interessanter sind freilich literarische Beispiele von Metatexten: Solche finden sich bereits in den Homerallegoresen von Xenophanes v. Kolophon, Theagenes v. Rhegion oder Metrodoros v. Lampsakos bis zu einer ebenso »kritischen« Lektüre des homerischen Textes in Dion Chrysostomos' »Τρωικὸς λόγος ὑπὲρ τοῦ Ἴλιον μὴ ἁλῶναι« (*or.* 11), in Interpretationen, wie sie etwa Pseudo-Longin von Sappho *fr.* 31 Lobel-Page vornimmt, und auch in der korrigierenden Kritik des Lukrezischen Lehrgedichtes durch den *Anti-Lucretius, sive de Deo et natura* (erschienen 1747[28]) des Kardinals de Polignac. Zu denken ist in diesem Zusammenhang natürlich auch an den gewaltigen Metatext, den das Œuvre Montaignes darstellt.

3.1.4 Hypertextualität

Nun stellen die *Dirae* – das sollte nach den bisherigen Ausführungen deutlich geworden sein – eine Auseinandersetzung mit Vergils Eklogen dar, welche hier ihren (korrigierenden) Kommentar finden. Zwar werden die *Bucolica* von den *Dirae* weder zitiert noch auch nur erwähnt. Diese beiden Eigenschaften stellen jedoch (wie soeben erwähnt) nach Genettes Definition keine *notwendigen* Bedingungen für das Vorliegen von Metatextualität vor. Warum ist es dennoch verfehlt, von den *Dirae* als von einem Metatext zu sprechen, der die *Bucolica* »nur« kommentierte? – Der ausschlaggebende Unterschied ist der, dass die *Poetik* des Aristoteles kein Drama sein will, die »trojanische« μελέτη des Dion von Prusa kein Epos und das »Περὶ ὕψους« keine Lyrik. Die *Dirae* formal als bukolisches Gedicht herauszustellen, war hingegen gerade das Ziel des vorangehenden Teils dieser Arbeit: Sie zeigen genügend Signale, die einen direkten Anschluss an die (vergilische) Bukolik bedeuten. Zur *differentia specifica* wird hier also ein Moment von Mimesis.

Genau dies ist der Grund, warum hier auch nicht von Genettescher *Inter*textualität zu sprechen ist, obwohl sich gerade diese beiden Formen von Transtextualität – zumal wenn man an die intertextuelle Anspielung denkt – beängstigend eng aneinander annähern. Doch auch hier kann eine Grenze gezogen werden: Im Französischen stehen die Worte *audition* und *ouïe* nebeneinander. Doch während ersteres eine spätere, direkte Entlehnung aus

---

27 Genette, *Palimpseste*, S. 13.
28 Vgl. Ament, E. J.: The *Anti-Lucretius* of Cardinal Polignac, in: *TAPhA* 101 (1970), S. 29-49.

dem Lateinischen darstellt (also sozusagen einen importierten »Fremdkörper«), ist die zweite Form in dieser romanischen Sprache *organisch*, d.h. mit allen Lautveränderungen der letzten zwei Millennien, aus demselben lateinischen Ursprungsverb *audire*[29] entstanden.[30] Wie diese beiden Begriffe die Vorstellung des Hörens in einen französischen Text »importieren«, so holen sowohl der Sämann der oben angeführten *Georgica*-Stelle als auch der Beginn der *Odusia* des Livius Andronicus »das Epische« in den jeweiligen Text hinein. Doch während Vergil frühere Dichtungen des Heldenepos (hier: die *Ilias*) nur für einen (mehr oder minder) kurzen Augenblick der Anspielung in sein hesiodeisches[31] Lehrgedicht gleichsam als einen Fremdkörper einspielt, stellt das Umgebende der *Odusia* nichts anderes dar als die *Transformation*[32] einer früheren epischen Dichtung (hier: der *Odyssee*). Hierein fügt sich das einzelne Element (z.B. Musenanruf) deswegen organisch ein, weil es zusammen mit dem gesamten, es enthaltenden Text als Mmesis eines literarischen Vorläufers zu sehen ist.

Diesen hierdurch definierten Typ von transtextueller Beziehung wie diejenige von *Odusia* zur Ὀδύσσεια nennt Genette *Hypertextualität*. Sie ist es, die in vorliegender Arbeit bis jetzt vornehmlich behandelt worden ist und deren zentrale Eigenschaften mit den beiden Begriffen von *Transformation* und *Mimesis* bezeichnet sind, obwohl diese ein und dasselbe Phänomen – einmal von dem Angepassten (dem *Hypotext*), einmal von dem sich Anpassenden (dem *Hypertext*) aus betrachtet – bezeichnen. Da Genette diesem 4. Typ von Transtextualität sein gesamtes Buch *Palimpsestes* gewidmet hat, können hier nur die propädeutischen Prolegomena zu dem Erstellen seiner systematisierten hypertextuellen Landkarte vorgestellt werden. In diesen Vorbemerkungen[33] trifft Genette eine fundamentale Unterscheidung, welche direkt zum letzten Typ von Transtextualität führt und die Analyse der *Dirae* auf eine nächste Stufe heben wird:

---

29 Vgl. Meyer-Lübke, W.: Romanisches Etymologisches Wörterbuch, Heidelberg [6]1992, *s.v. audire*.

30 Diesem sprachlichen Phänomen wird auch (und besonders) in anderen Sprachen große Beachtung zuteil: Unter Entwicklung sogar einer eigenen Terminologie bezeichnen die neuindoarischen Sprachen (z.B. Hindi) ein Wort, das erst später, ohne lautliche Veränderung aus dem Sanskrit entlehnt wurde, als *tatsama*, während ein *tadbhava* sich *organisch* aus seinem Vorfahren einer altindischen Sprachstufe (z.B. Sanskrit) entwickelt hat: So stehen im modernen Hindi in der Bedeutung »Handlung, Tat« (Sanskrit: *karman*) die Wörter *karm* (*tatsama*) und *kām* (*tadbhava*) nebeneinander. – Vgl. hierzu: Masica, C. P.: The Indo-Aryan languages, Cambridge 1991, S. 64-67.

31 Vgl. *georg*. 2, 173-176: *Salve, magna parens frugum, Saturnia tellus, / magna virum: tibi res antiquae laudis et artem / ingredior sanctos ausus recludere fontis, / Ascraeumque cano Romana per oppida carmen*.

32 Vgl. Genette, *Palimpseste*, S. 15.

33 Genette, *Palimpseste*, S. 14-18.

(a) Eine »*einfache* oder *direkte* Transformation« nimmt an einem Text nur geringfügige Modifikationen vor: Die *obtrectatores Vergilii* machen sich unmittelbar an den *Bucolica* zu schaffen und parodieren deren ersten Vers,[34] indem sie hier einfach einige Wörter ändern. Ebenso unmittelbar bezieht sich Hipponax in seiner Homer-Persiflage[35] der *frr.* 126/127 Degani auf die Proömien von *Ilias* und *Odyssee*, indem er nur einige Wörter des Originals abändert (ohne etwa auf »das Epische« zurückzugreifen) und so seinen beißenden Spott zum Ausdruck bringt: Es werden »nur« (in einem rein formalen Sinne) Details bearbeitet, so dass etwa aus der Zauberin Καλυψώ die *fellatrix* Κυψώ werden kann.[36] – Genettes Beispiel für ein solches Verfahren ist der *Ulysses* von James Joyce, der sich schlicht damit begnüge, »die Handlung der *Odyssee* ins Dublin des 20. Jahrhunderts zu verlegen«.[37] Hier wird also unter Beibehaltung fast aller Basisstrukturen direkt an und mit einem anderen Text gearbeitet.

(b) Dieser direkten Transformation steht die *Nachahmung* gegenüber (bzw. zur Seite). Die *Dirae*, so ist oben argumentiert worden, greifen in ihrer Gesamtkonzeption nicht *direkt* auf einen Text zurück – vorstellbar wäre es ja immerhin gewesen, ein bestimmtes Vorbild wie z.B. die *laudes vitae rusticae* (Verg. georg. 2, 458-540) unmittelbar in eine Verfluchung der *rura* zu transformieren oder lediglich die erste Ekloge mit drastischen Verwünschungen zu durchsetzen. Vielmehr ist zwischen das Corpus der *Bucolica* und die *Dirae* eine (hier und in allen folgenden Ausführungen immer nominalistisch zu denkende) Struktur geschoben, die »das Bukolische« bzw. »die Bukolik« repräsentiert und die aus dem Vergilischen Hypotext durch Abstraktion gewonnen und begrifflich hypostasiert werden kann. Die obigen Betrachtungen der von E. A. Schmidt postulierten bukolischen Charakteristika taten nichts anderes, als diesen Vorgang der Abstraktion nachzuvollziehen. Als Ergebnis steht somit vor Augen: Die *Dirae* leiten sich organisch unter Voraussetzung einer reduktionistischen »Essenz« der vergilischen Eklogen (d.h. hier: der »Bukolik«) aus diesen auf dem Wege der *Nachahmung* her.

---

34 Numitorius *Antibucolica fr.* 1 Blänsdorf.
35 Zum Terminus »Persiflage« vgl. Genette, *Palimpseste*, S. 39-47, bes. 40: »Ich schlage vor, [...] als *Persiflage* [...] das satirische Pastiche, für das zahlreiche »mit fremden Federn« geschriebenen Werke ausgezeichnete Beispiele abgeben und von dem das komisch-heroische Pastiche eine Variante ist[, zu bezeichnen.]«
36 Vgl. Degani *ad fr.* 127.
37 Genette, *Palimpseste*, S. 15.

Diesen Unterschied zu einer *einfachen* Transformation stellt Genette wie folgt dar:

Die Nachahmung ist zweifellos auch eine Transformation, stellt aber ein komplexeres Verfahren dar, da sie [...] zunächst die Erstellung eines Modells der (sagen wir epischen) Gattungskompetenz erfordert, das, der *Odyssee* (und möglicherweise auch anderen Werken) als einzelnen Performanzen entnommen, zur Erzeugung einer unbeschränkten Zahl mimetischer Performanzen fähig ist. Dieses Modell stellt somit eine Zwischenstufe, eine unerlässliche Vermittlung zwischen dem nachgeahmten und dem nachahmenden Text dar, die bei der einfachen und direkten Transformation fehlt.[38]

Das vermittelnde Modell seiner persönlichen »Gattungskompetenz« benennt Vergil in den *Georgica* sogar selbst explizit, erwähnt er doch gerade *nicht* das konkrete archaische Vorbild seines Lehrgedichtes, die Ἔργα καὶ ἡμέραι Hesiods, als seinen »Urtext«, sondern spricht von einem *Ascraeum carmen*, d.h. von einem Gedicht *in der Art der Gedichte* des Askräers, das er in die Städte Italiens trage (*georg.* 2, 176). Dass hier das Adjektiv-Attribut an die Stelle eines (sogar metrisch möglichen) Genitiv-Attributs *Ascraei* (=*Hesiodi*) zu *carmen* tritt, ist als Metonymie nicht nur rhetorischer Schmuck, sondern auch Symptom einer erfolgten Abstraktion: Hier wird gedichtet *à la manière de...* und nicht nur einfach transformiert. Dasselbe gilt für Ovids Metapher, gemäß welcher er in der *Ibis* (v. 52) seine Versgeschosse mit *Lycambeus sanguis* tränken könnte: Dieses Blut steht für ein Dichten, welches sich an der Abstraktion des »typisch« Archilochischen (wenn nicht: Jambischen) orientiert.

Auch in den einschlägigen dichterischen Staffelübergaben kann man Allegoresen sehen, in denen ein Bekenntnis dazu zu erkennen ist, dass eben nicht nur einfach ein Text bearbeitet werden soll (was auch auf den ersten Blick erkennbar wäre), sondern mit dem Genius des Vorgängers auch jene Fähigkeit »zur Erzeugung einer unbeschränkten Zahl mimetischer Performanzen« erworben wurde: So übernimmt etwa Ennius (sogar als Reinkarnation) von Homer »das Epische«, Properz als *Callimachus Romanus* (Prop. 4, 1, 64) vom Battiaden »das Dichten κατὰ λεπτόν«[39] und Nemesian von Vergil, dem alten Tityrus, »das Bukolische«.[40] Analog hierzu stellen die *Dirae* keine »*direkte* Transformation« dar, denn kein Gedicht Vergils ist hier einfach nur geringfügig modifiziert worden. Vielmehr war hier auf dem Wege der Hypertextualität durchaus ein Umweg über jene Abstraktion zu gehen, deren modellhafte Struktur die von E. A. Schmidt postulierten Hauptmerkmale der Bukolik bestimmen.

---

38 Genette, *Palimpseste*, S. 16.
39 Vgl. Prop. 4, 1, 58/59.
40 Vgl. Nemesian, *ecl.* 1.

Was aber ist dieses abgeleitete, intermediäre Modell, das zwischen dem Hypotext der vergilischen *Bucolica* und dem Hypertext der *Dirae* steht? Worauf nehmen die *Dirae* hier *direkt* Bezug? Um was für eine Art von Transtextualität handelt es sich hier? Was für ein logisch-ontischer Status kommt ihr zu? – In diesen Fragen stellen wir noch einmal die Frage nach der *Gattung*, diesmal jedoch (wie sich zeigt: notwendigerweise) weniger heuristisch und etwas reflektierter, als es oben (in Abschnitt 1.4) in Bezug auf die spezielle Gattung der Ἀραί geschah. Das Gebiet, welches hierbei abgesteckt wird, ist der fünfte, »abstrakteste und impliziteste Typus« der Genetteschen Transtextualität, der von ihm

3.1.5 Architextualität

getauft wurde. Bevor hier auf Definitionen eingegangen wird, sei zunächst in aller Naivität folgende Erwägung vorangestellt:

Setzt sich ein Dichter – sei er Sumerer, Römer oder Troubadour – an seinen Schreibtisch oder vor seine Schreibtafel, kann er keinen Text *ex nihilo* erschaffen.[41] Er (oder sie) wird einerseits (a) *direkt* (auf dem Wege der vier bereits vorgestellten Typen von Transtextualität) auf einen oder mehrere frühere Texte Bezug nehmen – *nihil est enim simul et inventum et perfectum; nec dubitari debet, quin fuerint ante Homerum poetae*[42] –, auch (oder: gerade) wenn er emphatisch vorgibt, dies nicht zu tun. Denn wenn Lukrez erklärt:

> Avia pieridum peragro loca *nullius ante*
> trita solo; iuvat *integros* accedere fontis
> atque haurire iuvatque *novos* decerpere flores
> insignemque neo capiti petere inde coronam,
> unde *prius nulli* velarint tempora musae.
>
> (Lukrez 4, 1-5 [=1, 926-930]),

dann ist das Motiv der Neuheit (»rhetorisch«) höchstens Ausdruck dafür, dass diese spezielle mimetische Performanz *De rerum natura* in ihr besonderes Dasein tritt – stehen doch hinter diesem Gedicht die gesamte Tradition des kosmologischen Lehrgedichtes und insbesondere hinter dem soeben zitierten Passus des lukrezischen Περὶ φύσεως die kallimacheischen »unbetretenen« κέλευθοι. Höchstens für den *Modus* seiner Performanz – z.B.

---

41 Vgl. Jauß, S. 110: »Wie es keinen Akt sprachlicher Kommunikation gibt, der nicht auf eine allgemeine, sozial oder situationshaft bedingte Norm oder Konvention zurückbeziehbar wäre, so ist auch kein literarisches Werk vorstellbar, das geradezu in ein informatorisches Vakuum hineingestellt und nicht auf eine spezifische Situation des Verstehens angewiesen wäre.«
42 Cicero, *Brutus* 71.

das Medium der lateinischen Sprache mit ihrer *patrii sermonis egestas* (Lukrez 1, 832, vgl. 1, 139) – kann er Neuheit beanspruchen, keinesfalls für seinen Gegenstand oder dessen *obscuritas*, worüber auch die beiden Kausalsätze (Lukrez 4, 6/7 bzw. 8/9) nicht hinwegtäuschen wollen. Vielmehr ist sich Lukrez seiner direkten Vorgänger – etwa Empedokles, Epikur und Ennius – durchaus bewusst.

Selbst wenn ein Schriftsteller höchstpersönlich wähnt, seinen Stoff und dessen Form völlig »aus der Luft« zu greifen, kann dies auch einen unter- oder unbewussten Rückgriff auf einen anderen Text bedeuten. Um eine solche Behauptung zu stützen, kann freilich nur das Zeugnis eines modernen Autors angeführt werden, welcher gleichzeitig auch Literaturwissenschaftler ist:

> In *Das Foucaultsche Pendel* verliebt sich der junge Casaubon in eine Brasilianerin namens Amparo. Giosue Musca hat eine hintergründige Anspielung auf André Ampère postuliert, der die magnetischen Kräfte zwischen zwei elektrischen Strömen untersuchte. Sehr scharfsinnig. Ich wusste nicht, warum ich den Namen wählte; [...] Ich benutzte den Namen Amparo also wie etwas Fremdes, das von außen in den Roman eindrang. Monate nach der Publikation fragte mich ein Freund: ›Warum Amparo? So heißt doch ein Berg.‹ Und dann fuhr er fort: ›In dem Schlager ›Guajira Guantanamera‹ kommt ein Berg namens Amparo vor.‹
>
> O Gott. Ich kannte den Schlager sehr gut, hatte aber den Text völlig vergessen. Mitte der fünfziger Jahre sang ihn ein Mädchen, in das ich verliebt war. Sie war Lateinamerikanerin, sehr hübsch. Obwohl weder Brasilianerin noch Kommunistin, noch dunkelhäutig, noch hysterisch wie Amparo, diente sie mir unbewusst als Vorbild für ein bezauberndes lateinamerikanisches Mädchen, geschaffen im Geiste meiner Jugend, als ich so alt war wie Casaubon. Ich hatte an diesen Schlager gedacht, und irgendwie muss der Name Amparo (den ich völlig vergessen hatte) aus meinem Unterbewussten auf das Papier gewandert sein. Die Geschichte ist vollkommen irrelevant für die Interpretation meines Textes. Für diesen gilt: Amparo ist Amparo ist Amparo ist Amparo.[43]

Auch wenn also für die Interpretation *dieses* Textes – in den Augen seines Autors! – Amparo nur Amparo etc. ist, wird hier dennoch erkennbar, dass ein Text (in diesem Fall: Ecos Roman) von *einem* bestimmten Text (z.B. einem Lied) beeinflusst werden kann, ohne dass sogar der Autor als historisch-empirische Person von dieser Beziehung, die im obigen Beispiel wohl in die Genettesche Intertextualität eingefügt werden müsste, bewusst etwas bemerkt.

(b) Nimmt ein Text nicht *direkt* auf einen anderen Bezug, so muss er doch, indem er sich konstituiert, mehr oder weniger explizit, mehr oder weniger ausgiebig in jenes Depot aller je schon vor ihm verfassten Texte hinabstei-

---

[43] Eco, *Zwischen Autor und Text*, S. 94/95.

gen, wo er Inhalte und Ausdrucksformen entnimmt, die in seine spezifische (mimetische) Performanz einfließen. Jenes Depot ist dann schließlich in diesen Spuren des poetischen Gedächtnisses auch innerhalb des entstandenen Textes präsent. Damit sich jede neue Performanz jedoch innerhalb dieses Vorrats orientieren kann, muss dieser eine (wie auch immer geartete) *Struktur* aufweisen. Diese Struktur ist *nicht* diejenige nur *eines* Textes (sonst könnte man es bei Inter- und Hypertextualität belassen), sondern transzendiert diese Grenze und gliedert jenen Ort, der aus der virtuellen Gleichzeitigkeit aller (verfügbaren bzw. erinnerten) früheren Texte besteht und an den man sich begibt, um die *inventio* bzw. εὕρεσις der Bestandteile eines »neuen« Textes zu beginnen. Die Quantität und Auffälligkeit des Über- bzw. Entnommenen sowie die Neuheit, das Überraschende, das Skandalon (das »Unvorhersehbare [...], der unendliche Schock«[44]) der Komposition mögen dann eine Skala zwischen Epigonentum und Genie abstecken.

Die transtextuelle Struktur dieses *Ortes* ist es, die in den einzelnen literarischen Manifestationen zu Phänomenen wie »Gattung« und »Erwartbarkeit« (εἰκός[45]) führt. So kommt es, dass Genette, indem er ein solches Modell wie das soeben beschriebene aufstellt, sich explizit erstaunlich eng an antike Konzeptionen (nämlich die des *topos*) annähert:

Man kennt ja z.B. die Klippen der Themaanalyse, der es oft schwer genug fällt, zu bestimmen, welchen Anteil die Originalität eines schöpferischen Individuums hat und welchen Anteil ganz allgemein der Geschmack, die Sensibilität, die Ideologie einer Epoche oder noch weitergehend die Konventionen und permanenten Traditionen einer literarischen Gattung oder Form haben. Diese Schwierigkeit beruht in gewisser Weise darauf, dass die originelle, aus der ›Tiefe‹ aufsteigende Thematik des schöpferischen Individuums mit dem zusammentrifft, was die alte Rhetorik die *Topik* nannte, d.h. mit jenem Schatz an Themen und Formen, der das Allgemeingut der Tradition und der Kultur ausmacht. Die persönliche Thematik stellt nur das Ergebnis einer Auswahl dar, die unter den verschiedenen, von der kollektiven Topik gebotenen Möglichkeiten getroffen wurde. Man erkennt ohne weiteres – um einmal sehr schematisch zu sprechen –, dass der Anteil des [*topos*][46] in so genannten ›niederen‹ Gattungen, die man besser ›fundamentale‹ nennen sollte, wie Volksmärchen und Abenteuerroman, größer ist. [...] Indessen müsste man auch genau ausfindig machen, wie viel die ›großen Werke‹ – und selbst die originellsten – solchen allgemein angelegten Mustern verdanken.[47]

---

44 Genette, *Strukturalismus*, S. 210.
45 Vgl. Genette, *Strukturalismus*, S. 209 sowie den »Horizont des Erwartbaren« bei Jauß, S. 110.
46 Erika Höhnisch übersetzt hier mit »der Anteil des *Topischen*«, was jedoch nicht genau das von Genette Gesagte trifft, schreibt er doch im französischen Original der *Figures I*: »la part du *topos*« (Genette, *Figures I*, S. 162).
47 Genette, *Strukturalismus*, S. 208/209 (Übersetzung von Genette, *Figures I*, S. 162/163).

Es ist die Verbindung mit dieser strukturierten »Tiefe«, jenem kollektiv-kumulativen »Schatz an Themen und Formen«, die Genette dreizehn Jahre später als »Architextualität« definiert hat – und zwar als

> jene Beziehung von *Inklusion*, die einen jeden Text mit den verschiedenen *Aussagetypen*, aus denen er hervorgeht, verbindet. Hierher gehören die Gattungen sowie ihre Bestimmung durch Thema, Modus, Form und andere(?) Determinanten.[48]

Diese drei Bestimmungen entsprechen denjenigen der aristotelischen Mimesis[49] und werden von Genette in seiner *Introduction à l'architexte* auch von diesen explizit hergeleitet:[50]

1) *Thema* (»τίνα;«) als Element einer »Thematik«:[51] Dies bezeichnet in den *Dirae* z.B. die *Geschichte* (nicht: *Erzählung*) des Dargestellten: »Ein von seinem Landgut vertriebener Hirte nimmt seine Herde, verlässt seine frühere Umgebung und stößt dabei wilde Flüche aus etc.«

2) *Modus* (»πῶς;«): Hiermit ist besonders die platonische Unterscheidung zwischen »erzählend« und »dramatisch« (mimetisch) bezeichnet: Der *colonus* tritt in den *Dirae* zwar in dramatischer Darstellung auf (er bildet die extradiegetische Ebene), stellt aber berichtend (in einer prädiktiven Erzählung) bestimmte Ereignisse dar. All dies betrifft das »Wie?« der Darstellung, die in dieser Arbeit mit den Mitteln der Narratologie analysiert wurde. Eine solche »Theorie der Erzählung« ist nach Genette nur *ein* Teilgebiet einer »Modistik«.[52]

3) *Form* (»ἐν τίσιν;«): Der Modus sagt indessen noch nichts darüber aus, ob z.B. die Darstellung in Prosa oder einem Versmaß erfolgt, welche rhetorischen Mittel (z.B. die Adynata der *Dirae*) eingesetzt werden, welchen Dialekt ein griechischer Lyriker benutzt etc. Diese Fragestellungen weist Genette in ein drittes Untersuchungsgebiet, welches man etwa »Morphologie«[53] nennen könnte.

Diese Trias von Bestimmungen lässt Genette (keinesfalls apodiktisch) als drei Koordinatenachsen ein erstes, grobes Abstecken einer Landkarte leis-

---

[48] Genette, *Architext*, S. 101, meine Kursiven.

[49] Vgl. Aristoteles, *Poetik* 1447 a 13-18: ἐποποιία δὴ καὶ ἡ τῆς τραγῳδίας ποίησις ἔτι δὲ κωμῳδία καὶ ἡ διθυραμβοποιητικὴ καὶ τῆς αὐλητικῆς ἡ πλείστη καὶ κιθαριστικῆς πᾶσαι τυγχάνουσιν οὖσαι μιμήσεις τὸ σύνολον· διαφέρουσι δὲ ἀλλήλων τρισίν, ἢ γὰρ τῷ ἐν ἑτέροις μιμεῖσθαι ἢ τῷ ἕτερα ἢ τῷ ἑτέρως καὶ μὴ τὸν αὐτὸν τρόπον.

[50] Die Mimesis als poetisches Kriterion schließt Genette, *Architext*, S. 90 indessen aus: »Wenn es denn eines Systems bedarf (aber bedarf es dessen?), so scheint mir heute *alles in allem*, dass das aristotelische (torniamo all['] antico...), *trotz seiner heute nicht mehr zu rechtfertigenden Ausschließung der nicht darstellenden [d.h.: amimetischen] Gattungen*, in seiner Struktur den meisten späteren Systemen überlegen (d.h. natürlich funktionaler) ist, da deren auf Inklusion und Hierarchisierung beruhende Taxinomie sie grundsätzlich unbrauchbar macht und von vorneherein das ganze Spiel blockiert und in eine Sackgasse führt.« (meine Kursive)

[51] Genette, *Architext*, S. 103.

[52] Genette, *Architext*, S. 102.

[53] Genette, *Architext*, S. 103.

ten, welche den *Architext*, jenen Ort bzw. τόπος als eine »Art Vorrat von virtuellen Gattungen«,[54] beschreibt.

Bestätigung erfährt dieses System dadurch, dass Jauß, S. 114-118 – anscheinend unabhängig von Genette – in seinen Studien zu einer »Theorie der Gattungen und Literatur des Mittelalters« ebenfalls vier »Modalitäten« benennt, welche (wie bei Genette) ein Beschreibungsmodell für das Phänomen der zum Architext gehörigen Gattungen liefern. Abgesehen von der vierten »Modalität«, dem »Modus recipiendi und [der] gesellschaftliche[n] Funktion«,[55] die außerhalb des strukturalistischen Blickfelds Genettes liegen, findet man hier eine Trias wieder, die eine vollkommene Analogie zu der soeben beschriebenen bildet:[56]

1. Πῶς; – »*Autor und Text* (Narration)«,

2. Ἐν τίσιν; – »*Modus dicendi* (Formen der Darstellung)«, u.a. »Vers vs. Prosa«,

3. Τίνα; – »*Aufbau und Ebenen der Bedeutung* (Einheiten des Dargestellten)«.

Eine weitere Gemeinsamkeit beider Theoretiker ist die Tatsache, dass sie ihre Einteilungen explizit auf Aristoteles zurückführen, was oben bereits für Genette gezeigt wurde.[57] Bei Jauß findet sich indessen die folgende zentrale Passage, die sich (wie diese Arbeit) eher mit den Gattungen als Strukturen des Architextes beschäftigt:

Gibt es in der Vielfalt der Kunst- und Gebrauchsgattungen einer Literatur nicht eine begrenzte Zahl von wiederkehrenden Funktionen[58] und damit etwas wie ein System literarischer Kommunikation, innerhalb dessen Gattungen als partielle Systeme oder Abwandlungen eines Grundmusters beschreibbar sind? Die typologische Poetik hat uns in dieser Frage mit ihrem Rückgriff auf anthropologische Kategorien (wie Zeit- und Raumerfahrung) *weniger weit gebracht als die Tradition der aristotelischen Poetik*. Deren Normen und Regelzusammenhänge bewahren offensichtlich soviel an empirischer Anschauung, dass sie heuristischen Wert behalten.[59]

Die drei Arten der Determination und ihr Zusammenwirken bilden auch für Genette die zentrale Aufgabe einer *Poetik* als literaturwissenschaftlicher Disziplin:

---

54 Genette, *Architext*, S. 96.
55 Jauß, S. 117/118.
56 Jauß, S. 114-117.
57 Vgl. besonders das Zitat oben in Anm. 50.
58 Vgl. Genette, *Architext*, S. 95/96: »Begnügen wir uns also für den Augenblick damit, zu sagen, dass eine bestimmte Anzahl inhaltlicher, modaler und formaler Determinanten, die *relativ konstant und transhistorisch* sind (d.h. einen spürbar langsameren Veränderungsrhythmus zeigen als die Rhythmen, denen die Geschichte – die ›literarische‹ wie die ›allgemeine‹ – gewöhnlich unterliegt), sozusagen die Landschaft [d.h. den ›τόπος‹] beschreiben, in der sich die Entwicklung des literarischen Feldes einschreibt« (meine Ergänzung).
59 Jauß, S. 113, meine Kursive.

Gegenstand der Poetik, so sagte ich ungefähr [*sc.* in Genette (1990) 103], ist nicht der in seiner Besonderheit betrachtete einzelne Text (dies wäre eher Aufgabe der Literaturkritik), sondern der *Architext*, oder, wenn man so will, die Architextualität des Textes (wie man ja auch von der »Literarität der Literatur« spricht, was in etwa dasselbe bedeutet), d.h. die Gesamtheit jener allgemeinen und übergreifenden Kategorien – Diskurstypen, Äußerungsmodi, literarische Gattungen usw. – denen jeder einzelne Text angehört.«[60]

Mit dem Postulat der drei »relativ konstant[en] und transhistorisch[en]«[61] Dimensionen des Architextes ist freilich weder etwas darüber gesagt, *was* und *wie viel* ein konkreter Text in seiner speziellen Performanz jenem Ort/τόπος entnimmt, noch besonders darüber, wie er das Entnommene transformiert und kombiniert.

Eine solche Neukombination stellt in den *Dirae* gerade die Verbindung von vergilischer Bukolik und dem Modus des Fluchens dar. Nimmt das erste Adynaton (vv. 4-8) der *Dirae* auf das Adynaton der ersten Ekloge (vv. 59-63) Bezug, so ist dies eine Frage der Hypertextualität. Sobald man jedoch (wie ich soeben) von einer keineswegs realistisch[62]-hypostatischen Abstraktion wie der »*vergilischen* Bukolik« spricht, wie sie E. A. Schmidt vorgenommen hat, impliziert man, dass eine Zwischenstufe[63] zwischen Vergil und den *Dirae* liegt, welche an dem »Ort« betreten wird, an welchem sich auch die »Gattung« von fluchenden Gedichten befindet, der (nur) dieses Moment entnommen wird – allerdings *ohne* sich auf einen konkreten Text (soweit für uns noch erkennbar) zu beziehen: Aus diesem Grund war ja die naiv-assoziative »Einordnung«[64] der *Dirae* unter die Gattung der Ἀραί fehlgeschlagen.

Um es deutlich zu sagen: Es geht in der Genetteschen Systematik *nicht* darum zu erklären, unter welchen Umständen oder gar *warum* ein Text entstanden ist, d.h. weshalb gerade diese spezifischen Elemente jenem Schatz, der dem empirischen Autor der *Dirae* bewusst oder unbewusst zur Verfügung stand, entnommen und auf eben diese Weise kombiniert wurden. Dies läge auch nicht in der Zielsetzung einer strukturalistischen Theorie, wie es die hier benutzte ist. Sie schlägt vielmehr auf einer viel fundamentaleren bzw. »elementareren«[65] Ebene vor, mit welchen (fünf) Arten von

---

60 Genette, *Palimpseste*, S. 9.
61 Vgl. die voranstehende Anmerkung.
62 »realistisch« als Gegensatz zu »nominalistisch« verstanden.
63 Vgl. Jauß, S. 123: »Zwischen normsetzender Theorie und literarischer Reihe vermittelt vielmehr die *immanente*, die Struktur des einzelnen Werkes bestimmende und *an ihm abzulesende* Poetik.« (meine Kursive)
64 Diese »Inklusion« war auch der Kritikpunkt Genettes an den nacharistotelischen Poetiksystemen, vgl. Anm. 50.
65 Den Zusammenhang von konstruktiven Elementen (στοιχεῖα) und den τόποι, die sowohl den Ort als auch das dort Gefundene bezeichnen (vgl. *OCD* (3rd ed.) *s.v. topos*), bestätigt Aristote-

Fragestellungen das Verhältnis eines bestimmten Textes zu etwas anderem analysiert werden kann: Dieses Zweite kann ein bestimmter anderer Text und dessen konkrete Struktur sein – oder aber (unter Erweiterung des Textbegriffs) eine nicht direkt greifbare Struktur, die dann eine Teilmenge jenes Architextes darstellt und erst durch eine Abstraktionsleistung gewonnen werden kann; die Faktizität dieser letztgenannten Struktur kann jedoch nicht sinnvoll in Frage gestellt werden.[66]

3.2 Der Ort

Freilich könnte man einwenden, dass die obige Übertragung des Begriffes *topos* auf den Bereich der Literaturwissenschaft eine Verwendung eines *rhetorischen* Konzeptes darstelle, der unzulässig und nicht im Sinne einer aristotelischen oder ciceronianischen Rhetorik und Topik sei. Allein:

Zum einen rechtfertigt gerade die Übertragbarkeit des Modells dieses Vorgehen. In seinem »Abriss« über die Geschichte der »alten Rhetorik« beschreibt Barthes den »Ort«:

Allerdings ist die metaphorische Umschreibung des Ortes bezeichnender als seine abstrakte Definition. Man hat sich zahlreicher Metaphern bedient, um den Ort zu identifizieren. Warum ein *Ort*? Um sich an Dinge zu erinnern, sagt Aristoteles, braucht man nur den Ort wieder zu erkennen, an dem sie sich befinden [...]; die Orte sind also nicht die Argumente selbst, sondern die Abteilungen, in die sie eingereiht werden. Daher all die Bilder, die die Vorstellung eines Raumes und eines Aufbewahrungsplatzes, einer Lokalisierung und einer Entnahme verknüpfen: eine *Region* (in der man Argumente finden kann), *eine Erzader, ein Kreis, eine Sphäre, eine Quelle, ein Brunnen, ein Arsenal ein Schatz* [...]. Ein scholastischer Logiker nutzt die häusliche Natur des Ortes und vergleicht ihn mit einem Etikett, das den Inhalt eines Gefäßes angibt (*pyxidum indices*); für Cicero stellen sich die Argumente für das zu behandelnde Thema aus den Orten selbst ein, ›wie die Buchstaben für das zu schreibende Wort‹: Die Orte bilden also einen ganz besonderen Speicher wie das Alphabet: ei-

---

les im zweiten Buch seiner *Rhetorik* in Bezug auf *Enthymeme* (zu diesen vgl. Barthes, S. 60/61): Εἷς μὲν οὖν τρόπος τῆς ἐκλογῆς [*sc.* von Enthymemen] καὶ πρῶτος οὗτος ὁ τοπικός, τὰ δὲ στοιχεῖα τῶν ἐνθυμημάτων λέγωμεν (στοιχεῖον δὲ λέγω καὶ τόπον ἐνθυμήματος τὸ αὐτό). (*Rhet.* 2, 1396 b 13)

66 Vgl. den Dialogausschnitt bei Genette, *Architext*, S. 99:
»– [...] was nämlich ist der Roman?
– Eine müßige Frage. Was zählt, ist *dieser* Roman; vergessen Sie doch nicht, dass das Deiktische keiner Definition bedarf. Beschäftigen wir uns mit dem, was existiert, d.h. den einzelnen Werken. Betreiben wir Literaturkritik, so kommt sehr gut ohne Universalien aus.
– Eben nicht, denn sie greift ganz unbewusst und in Unkenntnis des Sachverhaltes gerade in dem Augenblick auf sie zurück, da sie ohne sie auszukommen behauptet: Sie selbst sagten soeben ›dieser *Roman*‹.«

nen[*sic*!] Korpus an sich sinnentleerter Formen, die durch Auswahl, Verknüpfung, Aktualisierung am Sinn mitwirken.[67]

Natürlich käme eine völlige Reduktion auf ein solches Zusammenbuchstabieren eines literarischen Werkes aus früheren Elementen einer »schlechte[n] Karikatur eines strukturalistischen Alptraums«[68] gleich, der an die Stelle von Kreativität die Idee eines Centos setzte. Jedoch vermag das von Barthes von rhetorischer Seite aus Gesagte dann recht gut auch den oben angesprochenen literarischen Ort mit seinen »sinnentleerte[n] Formen« (d.h. den Kategorien von Πῶς; und Ἐν τίσιν;) zu definieren, wenn man das ebenfalls angeführte Moment von »Auswahl, Verknüpfung, Aktualisierung« emphatisch setzt.

3.2.1 Properz

Andererseits scheint die Vorstellung von einem »Ort«, an den sich ein Dichter begibt, um dort – *wenn* er zugelassen wird – zusammen mit der Inspiration auch Formen und Inhalte zu finden, der Antike keinesfalls fremd gewesen zu sein. So spricht Properz gerade *nicht* wie z.B. Ovid in seiner *Ibis* davon, dass er einen bestimmten *Text* transformiere,[69] sondern bittet um Einlass an jenen Ort, aus dem sich das Dichten seiner hellenistischen Vorbilder *als solches* in Abgrenzung[70] von anderen Arten der Poesie speist:

> Callimachi Manes et Coi sacra Philitae
> in vestrum, quaeso, me sinite ire nemus!
> primus ego ingredior puro de fonte sacerdos
> Itala per Graios orgia ferre choros.
> dicite, quo pariter carmen tenuastis in antro?
> quove pede ingressi? quamve bibistis aquam?
>
> (Properz 3, 1, 1-6)

Auch hier – wie in Lukrezens Proöm zu seinem vierten Buch – findet sich das stolze Betonen der Neuheit des eigenen Unterfangens neben der Angabe, woher Elemente des dichterischen Aktes stammen. Was bei Lukrez jedoch einige Verse oder gar Bücher voneinander entfernt lag, rückt bei

---

67 Barthes, S. 67.
68 Genette, *Architext*, S. 96.
69 vv. 53/54: *Nunc, quo Battiades inimicum devovet Ibin, / hoc ego devoveo teque tuosque modo.*
70 Anders Kambylis, S. 179: »Es handelt sich immer um denselben Hain, er ist der Aufenthaltsort des Dichters; er symbolisiert nicht nur eine Gattung, sondern die Dichtung schlechthin«.

Properz eng zusammen: Es sind *Graii chori*, durch die er als erster seine *Itala orgia*, seine elegischen Gedichte, trägt.[71]

Die architextuelle Abstraktion findet hierbei einerseits ihren Ausdruck in der Tatsache, dass es *Manes* und *sacra* der hellenistischen Vorbilder sind, die der Dichter hier beschwört: *Ihren* Hain will er betreten, d.h. einen Ort, der nicht die Texte selbst sind – um Zugang zu diesen bräuchte »Properz« nicht zu bitten –, welchem aber der *purus fons* als Mark ihrer Dichtung entströmt. Andererseits hebt Properz gerade die *Formen, Inhalte* und *Modalitäten* des Dichtens seiner Vorgänger hervor: Dem »Ἐν τίσιν;« kann die Frage *quo pede?* (d.h. auch: »In welchem Versmaß?«) zugeordnet werden, das »Τίνα;« drückt sich in *quam aquam?* aus, während ein »Πῶς;« vielleicht in der Ortsbestimmung *quo in antro?* gesehen werden könnte.

Deutlicher als dies ist indessen ein anderer Befund: »Properzens« Frage, in welcher Höhle Kallimachos und Philitas »gemeinsam,[72] in gleicher Weise« (*pariter*) ihr Lied[73] zart aussponnen, setzt die Vorstellung voraus, dass diese beiden Dichter etwas verbindet, das ihren *carmina* zwar jeweils inhäriert, diese jedoch auch insofern transzendiert, als es über die beiden konkreten Dichtungen hinausgeht: Hierdurch kann »Properz« auf das für Kallimachos *und* Philitas »Typische« Bezug nehmen, welches hingegen nicht als Manifestation einer präfigurierten »Idee« zu denken ist, sondern vielmehr als eine Verknüpfung, die »Properz« hier aus seiner Perspektive heraus selbst vornimmt, indem er diese beiden Punkte in der Literaturgeschichte durch ein »wittgensteinsches« Seil verknüpft: Ein starkes Seil besteht aus vielen Fasern, die ineinander greifen; es muss nicht *eine* Faser geben, die durch das gesamte Seil verläuft, und dennoch ist das Seil als solches erkenn- und benennbar. Eine solche nominalistische Struktur stellt das Signifikat des *antrum* und die Antwort auf die indirekte Frage des Verses 5 dar.

»Properzens« Bitte, in das *nemus* eingelassen zu werden,[74] bleibt nicht ungehört: In seinem *somnium* (Properz 3, 3) träumt ihm zunächst, er mache sich daran, Epen zu dichten. Bezeichnenderweise ist Bedingung hierfür, eine Selbstpositionierung im Architext vorzunehmen und den Ort zu bezeichnen, an den man sich begeben muss, um ein solches Unterfangen überhaupt wagen zu können:[75]

---

71 Zur Syntax dieses Satzes vgl. Fedeli, S. 49/50.
72 Vgl. das Possessivpronomen *vestrum ... nemus*.
73 *carmen* (v. 5) ist *Singular*: Sollte hiermit als *eine* Art Text »das Dichten schlechthin« der beiden Griechen bezeichnet sein, also eine Abstraktion, die aus den Eigenschaften aller ihrer *carmina* gewonnen würde und natürlich auch in das Gebiet des Architextes zu verweisen wäre?
74 Auch Properz 2, 13, 3/4 findet sich das *nemus*, hier jedoch in einer Rückbindung an Hesiod: *Hic me tam gracilis vetuit contemnere Musas, / iussit et Ascraeum sic habitare nemus...*
75 Kambylis, S. 129 hebt hervor, dass Properz besonderen Wert darauf legt, die *Räum*lichkeit dieses Ortes, des »Musenberg[s] Helikon« als der »poetische[n]› Örtlichkeit schlechthin« zu beschreiben.

> Visus eram *molli recubans Heliconis in umbra,*
> Bellerophontei qua fluit umor equi...

(Properz 3, 3, 1/2)

Dieser Ort elegischer Dichtung unterscheidet sich offenbar von demjenigen, von dem aus Tityrus / Vergil seine bukolischen Hexameter κατὰ στίχον verfasst:

> Tityre, tu *patulae recubans sub tegmine fagi*
> silvestrem tenui Musam meditaris avena;

(*ecl.* 1, 1/2)

Properz nimmt also mit seiner Ortsbestimmung deutlich Bezug auf seinen Vorgänger. Das Signal eines »›Yes, I *am* an allusion‹«[76] leistet bei ihm zunächst das Partizip *recubans*, das jeweils nach der Hephthemimeres steht, dann die präpositionalen Lokative *in umbra* bzw. *sub tegmine*, welche zudem beide das Schattige zum Ausdruck bringen, und schließlich die Attribuierungen von *umbra* bzw. *fagi* durch *molli* bzw. *patulae*. Die Veränderung, die der Hypertext jedoch vornimmt, drückt er dadurch aus, dass er auch den Genitiv zu der »Schatten(spender-)angabe« des Hypotextes zwar beibehält, hierbei jedoch die *fagus* der *Musa silvestris* mit dem scheinbar höheren Anspruch eines *Helicon* überschreibt.[77]

Zunächst wollte »Properz« also Epen dichten, d.h. auf dieselben Quellen des Architextes zurückgreifen, aus denen sich die ennianische Dichtung speiste:

> parvaque iam[78] magnis admoram fontibus ora,
> unde pater sitiens Ennius ante bibit...

(Properz 3, 3, 5/6)

Doch wie »Kallimachos« im Proöm seiner *Aitien* (vv. 23-30) und wie »Tityrus« in den ersten Versen der sechsten Ekloge (vv. 4b/5) wird »Properz« durch Apoll, der »sich an eine Grotte lehnt« (*nixus ad antra*, v. 14), von seinem Vorhaben zurückgerufen: Der Gott empfiehlt ihm nicht nur in kal-

---

[76] Hinds, S. 10.

[77] Nicht nur der Akt selbst des hypertextuellen Überschreibens verbindet die beiden Texte: Dass sie gleichsam zwei verschiedene Teilgebiete ein und desselben Gebietes innerhalb des Architexts abstecken, also unter einem größeren Nenner doch enger zusammengehören, zeigt z.B. die kallimacheische Dichtungsprogrammatik, die sich sowohl im Ganzen der Eklogen als auch in Properzens Gedichten 3, 1 und 3, 3 darstellt; in den beiden soeben angeführten Verspaaren lässt sich eine Spur dessen bereits in den Adjektiven *molli* (Properz 3, 3, 1) und *tenui* (*ecl.* 1, 2) erkennen.

[78] Ich folge der Konjektur Guyets für das *tam* der *codd.*

limacheischen[79] Metaphern, an welche Art von Dichtung er sich künftig halten solle, er weist ihm sogar einen »konkreten« Ort (*sedes*):

> Dixerat et plectro *sedem* mihi monstrat eburno,
> quo nova[80] muscoso semita facta solo est.

(Properz 3, 3, 25/26)

Nach der Art eben eines *topos* wird hiermit sowohl die Stelle bezeichnet, an dem (hier: eine bestimmte Art von) Dichtung gefunden werden kann, als auch diese entstandene Dichtung selbst: Die Attribute des »Ortes«, der wiederum ein Element der Landschaft ist, bezeichnen auch die Attribute der eigenen *carmina*. Dies wird völlig klar, wenn Properz der von Apoll gezeigten *sedes*, die sich alsbald als Grotte[81] (*spelunca*) offenbart, sogar eine zwölfversige Ekphrasis[82] widmet; diese verstärkt einerseits mittels der durch den schweifenden Blick gewonnenen Räumlichkeit dieses Ortes gleichsam die – *sit venia verbo* – »Topizität« dieses immer noch wörtlich genommenen *topos*; andererseits lassen Requisiten und Bewohner der Grotte im Laufe dieser Verse sogar eine Allegorie derjenigen Art von Dichtung entstehen, der allein sich Properz zuwenden dürfe:

> Hic erat affixis viridis spelunca lapillis
> pendebantque cavis tympana pumicibus,
> orgia Musarum et Sileni patris imago
> fictilis et calami, Pan Tegeaee, tui;
> et Veneris dominae volucres, mea turba, columbae
> tingunt Gorgoneo punica rostra lacu;
> diverseque novem sortitae iura Puellae
> exercent teneras in sua dona manus:
> haec hederas legit in thyrsos, haec carmina nervis
> aptat, at illa manu texit utraque rosam.

(Properz 3, 3, 27-36)

Dort befinden sich also dionysische Tamburine und die *orgia* der Musen; in dem tönernen Standbild Silens und der Syrinx des Pan von Tegea sind an

---

[79] Z.B. das Bild des Wagens und der unbetretenen Wege: Kallimachos *fr.* 1, 25-28 Pfeiffer, Properz 3, 3, 18.

[80] Die Spannung zwischen dem Schon-Vorhandensein der *sedes* und dem erst neuen Weg dorthin weist erneut auf die Vereinbarkeit hin von literarischer Nachfolgerschaft einerseits und ostentativer Priorität andererseits.

[81] Diese ist freilich mit dem *antrum* zu assoziieren, in welchem Properz 3, 1, 5 die Dichtungen des Kallimachos und des Philitas *pariter* entstanden. Ob sie mit den *antra*, gegen die sich Apoll lehnt (Properz 3, 3, 14), zu *identifizieren* ist, diskutiert Kambylis (1965) 164-166 und lehnt dies ab.

[82] Vgl. Kambylis, S. 162-173, der jedoch auf die von Properz emphatisch gesetzte Räumlichkeit dieses Ortes nicht eingeht.

diesem Ort des Architexts Vergils *Bucolica*[83] und *Georgica*[84] gegenwärtig: Zudem werden aus den *palumbes*, die in der ersten Ekloge für Tityrus auch weiterhin girren werden[85], auf hypertextuellem[86] Wege die *columbae* der »Herrin Venus«, worin Properz zum einen auf seinen Vorgänger Vergil weist und zum anderen die erotischen Themen seiner Elegien bezeichnet. Diese Tauben trinken auf signifikante Weise aus der *Hippukrene*, durch welche Quelle diese hier ganz wörtlich zu verstehende ἔκφρασις »τόπου« verbunden wird mit dem »epischen« Beginn des properzischen Traums (3, 3, 2) und mit dem *fons*, aus dem Kallimachos und Philitas tranken (Properz 3, 1, 3-6). An den Ort begibt man sich, um nicht nur seinen Vorgängern und deren Dichtung zu begegnen, sondern auch um Inspiration zu finden:[87] Entsprechend sind auch die neun Musen anwesend (vv. 33-36), die ihren je eigenen Tätigkeiten nachgehen.

Eine dieser *novem Puellae*, die für seine Dichtung[88] zuständige Kalliope, berührt ihn (v. 37) und – wie zuvor Apoll – ruft ihn noch einmal fort von epischer Dichtung (vv. 39-46) hin zu den Themen der Liebeselegie (vv. 47-50). Dann, und damit endet das Gedicht, weiht die Muse Properz an diesem Ort des Architextes, indem sie (rituell) erneut eine Verbindung zwischen ihm und der Dichtung eines seiner hellenistischen Vorbilder herstellt: Sie benetzt sein Gesicht mit dem Wasser des Philitas, das sie aus jener Quelle geschöpft hat.[89] In diesem Bild lassen sich eben jene beiden transtextuellen Beziehungen erkennen, deren Unterscheidung herauszustellen das Ziel der gegenwärtigen Ausführungen ist: Eine hypertextuelle Bezugnahme, wie Properz sie zu den konkreten Texten des hier genannten Autors Philitas herstellen könnte und wie er sie zu den Texten Vergils in dieser Passage (wie gesehen) auch tatsächlich herstellt, wird als *lymphae* in ein »Enthalten in ...«-Verhältnis gesetzt zum *fons* des Architextes als die oben definierte

---

83 Gemeint ist natürlich der Silen der sechsten Ekloge, der einzigen Stelle aller vergilischen Dichtungen, an der Silen genannt ist. Anders Kambylis, S. 166-171, der hierin vornehmlich ein dionysisches Element sieht.

84 Vgl. *georg*. 1, 16-18: *ipse nemus linquens patrium saltusque Lycaei / Pan, ovium custos, tua si tibi Maenala curae, / adsis, o Tegeaee, favens*.

85 *ecl*. 1, 57/58: *nec tamen interea raucae, tua cura, palumbes / nec gemere aeria cessabit turtur ab ulmo*.

86 Die Hypertextualität wird gewährleistet durch die Wortstellung: Das Attribut wird jeweils durch eine Apposition von seinem am Versende stehenden Bezugswort getrennt. Vgl. Schmidt, *Leidenschaft*, S. 180 zu *ecl*. 9, 9 und 2, 3. Er weist darauf hin, dass Skutsch, S. 198/199 diese Figur »schema Cornelianum« getauft hat.

87 Zu diesem Aspekt der »Dichterweihe«, welcher hier gerade *nicht* im Vordergrund stehen soll, vgl. Kambylis *passim*.

88 Vgl. Fedeli zu Properz 3, 2, 16.

89 Properz 3, 3, 51/52: *Talia Calliope, lymphisque a fonte petitis / ora Philitea nostra rigavit aqua*. Zum Problem der »zwei Wasser« vgl. Kambylis, S. 183-188.

»Beziehung von Inklusion,[90] die einen jeden Text mit den verschiedenen Aussagetypen, aus denen er hervorgeht, verbindet. Hierher gehören die Gattungen sowie ihre Bestimmung durch Thema, Modus, Form und andere(?) Determinanten.«[91] Und um die Wahl der *Gattung* der properzischen Dichtung geht es im *carmen* 3, 3 ja dezidiert, vermittelt über die Bestimmung durch die Determinationen »Modus«, »Form« und »Thema«,[92] aber auch unter direkter Bezugnahme auf die Gattung, etwa wenn Apoll fragt: *Quis te / carminis heroi tangere iussit opus?* (vv. 15/16)

Kurzum: Paradigmatisch lässt sich also mit Hilfe der poetologischen Gedichte Properz 3, 1 und 3, 3 zeigen, wie ein römischer Dichter für eine kreative Begegnung mit seinen literarischen Vorgängern, deren Namen hier metonymisch als Bezeichnung ihrer Dichtung verstanden werden, sich an einen Ort begibt, wo ihm das Wesentliche dieser Dichtung sogar unter göttlicher Vermittlung zur Verfügung steht und über das Bild des inspirierenden Wassers auch verinnerlicht werden kann. Diese Szenerie findet sich vor allem im Zusammenhang mit jenem Motiv, das traditionell als das der Dichterweihe bezeichnet wird: Es ist hierbei nur nicht die Begegnung mit dem Früheren zu betonen, sondern vielmehr der Ort, an dem dies erst möglich wird. Dass es indessen tatsächlich *Texte* sind, deren Begegnung hier gedacht wird, wird von der Tatsache nahe gelegt, dass diese Begegnung auf der Ebene der Texte bereits und erkennbar stattfindet, nämlich auf dem Wege der Hypertextualität: Das Zusammentreffen mit z.B. Kallimachos, das Eintreten in seinen und des Philitas Hain findet allein schon dadurch *tatsächlich* statt, dass Properzens Text sich als Signifikant selbst schon durch eine hypertextuelle Transformation aus u.a. dem *Aitien*-Proöm herleitet. So findet also dasjenige, um dessen Erfüllung »Properz« erst bitten muss, auf einer anderen, performativen Ebene bereits statt: Der Ort des Architextes ist hier also bereits betreten.

Eine umfassendere Auswertung dieser Ergebnisse und vor allem eine noch genauere Analyse der poetologischen Gedichte Properzens wäre sehr viel versprechend, kann aber an dieser Stelle nicht geleistet werden, da sie zu weit vom Thema fortführte. Hier gilt es noch einmal festzuhalten, dass es konkret gedachte *Elemente der Landschaft*[93] sind, die hier über eine Analogiebeziehung das Funktionieren der Architextualität versinnbildlichen: So stößt der Dichter nicht nur durch Abstraktion auf das Wesenhafte

---

90 Vgl. Properzens *lymphisque a fonte petitis*, v. 51.
91 Genette, *Architext*, S. 101.
92 Die ersten beiden überwiegen in der Rede des Apoll, Angaben von Themen in derjenigen der Kalliope.
93 Hierzu zählt dann natürlich auch etwa die *Sileni patris imago* (3, 3, 29), die oben mit dem vergilischen Silen der sechsten Ekloge assoziiert wurde.

(das *nemus*) einer bestimmten Art früherer Dichtung[94] (d.h. z.B. das, was Kallimachos und Philitas verbindet) und kann eine Wahl zwischen zwei verschiedenen Gattungen in Szene setzen – etwa das *tale flumen* (Properz 3, 3, 15) des Epos *vs.* den *Gorgoneus lacus* der Liebeselegie (Properz 3, 3, 32) –, nein: auch die einfachste Art der Repräsentation von Dichtung, nämlich Allegorien konkreter einzelner Texte (Silen der sechsten Ekloge, Pan der *Georgica*), findet sich in der architextuellen *spelunca*.[95]

3.2.2 Vergils Bukolik

Hier schließt sich der Kreis, und man stößt wieder auf ein *rhetorisches* Konzept, nämlich auf das Innere jenes mnemotechnischen Hauses (Quint. *inst. or.* 11, 2, 17-26; vgl. Cic. *de or.* 2, 86-88), an dessen *loci* der Redner die zu erinnernden Gegenstände ablegt, um sie später in dieser bestimmten Ordnung, die hier die Struktur des Architextes ist, wieder zu finden. Auf ähnliche Weise bevölkern etwa in dem Lied des Silen in der sechsten Ekloge Figuren und Themen der Dichtung die vom Sänger erschaffene[96] Landschaft, die nicht nur ein Kosmos *sui generis* darstellt, sondern auch die ursprüngliche Bedeutung von »κόσμος« als *(bon) ordre*[97] in den Mittelpunkt stellt.

Auch andere Dichterweihen lassen sich auf diese Weise als ein Abtauchen in den als *topos* gedachten Architext deuten, auch wenn sie dies topologisch eher als einen Aufstieg[98] inszenieren, wie es seit Hesiod die Höhen des Helikon sind,[99] in denen der Inbegriff der Dichtung selbst wohnt: die Musen, welche einem unwürdigen Aspiranten schon einmal den Zutritt zum (richtig gebrauchten) Architext verweigern können:

---

94 Zu einem möglichen »Grasen« von Kühen im Architext vgl. Bing, Peter: Callimachus' Cows: A Riddling Recusatio, in: *ZPE* 54 (1984), S. 1-8.

95 Auch Horaz setzt in seinem *carmen* 2, 1, 37-40 die Wahl eines bestimmten Stoffes und einer bestimmten Form mit dem Betreten einer Grotte, dem *Dionaeum antrum*, gleich: Dass diese nicht (primär) eine Quelle der Inspiration darstellt, lässt sich daran ablesen, dass »Horaz« zusammen mit seiner *Musa procax* das *antrum* betreten will. Der architextuelle Charakter dieses Ortes ist währenddessen darin zu erkennen, dass er die *Gattung* der *nenia* bzw. des θρῆνος, welcher die grausamen Themen der ersten neun Strophen dieser Ode eher entsprächen, zurückweist (*sed ne relictis, Musa procax, iocis / Ceae retractes munera neniae*, vv. 37/38) und in der Grotte *modos*(!) *leviore plectro* suchen will.

96 Vgl. die Metalepse in *ecl.* 6, 61-63.

97 Vgl. Chantraine, P.: Dictionnaire Étymologique de la Langue Grecque. Histoire des Mots, Paris 1968, *s.v.* »κόσμος«.

98 Vgl. Properz 3, 1, 17/18: *Sed, quod pace legas, opus hoc de monte Sororum / detulit intacta pagina nostra via.*

99 *Theogonie* 22-34.

Der Ort 229

> Mentula conatur Pipleium scandere montem:
> Musae furcillis praecipitem eiciunt.

(Catull 105)

Wird man jedoch zugelassen in die *Pieridum loca*, so kann man die dortigen Blumen pflücken: Der Schmuck, den das geschaffene Gedicht als konkret vorliegender Text darstellt und der in (nicht nur) inter- und hypertextuelle Beziehungen zu anderen Texten treten kann, stellt dann ein sichtbares Souvenir dar, welches man vom Ort der Musen aus dem Architext heraus (vgl. *inde ... unde*) mitbringen durfte:

> ... iuvatque novos decerpere flores
> insignemque meo capiti petere inde coronam,
> unde prius nulli velarint tempora musae;

(Lukrez 4, 3-5 [=928-930])

Auch Vergil begab sich an einen bestimmten Ort, um seine *Bucolica* zu dichten: Dieser Ort, der Vergils »Text mit den verschiedenen Aussagetypen, aus denen er hervorgeht, verbindet«,[100] war in diesem Fall derjenige, an dem sich auch die *innerhalb* des Gedichtes auftretenden (intradiegetischen) Figuren typischerweise aufhalten:

> ... carmina qui lusi pastorum audaxque iuventa,
> Tityre, te patulae cecini sub tegmine fagi.

(Verg. georg. 4, 565/566)

Oben[101] wurde gezeigt, wie dieser letzte Vers der *Georgica* seine Ortsangabe bewusst ἀπὸ κοινοῦ setzt. In Vergils Sphragis geht es gerade darum, seine beiden vollendeten Dichtungen in ihren je spezifischen Determinanten *im Prozess ihres Entstehens*[102] zu charakterisieren, d.h. aber: sie in ihrer jeweiligen Beziehung zum Architext knapp darzustellen. Um also »die Gattungen sowie ihre Bestimmungen durch Thema, Modus, Form«[103] vor Augen zu führen, wird hier das Verfassen von bukolischer Dichtung bezeichnet durch das (metaleptische) Eintreten in die Welt dieser Dichtung. Das *patulae tegmen fagi* ist daher der *topos*, an dem das Material und die Inspiration für diese Art der Poesie gefunden werden kann. An diesem bukolischen Ort steht die Buche, stehen aber auch die *silvae*: Sind diese zuvor der Ort bukolischer Dichtung gewesen, so müssen sie zunächst ver-

---

100 Genette, *Architext*, S. 101.
101 S. 86.
102 Vgl. das Imperfekt *canebam* (v. 559) und die Konjunktion *dum* (v. 560); auch das *lusi* des Verses 565 impliziert nicht das Vorliegen eines fertigen Textes, sondern betont eben den Vorgang, aus dem die Gedichte hervorgehen.
103 Genette, *Architext*, S. 101.

lassen werden, um sich einer anderen Gattung zuwenden zu können. So findet man, liest man in vielen (nicht den ältesten[104]) Vergil-Handschriften nach dem Schluss der *Georgica* weiter, das folgende pseudo[105]-vergilische *Incipit*, das vor die *Arma virumque cano*-Anfangsverse der *Aeneis* gestellt wurde:

> Ille ego, qui quondam gracili modulatus avena
> carmen et egressus silvis vicina coegi
> ut quamvis avido parerent arva colono,
> gratum opus agricolis, at nunc horrentia Martis[106] (arma virumque cano...)
>
> (Donatus Vita Vergilii 165-169 Brummer[107])

Auch wenn diese Verse nicht von Vergil selbst stammen, so geben sie doch eine (augusteische) poetologische Vorstellung wieder, die nicht später als am Ende des ersten Jahrhunderts vor Christus zu verankern ist.[108] Ganz besonders gilt es hervorzuheben, wie hier der Architext gleichsam mit einer Landkarte beschrieben wird, um anzugeben wo sich für Bukolik und Lehrgedicht die *sedes argumentorum* befinden, *in quibus latent, ex quibus sunt petenda*:[109] Man begibt sich zum Dichten an die jeweils zuständigen *sedes* (=*loci*), denn

> non omne argumentum[110] undique venit ideoque non passim quaerendum est. Multus alioqui error est: exhausto labore, quod non ratione scrutabimur, non poterimus invenire nisi casu. At si scierimus, ubi quodque nascatur, cum ad locum ventum erit, facile, quod in eo est, pervidebimus.
>
> (Quint. inst. 5, 10, 21/22)

Im pseudo-vergilischen Paratext entspricht die unmittelbare zeitliche Abfolge des Dichtens von *Bucolica* und *Georgica* dem Abschreiten jener architextuellen Topologie, genauer: dem Verlassen der *silvae* als der (hier) bukolischen *sedes* und dem Betreten der benachbarten (*vicina*) *arva* als *sedes* des Lehrgedichtes.

---

104 Vgl. zu dieser Frage Conte, S. 84-87, bes. Anm. 61 und 62.
105 Vgl. Conte, ebd. mit Literatur.
106 Textgestalt nach Mynors' *Praefatio* zu seiner Vergil-Edition (Oxford 1969), Seite xii.
107 = Servius *Vita Vergilii* 34-38 Brummer.
108 So die Datierung, die Conte vornimmt, indem er diesen Paratext mit demjenigen der zweiten Edition von Ovids *Amores* hypertextuell in Beziehung setzt: »Ovid uses the entire structure of the opening movement of Virgil's work, which he must have found in a contemporary edition of the *Aeneid*. His reworking of the *Amores* in three books dates to the end of the first century B.C., so this is the terminus ante quem for the composition of ›Ille ego qui‹.« (Conte, S. 87)
109 Quintilian *inst.* 5, 10, 20 in seiner Definition von *loci*.
110 Hier sind freilich Quintilians *argumenta*, die das Mark der *rhetorischen* »argumentieren« Rede ausmachen (vgl. Quint. *inst.* 5, 10, 1: *hoc nomine [sc. argumentorum] complectimur omnia, quae Graeci ἐνθυμήματα, ἐπιχειρήματα, ἐπιδείξεις vocant*) *mutatis mutandis* durch »Thema, Modus, Form« von *Dichtung* ersetzt zu denken.

Warum sind die *silvae* als *sedes* bzw. *locus* nur »hier« spezifisch bukolisch? – Die Antwort auf diese Frage führt einerseits nach einem kurzen Seitenblick auf ein ovidisches Konzept des Architextes wieder zurück in das (echt-)vergilische Corpus, andererseits wird sie noch genauer darlegen, wie Vergil, an dessen Bukolik sich die *Dirae* so unmittelbar anschließen, unter Rückgriff auf ein architextuelles Konzept die Determinationen seiner Dichtung und seines eigenen Dichtens reflektiert, indem er einen transtextuellen Dialog mit früherer Dichtung aufnimmt, der gleichzeitig hypertextuell *und* architextuell zu nennen ist. Von diesem soll schließlich gezeigt werden, dass er auch – *mutatis mutandis* – für das Ganze der *Dirae* konstitutiv ist.

3.2.3 Ovids *Amores*

In Ovids Gedicht *Amores* 3, 1 macht das dichterische Ich, bevor sich die Allegorien von Elegie und Tragödie seiner bemächtigen, geradezu einen Spaziergang durch den Architext auf der Suche nach den idealen Bedingungen für seine Dichtung. Wieder ist es ein Element der Landschaft, auf das diese Topologie projiziert wird, in diesem Fall die *silva*, bei der im folgenden zu verweilen ist. Dieser Wald bezeichnet jedoch bei Ovid nicht einen bukolischen Ort, sondern fungiert hier als Gebiet, welches als Architext selbst gelten darf und in dessen Inneren erst Gattungen wie Elegie und Tragödie angesiedelt sind. Dass hierbei ein und dasselbe metaphorische Vehikel, die *silva*, einerseits spezifisch die Bukolik und andererseits den sie enthaltenden Architext als Tenor denotiert, läuft der hier verfolgten Argumentation nicht zuwider: Es geht gerade nicht darum, der mehr oder weniger konstanten Verwendung einer einzelnen *Metapher* in Literatur und Literaturkritik nachzugehen, sondern vielmehr auf eine Art von *Metaphorik* zu verweisen, die in den hier betrachteten Dichtungen eine der Landschaft (also eine topologische) ist und als Modell zur Beschreibung des Phänomens »Architext« dient. Doch nun zum Text:

> Stat vetus et multos incaedua silva per annos;
>   credibile est illi numen inesse loco.
> Fons sacer in medio speluncaque pumice pendens
>   et latere ex omni dulce queruntur aves.
> Hic ego dum spatior tectus nemoralibus umbris,
>   quod mea, quaerebam, Musa moveret opus.

(Ovid Amores 3, 1, 1-6)

Das Topologische dieses Ortes betont Ovid durch die Ortsangaben des mittleren Distichons, während die Elemente seiner Topologie sich auf mindestens zwei Traditionen zurückführen lassen: Quelle, Grotte, Bimsstein und Vögel, die nur *einen* Teil des ovidischen Waldes ausmachen, erinnern an die Beschreibung der *spelunca* bei Properz 3, 3; der alles umfassende Urwald hingegen, innerhalb dessen Ovids Gattungswahl stattfindet und der für ihn der nicht spezifizierte Architext ist, findet sein Gegenstück im sechsten Buch der *Aeneis*. Hier scheint neben einer spezifisch-architextuellen, d.h. bukolischen *silva* und einer allgemein-architextuellen *silva*, wie wir sie soeben bei Ovid sahen, noch eine dritte, wieder spezifische Verwendung dieses Bildes auf.

3.2.4 *Itur in antiquam silvam* - Reflexive Metatextualität I

Im sechsten Buch der *Aeneis* erfährt Vergils Held von der cumäischen Sibylle, dass er, bevor überhaupt direkte Vorbereitungen zu einem Besuch der Unterwelt möglich seien, zunächst noch seinen Gefolgsmann Misenus auf rechte Art bestatten müsse: Diesen hatte – *si credere dignum est* (*Aen.* 6, 173) – der Meergott Triton, von dem Menschen zum musikalischen Wettkampf gefordert, am Gestade getötet, wo seine unbeerdigte Leiche immer noch liegt.[111] Für Misenus also wollen die Trojaner einen gewaltigen Scheiterhaufen errichten, wofür es zunächst Holz zu beschaffen gilt, das Aeneas und seine Männer in einer *antiqua silva* finden. In diese dringen sie ein:

> itur in antiquam silvam, stabula alta ferarum;
> procumbunt piceae, sonat icta securibus ilex
> fraxineaeque trabes cuneis et fissile robur
> scinditur, advolvunt ingentis montibus ornos.
>
> (Aen. 6, 179-182)

Das Holzfällen dieses Passus verdankt sich zunächst einer ähnlichen Situation in der *Ilias*. Dort ist es die ψυχή des Patroklos, die den Achill bittet, ihn zu bestatten: Im Gegensatz zur *Aeneis*, wo Aeneas als *Lebender* in den Hades gelangen möchte, ist es hier »nur« der *Tote* selbst, der dort endlich[112] eingelassen werden und seine Ruhe finden will. Eilends macht sich Achill auf, um Holz für einen Scheiterhaufen zu beschaffen:

---

111 *Aen.* 6, 149-174.
112 Vgl. *Il.* 23, 71: Θάπτε με ὅττι τάχιστα· πύλας Ἀίδαο περήσω. – Vergil betont ebenfalls die *Tore* des Hades, vgl. *Aen.* 6, 109: *Doceas iter et sacra ostia pandas.* (Zum finalen Konjunktiv in der Parataxe bei Homer vgl. Chantraine, P.: Grammaire Homérique, Tome II: Syntaxe, Paris 1953, S. 207.)

> οἱ δ' ἴσαν ὑλοτόμους πελέκεας ἐν χερσὶν ἔχοντες
> σειράς τ' ἐϋπλέκτους· πρὸ δ' ἄρ' οὐρῆες κίον αὐτῶν.
> πολλὰ δ' ἄναντα κάταντα πάραντά τε δόχμιά τ' ἦλθον·
> ἀλλ' ὅτε δὴ κνημοὺς προσέβαν πολυπίδακος Ἴδης,
> αὐτίκ' ἄρα δρῦς (»Eichen«!) ὑψικόμους τανάηκεϊ χαλκῷ
> τάμνον ἐπειγόμενοι· ταὶ δὲ μεγάλα κτυπέουσαι
> πῖπτον. τὰς μὲν ἔπειτα διαπλήσσοντες Ἀχαιοὶ
> ἔκδεον ἡμιόνων.
>
> (Ilias 23, 114-121)

Den hypotextuellen Charakter dieser Homerpassage gewährleisten verschiedene Elemente: die jeweils prominente Verbform von *ire* bzw. ἰέναι, die Erwähnung der Äxte (πελέκεας, χαλκῷ, *securibus*), das krachende (μεγάλα κτυπέουσαι, *sonat*) Fallen der Bäume (πῖπτον, *procumbunt*) und schließlich das Zerspalten des Holzes (διαπλήσσοντες, *scinditur*).

Vergil stand jedoch noch ein anderes Epos als Hypotext zur Verfügung, die *Annales* des Ennius, aus denen Macrobius (*sat.* 5, 2, 27) diejenigen fünf Verse zitiert, die uns die *Aeneis*-Passage auch mit ihrem vermittelnden römischen Vorgänger vergleichen lassen:

> Incedunt arbusta per alta, securibus caedunt,
> percellunt magnas quercus, exciditur ilex,
> fraxinus frangitur atque abies consternitur alta,
> pinus proceras pervortunt: omne sonabat
> arbustum fremitu silvai frondosai.
>
> (Ennius Ann. 175-179 Skutsch)

Verorten lässt sich diese Szene mit Skutsch *ad loc.* derart, dass Ennius hier des Pyrrhus Bestattungsvorbereitungen nach der Schlacht bei Herakleia beschreibt. Die Übereinstimmungen zwischen den römischen Dichtern sind noch enger als diejenigen zwischen Vergil und Homer.[113] Dennoch, wie gleich gezeigt werden wird, ist es wichtig, stets daran zu denken, dass Vergil hier auf mindestens *zwei* analoge Passagen zurückgreift[114] – sei es kontaminierend, sei es auch nur durch das (unbezweifelbare) Wissen darum, dass seinem römischen Vorgänger in diesen Versen eine Passage der homerischen *Ilias* vor Augen stand.

---

113 Man vergleiche zum Beispiel die ersten Wörter der jeweils ersten drei Verse (jeweils *Annalen* ~ *Aeneis*): *incedunt* ~ *itur*, *percellunt* ~ *procumbunt*, *fraxinus* ~ *fraxineae*, die Baumkataloge der römischen Dichter (vgl. auch *Aeneis* 11, 134-138) gegenüber dem homerischen »δρῦς«: *quercus, ilex, fraxinus, abies, pinus* ~ *piceae, ilex* (gleiche Verstelle!), *fraxineae trabes, orni*; schließlich Einzelheiten wie das jeweils vertretene *securibus*, die sich entsprechenden Verben *pervortunt* und *advolvont* und die Formen des Verbs *sonare*.

114 Anders Hinds, S. 12, der die *Ilias*-Stelle nach der Erwähnung ihrer Existenz beiseite legt.

Die Deutung, die Hinds, S. 11-14 vorschlägt, ist nun die folgende: Der Aufwand, der von Pyrrhus für die Bestattung von einigen Tausend von Toten betrieben wird, erschließt sich ohne weiteres; jedoch bei Vergil »the enormous preparations for the funeral of one man, Misenus, are astonishing«.[115] Diese rhetorische Hyperbel sowie die enge sprachliche Anlehnung an Ennius stellen ein Signal dar, das über die intradiegetische Handlung der *Aeneis* hinausweist und dazu einlädt, nicht nur die Anspielung als solche wahrzunehmen, sondern im Hypertext sogar Spuren dafür zu finden, dass dieser den Akt des Anspielens – die »Allusivität der Allusion« – selbst andeutet: Es ist zweierlei, ob man als Leser(in) durch einen Text hindurch die Präsenz eines anderen Textes bemerkt oder ob der Text *selbst* sagt: »Übrigens,[116] ich mache gerade eine Anspielung.« – Diese beiden Möglichkeiten stellen indes keine binären Werte dar, sondern deuten nur auf eine Gradation, in der der Akt des Anspielens *mehr oder weniger* explizit vom Text selbst bezeichnet wird. Denn prinzipiell spricht natürlich auch jede Anspielung schon selbst von sich *als* von einer Anspielung, kommentieren sich also *metatextuell* (in der Genetteschen Terminologie) selbst:

all allusions, at the moment in which they are apprehended as such, incorporate an element of self-annotation, in that just to recognize an allusion, any allusion, is to hear in it the affirmation ›Yes, I am an allusion‹ – within, or besides, all the other things which it may be saying.[117]

Dieses Moment der reflexiven Metatextualität findet sich in der *Aeneis*-Passage explizit, beginnt sie doch mit den Worten: *Itur in antiquam silvam...* – In diesen beschreibt der Text der *Aeneis* neben der gleichzeitig narrativ vorangetriebenen Intradiegese kommentierend selbst, was er soeben *als Text* tut: Er dringt in das Gestrüpp der Literaturgeschichte ein. Durch welche Signale wird dies deutlich gemacht?

Das Nebeneinander von Hypertextualität – die *antiqua silva* ist eine *Transformation*[118] der ennianischen *arbusta alta* – und Metatextualität wird ermöglicht von der semantischen Ambiguität des Wortes *silva*:[119]

---

115 Skutsch, S. 341. Hinds ergänzend kann man also sagen: Zumindest darin, dass die enormen Vorbereitungen nur *einem* Toten dienen, geht Vergil also über Ennius hinaus auf die Bestattung des Patroklos in der *Ilias* zurück.

116 »Übrigens« ist hier keine Floskel: vgl. Hinds' »within, or besides, all other things which it may be saying« des nächsten Zitates.

117 Hinds, S. 10.

118 Vgl. Genette, *Palimpseste*, S. 15. Genettes Definition von Hypertextualität findet gerade in Absetzung von der Metatextualität statt, so dass – *bei semantischer Eindeutigkeit des Hypertextes* – die terminologische Zuordnung dichotom ist. Dies zeigt die *differentia specifica*: »Darunter [*sc.* unter Hypertextualität] verstehe ich jede Beziehung zwischen einem Text B [...] und einem Text A [...], wobei Text B Text A auf eine Art und Weise überlagert, *die nicht die des Kommentars ist.*« (Genette, *Palimpseste*, S. 14/15, meine Kursive)

Silva is used metaphorically in various contexts in Latin to represent ὕλη, in the sense of ›matter‹, ›mass of material‹, ›raw material‹ [...]: so, in Cicero, of the orator's debt to philosopher's discussions, Orat. 12 omnis enim ubertas et quasi silva dicendi ducta ab illis est [...]; so too, in Suetonius, of the legacy of Probus, Gram. 24 reliquit ... non mediocrem silvam observationum sermonis antiqui [...]. It is precisely as antiqua silva, in this sense, that the Ennian passage is laid under contribution by Virgil here in Aen. 6, 179-82.[120]

Itur in antiquam silvam bezeichnet also nicht nur hypertextuell Aeneas' »epischen« Aufbruch in den Holz spendenden Urwald bei Cumae, sondern auch metatextuell-selbstreferentiell Vergils Aufbruch in das Dickicht der zeitlich vor ihm liegenden Literatur als *antiqua silva*; deren hohes Alter, das Vergil ja hier besonders hervorhebt, wird noch deutlicher, wenn man nicht nur Ennius, dessen Text hier freilich am nächsten liegt, sondern auch (*pace* Hinds) die *Ilias* als Signifikat dieser metaphorischen *silva* betrachtet. Diese *silva* ist dann nicht mehr nur einfach jeweils ein einzelner Text, auf den *hyper*textuell zurückgegriffen wird (dies geschieht natürlich auch), sondern gerade, weil nicht nur *ein* Text hinter der Vergil-Passage liegt, Ausdruck jenes »raw material of a literary work«,[121] das hier »das Epische« ist, also jene Determinationen, die, von literarischen Vorgängern vorgeformt, die vergilische *Aeneis* prägen – kurzum: ein bzw. ihr epischer *Architext*, der hier wiederum dadurch seinen metaphorischen Signifikanten findet, dass eine Verortung in einer *Landschaft*[122] vorgenommen wird.

Auf zwei Punkte sei schließlich in diesem Zusammenhang noch hingewiesen, welche Hinds hervorhebt und die für die Interpretation der *Dirae* in Kürze von großer Wichtigkeit sein werden.

Tenor und Vehikel[123]

Soeben wurde gesagt, Aeneas' Eindringen in den italischen Urwald »bezeichne« (*serves to metaphorize*) Vergils Auseinandersetzung (u.a.) mit Ennius bzw. mit dessen ὕλη, den *Annales*. Anders ausgedrückt: In dieser metapoetischen Lesart entstünde eine Metapher, welche sich in ihre zwei kanonischen Bestandteile zerlegen ließe: Dem *Tenor*, der Begegnung zwei-

---

119 Vgl. hierzu Coleman, K. M.: Statius: Silvae IV, Oxford 1988, S. xxii-xxiv, sowie *OLD s.v.* 5.

120 Hinds, S. 12/13.

121 *OLD s.v. silva* 5b.

122 Vgl. Hinds, S. 13: »Here, then, is one strikingly metapoetic way of reading the figural relationship in this intertextual nexus: the landscape of ancient Italy serves to metaphorize a literary encounter between the poet of the *Aeneid* and his archaic predecessor in the Roman epic tradition.« – Allerdings ist es gerade die Begegnung mit seinen *archaic predecessors* (Plural!), die hier das Architextuelle konstituiert: Dieses Sich-Einfügen in eine Tradition, die über nur einen Vorgänger hinausgeht, bestätigen nicht zuletzt die weiteren Hypertexte bei Silius Italicus, Statius und Lucan (vgl. Skutsch, S. 341), die diese textuelle Linie des Bäumefällens weiterzeichnen.

123 Zu diesen metaphorologischen Termini vgl. Richards.

er Dichter, diente als *Vehikel* das vom Epos »prima facie«[124] Dargestellte: das Betreten der *antiqua silva*. Indessen – dies gibt Hinds zu bedenken – ist es auch möglich, im Zuge eines »*more orthodox decorum of narrative representation*«,[125] das sich nicht auf poetologische Momente, sondern vielmehr auf die epische Geschichte konzentriert, den genau entgegengesetzten Weg zu gehen: Warum sollte nicht die für den römischen Leserkreis deutlich(!) erkennbare Auseinandersetzung mit dem ennianischen Hypotext ihrerseits als Vehikel einem Tenor unterstellt sein, welcher in den hierdurch emphatischer – da auf mehreren Eben dargestellt – erzählten Mühen des epischen Helden bestünde?

Diese für die Klassische Philologie (vgl. Fraenkels Formulierung oben, S.54) nicht irrelevante Alternative (d.h. ihre Formulierung) steht, genauer betrachtet, unter der »Ägide einer Innen/Außen-Metapher, die ihrerseits nie ernsthaft in Frage gestellt wird«:[126] Dringt man von einer Oberfläche – dies ist das *Prima facie*, das *Vehikel* – zu einem poetologischen Kern (dem *Tenor*) vor, oder sucht man »unter« der intertextuellen Allusion als eigentlich Bezeichnetes das ungeheure Wagnis des Helden der Intradiegese? – Paul de Man hat sich mit dieser binären Opposition des Innen und Außen vor allem in Bezug auf Form und Referenz sowie mit rhetorischen und grammatischen Strukturen, die sich jedoch *nicht*[127] binär verhalten und oben bereits in Bezug auf die beiden Adynatagruppen der *Dirae* vorgestellt wurden, auseinandergesetzt. Seine Beobachtungen gründet er besonders auf literarische Fälle, in denen – wie bei den *Dirae*-Adynata – keine Harmonie zwischen zwei polaren Lesarten hergestellt werden kann, auch wenn diese »Versöhnung von Form und Bedeutung derart attraktiv«[128] ist.

In der Analyse eines Gedichtes von Yeats, das mit einer rhetorischen Frage endet, zeigt de Man, wie dieses nicht nur wiederum eine Spannung zwischen figurativer (rhetorischer) und buchstäblicher Lektüre aufbaut, sondern sogar (implizit) von sich selbst als poetischer sprachlicher Äußerung mit ihren Zeichen und Referenten spricht,[129] d.h. »metafigurativ« ist: Es »schreibt figurativ über Figuren«.[130] Zwar kann hier der vergilische Text leider nicht in vollem Umfang nach diesen Strukturen befragt werden (ein Desiderat!), dennoch wird deutlich, dass innerhalb einer Spannung von Innen und Außen als drittes Element auch das Sprechen eines Textes über

---

124 Diese beiden Wörter sind hier wörtlicher zu nehmen, als es den Anschein haben mag: siehe unten!
125 Hinds, S. 13.
126 de Man, S. 33.
127 de Man, S. 43.
128 Ebd.
129 de Man, S. 42.
130 de Man, S. 44.

sich selbst *als figurativen* Text hinzutreten kann, wie es bei dem *Itur in antiquam silvam* der *Aeneis* der Fall ist. Dass dieses mitthematisierte Figurative nicht nur die rhetorische Frage sein kann, sondern auch eben die Metapher, demonstriert de Man schließlich am Beispiel eines Ausschnittes aus der *Recherche* Prousts, der auch »in vielen anderen Passagen Tropen durch Landschafts-[!] und Gegenstandsbeschreibungen dramatisiert.«[131] Das Metafigurative entspricht hier durchaus einer Hinds'schen *self-annotation* im Sinne einer poetologischen Metatextualität, denn

> diese Passage kommentiert auch in einer offen normativen Weise das Verfahren, mit dem solche Wirkungen hervorgerufen werden [...]. Sie stellt zwei Weisen, die Erfahrungen des Sommers zu evozieren, einander gegenüber, und konstatiert unzweideutig, dass sie der einen den Vorzug vor der anderen gibt [...]. Die Bevorzugung ist durch eine Unterscheidung ausgedrückt, die derjenigen zwischen Metapher und Metonymie korrespondiert[!] [...]. Die Passage spricht *über* die ästhetische Superiorität der Metapher über die Metonymie [...].[132]

Indem nun die Verse *Aeneis* 6, 179-182 durch ihre »affirmation ›Yes, I *am* an allusion‹« implizit *über* ihre Hypertextualität als einem rhetorischen Element sprechen, thematisieren sie auch die beiden Möglichkeiten, gelesen zu werden. Diese Möglichkeiten sind indessen nichts anderes als »chiastische Umkehrungen«[133] einer Innen/Außen-Dyas von Vehikel und Tenor und können, wie oben mit Hinds gezeigt wurde, je nach Blickwinkel beide Priorität beanspruchen. Aus diesem Grund sollte eine Interpretation auch beide gelten lassen, da sie sich – wie die nicht–binären grammatischen und rhetorischen Lesarten – nicht gegenseitig ausschließen:

> The best answer, perhaps, will be one which refuses to treat the choice as a disjunctive one. The richest reading of the passage, the reading most fully responsive to the *Aeneid*'s many-layered exploration of pastness, is surely one which can admit the possibility of proceeding in both these directions simultaneously. In such a reading [...] 'history, time and intertextuality' can all find themselves thematized in an event of intense reflexivity which, rather than just turning poetry in on itself, opens it out into a referentiality which is simultaneously self- and other-directed. What better way to resolve the question of hierarchy raised at the beginning of this discussion?[134]

Dieses von Hinds zu Recht geforderte Nebeneinander von beiden chiastischen Verteilungsarten des Innen und Außen ließe sich nun – das ist der Beitrag, den hier de Man zu leisten vermag – über das von Hinds Gesagte hinaus auch noch auf eine dritte Weise in der *Aeneis*-Passsage finden: Die von de Man gewählte Proust-Passage dramatisiert die Figur der Metapher

---

131 de Man, S. 43.
132 de Man, S. 44/45.
133 de Man, S. 33.
134 Hinds, S. 13/14.

durch Marcel, der sich die äußere Welt[135] *lesend* in das Innere seines dunklen Zimmers hineinholt. Dass hier eine »Innen/Außen-Korrespondenz« eben »*durch den Akt des Lesens* dargestellt wird«,[136] vermag bei Betrachtung des Vergiltextes auch dort eine vergleichbare Struktur zu entdecken, denn (was nicht übersehen werden darf): Welche Instanz konstituiert denn zuallererst die Alternative, zwischen den beiden von Hinds aufgezeigten Lesarten, wenn nicht der Leser selbst, der zunächst den ennianischen Hypotext aktiv erkennen und »einspielen« muss, nur um dann mit der Entscheidung alleine gelassen zu werden, ob hier nun intradiegetisch-episches oder poetologisches Geschehen kommentiert werde?

So betrachtet, bezeichnet das im Gegensatz zu Homers »ἴσαν« und dem *incedunt* des Ennius singularisch-unpersönliche *itur* Vergils auch den Weg des an dieser Stelle in besonderer Weise vorgesehenen Lesers hinein in den Text der *Aeneis*, hinein in die Struktur des Beziehungsgeflechtes zu ihren Hypotexten und wieder »hinaus« in die Bedeutung dieser Allusivität. Wie Hinds gezeigt hat, ist auch dieser interpretatorische Weg kein einfacher, führt er doch in Richtung eines Verstehens über die Hindernisse von Isosthenien:

Lesend gelangen wir, wie wir sagen, *in* einen Text *hinein*, der uns zunächst fremd gegenüberstand und den wir uns nun durch einen Akt des Verstehens aneignen. Doch dieses Verstehen wird sogleich zur Repräsentation einer außersprachlichen Bedeutung.[137]

Wie Aeneas sich nicht alleine auf den Weg machen kann, um das Holz für den Scheiterhaufen des Misenus zu holen, braucht auch der Autor »Vergil« Gefährten als sein Komplement: die Leser, ohne deren Akt des Lesens seine literarische Strategie nicht funktionieren kann. Der Weg des Rezipienten in das Geflecht des vergilischen und damit auch ennianischen und homerischen Textes inszeniert reflektierend auf einer höheren Ebene die von Vergil verwendeten *Figuren*, welche die hypotextuellen und architextuellen Allusionen sind: Das *Itur* ist somit auch »metafigurativ«,[138] stellt (auch) eine »Allegorie des Lesens« dar.

Von dieser de Man'schen Metawarte aus sei nun schließlich vor allem eines klar ins Auge gefasst: Der chiastischen Umkehrbarkeit der binären Opposition eines Innen und Außen[139] entspricht Hinds' Hinweis darauf, als wie

---

135 Vgl. »dank den in meinen Büchern erzählten, mich im Innern bewegenden Abenteuern« (de Man, S. 44).
136 de Man, S. 43, meine Kursive.
137 de Man, S. 43.
138 Vgl. de Man, S. 44.
139 Schön angedeutet von Hinds' Kapitelüberschrift »Reversing the trope« (Hinds, S. 10).

stark die Interdependenz zwischen poetischer und poetologischer Lektüre von Aeneas' Eindringen in den Wald sich herausstellt und als wie unmöglich es sich erweist, einer von beiden Lesarten eine Priorität als Tenor in der von Vergil hier entwickelten Metapher zuzuweisen.

Animismus
Hinds macht auf die Ausführungen bei Thomas (1988) aufmerksam, welcher eine Ambiguität herausarbeitet, die bereits in der Semantik des lateinischen Wortes *vis* (»Kraft« bzw. »Gewalt«) präfiguriert ist. Thomas zeigt hier anhand von Beispielen aus Vergil, Ovid und Lukan, dass für diese Römer (und eventuell, wenn auch nicht notwendig, für »den« Römer) das verletzende Eindringen in eine zuvor intakte Baumpflanzung oder einen Hain bereits als solches nicht nur ein Moment der (vielleicht bewundernswerten) Kraft impliziert, sondern auch eines der Gewalt, des Ungeheuren, des Frevels, der den jeweiligen »Helden« des Baumfällens zugleich in ein denkbar negatives Licht rückt. Verbunden sei die so konnotierte »*disruption of an old order*«[140] oft mit einer animistischen[141] Darstellung von Landschaftselementen wie etwa von Bäumen oder eines Waldes. Im Vergleich mit der kallimacheischen und der ovidischen Version der Erysichthon-Geschichte illustriert Thomas diesen Animismus zunächst anhand des Beginns des dritten Buchs der *Aeneis*: Nach dem Verlassen der verwüsteten Stadt Troja gelangen Aeneas und seine Leute nach Thrakien. Dort gründet er eine Stadt und will der Venus und dem Juppiter opfern. Für einen Altar benötigt er jedoch noch belaubte Zweige. Zunächst scheint er Glück zu haben, denn:

> Forte fuit iuxta tumulus, quo cornea summo
> virgulta et densis hastilibus horrida myrtus.

Doch sowohl Kornelkirsch- als auch Myrtengesträuch widersetzen sich seinem Zugriff:

> Accessi viridemque ab humo convellere silvam
> conatus, ramis tegerem ut frondentibus aras,
> horrendum et dictu video mirabile monstrum:
> Nam quae prima solo ruptis radicibus arbos
> vellitur, huic atro liquuntur sanguine guttae
> et terram tabo maculant. Mihi frigidus horror
> membra quatit gelidusque coit formidine sanguis.
>
> (Verg. *Aen.* 3, 22-30)

---

140 Thomas, S. 268.
141 Vgl. Thomas, S. 262-264.

Zwar wird sich nach zwei weiteren Versuchen des Aeneas bald herausstellen, dass der von ihm angegriffene *tumulus* der Grabhügel des Priamussohnes Polydorus ist, dessen Totenruhe er gestört hat, aber es ist dennoch kein Geist, sondern die sich zur Wehr setzende Natur, die das *mirabile mostrum* dadurch darstellt, dass sie die *arbos* selbst bluten lässt. Zudem sei festgehalten, dass es dem epischen Helden hier um die *rami frondentes* der beiden Sträucher geht, welche zudem kollektiv als *viridis silva* bezeichnet werden. Der Frevel besteht hierbei darin, dass man diesen Schmuck von seinem angestammten Ort entfernen will.

Diese animistische Personifizierung einer *silva* lässt sich natürlich auch in der *Itur in antiquam silvam...*-Passage des 6. Aeneisbuches verifizieren. Da diese jedoch oben bereits gebührend interpretiert wurde, sei auf diesen weiteren Aspekt nur dadurch verwiesen, dass das Augenmerk auf zwei Befunde gelenkt werde: Die von Aeneas für Misenus gefällten Bäume stammen nicht aus einer leblosen *antiqua silva*, sondern Vergil hebt hervor, dass diese bevölkert und schon dadurch belebt ist, indem er ihr die Apposition *stabula alta ferarum* beigibt (*Aen.* 6, 179).[142] Des Weiteren dürfte das Ächzen der von Beilen heimgesuchten Steineiche[143] durchaus das Stöhnen eines verletzten Lebewesens konnotieren.

Die Implikationen werden deutlich: Wie oben demonstriert wurde, zeigt bereits eine immanente Betrachtung der *Dirae*, dass die Annäherung der *silva* an eine feminine *Lydia* zu einer starken Anthropomorphisierung derselben führt, was sich, wie dargestellt, in der Sprache deutlich niederschlägt. Nun lässt sich dieser Befund jedoch sogar in den Kontext der vergilischen Dichtung, die so oft als Hypotext fungiert, einordnen und verifizieren. Man vergleiche noch einmal die Fluchstrophe B.4 der *Dirae*:

> Sic precor et nostris superent haec carmina votis:
> Lusibus et multum nostris cantata libellis,
> *optima* silvarum, *formosis* densa virectis,
> *tondemus* virides umbras nec *laeta comantis*
> *iactabis mollis ramos* inflantibus auris...
>
> (*Dirae* 25-29)

Die erotische Aufladung der Adjektive *formosus* und *optimus* sowie die anthropomorphe Denotation von Laub und Ästen durch üppiges Haar (*laeta comantis*) und geschmeidige Arme (*iactabis mollis ramos*) wurde bereits

---

142 Vgl. Thomas, S. 268: »Apart from the suggestion of excessive action in 179-82, there is in the words *itur in antiquam silvam, stabula alta ferarum* (179) a note of empathy and animism not found in Virgil's models, and the words *antiquam silvam* imply that woods could be numinous«. Es sei daran erinnert, dass Ovid *explizit* schrieb: *Stat vetus et multos incaedua silva per annos; / credibile est illi numen inesse loco.* (Amores 3, 1, 1/2)

143 *sonat icta securibus ilex, Aen.* 6, 180.

dargestellt und ließe sich im vorliegenden Kontext von Thomas' Beobachtungen durchaus als ein eigenständiges, weiteres Beispiel einfügen. Indes: Vergil selbst bietet in größerer zeitlicher Nähe zu seinen Eklogen einen Passus, der eine analoge Schilderung enthält, nämlich diejenige der sprießenden Schösslinge:

> Ac dum prima novis adolescit frondibus aetas,
> parcendum teneris et, dum se laetus ad auras
> palmes agit laxis per purum immissus habenis,
> ipsa acie nondum falcis temptanda, sed uncis
> carpendae manibus frondes interque legendae.
> Inde ubi iam validis amplexae stirpibus ulmos
> exierint, tum *stringe comas*, tum *bracchia tonde*
> (ante reformidant ferrum), tum denique dura
> exerce imperia et *ramos* compesce *fluentis*.
>
> (Verg. *georg.* 2, 362–370)

Der das Wachstum einschränkende (vgl. *compesce*) Bauer wird hier explizit dargestellt als jemand, der eine Form von Herrschaft ausübt (*exerce imperia*), deren »Härte« durch das Adjektiv *dura* in diesem Passus abschließend auch bündig erwähnt wird. Schon zuvor jedoch evozieren die drängenden Imperative Handlungen, die als Verstümmelungen eines anthropomorphen Körpers zu denken sind: Das Stutzen des Haares und das Kappen der Arme, deren Geschmeidigkeit in dem Partizip *fluentis* (v. 370) seinen Ausdruck findet, entspricht bis in die Wortwahl hinein[144] der in den *Dirae* zu findenden Szene, in der die *silva* / *Lydia* verletzt wird. Was es also für diese beiden Gedichte (sowie für die *Aeneis*-Stellen) festzuhalten gilt, ist das Moment des Frevels, das der »application of force against the natural condition of the tree«[145] schon als solcher inhäriert. Verdeutlicht wird das Skandalon dieses Eingriffes durch die gewählte Metaphorik: Dieser Animismus kulminiert in den *Dirae* mit einer weiblich-anthropomorphen *silva*, deren Verletzlichkeit durch die anklingende Sphäre des Erotischen noch gesteigert erscheint. Die Annäherung von Tenor und Vehikel aneinander geht hierbei so weit, dass sich diese Art der Darstellung nur noch höchst unzureichend mit dem Begriff der »Metapher« bezeichnen lässt. Für den fluchenden Landmann *ist* die *silva* eine schöne Frau, von der er Abschied nimmt: Indiz hierfür ist die Eigenartigkeit des Nebeneinanders von Wald und menschlicher Geliebten in der traditionellen Lesart der *Dirae*, deren Überwindung oben versucht wurde.

---

144 Vgl. die Vorkommen des Verbs *tondere*, *mollis ramos* vs. *ramos fluentis* sowie die Haarmetaphorik (*stringe comas* vs. *laeta comatis*).
145 Thomas, S. 271.

Der Effekt einer solchen Konvergenz von »Tenor« Wald, der durch die soeben beschriebene animistische Sichtweise des literarischen Umfeldes der *Dirae* als sakrosankt erscheint, und »Vehikel« *puella*, deren Verletzung durch die erotischen Konnotationen um so frevelhafter erscheint, ist eine weitere Intensivierung der Gewalt, mit der der *colonus* gegen dieses spezielle Ziel seiner Flüche vorgeht. Die Frage, die sich nun wieder aufdrängt, ist dieselbe, die oben bereits am Ende des Abschnittes über den »Rollenwechsel« (S. 181) gestellt wurde: Wohin fliegt der »Pfeil« der *Dirae* genau? Ist es wirklich »nur« ein (wie auch immer konnotiertes) Landgut, dem diese nunmehr noch deutlicher erkennbare Intensität entgegengeschleudert wird? – Die Antwort hierauf soll nun schließlich die verschiedenen in dieser Arbeit aufgezeigten Fäden zusammenführen und in eine mögliche neue Interpretation dieses Gedichtes der *Appendix Vergiliana* münden.

3.3 Feuer im Architext – Die Zerstörung der Bukolik in den *Dirae*

In den voranstehenden Kapiteln sind mehrere mimetische, textuelle und narrative Strategien herausgearbeitet worden, derer sich die *Dirae* bedienen. Nun wird man einen zunächst vagen Begriff wie denjenigen der *Intensität* bemühen müssen, um sie gemeinsam charakterisieren zu können. Diese Vagheit kann immerhin strukturalistisch etwas dadurch ausbalanciert werden, dass man dieses Phänomen von drei Seiten zu beleuchten vermag, die den drei Genetteschen Bedeutungen des unbekümmert gebrauchten Begriffs »Erzählung« entsprechen. Es sind dies die von den Genetteschen Termini »Geschichte«, »Narration« und »Erzählung« (also im engeren Sinne) bezeichneten Kategorien, deren Definitionen oben (S. 96) bereits gegeben und exemplifiziert worden sind.

3.3.1 Intensität

3.3.1.1 Intensive Geschichte

Die Intensität nimmt nun ihren Beginn in der von den *Dirae* geschilderten Geschichte, indem die soeben erwähnte frevelhafte Verletzung animistisch konnotierter Landschaftselemente stattfindet und außerdem das Signifikat des narrativen Aktes aus Naturereignissen besteht, die in der Tat jede Form eines εἰκός überschreiten; dieser Befund drängt sich hierbei deswegen noch stärker auf, da diese Ereignisse als teilweise indikativisch-*prädikativ* erzählte einen höheren ontischen Status besitzen denn als bloß in ihrer Irrealität oder Potentialität erwähnte. Dies trifft vor allem für die Vielzahl der Katastrophen zu, die der Sprecher in seinen Flüchen vereinigt, doch abgesehen von dieser Quantität stellen auch einzelne Verwünschungen für sich genommen ein hyperbolisches Transzendieren aller Wahrscheinlichkeit dar: Solches gilt offensichtlich für das völlige Versiegen natürlicher Fruchtbarkeit in der *Dirae*-Strophe B.1, für die unheilvolle Symphonie[146] der drei Winde (Strophe B.6) und das Heranrücken des Meeres (Strophe B.8) mit seinen *portenta* und *monstra*[147] (Strophe B.9). In besonderem Maße hingegen führen die Strophen B.7 und B.12 mit ihrer Darstellung der Naturgewalten »Feuer« bzw. »Regengüsse« vor Augen, welche narrativen Signifikate den Eindruck des Über-Natürlichen verstärken. Hierbei sei kurz verweilt und der Inhalt dieser beiden Strophen erneut vergegenwärtigt:

Vicinas flammae rapiant ex ordine vitis,	Praecipitent altis fumantes montibus imbres
pascantur segetes, diffusis ignibus auras	et late teneant diffuso gurgite campos,
transvolet, arboribus coniungat et ardor aristas.	qui dominis infesta minantes stagna relinquant.
Pertica qua nostros metata est impia agellos,	Cum delapsa meos agros pervenerit unda,
qua nostri fines olim, cinis omnia fiat.	piscetur nostris in finibus advena arator.
(*Dirae* 42-46, Strophe B.7)	(*Dirae* 76-80, Strophe B.12)

Vor allem zwei Elemente werden hier bezeichnet, die die Intensität des Dargestellten besonders hervorheben: Die Plötzlichkeit, mit der die Ereignisse eintreten (vgl. *rapiant, transvolet; praecipitent*)[148] und die örtliche Ausdehnung der wütenden Elemente (vgl. *ex ordine, diffusis ignibus, cinis omnia fiat; late, diffuso gurgite*). Hinzu tritt die banale Tatsache, dass so gezielte,[149] systematische[150] und schwerwiegende Vernichtungsakte in der Natur äußerst *unwahrscheinlich* sind.

Es ist schwer, eine allgemeingültige Taxonomie eines solchen Unwahrscheinlichen zu skizzieren; immerhin lässt sich mindestens *eine* antike Parallele anführen, die die Funktion einer solchen Intensität des Dargestellten sogar theoretisch reflektiert – und zwar in Hinsicht auf das *Erhabene*: In seiner Schrift Περὶ ὕψους nimmt »Pseudo-Longin« die kurze Synkrisis von Platon und Lysias zum Anlass, darüber nachzudenken, dass den Men-

---

146 Auch *innerhalb* der einzelnen Flüche greifen Qualität und Quantität des Herbeigewünschten ineinander: Die Unfruchtbarkeit – selbst nur *eine* von vielen Plagen – wird an *möglichst vielen* Stellen der *rura* beschworen (Strophen B.1 und B.2), und es müssen *mehrere* Winde sein, deren Heranstürmen die Vernichtung der *silva* begleitet (Strophe B. 6).
147 Diese beiden Wörter lassen bereits auf der untersten, semantischen Ebene das εἰκός hinter bzw. unter sich zurück.
148 Man vergleiche auch den expliziteren Vers *Dirae* 71: *Emanent subito sicca tellure paludes*.
149 Vgl. die Genauigkeit, mit der das Zielgebiet der Verwüstung durch die *qua*-Sätze der Verse *Dirae* 45/46 abgesteckt wird.
150 Vgl. das *ex ordine*, *Dirae* 42.

schen schon von der Natur eine ästhetische Sehnsucht nach denjenigen – für Longin: übergroßen – Dingen eingepflanzt ist, denen in der Alltagswelt eine nur geringe Wahrscheinlichkeit zukommt:

ἡ φύσις [...] εὐθὺς ἄμαχον ἔρωτα ἐνέφυσεν ἡμῶν ταῖς ψυχαῖς παντὸς ἀεὶ τοῦ μεγάλου καὶ ὡς πρὸς ἡμᾶς δαιμονιωτέρου. διόπερ τῇ θεωρίᾳ καὶ διανοίᾳ τῆς ἀνθρωπίνης ἐπιβολῆς οὐδ' ὁ σύμπας κόσμος ἀρκεῖ, ἀλλὰ καὶ τοὺς τοῦ περιέχοντος πολλάκις ὅρους ἐκβαίνουσιν αἱ ἐπίνοιαι, καὶ εἴ τις περιβλέψαιτο ἐν κύκλῳ τὸν βίον, ὅσῳ πλέον ἔχει τὸ περιττὸν ἐν πᾶσι καὶ μέγα καὶ καλόν, ταχέως εἴσεται, πρὸς ἃ γεγόναμεν.

(Περὶ ὕψους[151] 35, 2/3[152])

Die Schlüsselwörter, mit denen Longin das von dem Menschen angestrebte Schöne[153] hier charakterisiert, sind das »μέγα«, das »δαιμονιώτερον« und das »περιττόν«. Sie beschreiben dasjenige, was die Grenzen der alltäglichen Welt des Erwartbaren (οἱ τοῦ περιέχοντος ὅροι) überschreitet – und sei es auch nur in Gedanken. Freilich soll hier nicht impliziert sein, dass der Autor der *Dirae* normativ derartigen Überlegungen entsprochen habe; doch zeigt ein Blick auf die in der Schrift Περὶ ὕψους folgenden Beispiele aus der Natur, wie eng sich das in den *Dirae* Dargestellte im Kreis dessen bewegt, was für diese antike Ästhetik als typisches Inventar von Vertretern des erhabenen Schönen gelten darf. Zumindest aus dieser Blickrichtung erfährt also die zunächst pauschale These, die Geschichte der *Dirae* zersprenge »gewisse« Grenzen, eine externe Unterstützung. Doch zunächst Longins Beispiele:

---

151 Textgestalt nach der Ausgabe von Jahn, Vahlen und Blume, Stuttgart [5]1967.

152 »die Natur hat [...] unseren Seelen sogleich ein unzähmbares Verlangen eingepflanzt nach allem jeweils Großen und nach dem, was göttlicher ist als wir selbst. Darum genügt uns der ganze Kosmos nicht für die Betrachtungen und Gedanken, die der menschliche Geist wagt, sondern häufig überschreitet unser Denken die Grenzen dessen, was uns umgibt. Wenn man rings unsere Umwelt betrachtet und sieht, in welchem Ausmaß das Ungewöhnliche, das Große, das Schöne in allem überwiegt, so wird man rasch erkennen, wozu wir geboren sind.« (Übersetzung: R. Brandt)

153 Vgl. das (synonymische) Polysyndeton »τὸ περιττὸν ... καὶ μέγα καὶ καλόν«.

ἔνθεν φυσικῶς πως ἀγόμενοι μὰ Δί' οὐ τὰ μικρὰ ῥεῖθρα θαυμάζομεν, εἰ καὶ διαυγῆ καὶ χρήσιμα, ἀλλὰ τὸν Νεῖλον καὶ Ἴστρον ἢ Ῥῆνον, πολὺ δ' ἔτι μᾶλλον τὸν Ὠκεανόν, οὐδέ γε τὸ ὑφ' ἡμῶν τουτὶ φλογίον ἀνακαιόμενον, ἐπεὶ καθαρὸν σῴζει τὸ φέγγος, ἐκπληττόμεθα τῶν οὐρανίων μᾶλλον, καίτοι πολλάκις ἐπισκοτουμένων, οὐδὲ τῶν τῆς Αἴτνης κρατήρων ἀξιοθαυμαστότερον νομίζομεν, ἧς αἱ ἀναχοαὶ πέτρους τε ἐκ βυθοῦ καὶ ὅλους ὄχθους ἀναφέρουσι καὶ ποταμοὺς ἐνίοτε τοῦ γηγενοῦς ἐκείνου καὶ αὐτοῦ μόνου προχέουσιν πυρός. ἀλλ' ἐπὶ τῶν τοιούτων ἁπάντων ἐκεῖν' ἂν εἴποιμεν, ὡς εὐπόριστον μὲν ἀνθρώποις τὸ χρειῶδες ἢ καὶ ἀναγκαῖον, θαυμαστὸν δ' ὅμως ἀεὶ τὸ παράδοξον.

(Περὶ ὕψους 35, 4/5[154])

Wenn die Beschreibung dieser zwar natürlichen, aber seltenen Ereignisse für Longin auch primär dazu dienen mag, an dieser Stelle eine metaphorische Analogiebeziehung zwischen dem Stil eines Autors und der Natur aufzubauen, so ändert dies doch nichts an der subjektiv empfundenen Allgemeingültigkeit seiner Prämissen: Das ästhetisierte Staunen (vgl. »θαυμάζομεν«) und Ergriffensein (vgl. »ἐκπληττόμεθα«) wird hervorgerufen von der Erhabenheit des dem Alltäglichen (τὸ χρειῶδες) gegenübergestellten Außergewöhnlichen, Unerwarteten (τὸ παράδοξον). Bezeichnenderweise werden hier gerade Beispiele aus den Bereichen von Wasser und Feuer gewählt, die auch in dem von den *Dirae* Dargestellten Höhepunkte darstellen: Große Flüsse (Nil, Donau, Rhein) und noch eher der Ozean selbst auf der einen Seite, andererseits himmlische[155] Feuer (τὰ οὐράνια φλογία) und ein Ausbruch des Ätna sind es, die unser Staunen erregen. Den Ausschlag gibt die Kategorie der *Größe* (οὐ τὰ μικρὰ ῥεῖθρα, οὐδέ γε τὸ ὑφ' ἡμῶν τουτὶ φλογίον[156] ἀνακαιόμενον), deren Relevanz für das narrative Signifikat der *Dirae* soeben herausgearbeitet wurde.

Zu bemerken bleibt noch jene Ekphrasis *en miniature*, die Longin dem Ausbrechen des Ätna widmet: Hier bringt er eine kurze *demonstratio ad oculos* davon, dass auch die mimetische Kraft der Sprache auf das ὕψος

---

154 »Von der Natur irgendwie geleitet, bewundern wir darum nicht die kleinen Bäche, beim Zeus, wenn sie auch durchsichtig und nützlich sind, sondern den Nil und die Donau oder den Rhein und noch viel mehr als sie den Ozean. Und über ein Flämmchen hier, das wir selbst anzünden, staunen wir, auch wenn es sein Leuchten rein bewahrt, nicht so sehr wie über jene Feuer des Himmels, die doch häufig ins Dunkel tauchen; auch die Krater des Ätna halten wir für ein größeres Wunder – große Steine und ganze Felsbrocken schleudert er bei seinen Ausbrüchen aus den Tiefen hervor, und manchmal lässt er Ströme jenes erdentstammten, willkürlichen Feuers entspringen. Von all diesen Phänomenen kann man Folgendes sagen: das Nützliche oder auch das Notwendige ist uns leicht bei der Hand, Bewunderung jedoch erregt immer das Unerwartete.« (Übersetzung: R. Brandt)

155 Diese Dimension auch *Dirae* 40: *cum tu, cyaneo resplendens aethere, silva.*
156 Der Diminutiv ist in diesem ersten Kolon auch tatsächlich als solcher zu verstehen.

zielen kann: Er schildert in ausgefeilter[157] Sprache, wie die Ergüsse des Vulkans Felsen und »ganze Hügel« aus der Tiefe heraufbefördern und einen »Fluss reinen (αὐτοῦ μόνου) Feuers« hervor fließen lassen. Dieses Hervorbrechen, das plötzliche Zutagetreten, welches sich in den Präfixen der Komposita »ἀναφέρουσι« und »προχέουσιν« ausdrückt, entspricht nun vor allem dem Herabstürzen der Regengüsse in der Strophe B.12 der *Dirae* und dem schnellen Beutezug des Feuers in der Strophe B.7. Das Moment einer Intensität, wie sie sich etwa in der Idee des Erhabenen manifestiert, in diesem Passus zu sehen, kann also als durchaus gerechtfertigt erscheinen.

Eine Beobachtung, auf die hier kurz verwiesen sei, erhärtet diese Sicht noch: Ein anderes Gedicht der *Appendix Vergiliana*, die wohl zur Zeit Neros entstandene[158] *Aetna*, hat eben dasjenige Ereignis zum alleinigen Gegenstand, das Pseudo-Longin als sein Beispiel erkor: Den Ausbruch dieses Vulkans. Obwohl sich diese 645 Verse als ein Lehrgedicht in lukrezischer Manier geben, wird doch der ästhetischen Komponente des Gegenstandes an mehreren Stellen genügend Ausdruck verliehen.[159] Interessant ist nun, dass die verschiedenen Darstellungen von Eruptionen[160] nicht nur Ähnlichkeiten mit der kurzen Ekphrasis Longins aufweisen, sondern gerade in sehr enger thematischer Nähe zu den in den *Dirae* gezeigten Naturgewalten und ihren Verwüstungen stehen. Um ein Beispiel zu geben:

---

157 Vgl. die Satzstellung (etwa die Stellung des »πυρός«) sowie ein Adjektiv wie »γηγενής«.
158 Vgl. Richter, W.: Aetna, Berlin 1963, S. 6.
159 Ich verweise nur auf zwei Beispiele: 1) Dem in den Versen *Aetna* 466-468 beschriebenen Ausbruch folgt die aus rein »wissenschaftlicher« Sicht völlig irrelevante Bemerkung, die sich herabwälzenden Aschenschwaden glichen menschlichen Zügen: *Illinc incertae facies hominumque figurae* (v. 469). – 2) Das Wohlgefallen und Staunen, von dem Longin in bezug auf das erhabene Große sprach, thematisiert der Autor der *Aetna* explizit (vgl. *iuvat*, v. 573 und *miramur*, vv. 578 und 589), wenn er einem langen Katalog von üblicherweise unter Mühen bestaunten Kunstwerken und Sehenswürdigkeiten die Frage folgen lässt, ob sich dieser Aufwand tatsächlich lohne. Die Werke der »Künstlerin Natur« – hier trägt die ästhetische Komponente vollends – seien durch nichts von Menschen Geschaffenes zu überbieten – dieser Sinn lässt sich jedenfalls trotz des verderbten Textzustands (vgl. die Edition von Kenney, Clausen, Goodyear und Richmond) erahnen (*Artificis naturae ingens opus aspice, nulla / cum tanta humanis fidibus spectacula cantes*, vv. 600/601).
160 vv. 199-207, 358-365, 379-383, 466-494, 605-611.

> Nam quondam ruptis excanduit Aetna cavernis
> et, velut eversis penitus fornacibus, ingens
> eiecta in longum rapidis fervoribus unda,
> haud aliter quam cum saevo Iove fulgurat aether
> et nitidum obscura caelum[161] caligine torquet.
> Ardebant agris segetes et mitia cultu
> iugera cum dominis, silvae collesque rudebant.
>
> (*Aetna* 605-611)

Die beiden Elemente »Wasser« und »Feuer« – in den *Dirae* jeweils durch eigene Strophen geschieden – vermischen sich hier und verschmelzen in den Metaphern dieser Stelle: Auf das (sogar ätherische[162]) Feuer verweist eindeutig der Vergleich in den Versen 608/609, während gleichzeitig das Flüssige durch das Bild der *unda* in den Versen 606/607 denotiert wird.[163] Doch nicht nur, dass diese *Aetna*-Stelle ebenfalls auf ein »erhabenes« narratives Signifikat abzielt, nicht nur, dass es dieselben Bilder und »Opfer«[164] wie in den *Dirae* sind, derer sich dieses Gedicht bedient, nein: Es sind auch enge sprachliche Berührungen zu verzeichnen, die zu verfolgen hier leider kein Platz sein kann. Eine Andeutung möge genügen. Man vergleiche etwa die beiden (metrisch völlig gleich gebauten) Verse:

> et nitidum obscura caelum caligine torquet (*Aetna* 609)
> Eurus agat mixtam fulva caligine nubem (*Dirae* 38)

Auffällig ist der Ablativ des Wortes *caligo* an jeweils derselben Stelle des Verses, begleitet von einem Adjektiv, durch welches die Finsternis jeweils noch hervorgehoben wird: *obscurus* bzw. *fulvus*.[165] Hinzu tritt schließlich die Tatsache, dass es sich in beiden Gedichten um die Beschreibung von zwei Phänomenen handelt, welche sich miteinander vergleichen lassen.

Fazit: Durch einen Vergleich mit den theoretischen Ausführungen der Schrift Περὶ ὕψους, mit den konkreten Beispielen derselben und mit den in der *Aetna* geschilderten Szenen lässt sich andeuten, dass es den *Dirae* bereits in der Anlage ihres narrativen *Inhaltes* (der »Geschichte«) darum geht, das εἰκός des Alltags in Richtung eines περιττόν zu überschreiten und so auf eine Art des ὕψος abzuzielen. Hieraus erhält die obige Behauptung, in

---

161 Ich lese gegen Goodyears Text an dieser Stelle das *caelum* der Codices.
162 Vgl. *Dirae* 34-36: *Nostris potius devota libellis / ignibus aetheriis flagrabis. Iuppiter (ipse / Iuppiter hanc aluit), cinis haec tibi fiat oportet.* – Sowie *Dirae* 40/41: *cum tu, cyaneo resplendes aethere, silva, / non iterum dices.*
163 Man vgl. natürlich die *Dirae*-Strophe B.12, besonders die Verse 79/80.
164 Besonders zu beachten sind die brennenden *agri, segetes, iugera, silvae* und *colles*.
165 Zur genauen Farbe vgl. *OLD s.v. fulvus*: »Brown (app. ranging between a dull yellow and a reddish-brown)«.

der Geschichte der *Dirae* liege ein Moment der *Intensität* vor, *a fortiori* eine Bestätigung und (was vielleicht mehr ist) eine gewisse Konkretisierung des Gemeinten.[166]

3.3.1.2 Intensive Narration

Die Überlegungen zur Sprechakttheorie, die oben im Zusammenhang mit E. A. Schmidts bukolischem Merkmal des »Rollenwechsels« angestellt wurden, zeigen, dass auch durch die Narration der *Dirae*, durch den »produzierenden narrativen Akt«,[167] der hier – wie gezeigt – »Figurenmonolog«[168] ist, ein Moment der Intensität impliziert ist: Die von dem fluchenden *colonus* gesprochenen Worte sind nicht einfach eine Repräsentation außersprachlicher Wirklichkeit, sondern sie *efficiunt, quod figurant* in dem Sinne, dass sie neben dem rein lokutionären Akt der Narration noch eine Handlung konstituieren, die sich vollzieht, *indem* der Sprecher seine Worte ausspricht. Es ist dieser illokutionäre Sprechakt, der die *Tätigkeit des* Fluchens als solche erst ausmacht. Diese Tätigkeit ist zudem in den *Dirae* als eine intentionale deutlich gekennzeichnet, etwa durch das »finale« Präfix des *indicere* und den *dativus incommodi* bei diesem Verb.[169] Ihr Vollzug, dessen Unausweichlichkeit bereits die betrachteten Übergänge vom Optativ zum Indikativ Futur bezeichnen, wird sogar zu einem Schon-Vollzogen-Sein durch das resultative Perfekt *indiximus*, das auch den perlokutionären Erfolg der Verwünschungen in die Sprache des Gedichtes aufnimmt.

Auf diese Weise wird auch die Narration der *Dirae* als eine intensive konstruiert, insofern als sie dasjenige, wovon sie spricht, – also die Geschichte – selbst zu bewirken und bereits bewirkt zu haben vorgibt. Lässt man darüber hinaus die »rhetorischen« (de Man) Implikationen dieser Figuren einmal beiseite, so trägt vor allem die erste der beiden Adynatagruppen der *Dirae* ihrerseits noch dazu bei, dass sich diese Art der Intensität weiter verstärkt: Wie in der *Ibis* Ovids evoziert die Koppelung der Wirksamkeit und Perpetuierung der soeben gesprochenen, als Waffe aufgefassten Worte

---

[166] Generell wäre zu überlegen, ob sich eine antike Ästhetik des Ekelhaft-Schrecklichen (z.B. die obigen geschilderten Naturkatastrophen, Ovids *Ibis* oder auch die einschlägigen Nikander- und Lukan-Stellen, vgl. hierzu Fuhrmann), des Hässlichen (z.B. Horazens *vetula*-Skoptik) und des Obszönen (z.B. die entsprechenden Fragmente der Jamben des Archilochos, des Hipponax oder Catulls) nicht generell in einem Zusammenhang mit Pseudo-Longins Überschreitung der οἱ τοῦ περιέχοντος ὅροι, des χρειῶδες und ἀναγκαῖον in Richtung eines περιττόν bzw. παράδοξον denken ließe.
[167] Genette, *Erzählung*, S. 16.
[168] Genette, *Erzählung*, S. 252.
[169] Vgl. *Dirae* 3=62: *rura, quibus diras indiximus, impia vota*.

an die allgemeingültige Unmöglichkeit von Adynata eine nachhaltige Faktizität des aktuellen Sprechakts »Fluchen«.

Ein weiteres Beispiel für ein Lied, das die unbedingte (vgl. Catull 64, 322) Realität dessen, wovon es *prädiktiv* singt, durch seine Performanz als *Sprechakt* selbst bewirkt, bieten die Prophezeiungen der Parzen in Catulls Peleus-Epyllion (*carm.* 64, 323-381). Bildlich gefasst (d.h. gegenständlich verankert, sogar durch ἔκφρασις: vv. 307-319) wird die *Tätigkeit* des Singens im Spinnen der Schicksalsfäden – das Motiv, das von dem hier wie in den *Dirae* gliedernden *versus intercalaris* immer wieder aufgenommen, somit verstärkt und im Vordergrund gehalten wird: *currite ducentes subtegmina, currite, fusi!* – Das Surren dieser Spindeln kann metonymisch für das zu dieser Bewegung Gesungene gelesen werden. Dass nun die soeben von den Parzen spinnend vorgetragenen Prophezeiungen *selbst* verursachen, wovon sie erzählen, unterstreichen die Göttinnen, wenn sie dem Refrain bei seinem ersten Erklingen die Erklärung voransetzen, dass es das Schicksal ist, das den Fäden (*subtegmina*) folgt: *sed vos, quae fata secuntur, / currite ducentes subtegmina, fusi* (vv. 326/327).[170] Poetologisch wird diese Wirkmächtigkeit der *veridici cantus* (v. 306) um so bedeutender, als (1) das feine Weben eines Fadens als Metapher für das Dichten (nicht nur) in der lateinischen Literatur einschlägig ist[171] und (2) Catull auch sonst – etwa über das Phänomen der *mise en abyme*[172] – zwei oder mehrere diegetische Ebenen miteinander in strukturelle Verbindung setzt, so dass die Projektion des Parzenliedes und seiner Eigenschaften auch auf die extradiegetische Ebene (d.h. die Determinanten von »Catull *carmen* 64«) nahe liegt. Auf diese Weise vermag das Epyllion, den Anspruch der Gültigkeit auch seiner eigenen Aussagen zu verstärken: Was »Catull« dichtet, erscheint nun einerseits noch »literarischer«,[173] andererseits als ebenso *veridicum* wie die Prophezeiungen der Parzen.

---

170 Kroll bemerkt *ad v.* 321: »Das Lied der Parzen ist immer wahr, weil sie das Schicksal, das sie verkündigen, selbst schaffen.

171 Vgl. etwa Ovid *met.* 1, 4 und Verg. *ecl.* 6, 5 sowie Coleman (1977) *ad loc.*

172 In dieser narratologischen Struktur könnte ein wichtiger Schlüssel für das Gesamtverständnis des Gedichtes liegen: Die augenfälligste *mise en abyme* ist freilich das Bedecken des ehelichen Bettes mit einer purpurnen Decke: Thetis' *purpurea vestis* (vv. 49/50) wird gespiegelt von der *purpurea vestis* (v. 163), die Ariadne in ihrer Verzweiflung sogar bereit wäre, über das fremde Ehebett des wortbrüchigen Theseus zu breiten. Aufgenommen wird dieses Motiv von der *vestis funesta* (v. 234: diese ist *obscurata ferrugine Hiberna*, v. 227), die als trügerisches Signal den trauernden Aigeus in den Freitod treibt, sowie von der mit einer *purpurea ora* versehenen *vestis candida* der Parzen (vv. 307/308). Diesem das *gesamte* Epyllion durchziehenden Motiv muss noch dringender strukturalistisch-narratologisch nachgegangen werden.

173 Nach Dällenbach, *Intertexte et Autotexte*, S. 285 impliziert das Vorhandensein einer *mise en abyme* eine Aussage über die »Literarizität« des umgebenden Textes, indem sie »avec une puissance décuplée« behauptet: »Je suis littérature, moi et le récit qui m'enchâsse«! – Dieses Signal lässt sich in die Nähe rücken von Hinds' »Yes, I *am* an allusion!« – Hierzu vgl. oben S. 234.

3.3.1.3 Intensive Erzählung

Die oben durchgeführten narratologischen Analysen offenbaren schließlich, dass auch der narrative Signifikant der *Dirae*, d.h. die Erzählung dieses Gedichtes von einer Verdichtung bzw. Ballung geprägt ist. Als das strukturelle Merkmal *par excellence* dieses Phänomens wurden die narrativen Metalepsen erkannt, die ihre intensivierende Kraft einem Moment logischer Inkonsistenz verdanken, denn sie »bezeugen durch die Intensität[!] ihrer Wirkungen die Bedeutung der Grenze, die sie mit allen Mitteln und selbst um den Preis der Unglaubwürdigkeit überschreiten möchten, und *die nichts anderes ist als die Narration [...] selber*«.[174] Es wurde anhand einiger ausgesuchter Stellen gezeigt, dass diese narrative Figur bereits in den Eklogen Vergils durchaus als *ein* prägendes Charakteristikum angesehen werden kann, für die *Dirae* hingegen *das* konstitutive Prinzip darstellt. Dieses ist einerseits in der gesamten narrativen Struktur dieses Gedichtes wirksam – hier ist besonders an die Begriffe der »prädiktiven Erzählung«, des *poeta creator* und an die mimetischen Implikation der Dyas von Fluchoptativen und dem Indikativ Futur zu erinnern –, andererseits findet es auch im Einzelnen seinen Ausdruck, wofür der Indikativ Präsens des *Dirae* 28 überlieferten *tondemus* stehen darf.

Die versus intercalares II
Alle drei soeben vorgeführten narrativen Arten von Intensität lassen sich in den *Dirae* an bestimmten Punkten als zusammenwirkend ansehen, nämlich in den *versus intercalares*: Diese vervielfältigen und verdichten das Dargestellte (d.h.: das »Erzählte«) in Bezug auf

1) die *Erzählung*: Die *versus intercalares* treten innerhalb des narrativen Textes immer wieder auf (*per definitionem*). Somit verleihen sie dem narrativen Signifikanten rein formal den ihnen eigenen repetitiven Charakter.

2) die *Narration*: Betrachtet man etwa zwei Interkalarverse wie

> Tristius hoc, memini, revocasti, Battare, carmen (Dirae 54)
> Rursus et hoc iterum repetamus, Battare, carmen (Dirae 14),

so wird klar, dass die aktuelle, unmittelbar extradiegetisch rückgebundene Performanz[175] der *Dirae* mindestens die *dritte* ihrer Art ist, denn bereits in der Vergangenheit gab es einen fluchenden narrativen Akt (vgl. *revocasti*), der seinerseits auch schon die Wiederholung einer vorhergehenden (vgl.

---
174 Genette, *Erzählung*, S. 168.
175 In anderen Worten: das Lesen (oder Aufführen) des Gedichtes *Dirae*.

rursus iterum repetamus) Performanz darstellt. Somit erscheint die Repetitivität der über das Gedicht verstreuten »Refrains« innerhalb der Erzählung auch als sich wiederholende Narration rückwärts in der Zeit perpetuiert.

3) die *Geschichte*: Abgesehen davon, dass dadurch, dass die *Dirae* von dem soeben konstatierten mehrmaligen Fluch*akt* auch selbst berichten, bereits auch das narrative Signifikat involviert ist, lässt sich ein weiteres Moment der Intensität bzw. Verdichtung im Bereich dieses narrativen Inhalts beobachten, nämlich die Selbstreferentialität, die durch die Deixis *hoc carmen* z.B. der beiden soeben angeführten *versus intercalares* gebildet wird. Diese bewirkt eine Verschränkung, die durchaus mit der Funktionsweise einer Metalepse verglichen werden darf: Wenn nach dem (aus heutiger Sicht zu denkenden) Doppelpunkt etwa hinter dem Vers *Dirae* 14 diejenigen Flüche folgen, welche wiederholt werden sollen, dann wird von diesen nicht nur zunächst berichtet[176] (bevor etwa das eigentliche Fluchen erst noch kommen müsste), sondern es handelt sich um eine ebenso vollkommen gültige *weitere* extradiegetisch rückgebundene Performanz wie jene intradiegetische, von der in eben denselben Versen berichtet wird. Kurzum: Die Verse *Dirae* 15-18 stellen also gleichzeitig (in intensivierender Verdichtung) einen *Bericht von* dem Wortlaut einer früheren Fluchperformanz (also einer »Geschichte«, die als Signifikat über die Deixis des *hoc carmen* angesprochen wird) *und* eine eigenständige (wenn auch wiederholte) im extradiegetischen Hier und Jetzt zu verortende *Narration* dar.

Eine Parallele zu diesem repetitiv-intensiven Fluchen kann z.B. in Catulls *carmen* 42 gesehen werden. In diesem Gedicht, das den römischen Sprechakt der *flagitatio* darstellt (vgl. oben, Abschnitt 1.4, S. 51), wird die perlokutionäre Macht der Dichtung beschworen, indem der Sprecher sich direkt an seine Verse richtet:

> adeste, hendecasyllabi, quot estis
> omnes undique, quotquot estis omnes. (vv. 1/2)

Wie die vielen Pronomina zeigen, wird hier gleich die Vielzahl der aufgebotenen Fluchworte betont. Sogleich erfährt man auch den Grund für diese poetische Aufrüstung: Ein Mädchen hat dem Sprecher sein Notizbüchlein (*pugillaria, codicilli*) gestohlen und will es ihm nicht zurückgeben. Deshalb gilt es, ihr nachzusetzen: *persequamur eam et reflagitemus.* (v. 6) – Nachdem er seinen Elfsilblern die arrogante Diebin gezeigt hat, befiehlt er diesen, sie auf dieselbe Art zu umstellen, wie der Fluchende der *Dirae* sein

---

176 Wie man z.B. den Text eines Liedes zunächst vorlesen könnte, bevor dann erst die eigentliche Performanz folgte und man das Lied in der Tat sänge.

ehemaliges Landgut immer wieder und von allen Seiten mit Vernichtung überziehen möchte:

> Circumsistite eam, et reflagitate:
> ›moecha putida, redde codicillos,
> redde, putida moecha, codicillos!‹ (vv. 10-12)

Das repetitive Moment wird bereits durch das aus Vers 6 wiederholte Verb *reflagitare* eingeführt und tritt vollends zum Vorschein, wenn das Verspaar 11/12 später wortwörtlich noch einmal erscheint. Denn nachdem der erste Anruf keine Reaktion der Diebin gezeitigt hat, wird diese immer heftiger beleidigt und soll ein weiteres Mal aufgefordert werden:

> Conclamate iterum altiore voce:
> ›moecha putida, redde codicillos,
> redde, putida moecha, codicillos!‹ (vv. 18-20)

Das *iterum* des Verses 18 denotiert hierbei direkt, was die Wiederholung des zweiversigen Anrufs bereits impliziert, nämlich das Iterative dieser Handlung, die zudem ja von allen (*omnes*, v. 2) Elfsilblern aus allen Richtungen (*undique*, v. 2) vorgenommen werden soll.

Da dieses lückenlose Einkreisen der Gegnerin durch die Elemente des eigenen Dichtens zumindest in diesem Gedicht Catulls nichts zu bewirken vermag, muss als Pointe des Ganzen mit der Anrede an die Diebin hier auch die Taktik geändert werden:

> Mutanda est ratio modusque vobis,
> siquid proficere amplius potestis:
> ›pudica et proba, redde codicillos.‹ (vv. 22-24)

Somit zeigt ein Blick auf diese »Hendekasyllaben«, deren weitere Analyse sich gewiss als noch wesentlich lohnenswerter herausstellen könnte (hier aber nicht zu leisten ist), dass (1) die Betrachtung von römischer Fluch- und Schimpfdichtung *sub specie* der Sprechakttheorie sich als adäquate Herangehensweise herausstellt[177] und (2) sich auch hier bei Catull jene Elemente der Intensivierung finden lassen, die oben für die *Dirae* nachgewiesen wurden, besonders die drastische Schilderung (hier: die verschiedenen Schimpfwörter, die der *moecha putida* gegeben werden), die auf ein ὕψος der Schmährede abzuzielen scheint, und die Repetitionen in der »Geschichte« und der »Erzählung« des Gedichtes, die sich in der wörtlichen Wiederholung eines Verspaares[178] und der imaginierten Vervielfältigung der eige-

---

177 Die Elfsilber, also ein Element der *Sprache*, werden etwa durch die Imperative *adeste* oder *circumsisite* direkt als *handelnde* Entitäten angesprochen – ein Ausdruck des Sprechaktes *flagitatio*, dem hier jedoch der perlokutionäre Erfolg der Illokution (*conclamate!*) versagt bleibt: *sed nil proficimus, nihil movetur*, v. 21.

178 Wieder aufgenommen vielleicht in diesem »Refrain« selbst mit dem Imperativ *redde!*.

nen sprachlichen Äußerung niederschlagen. Dass dieser somit räumlich und örtlich perpetuiert zu denkende sprachliche Angriff auf die Diebin dennoch fehlschlägt, überrascht und erheitert nach all diesem Aufwand um so mehr.

3.3.2 Reflexive Metatextualität II

Worauf der durch diese drei Momente der Intensität straff gespannte Bogen der *Dirae* zielt, vermögen nun die Überlegungen des letzten Kapitels zu Genettes Kategorien von textuellen Beziehungen und dem architextuellen »Ort« zu beantworten. Hierbei müssen einige besondere Arten von Transtextualität im Vordergrund stehen.

3.3.2.1 Besondere Arten der Metatextualität

Zunächst ist die *Metatextualität* zu nennen, jedoch im Kontext des Folgenden nicht verstanden als eine Art des Kommentars im philologischen Sinne, sondern, wie oben schon angedeutet, in zwei Unterarten, welche »Metatextualität« auch auf eine Weise verstehen, die teilweise weit über die von Genette selbst angeführten Beispiele[179] hinausgeht, und zwar:

Implizite Korrekturen der Literaturgeschichte
Kommentierungen, die einem früheren Text gelten, jedoch – diese Einschränkung soll hier als Voraussetzung gelten – »ohne ihn unbedingt zu zitieren (anzuführen) oder auch nur zu erwähnen«.[180] Gemeint sind im voranstehenden und folgenden *literarische* Texte, von denen der eine einen anderen dadurch kommentiert (und korrigiert), dass er auf dem Wege der Hinds'schen *self-annotation* durch das Signal des »Yes, I *am* an allusion«[181] eine Verbindung zu seinem Vorgänger herstellt. Neben etwa dem oben angeführten Beispiel des vergilischen *Itur in antiquam silvam* kann hier noch als besonders prägnant die von Hinds[182] dargelegte Beziehung zwischen einem Epigramm Martials und Ovids *Ars Amatoria* gelten. Das letztgenannte Werk gibt für das Liebesspiel folgende Anweisung:

---

179 Vgl. Genette, *Palimpseste*, S. 13.
180 Genette, *Palimpseste*, S. 13. Die Bemerkungen zur Metatextualität, die diesem Zitat folgen, legen jedoch nahe, dass Genette nicht primär an eine Konstellation denkt, wie sie hier im Zentrum steht.
181 Hinds, S. 10.
182 Vgl. Hinds, S. 130-135.

> Parva vehatur equo: quod erat longissima, numquam
> Thebais Hectoreo nupta resedit equo.

(Ov. Ars 3, 777/778)

Unmissverständlich ist das *numquam*, mit dem Ovid diese Stellung für Andromache und Hektor ausschließt. Neben einigen anderen implizierten sehr interessanten Korrekturen und Modifikationen, auf die Hinds hinweist, »widerspricht«[183] Martial *prima facie*[184] seinem Vorgänger schlicht bezüglich des Befunds mythischer »Fakten«:

> Masturbabantur[185] Phrygii post ostia servi,
> Hectoreo quotiens sederat uxor equo.

(Martial 11, 104, 13/14)

Die Metatextualität geht hier eine enge Beziehung mit der Hypertextualität ein: Das »Sitzen auf dem Pferd Hektor«, das Martial beim Verfassen seines Distichons übernimmt, stellt das deutlichste Signal einer Allusivität dar. Diese erst zeigt, dass das Ziel der Kritik – d.h. das hier Kommentierte – nur jene Ovid-Stelle sein kann:

Ovid offers one version of a tradition; Martial shows his independence of Ovid, and his own mythological learning, by contradicting this version of tradition: Andromache never rode astride Hector; well actually she did, all the time.[186]

Doch noch relevanter als das Aufzeigen dieser sehr literarischen und impliziten Art der Metatextualität sind die funktionalen Implikationen dieser Art des Kommentars: Wie Hinds argumentiert, ist die Obszönität dieser Szene allein diejenige Martials, die jedoch durch die derbe Einbettung des Hypertextes in die Masturbationsszene auch in den kommentierten Hypotext hineinprojiziert wird. In einer »unbefangen« gelesenen *Ars Amatoria* wird

---

183 Der Widerspruch wird noch vehementer durch das iterative Imperfekt und die Konjunktion *quotiens*.

184 Vgl. schon Kay, N. M.: Martial Book XI. A Commentary, London 1985 *ad* Martial 11, 104, 14: »a borrowing from, and a contradiction of, Ov. A.A. 3, 777f.« – Schlüsse aus dieser *contradiction* zieht Kay nicht.

185 Diese masturbierenden Sklaven stellen eine interessante Parallele zu den Gefährten dar, die Aeneas bei seinem epischen Holzfällen begleiteten: Oben wurde vorgeschlagen, in dieser Gruppe *auch* den Kreis der Leser zu sehen, der ja für das Erkanntwerden und Funktionieren dieser Anspielung notwendig ist. Ein Analogon kann man – über das von Hinds, S. 130-135 Gesagte hinausgehend – hier bei Martial erkennen: Nicht nur ersetzt Martial in seiner Version der Geschichte die vor der Tür wartende Muse (vgl. *Ars* 2, 703/704) durch die energischeren Sklaven, was Hinds als adäquaten Ausdruck dafür betrachtet, wie Martial diese Szene und die *Ars Amatoria* liest. Die größten Voyeure *post ostia* sind vielmehr doch die Leser selbst, durch deren »Akt des Lesens« Martials frivole Verschiebung erst entstehen und zur Geltung gelangen kann. Diese Gruppe steht gleichsam vor dem Geschriebenen und mag ein ähnliches Wohlgefühl empfinden wie die *servi*.

186 Hinds, S. 131.

man ja ein solches Ausmaß an Laszivität umsonst suchen. So entsteht Martials »eigene« *Ars*:

> *This* reading of the *Ars*, the *Ars* called into being as tradition in the middle of this epigram of Martial, is an *Ars* with proto-Martialian tendencies, and will not look quite like the *Ars* read from any other vantage point.[187]

(Hinds (1998) 133)

An diesem Punkt deutet Martials Text die »objektive« Literaturgeschichte bewusst um und fügt in diese seine Tradition *post festum* ein Moment ein, das nicht für Ovid, sondern für ihn selbst typisch ist.
Oben (S. 70) wurde bereits vor Augen geführt, wie die *Dirae* eben dieselbe Umdeutung vornehmen, indem sie den *senex* Tityrus der ersten Ekloge als noch weniger *fortunatus* erscheinen lassen, als dies in Vergils Gedicht bereits angelegt ist. Doch auch das Ganze der *Dirae*, die sich als Hypertext der Eklogen in dem soeben angesprochenen Sinne eben auch als metatextueller *Kommentar* der *Bucolica* lesen lassen, sorgt für einen ganz besonders deutlichen *Dirae*-Moment in Vergils Bukolik:[188] Wenn sich nämlich in der neunten Ekloge Moeris über die Enteignung beschwert, die ihm widerfahren ist:

> O Lycida, vivi pervenimus, advena nostri
> – quod numquam veriti sumus – ut possessor agelli
> diceret: ›Haec mea sunt; veteres migrate coloni!‹
> Nunc victi, tristes, quoniam fors omnia versat,
> hos illi – quod nec bene vertat! – mittimus haedos.

(Verg. ecl. 9, 2-6),

dann ist dieser *à-part*-Fluch *quod nec bene vertat!* aus vergilimmanenter Sicht doch zunächst noch recht harmlos. Doch dies ändert sich nach der Lektüre der *Dirae*, denn aus der Sicht dieses Gedichtes, d.h. den Umdeutungen folgend, die von den *Dirae* in ihrer »persönlichen« Literaturgeschichte vorgenommen werden, erscheint innerhalb des Hypotexts Moeris' kurzer Fluch im Kontext des Hypertextes: Seine Worte wirken aus dieser Blickrichtung eingebettet in das katastrophale Szenario der *Dirae* auf dieselbe Weise, wie auch Ovids Andromache nicht mehr ohne Martials masturbierendes Publikum zu denken ist.[189] Dieses Moment der Verschiebung ist in der »konventionelleren« der beiden Beeinflussungsrichtungen freilich lange schon als solches Bezeichnet worden, etwa von Fraenkel:

---

[187] Hinds, S. 133.
[188] Vgl. die Betrachtung der ovidischen *Aeneis* bei Hinds, S. 104-107.
[189] Um eine banale moderne Parallele zu geben: Nachdem die Verfilmung eines Buches gesehen worden ist, wird es oftmals schwer fallen, dieses Buch je wieder »objektiv«, ohne die aus dem Film gewonnenen Konnotationen zu lesen.

The poet of the *Dirae* has set himself the task of writing *variazioni su un tema di Virgilio*. He did not adopt the pose of a *Vergilius personatus*, as did the writer of the Culex some decades later. He preferred to be a *poeta Vergilianus*. He followed Virgil not only in many details but – even more important – in the setting of the whole poem. Nevertheless he maintained a substantial measure of independence by fully developing a motif that Virgil had only adumbrated in passing, *quod nec bene vertat*.[190]

Inwiefern diese über den Weg der Hypertextualität vorgenommene metatextuelle Umdeutung durch die *Dirae* die Eklogen Vergils in einem noch größeren Ausmaß ergreift als dem soeben skizzierten, wird in Kürze durch die abschließenden Schlussfolgerungen deutlich.

Selbstkommentierung
Die andere hier wichtige Unterart von Metatextualität stellen Kommentierungen dar, die ein Text *über sich selbst* zu erkennen gibt: Es ist dies die Hinds'sche *reflexive annotation*, die zu allererst einen Text von sich selbst sagen lässt, *dass* er soeben eine Anspielung auf einen anderen Text beinhaltet, indem er sagt : »Yes, I *am* an allusion.« – Ein Signal, das gesetzt werden kann, um diese Art der Metatextualität zu signalisieren, ist eine – weniger vage lässt sich dies nicht sagen – »genügend deutliche« Hypertextualität: Erst in dem Moment, in dem der Leser erkennt, *dass* Vergils *Itur in antiquam silvam*-Verse Aen. 6, 179-182 sich einer nachbildenden Transformation des oben besprochenen Ennius-Fragments verdanken, vermag der Text seine eigene Allusivität anzuzeigen. Ausgehend von den ausführlichen Untersuchungen im ersten Teil dieser Arbeit, lässt sich nun sagen, dass diese Verquickung von Meta- und Hypertextualität für die *Dirae* von ganz besonderer Bedeutung ist.

Dies gilt bereits für die allusive Initiale des ersten *Dirae*-Verses, der, wie gesehen, nicht nur eine hypertextuelle Transformation des ersten Verses der Eklogen *ist*, sondern gleichzeitig eben vermittels dieser Hypertextualität noch etwas Zweites über sich selbst signalisiert, nämlich *dass* soeben eine Verbindung zu einem anderen Text aufgenommen wird. Das metatextuelle Element dieses Selbstkommentars ist es dann, das die Interpretation vorantreibt und fragen lässt, *warum* gerade hier zwei Texte in eine enge Beziehung treten, wie der Kontext des Hypertextes – wie bei Hinds gesehen – denjenigen auch des Hypotextes affiziert und wie sich der Hypertext in dieser seiner eigenen transtextuellen Konstruktion selbst positioniert. Die Prominenz der Werkanfänge, die besondere Bedeutung des *Incipit*[191] lädt an dieser Stelle besonders zu einer Frage nach der Funktionalisierung der

---

190 Fraenkel, *Dirae*, S. 154.
191 Vgl. Conte, S. 35 sowie 70-87, s.o. S. 61.

Transtextualität ein, zumal Vergils erster Vers selbst in seiner lautlichen Gestaltung das helle *Incipit* Theokrits widerspiegelt:

ἁδύ τι τὸ ψιθύρισμα καὶ ἁ πίτυς, αἰπόλε, τήνα... (id. 1, 1)
Tityre, tu patulae recubans sub tegmine fagi... (Vergil ecl. 1, 1)
Battare, cycneas repetamus carmine voces. (Dirae 1)

Wenn also die *Dirae* die ersten, von hellen Vokalen (ι/i und υ/y) geprägten Wörter dieser bukolischen Vorgänger[192] durch das härtere[193] und dunklere (Vokal: *a*) *Battare* ersetzen, so darf man diese »Verdunkelung« bereits als eine Vorwegnahme *en miniature* der Praxis des gesamten Gedichtes interpretieren. Hinzu treten vielleicht noch einige semantische Konnotationen des Namens *Battarus*, wenn hier das Verb »battuere« in seiner bereits sehr aggressiven Grundbedeutung »schlagen, (weich)klopfen, stampfen«[194] oder gar in seiner obszönen[195] Verwendung anstatt eines (etymologisch verwandten[196]) *futuere* anklingt.

Wenn des weiteren – um den Horizont nun etwas zu erweitern – zu Beginn dieser Arbeit das Ganze der *Dirae* auf die von E. A. Schmidt induzierten »grundlegenden Merkmale der Gattung Bukolik« befragt wurde, so diente dies dazu zu zeigen, dass die *Dirae* auch durch diese *vorhandenen* Charakteristika sich selbst in dem Sinne reflexiv-metatextuell kommentieren, dass sie sagen: »Yes, I *am* a bucolic poem.« – Somit macht dieses Gedicht bereits eine *implizite* architextuelle Aussage über sich selbst, aber auch über den bukolischen Vorgänger Vergil: Indem die *Dirae* ihr elaboriertes Verwünschungsszenario innerhalb[197] der bukolischen Gattung einführen, legen sie dar, wohin das von Vergil bereits Geschaffene in den Grenzen seiner eigenen Sprache und Thematik (*quod nec bene vertat!*) geführt werden kann. Auch der Blick auf die *Gattung* »Bukolik« ist nach den *Dirae* ein anderer.

Doch die *Dirae* sprechen nicht nur *implizit* über ihre Gattungszugehörigkeit, indem sie jene fünf Schmidtschen Signale aussenden. Die These, in welche diese zusammenfassenden Ausführungen münden sollen, ist: Es ist möglich, die *Dirae* kohärent (auch[198]) derart zu lesen, dass sie sogar *explizit*

---

192 Hier ist Theokrit natürlich nur insofern als »Vorgänger« der *Dirae* zu bezeichnen, als er *durch Vergil* wirkt. Von »Hypotext« kann keine Rede sein.
193 Man beachte den Doppelkonsonanten in dem Namen *Ba-tt-are*.
194 Walde, A. / Hofmann, J. B.: Lateinisches Etymologisches Wörterbuch, 1. Band, Heidelberg [4]1965, *s.v. battuo*.
195 Vgl. Adams, J. N.: The Latin Sexual Vocabulary, London 1982, S. 147.
196 Vgl. Walde / Hofman, ebd. sowie *s.v. futuo*.
197 Es ist immerhin möglich, Aussagen über eine Gattung von außen zu machen – man denke etwa an elegische *recusationes* der epischen Gattung.
198 Das heißt: Neben einer nach wie vor gültigen »naiven« Lektüre des Geschilderten, nach der es »nur« ein Landgut ist, welches in diesem Gedicht verflucht wird.

über eine (auch als solche begriffene) Gattung sprechen und auf diese Weise die vergilische Bukolik *als Gattung* zu destruieren vorgeben. Dass sich diese Destruktion selbst jedoch *innerhalb* der Bukolik abspielt, sei bereits hier festgehalten.

3.3.2.2 Architextuelle Topologie in den *Dirae*

Wenn der von den *Dirae* abgeschossene Pfeil also auf das Herz einer als *Gattung* verstanden Bukolik zielt, dann wird hier von diesem Gedicht etwas reflektiert, was gänzlich in dem Bereich der Genetteschen *Architextualität* anzusiedeln ist. In Kapitel 3.2 ist gezeigt worden, dass die römische Dichtung der zweiten Hälfte des ersten Jahrhunderts vor Christus mindestens *eine* Art von Sprache kennt, um über diese transtextuelle Kategorie zu reden: Es war dies die *Topologie*. Deren Elemente (*topoi*) werden gebildet von Metaphern, welche ihrerseits Elemente einer Landschaft bezeichnen.

So hatte es sich in den oben gewählten Textausschnitten gezeigt, dass etwa bei Ovid die *silva* eine architextuelle Landschaft bezeichnete, innerhalb welcher der Dichter Determinanten für seinen Text erst noch zu wählen hat. Das Beispiel des *Itur in antiquam silvam* aus der *Aeneis* zeigte, dass der Wald auch eine Metapher für *eine bestimmte Gattung* (hier nämlich das Epos) zu liefern vermag. Nun soll zunächst noch einmal zusammengetragen werden, auf welche Weise Vergils *Bucolica* von dieser letzten Eigenschaft in einer ganz besonderen Weise Gebrauch machen.

Zunächst sei erinnert[199] an den pseudo-vergilianischen Beginn der *Aeneis*:

> Ille ego, qui quondam gracili modulatus avena
> carmen et egressus silvis vicina coegi
> ut quamvis avido parerent arva colono –
> gratum opus agricolis, at nunc horrentia Martis (arma virumque cano...)
>
> (Donatus Vita Vergilii 165-169 Brummer[200])

Der Interpolator beschrieb hier eine genau bestimmte Reise durch den Architext: Bevor Vergil zu den *Georgica*, auf deren Architextualität an anderer Stelle durch die Fügung *Ascraeum carmen* (*georg.* 2, 176) zurückgegriffen wird, und seinem Epos[201] gelangen kann, gibt er zunächst das Verfassen von Bukolik auf. Das Verlassen der *silvae* (und dann das implizierte der *arva*) stellte dieses Ereignis metaphorisch dar. Im Unterschied zum *Itur in*

---

199 S.o., S. 230.
200 Textgestalt nach Mynors, R. A. B.: P.Vergili Maronis Opera, Oxford 1969, S. xii.
201 Der Architext wird hier durch Elemente der epischen *Geschichte* bezeichnet.

antiquam silvam der *Aeneis*, für deren epische Gattung die *silva* nicht als »typisch« bezeichnet werden kann,[202] werden hier jedoch als Bilder Landschaftselemente gewählt, die charakteristische Requisiten von Hirtendichtung und bäuerlichem Lehrgedicht in der Tradition der Ἔργα καὶ ἡμέραι darstellen. Diese Requisiten werden dann gleichzeitig zu Signifikanten der jeweiligen Gattung selbst.

Wie typisch das Requisit *silva* für die vergilische Bukolik ist, zeigt bereits auf einer sehr elementaren, positivistischen Ebene die Statistik, ist das Wort *silva* doch nach *carmen* und *Daphnis* zusammen mit *amor* und *puer* eines der dritthäufigsten Substantive in den Eklogen.[203] Doch auch die Aussagen der *Bucolica* selbst bestätigten bereits den selbstreferentiellen, meta- und architextuellen Gebrauch der *silvae*. Dies wurde besonders an zwei Punkten deutlich: Vergil begann[204] seine sechste Ekloge mit den Versen:

> Prima Syracosio dignata est ludere versu
> nostra nec erubuit silvas habitare Thalea.
>
> (ecl. 6, 1/2)

Während die leichte Muse Θάλεια hier die Quelle der Inspiration zu repräsentieren scheint, stellt ihre Entscheidung für den architextuellen Ort der *silvae* die Wahl dar, Werke der Bukolik zu verfassen. Dass diese letztere tatsächlich gemeint ist, macht die Erwähnung des *Syracosius versus* unmissverständlich klar, der die Gattung zusätzlich an seine(n) sizilische(n) Archegeten rückbindet.

Eine Analogie zu diesem Befund bot[205] der Anfang der vierten Ekloge:

> Sicelides Musae, paulo maiora canamus.
> Non omnis arbusta iuvant humilesque myricae;
> si canimus silvas, silvae sint consule dignae.
>
> (*ecl.* 4, 1-3)

Hier konnten im dritten Vers die *silvae* durchaus als ein *affiziertes*[206] Objekt gelesen werden, indem der Sprecher diese *be*singt. Doch dasjenige, was nicht unter der Würde des Konsuls Asinius Pollio liegen soll, ist nicht etwa der Aufenthalt im Schatten von Bäumen, sondern vielmehr die verfertigten bukolischen Gedichte Vergils. Also mindestens das zweite *silvae* des Verses *ecl.* 4, 3 stellt als Signifikant der *carmina* ein *effiziertes* Objekt zu dem Verb *canere* dar: Hier werden die Wälder *ge*sungen, bezeichnen also metonymisch die Gattung »Bukolik« schlechthin. Diese Gattung wird auch in

---

202 Typisch wären etwa eben die *horrentia Martis arma* oder der Held (*vir*).
203 Vgl. Lecrompe, S. 92.
204 S.o., S. 89.
205 S.o., S. 86.
206 S.o., S. 86 und 182.

dieser Passage architextuell außerdem noch durch die Anrufung der *Sicelides Musae*, der sizilischen Musen, die »inspired the work of native poets like Theocritus and Bion«,[207] näher bezeichnet.

Nun kennen auch die *Dirae* pluralische *silvae*: Nachdem der Sprecher das Äußern seiner Flüche abgeschlossen hat, entspricht sein Fortgehen in die Wälder seinem Verstummen als Sänger. Er hat mit den affizierten Objekten seines *Be*singens, der ehemals idyllischen Landschaft, nun auch seine *carmina* als effizierte Objekte seines Singens verloren:

> Hinc ego de tumulo mea rura novissima visam,
> hinc ibo in silvas: obstabunt iam mihi colles,
> obstabunt montes, campos audire licebit:
> ›Dulcia rura valete et Lydia, dulcior illis,
> et casti fontes et, felix nomen, agelli.‹

(Dirae 86-90)

Als Elemente der Landschaft bezeichnen hier *rura*, *fontes* und *agelli* schlagwortartig die Themen der früheren Dichtung, die eine bukolische war. Der Weg in das Verstummen dieser Dichtung führt zu *silvae*, *colles* und *montes*, die dasjenige Gebiet abstecken, wo Bukolik nicht mehr möglich sein wird. Nun steht zwischen diesem bukolischen Inventar, in es eingebettet, der Name *Lydia*, das heißt:[208] die feminin-anthropomorph gedachte und den Flammen überantwortete *silva*. Stehen nun die pluralischen *silvae* für die unbukolische Zukunft des Sängers, so steht die Geliebte *Lydia* als einen großen Teil der *Dirae* bestimmende singularische *silva* für das, was er verlassen muss.

Was ist dieses Zurückgelassene? – Zunächst: Ein Wald auf seinem ehemaligen Grundstück, gewiss. Doch an dieser Stelle sei noch einmal nachdrücklich an den Aufbau und die Geschichte der *Dirae* erinnert: Zwischen dem Prolog, in dem der Sprecher seinem Feind ewigen Hass und uneingeschränkte Parrhesie schwört, und dem Epilog, der den klagenden Abschied von den *rura* und *Lydia* enthält, steht mit den Strophen B.1-B.12 der Mittelteil der Flüche (vv. 9-81). Diese zwölf Abschnitte lassen, wie gesehen, in vollkommener Systematik keines der Elemente der Natur aus, um dieses als bitteren Fluch gegen die eigenen *rura* zu senden: Die *Erde* richtete sich in den Strophen B.1 und B.2 gegen Saaten und Pflanzen, die *Luft* beförderte in Strophe B.3 Pesthauch, in Strophe B.6 betraten Stürme aus immerhin drei Himmelsrichtungen die Bühne der *Dirae*, das *Feuer* überzieht in den Strophen B.5 bis B.7 das Landgut systematisch Stück für Stück (*ex ordine*, v.

---

207 Coleman *ad loc.*
208 Vgl. Abschnitt 2.2.4.3.

42) mit Vernichtung, und das *Wasser* soll sich in den Strophen B.8 bis B.12 in allen seinen Erscheinungsformen gegen den früheren Besitz wenden.

Dieselbe Systematik, mit der der Sprecher die *ausführenden* Elemente seiner Flüche aufzählt, galt nun auch für die *Opfer* der Verwünschungen: Den ganzen Text durchzieht eine Liste, auf welcher das gesamte landwirtschaftliche Inventar bukolischer Dichtung zu finden ist. Dieses wird schrittweise abgehakt und somit der Vernichtung anheim gegeben. Die *Dirae* praktizieren also bereits in der Anlage ihrer Geschichte (wieder im Genetteschen Sinne) nichts anderes, als eine dezidierte (und deshalb »erhabenere«) Vernichtung der genuin bukolischen Welt. Da diese Welt aber die notwendige Bedingung auch für (bisheriges) bukolisches Dichten darstellte, richtet sich dieses Gedicht bereits *implizit* auch gegen die Bukolik *als Gattung*, wie sie sich für die *Dirae* in den Eklogen Vergils realisiert. Schon so wird also ein gewisser »Schaden im Architext« angerichtet.

3.3.3 »Poetische Reflexion« nach E. A. Schmidt

Aber findet diese Destruktion tatsächlich nur *implizit* statt? – Um zu zeigen, dass sie tatsächlich auch *explizit* stattfindet und dieses im Wesen des bukolischen Dichtens zudem fest verankert ist, muss an dieser Stelle endlich eine *lacuna* gefüllt und die in dieser Arbeit bisher immer nur vage Rede von »poetischer Reflexion« präzisiert und wohldefiniert werden.

Es gilt also zu skizzieren, was E. A. Schmidt unter »poetischer Reflexion« als dem »Grundprinzip des bukolischen Genus«[209] versteht, welches also den fünf in Abschnitt 2.2 untersuchten Charakteristika noch übergeordnet ist. Da Schmidts theoretische Überlegungen[210] hierzu eine gewisse »Dichte« in ihrer eigenen Begrifflichkeit aufweisen, welche etwa den meisten der Rezensionen den Blick auf dieses theoretische Modell völlig versperrt hat, kommt es nunmehr sehr gelegen, dass sich m.E. seine Grundgedanken mit Hilfe von (mindestens) zwei in dieser Arbeit zentralen Begriffen recht glücklich darstellen lassen. Es sind diese Begriffe diejenigen der *narrativen Metalepse* und der *mise en abyme*.

In der präzisen Terminologie Genettes[211] kann man sagen: Schmidt beschreibt in seinem Modell der bukolischen »Dichtung der Dichtung« mit seinen eigenen Worten im Kern eine bestimmte Konstellation, in der sich

---
209 Schmidt, *Reflexion*, S. 108.
210 *Sc.* Schmidt, *Reflexion*, S. 107-119.
211 Vgl. Genette, *Erzählung*, S. 162-169.

die *narrativen Ebenen* der Eklogen zueinander verhalten. Um dies zu zeigen, sei ein kurzer Metatext zu seinen folgenden Prämissen erlaubt:

Dichtung (I) der Dichtung (II) ist nicht ohne einen Inhalt der Dichtung (II) denkbar, die das Objekt der Dichtung (I) darstellt. [...] Welcher Gegenstand, so muss man fragen, ist geeignet, eine solche Beziehung zwischen Dichtung (II) und Gedichtetem (III) herzustellen, dass dieselbe Beziehung auch zwischen Dichtung als Akt, Dichten, Gedicht (I) und als Gegenstand (II) bestehen kann. Oder auch [...]: wie muss die Dichtung beschaffen sein, die zugleich auch (I) über sich selbst (II) dichten kann und dichten wird?[212]

Man kann diese Indices und Mehrdeutigkeiten des Wortes »Dichtung« vielleicht so auflösen: Es gibt in der Bukolik, in der ja dichtend-singende Personen[213] dargestellt werden, zwei Arten von »Dichtung«, welche aber immer die Valenz einer »Dichtung von...« hat: Auf der *extradiegetischen* Ebene (»Dichtung (I)«) präsentiert eine narrative Instanz (etwa »Menalcas« oder »Tityrus«) den vorliegenden bukolischen, als Lied verstandenen Text (die *Erzählung*) der *Bucolica*, dessen *Geschichte* selbst wieder Sänger enthält, die als narrative Instanzen auf der *intradiegetischen Ebene* (»Dichtung (II)«) anzusiedeln sind. Da diese intradiegetischen Hirten singen, also wiederum *erzählen* (die *raison d'être* der vorliegenden Arbeit), werden ihre *carmina* zu *metadiegetischen* Erzählungen (zu »Gedichtetem (III)«[214]).

Das Wesen der Bukolik liegt nun – im Gegensatz etwa zum Epos[215] – für Schmidt darin, dass sich ein nur[216] hier zu findendes Gleichgewicht einstelle:

$$\frac{\text{Dichtung (I)}}{\text{Dichtung (II)}} = \frac{\text{Dichtung (II)}}{\text{Gedichtetes (III)}}$$

Dies bedeutet: Durch entsprechende Wahl *eines* Gegenstandes für beide Arten von Dichtung wird erreicht, dass zwischen extradiegetischer Narration und intradiegetischer Geschichte einerseits und andererseits zwischen intradiegetischer Narration und metadiegetischer Geschichte »dieselbe

---

212 Schmidt, *Reflexion*, S. 108.
213 »Person« ist, wenn man sich den Blick auf Theokrit und etwa dessen zweites Idyll nicht verstellen will, einem »Hirten« vorzuziehen.
214 Also nicht zu einer »Dichtung III«, die ja wieder »Dichtung von...« sein müsste, und sich die Kette des Enthaltenseins *ad infinitum* fortsetzte – ein solcher »sich [...] ins Leere verlierender Prozess« (Schmidt, *Reflexion*, S. 109) stellt aber gerade nicht das »Grundprinzip« des bukolischen Genus dar, vgl. Schmidt, *Reflexion*, S. 109/110.
215 Vgl. Schmidt, *Reflexion*, S. 111: »Zwar sind Homer und Phemios beide Aöden, Homer dies aber nicht insofern, als er von Phemios singt.«
216 Vgl. Schmidt, *Reflexion*, S. 111: »Schon das ist in keiner anderen Gattung möglich.«

Beziehung« herrscht. Dieser geeignete Gegenstand ist die als »schön«[217] empfundene Welt der Sänger, welche die Hirten *per definitionem* sind: Der extradiegetische »Menalcas/Tityrus« singt von der »bukolischen« Welt der singenden Hirten ebenso wie intradiegetische narrative Instanzen – etwa die beiden Hirten in der fünften Ekloge.

Konstitutiv ist somit für die Beziehung zwischen extra- und intradiegetischer Ebene eine »rein thematische Funktion«, wie sie oben (S. 112) für das Verhältnis von intra- und metadiegetischer Ebene definiert wurde. Die Isomorphie geht jedoch hierbei so weit, dass man von einer *mise en abyme* sprechen kann: Das Singen der Hirten »spiegelt« das Singen des bukolischen Dichters (d.h. der extradiegetischen Instanz).

Warum Hirten? – Ihre Welt, wie sie uns – von welchem πρῶτος εὑρετής auch immer geschaffen – in der Bukolik entgegentritt, ist eine abgeschlossene und fiktive.[218] In ihrer Abgeschlossenheit trägt sie der Exklusivität Rechnung, mit der sie eben *nur* dem Gesang gewidmet ist, während ihre Fiktivität dem schöpferischen Element des dichterischen Aktes entspricht. Dadurch aber, dass etwa die Eklogen[219] ihre eigene extradiegetische Instanz als Hirten darstellen, entsteht der Eindruck, dass extra- und intradiegetische Instanzen der Bukolik sich gegenseitig dichteten – analog etwa zu jener bekannten Zeichnung *Tekenende Handen* M. C. Eschers, in welcher jede von zwei zeichnenden Händen die jeweils andere Hand zeichnet. An der Metapher der Spiegelung, wie sie Gides Definition der *mise en abyme* bereits inhäriert, festhaltend, entsteht also eine

unendliche poetische Reflexion. Die Unendlichkeit dieser poetischen Spiegelung, d.h. der Spiegelung von Poesie in Poesie, ist aber, als ein unendlicher Prozess, nicht poetisch darstellbar. Poesie wird die unendliche Reflexion im Symbol.[220]

Die Unendlichkeit der Spiegelung wird also nicht nachvollzogen (ein endloser Prozess), sondern über die Struktur des Gedichtes lediglich *denotiert* (»im Symbol«).

Doch man sollte den *Effekt* eines Gedichtes auf den Leser nicht verwechseln mit der Struktur eines Textes und seiner narrativen Ebenen. So dürfte es wohl zu weit gehen, wenn Schmidt fast ontologisch zu nennende Schlussfolgerungen zieht, in denen er die beiden narrativ streng geschiedenen Ebenen tatsächlich in eins setzt, so

dass der bukolische Dichter selbst und seine bukolische Dichtung aufhören, von ihren Gegenständen, nämlich dem bukolischen Dichter und seinem Lied, verschieden zu

---

217 Zu dieser Schönheit vgl. Schmidt, *Reflexion*, S. 109.
218 Vgl. Schmidt, *Reflexion*, S. 111/112.
219 *Sc. ecl.* 5, 85-87 und 6, 4.
220 Schmidt, *Reflexion*, S. 110.

sein. Dieser Konsequenz, die ebenso in der Rollenstruktur der Bukolik angelegt ist, hat Vergil zu poetischer Wirklichkeit verholfen.[221]

Wenn ein bukolisches Grundprinzip die *mise en abyme* des dichterischen Aktes in eine(r) Welt von singenden Hirten ist und Bukolik, wie Schmidt beschreibt, des weiteren charakterisiert wird sowohl (a) von einem Hineingreifen einer narrativen Ebene in die nächsthöhere[222] (vgl. etwa *ecl.* 6, 61-63) als auch (b) von einem Hinausgreifen einer narrativen Ebene in die nächst tiefere,[223] die sie erst entstehen ließ (vgl. etwa *ecl.* 5, 85-87), so wird hier auf dem Gebiet der Narratologie als zweites bukolisches Charakteristikum die *Metalepse* angesprochen, deren zwei Unterarten (hinein- *vs.* hinausgreifende) ebenfalls bereits analysiert wurden.

Diese beiden strukturellen Merkmale der Bukolik vermögen nun recht präzise das Phänomen einer »poetischen Reflexion« zu beschreiben. Durch diese kann Bukolik »generell Dichtung über das eigene Dichten und die eigene Dichtung werden«[224] – oder, wie Schmidt es an anderer Stelle noch einmal definiert: »Poetische Reflexion soll das Phänomen kennzeichnen, dass Dichtung (I) Dichtung (II) dichtet, diese (II) aber wieder ihre Dichtung (I) dichtet, *dass also Poesie in Poesie gespiegelt wird.*«[225] – Der letzte Nebensatz führt erneut vor Augen, dass die Rede von *mises en abyme* im gegebenen Kontext gerechtfertigt ist.

3.3.4 Poetische Reflexion in den *Dirae*: Metalepsen und *mises en abyme*

Dass nun die *Dirae* beständig und systematisch über sich selbst als *carmen*, d.h. als *Text* sowie über die Bedingungen und Determinanten der eigenen Genese reflektieren, zeigen bereits die *versus intercalares* mit ihrer häufigen selbstreferentiellen Deixis, mit der auf *hoc carmen* und *haec carmina* hingewiesen wird. Auf diese Weise wird schon auf den ersten Blick die

---

221 Schmidt, *Reflexion*, S. 107. – Man vgl. etwa noch: »Ein Dichtung (I), *die sich selbst (I > II) dichtet*, hat das Nächste, Verwandteste, Eigenste zum Gegenstand. [...] Eben das ist Dichtung der Dichtung: einem Dichter in der Poesie eine Welt geben und ihn diese dichten lassen, ebenso wie sie zuvor gedichtet worden ist. Dabei *verwandelt die poetische Welt beider Dichter* deren Schöpfer (I) in ein Mitglied desselben Standes, dem das Geschöpf Dichter (II) angehört. [...] Da aber die poetische Welt des Dichters (II) in der Dichtung (I) die poetische Welt des ersten Schöpfers (I) *ist*, dichtet dieser (I) seine eigene Dichtung bzw. jener (II) dessen (I) Dichtung.« (Schmidt, *Reflexion*, S. 108/109, meine Kursiven)

222 Vgl. Schmidt, *Reflexion*, S. 107: »Nicht nur kann der Dichter sich mit seiner Dichtung in seine eigene Dichtung hineinbegeben, wie es schon Theokrit in den Thalysien tut.«

223 Vgl. Schmidt, *Reflexion*, S. 107: »Nicht nur kann der bukolische Dichter als Dichter Subjekt seiner Lieder werden, wie es offenbar bei Bion gelegentlich der Fall war.«

224 Schmidt, *Reflexion*, S. 107.

225 Schmidt, *Reflexion*, S. 115, meine Kursive.

Aufmerksamkeit auf den dichterischen Akt (die Narration) und seine Schöpfung (das *carmen* als Erzählung) gelenkt. Doch bereits diese zunächst noch oberflächliche, direkte Denotation des eigenen Dichtens geht noch weiter: Man denke an die erste der drei *silva*-Strophen B.4 - B.6:

> lusibus et multum nostris cantata libellis,
> optima silvarum, formosis densa virectis,
> tondemus virides umbras, nec laeta comantis
> iactabis mollis ramos inflantibus auris.

(*Dirae* 26-29)

Die überraschende Schriftlichkeit der *libelli*, von denen der Wald zunächst nur *be*sungen wurde, und das Präsens des überlieferten *tondemus*, das den Sprechakt des Fluchens bezeichnete, verweisen auf eine Ebene, die über diejenige des zunächst erkennbaren narrativen Signifikats hinausgeht: Als Scharnier zwischen beiden fungiert hier eben das Phänomen der *Metalepse*. Diese verbindet auch narrativ die intradiegetische prädiktive Erzählung der *Dirae* (»Dichtung (II)«) mit der aktuellen Extradiegese (»Dichtung (I)«) und steuert somit ein weitere Fokussierung auf die Dichtung *als Dichtungsakt* bei, der jetzt nicht mehr nur abbildet, sondern sogar eine kausale Wirkungskraft besitzt.

Oben wurde bereits erwähnt, dass die Geschichte der *Dirae*, als Ganzes betrachtet, nichts anderes praktiziert, als systematisch das genuin bukolische Inventar und somit eine notwendige Bedingung bukolischer Dichtung zu zerstören. Die Folgen dieser Destruktion schildert die Intradiegese des Gedichtes. Die Metalepse *tondemus*, die ja nur repräsentativ für die generelle Metalepse des perlokutionären Sprechaktes der *Dirae* stand, stellt jedoch in ihrer inhärenten logischen Struktur eine Verbindung her zwischen intradiegetischer Ebene, auf der ein Wald zerstört wird, und der extradiegetischen Ebene, die zu einer *impliziten* Destruktion der Bukolik führt. Indes: Bei Vergils *Itur in antiquam silvam...* war es so, dass zu der deutlichen Präsenz eines hypo- und architextuellen Vorbildes (*sc.* Ennius bzw. das Epos) der Befund trat, dass sich die dargestellte *fiktive* Geschichte um Aeneas und seine Mannen als metatextuelle, selbstreferentielle Metapher dafür lesen lies, was das *carmen* als Text *tatsächlich* tut: Wie die *Aeneis* in ihren Vorgänger, die *Annales*, eindringen, so dringt Aeneas in die *antiqua silva* ein – und, denkt man an die obigen Überlegungen zu Hinds und de Man, umgekehrt. Dieser Befund drängt sich nun im Falle der *Dirae* noch stärker auf, da nicht nur das hypo- bzw. architextuelle Vorbild »Eklogen« bzw. »(vergilische) Bukolik« präsent ist, nicht nur eine metaphorische Lesung des sorgfältigen Zerstörens der *silva* als Bild für die Praxis des gesamten Gedichtes möglich ist, sondern (im Gegensatz zu dem unpersönlichen und dadurch schwächeren *itur* der *Aeneis*-Stelle) das persönliche *tondemus* qua

Metalepse sogar eine direkte Verbindung zwischen extradiegetischem Tenor (das Zerstören der Bukolik) und intradiegetischem Vehikel (der Vernichtung der *silva*) – oder *vice versa* – herstellt, so dass für einen Moment die Rede von »Metapher« selbst nicht mehr gerechtfertigt zu sein scheint (ein Gedanke, der von de Man schon impliziert wird).

Die voranstehenden Überlegungen zu der Funktion der *Metalepse* kreisen um den Begriff der *mise en abyme*, des zweiten oben für den Bereich der Narratologie postulierten bukolischen Grundprinzips: So gerät das fiktive Verbrennen der *silva* zu einer *mise en abyme* dessen, wie sich die *Dirae* faktisch gegen ihren eigenen Hypo- und Architext wenden. Dies bestätigt induktiv innerhalb der *Dirae*, was man auch deduktiv aus der Betrachtung der *Bucolica* (zumal den Anfängen der 4. und 6. Ekloge) heraus hätte sagen können: Die (von den *Dirae* in diesem Sinne singularisch verstandene) *silva* ist nicht nur als typisches Requisit ein intradiegetisches (und, Schmidt folgend, ein metadiegetisches) Element bukolischer Dichtung, sondern bezeichnet in einem zweiten Sinne auch einen architextuellen Ort, wie er oben definiert worden ist. Dieser Ort, der als *silva* anderer Natur in der *Aeneis* das Epos als Gattung bezeichnete, ist dann hier die Bukolik selbst, die von den Eklogen Vergils konstituiert und als Element einer Landschaftstopologie von den *Dirae* auch explizit destruiert wird.

Eines muss noch einmal betont werden: Es geht hier nicht darum, eine Metapher durch die Literaturgeschichte zu verfolgen, gemäß welcher etwa die *silva* eineindeutig die Gattung »Bukolik« bezeichnete; vielmehr bestand die Intention der obigen Ausführungen darin zu zeigen, dass und mit welcher *Metaphorik* von den Eklogen Vergils wie von den *Dirae* auf transtextuelle Phänomene – insbesondere die Architextualität – Bezug genommen wird. Natürlich ist hier im Falle der *Dirae* die singularische *silva* der (mehr als eindeutige) Signifikant *par excellence*. Auf die Sonderstellung dieses Landschaftselements hatte der Raum geführt, den die Beschreibung der *silva* einnimmt, sowie die erotische Liebesbeziehung, die in den Worten des Fluchenden an seine *optima silvarum* aufscheint: Diese *formosa silva* nun (auch) so zu verstehen, dass sie auf ein architextuelles Signifikat »Bukolik« deutet, erweist sich hinsichtlich jener *ästhetischen* und *erotischen* Implikationen als besonders in Übereinstimmung mit den Ausführungen E. A. Schmidts zum genuin Bukolischen stehend:

> Da die Dichtung (I) [d.h. die Extradiegese] sich selbst (II) [d.h. die intradiegetische *mise en abyme*] als Liebende dichtet und sich als sich selbst Liebende erfährt, besteht dieselbe Beziehung auch zwischen der gedichteten Dichtung (II) und ihrer poetischen Welt [d.h. etwa die *silva* als ›Wald‹ verstanden]. Ihr Dichter (II) ist Liebender und erfährt sich als Liebender. Die Dichtung (I) hat sich selbst als Schönes [d.h. etwa die *silva* als architextueller Signifikant] zum Gegenstand, und deshalb muss die Dichtung (II) in ihr ihre eigene Welt als Schönes erfahren und zum Gegenstand haben. [...]

Dieses Schöne ist das Produkt der Dichtung (II/I), ist Gedichtetes und als solches Dichtung (III).«[226]

In eben diesem Sinne wird bzw. wurde die *silva* als frühere, »intakte« Bukolik auch *ge*sungen von einer narrativen Instanz, die für diesen Augenblick auch diejenige der *libelli* der vergilischen Eklogen gewesen zu sein scheint (vgl. *lusibus et multum nostris cantata libellis, / optima silvarum*, Dirae 26/27). Ja sogar Vergil, der Archeget lateinischer Bukolik, lässt sich als Besitzer der früheren Dichtung in den *Dirae* dargestellt finden. Dabei wird die Schönheit früherer Bukolik erneut emphatisch unterstrichen:

> militis impia cum succedet dextera ferro
> formosaeque cadent umbrae, formosior illis
> ipsa cades, veteris domini felicia ligna –
> nequiquam: nostris potius devota libellis
> ignibus aetheriis flagrabis.
>
> (Dirae 31-35)

Das Homöoteleuton der Verse 26 (*multum nostris cantata libellis*) und 34 (*nostris potius devota libellis*) hebt nicht nur noch einmal selbstreferentiell die Schriftlichkeit der früheren und aktuellen Dichtung hervor, sondern bezeichnet mit seinem Übergang vom liebevollen *cantare* zum hasserfüllten *devovere* auch *en miniature* den Prozess, in dem die *Dirae* die vergilische Bukolik an ihre Grenzen führen.[227] Dennoch findet dieses *jeu de massacre*, das mit der Gattung »Bukolik« und ihrem Inventar veranstaltet wird, *innerhalb* dieser Gattung statt, ja sie zeichnet sich sogar gerade dadurch aus, dass sie auch in dieser extremen Form Reflexion über sich selbst und Möglichkeiten sogar jenseits ihrer eigenen Grenzen sein kann – und muss. In Schmidts Worten:

Die poetische Reflexion, die die vergilische Bukolik ist, ist nicht genusimmanente Kritik und Poetik, insofern man darunter die Poetik etwa von Hirtendichtung im konventionellen Verständnis begreift. Sondern sie umgreift, zumindest der Möglichkeit nach, alle Genera, indem sie auf Dichtung schlechthin gerichtet ist. Damit sprengt sie aber nicht ihr Genus, sondern konstituiert es. Insofern dadurch Bukolik zur Reflexion von Dichtung überhaupt wird, wird die Reflexion auch wieder genusimmanent.[228]

---

226 Schmidt, *Reflexion*, S. 109.
227 Die Grenzen des bukolischen Singens werden freilich bereits von den *Bucolica* selbst ausgelotet, etwa in der zehnten Ekloge in der (architextuellen) Begegnung mit elegischer Dichtung oder in der neunten Ekloge, die das Versagen des poetischen Gedächtnisses und das Verstummen der bukolischen Sänger inszeniert. Zu letzterem vgl. Rupprecht, K.: *Warten auf Menalcas – Der Weg des Vergessens in Vergils neunter Ekloge*, in: *A&A* 50 (2004), S. 36-61.
228 Schmidt, *Reflexion*, S. 116.

Diese architextuelle Reflexion, welche durch die hypertextuellen Signale als solche gekennzeichnet ist, ermöglichen die *Dirae* einerseits durch die prominente Funktion der *silva*. Zusätzlich jedoch, wenn auch weniger ausgeprägt, leisten auch andere, ebenso bukolische Landschaftselemente dasselbe, zum Beispiel die *rura*:

> Impia Trinacriae sterilescant gaudia vobis
> nec fecunda, senis nostri felicia *rura*,
> semina parturiant segetes, non pascua colles,
> non arbusta novas fruges, non pampinus uvas,
> ipsae[229] non silvae frondes, non flumina montes.

(*Dirae* 9-13)

Auf einer ersten Ebene von Signifikaten verflucht der *colonus* in diesen Versen katalogartig dasjenige, was man ihm und seinem »alten Herrn« in der Geschichte der *Dirae* entrissen hat. In Interdependenz hiermit bezeichnen jedoch auf einer zweiten Ebene die *Trinacriae gaudia*, jene »Freuden, wie sie Sizilien zu bieten hat«, *auch* die Bukolik Theokrits, die ihrerseits hinter den *Bucolica* Vergils steht, wie es etwa die *Sicelides Musae* des ersten Verses der vierten und der *Syracosius versus* des ersten Verses der sechsten Ekloge an jeweils signifikanter Stelle deutlich hervorheben. Auf dieser Ebene würde erneut – wie durch das *veteris domini felicia ligna* (*Dirae* 33) – auch der frühere »Besitzer« des architextuellen Ortes der *felicia rura*, d.h. einer als intakt gedachten[230] Bukolik, erwähnt: Vergil als *senex noster*.

Dass diese Vorstellung von einem »gealterten« Vergil – eine geradezu architextuell zu nennende Figur – nicht außerhalb der bukolischen Vorstellungswelt liegt, zeigt zudem die zu Beginn dieser Arbeit (Abschnitt 2.1.1) bereits vorgestellte erste Ekloge Nemesians, denn hier gestand ja der gealterte »Tityrus«/Vergil dem Sänger Thymoetas die bukolische Nachfolge zu:

> Hos annos canamque comam, vicine Thymoeta,
> tu iuvenis carusque deis in carmina cogis?
> Diximus et calamis versus cantavimus olim,
> dum secura hilares aetas ludebat amores.

---

229 Vielleicht wird durch die Emphase des *ipsae* die besondere Bedeutung der *silvae* (singularischer wie pluralischer) im weiteren Verlauf der *Dirae* vorweggenommen, zumal bereits hier auch das Laub erwähnt wird, dessen Verlust ja in den *silva*-Strophen B.4 bis B.6 als besonders schrecklich dargestellt wird.

230 Wie erwähnt, hat sich der in den *Dirae* so weit klaffende Schlund auch innerhalb der Eklogen Vergils schon geöffnet – man denke besonders an die verwandten Szenarien der ersten und neunten Ekloge. Vgl. Dams, S. 452: Für ihn »weist [E. A. Schmidt] eindringlich, wenn auch gelegentlich etwas zu radikal darauf hin, dass ›die bukolische Welt kein Reich epikureischen Seelenfriedens ist‹, dass im Gegenteil eher grausame und ungezügelte Leidenschaften vorherrschen.«

> Nunc album caput et veneres tepuere sub annis,
> iam mea ruricolae dependet fistula Fauno.
> Te nunc rura sonant ...

(Nemesian *ecl.* 1, 9-15)

Ist es also hier der *senex noster*, der nicht mehr über seine ehemaligen *felicia rura* gebietet, so können in einem späteren Teil der *Dirae* noch andere typisch bukolische Landschaftselemente als subsidiäre architextuelle Signifikanten verstanden werden: die *campi* und *agri*, die nun als letztes Beispiel für die bukolische Synergie von *mise en abyme* und narrativer Metalepse dienen sollen. Gemeint sind die folgenden Verse:

> Praecipitent altis fumantes montibus imbres
> et late teneant diffuso gurgite campos,
> qui dominis infesta minantes stagna relinquant.
> Cum delapsa meos agros pervenerit unda,
> piscetur nostris in finibus advena arator...

(*Dirae* 76-80)

Metaleptisch sind, wie oben ausgeführt, die narrativen Implikationen des Fluchens als eines (perlokutionären) Sprechaktes: Die von der narrativen Instanz (prädiktiv[231]) erzählte Geschichte steht in einem direkten Kausalnexus mit dieser Narration selbst, d.h. hier: die *imbres*, deren Herunterstürzen der Fluchende herbeiwünschend voraussagt, stellen einerseits *indirekt* den perlokutionären »verlängerten Arm« der Flüche dar, können aber als solcher auch *direkt* das extradiegetisch zu verortende Fluchen selbst bezeichnen, wobei dieses Bild den streng kausalen »Umweg« über die Logik des Sprechaktes nicht nähme. Auf diese Weise gerieten die *imbres*, die über die eigenen *campi* und *agri* herfallen, zu einer *mise en abyme* der soeben geäußerten Flüche, die sich hyper- und architextuell gegen die vergilische Bukolik wenden: Aus dieser Perspektive »regnet« das Gedicht Dirae unheilvoll auf das Gebiet der Bukolik.[232]

Diese Verwünschungen, denen das Epitheton *infesta*[233] *minantes* durchaus zukäme, stürzen sich auf das Inventar und die Gattung der Bukolik mit derselben *verve*, die auch der im Verspaar *Dirae* 76/77 eindringlich geschilderten Plötzlichkeit, Gewalt und dem Umfang der *imbres* zu Eigen ist: Derart kann auch der *advena arator* als eine architextuelle Figur gelesen werden, welche die unbestimmte Bedrohung für bukolisches Dichten repräsentiert. Das gefährdete Gebiet dieser Gattung erscheint dann sogar mit der

---

231 Es sei an das Futur II *pervenerit* erinnert.
232 Der Genitiv »der Bukolik« ist hier sowohl als *genitivus definitivus* als auch als *genitivus possessoris* zu lesen.
233 Mit van der Graaf *ad loc.* als innerer Akkusativ gelesen.

»Orts«angabe *nostris in finibus* auch im Architext als ein noch genauer abgegrenztes.

3.3.5 Schluss und Ausblick: Die *Dirae* in der poetologischen Landschaft der römischen Literatur im ersten Jahrhundert vor Christus

Was kann Poesie in einer Zeit, welche wie die lange Agonie der römischen Republik eine gesamte Gesellschaft erschüttert und mit Unsicherheit erfüllt, leisten? Wie kann ein Dichter auf solche sozialen und politischen Fährnisse reagieren? Welchen Weg bahnt sich der Ausdruck seiner Hilflosigkeit? – Ein Weg, den man der *vor* den *Dirae* liegenden römischen Literaturgeschichte ablesen kann, ist die Hinwendung zur Philosophie: Lukrez, der 88-82 v.Chr. den Bürgerkrieg zwischen Marius und Sulla und die Proskriptionen dieser Zeit, später dann weitere innere Unruhen wie die Verschwörung des Catilina erlebt hatte, widmet sich mit der ganzen *verve* seines Könnens den Segnungen des Epikureismus, die er seinen Landsleuten protreptisch anpreist. Wie der Dichter der *Dirae* so gibt auch er hierbei eine lebendige Beschreibung der *Discordia semper inimica civis*, wenn er von Ruhm- und Gewinnsucht der Menschen spricht:

> ... unde homines dum se falso terrrore coacti
> effugisse volunt longe longeque remosse,
> *sanguine civili* rem conflant divitiasque
> conduplicant avidi, caedem caede accumulantes,
> crudeles gaudent in tristi funere fratris
> et consanguineum mensas odere timentque.
>
> (Lukrez 3, 68-73)

Lukrezens Antwort *als Dichter* auf diese bedrohlichen Wirren des Lebens formuliert er selbst poetologisch-programmatisch im Proöm zu seinem vierten Buch bzw. im Binnenproöm seines ersten Buches: Er möchte seine Verse, so sagt er, instrumentalisiert wissen. In jenem berühmt gewordenen Bild der Verse 4, 10-17 (= 1, 935-942) beschreibt er, wie Ärzte, die wissen, wodurch sie heilen können, kranken Kindern die bittere Medizin dadurch »schmackhaft« machen, dass sie den Becherrand mit Honig »versüßen«. Ebenso »weiß« Lukrez, dass die Lehre Epikurs den erschütterten Römern Frieden bringen könnte, wenn sie sich diesen (nur zunächst bitter erscheinenden) »Wahrheiten« aufgeschlossen zuwendeten. Von dem *musaeus lepos* seiner Poesie behauptet der Dichter, dass er wie der Honig den Kindern als *dulce mel* dazu diene, die Menschen zu diesem rettenden Schritt in die »richtige« Philosophie zu verleiten:

> sic ego nunc, quoniam haec ratio plerumque videtur
> tristior esse quibus non est tractata, retroque
> volgus abhorret ab hac, volui tibi suaviloquenti
> carmine Pierio rationem exponere nostram
> et quasi musaeo dulci contingere melle;
> si tibi forte animum tali ratione tenere
> versibus in nostris possem, dum percipis omnem
> naturam rerum ac persentis utilitatem.
>
> (Lukrez 4, 18-25 [≈ 1, 943-950])

Diese unverschleiert »utilitaristische« (vgl. *utilitatem*) Funktion liegt dem Dichter der *Dirae* fern: Weder spricht er explizit darüber, dass sein Werk etwa zu einem Aufstand gegen die enteignende Obrigkeit aufrufen solle oder vielleicht seinen Leidgenossen durch das Wissen, dass es vielen so ergangen ist wie ihnen, Trost spenden könnte – noch ließe sich den 103 Versen der *Dirae* eine solche *gesellschaftliche* Funktion, welche die Grenzen einer dichtungsimmanenten Dynamik transzendierte, implizit ablesen. Ein illokutionäres Element, mit dem Lukrez in obigem Zitat mit der Anrede des Memmius (*tibi*, v. 23) deutlich auch aus der unmittelbaren Welt seiner Dichtung *hinaus*führt, ist den *Dirae*, wie in dieser Arbeit dargelegt, ebenfalls zu eigen – jedoch in der Art, dass es mit der Fokussierung auf den architextuellen Ort der Bukolik auf die Literatur »zurück gebogen« erscheint, in dieser selbst verharrt und historische Determinationen als ein nur vages Substrat zurücklässt: Eben dies war ein Aspekt der Rede von »poetischer Reflexion« nach E. A. Schmidt.

Stellt also diese Protreptik eine Folie dar, vor der die Ergebnisse der *Dirae*-Analyse sich noch profilierter abheben können, so gibt es dennoch eine signifikante poetologische Gemeinsamkeit, die sich *Dirae* und Lukrez teilen: Es ist nicht so, dass letzterer *nur* den Anspruch hat, *Graiorum obscura reperta ... inlustrare Latinis versibus* (1, 136/137), um seinen Landsleuten wie ein Arzt durch Darlegung der wahren *rerum natura* Todesangst zu nehmen und Seelenfrieden zu schenken; vielmehr ist mit diesem Anspruch ein weiterer, rein literarischer verbunden:

> ... acri
> percussit thyrso *laudis spes magna* meum cor
> et simul incussit *suavem* mi in pectus *amorem*
> *Musarum*, quo nunc instinctus mente vigenti
> *avia Pieridum peragro loca nullius ante*
> *trita solo.* iuvat integros accedere fontis
> atque haurire iuvatque novos decerpere flores
> insignemque meo capiti petere inde coronam,
> unde prius nulli velarint tempora *Musae*.
>
> (Lukrez 1, 922-930 [926-930 = 4, 1-5])

Mit dem *primus*-Motiv, das später Properz übernehmen wird,[234] stellt sich Lukrez, wie oben (S. 215) dargestellt, in die Tradition der kallimacheischen κέλευθοι ἄτριπτοι[235] und führt somit in seinen sechs Bücher *auch* einen eigenen Dialog mit »seinem« Architext, der hier durch die *loca Pieridum*[236] bündig bezeichnet ist. Auf diesem Gebiet bewegen sich er und der *Dirae*-Dichter insofern in großer Nähe, als sie durch das Abzielen auf ein genuin dichterisches, kallimacheisches Stil*ideal* verbunden werden[237] und beide explizit auf eine Topographie des Architextes Bezug nehmen: Der *Dirae*-Dichter durch die Landschaftsbezeichnungen seiner Verse, Lukrez mit den Bildern von *avia loca, fontīs* und *flores*.

Damit nicht genug. Als rein dichterische Reaktion auf Historisches bedienen sich beide Autoren – es geht hier freilich nicht um Abhängigkeiten! – sogar derselben *hypertextuellen* Praxis: Oben (S. 69/70) wurde demonstriert, wie die *Dirae* einen Ausschnitt aus einem Text, mit dem sie durch ihre architextuellen Determinationen verknüpft sind (die *Bucolica*), anklingen lassen, ihn jedoch in einen veränderten Kontext stellen. Dieser neue Kontext überschreibt den ursprünglichen jedoch nicht einfach, sondern das Ausmaß des zitierenden »Eingriffes« wird erst dann richtig deutlich, wenn beide Kontexte, d.h. der Abstand zwischen beiden präsent gehalten werden. So vermochte u.a. die Binse in der ersten Ekloge (v. 48) das Glück des Titurus, seine ihm erhalten gebliebenen *rura*, immerhin nicht so weit zu schmälern, dass des Meliboeus μακαρισμός nur noch als offener, blanker Hohn erschiene; in den *Dirae* (v. 73) jedoch wird diese Pflanze zum Symbol des herbei gewünschten radikalen Fluchzustandes für die *rura*. Ebenso greift Lukrez auf einen Text, dem er architextuell nahe steht,[238] zurück, um ihn signifikant »umzufärben«: Aus Sapphos[239] (und somit auch aus Catulls[240]) Schilderung der *Liebes*pathologie[241] als Hypotext wird bei Lukrez die Symptomatik eines ganz anderen, für ihn typischeren[242] Gefühles:

---

234 Vgl. oben, S. 222/223.

235 Vgl. noch Grimal, S. 261: »L'influence de Callimaque sur lui [*sc*. Lucrèce] est indéniable.«

236 Vgl. oben, S. 229.

237 Hierher gehört freilich auch die schwierige Frage nach dem Verhältnis von Lukrez und Catull, wie es nicht zuletzt in der Qualität des *lepos* (Lukrez 1, 934 = 4, 9) bzw. *lepidum* (Catull 1, 1) aufleuchtet. Zu den Berührungen zwischen Lukrez und Catulls 64. *carmen* vgl. Grimal, S. 258-261 (mit weiteren Literaturangaben auf S. 258, Anm. 1).

238 Selbst ohne einen (legitimen!) Verweis auf Catull 51 dürfte Sapphos Lyrik durchaus einem Stilideal nahe stehen, wie Lukrez es für sich als kallimacheisch-neoterischen *lepos* (sogar mit »λεπτός« verwandt!) aufrichtet.

239 *fr.* 31 L.-P., 5-16.

240 *carmen* 51, 9-12: *lingua sed torpet, tenuis sub artus / flamma demanat, sonitu suopte / tintinant aures, gemina teguntur / lumina nocte.* – Vgl. später noch Horaz *carm.* 1, 13, 5-9 mit der Verschiebung des Fokus auf das Gefühl »Eifersucht«.

> verum ubi *vementi* magis est commota *metu* mens,
> consentire animam totam per membra videmus
> sudoresque ita palloremque existere toto
> corpore et infringi linguam vocemque aboriri,
> caligare oculos, sonere auris, succidere artus.
>
> (Lukrez 3, 152-156)

In den *Dirae* entsprechen sich *implizite*[243] und *explizite*[244] Destruktion des Vergilisch-Bukolischen: Sie sprechen in der oben dargelegten Sprache einer *archi*textuellen Topographie poetologisch über den »Schaden«, den sie als Gedicht in »ihrer« Gattung anrichten.[245] Auch diese Struktur findet hier bei Lukrez insofern ihre Parallele, als ebenfalls bei diesem Dichter das, was er *hyper*textuell ins Werk setzt, auch expliziter Gegenstand seiner Ausführungen ist: Er ersetzt nicht nur einfach kontingent das Motiv »Liebe« bei Sappho (also auch Catulls Hypotext) durch dasjenige des *metus vehemens*; vielmehr ist all dies eingebettet in Lukrezens Ausführungen, deren engagiertes Ziel es ist, die streng materialistischen Funktionsweisen von *animus* und *anima* aufzuzeigen – also ein ernüchterndes[246] Zurückführen der Emotionen auf physikalische Ursachen in signifikantem Kontrast zu den als direkte inszenierten Gefühlsäußerungen bei Sappho und Catull. Auf diese Weise entspricht das hypertextuelle Ersetzen von Liebe durch Angst der übergeordneten Intention Lukrezens, der sämtliche Leidenschaften, πάθη, durch rein materialistisch zu interpretierende Vorgänge erklären möchte.

Was hingegen bei Lukrez auf der einen Seite ostentativer Utilitarismus und ein sich unmittelbar gebender illokutionärer Sprechakt[247] ist, zeichnet sich andererseits durch das ästhetisierende Moment aus, welches mit dem soeben erwähnten literarischen Anspruch dieses Dichters (z.B. sein kallimacheisches Stilideal) verknüpft ist. Diese ästhetisierende Betrachtung der gesellschaftlichen Umwelt – »denn nur als *aesthetisches* Phänomen ist das Dasein und die Welt ewig *gerechtfertigt*« (Nietzsche (1872) 1, 47) – impliziert auch eine *Distanz*, die der Dichter zu den von ihm beschriebenen Objekten einnimmt. Diese Objekte sind hier auch der *sanguis civilis* und die *Discordia* derjenigen römischen *cives*, die Lukrez zur Philosophie Epikurs bekehren möchte. So steht Lukrez, der ja schon diesem *Graiae gentis decus*

---

241 Beklommenes Herz, Sprachlosigkeit, gelähmte Zunge, zartes Feuer unter der Haut, versagende Augen, dröhnende Ohren, kalter Schweiß, Zittern, bleiche Haut, Schwäche, die fast zum Tode führt.
242 Man denke neben dem *sanguis civilis* auch an das Finale seines vierten Buches.
243 *Implizit* durch die Vernichtung des typisch bukolischen Inventars, s.o., S. 261.
244 S.o., S. 261-266.
245 Im Voranstehenden prägnant als »Feuer im Architext« bezeichnet.
246 Die »Ernüchterung« in Bezug auf das Gefühl »Liebe« kulminiert dann freilich im erwähnten Finale des vierten Buches von *De rerum natura*.
247 Man denke etwa an die Paränesen in der frühgriechischen Elegie.

in das helle Licht der wahren Lehre gefolgt ist,[248] auch als Wissender der Schar seiner Mitbürger gegenüber, welche sich noch in den *tenebrae* ihrer Ignoranz und ihrer Ambitionen befindet. Diese *Distanz* hat Lukrez mit dem Bild vom »Schiffbruch mit Zuschauer« in seinem zweiten Proöm deutlich dargestellt, und es scheint, als ob sie in den unruhigen Zeiten bis zum Ende der Bürgerkriege immer mehr zunehme; parallel hierzu gibt es zudem eine Bewegung, innerhalb derer sich der »Dichter« immer mehr in einen genuin literarischen Raum zurückzieht. Am Ende dieser Tendenz wird dann die Form der vergilischen Bukolik stehen, charakterisiert durch die poetische Reflexion nach E. A. Schmidt.

»Literarischer Raum« impliziert hier nichts *Hermetisches*; die poetische Realität kommt immer vor: Als exemplarische Zwischenstation mag hier etwa Horazens 16. Epode gelten, die wohl um das Jahr 40 v.Chr. entstand und bekanntlich der vierten Ekloge Vergils nahe steht. Stellte sich Lukrez durch den Architext eines »περὶ φύσεως« noch als epikureisch Erleuchteter vor die Gruppe seiner römischen Leser und schrieb davon, dass er durch das Bekanntmachen der wahren Lehre sein Publikum *tatsächlich* zum Besseren bekehren will, so verharrt die ähnliche Konstellation dieser Epode im inszenierten Gestus: Hier spricht der dichterische *vates* (vgl. v. 66) zu seiner römischen *impia ... devoti sanguinis aetas* (v. 9) und schlägt als Ausweg aus der politischen Selbstzerfleischung Roms eine Flucht der besten Bürger vor. Doch dieser Eskapismus stellt sich – in schärfstem Gegensatz zu Lukrezens »Mission« – dann als zynischer Pessimismus heraus. Zunächst baut Horaz in der Dramaturgie seiner Epode eine immer größere Fallhöhe auf: Was alle Feinde Roms (Katalog der Verse 3-8) nicht haben ausrichten können, das fügt sich diese Stadt jetzt selbst zu; bald wird es zur totalen Katastrophe kommen (vv. 9-14). Es gibt nur *einen* Ausweg, nämlich das »historische« Beispiel der Phokäer nachzuahmen und in See zu stechen (vv. 15-24). Der »Ernst« der Situation sowie des Vorschlags wird noch dadurch unterstrichen, dass der Sprecher zu einem Schwur auffordert und so eine Rückkehr der Fliehenden an katalogartig aufgezählte Adynata bindet (vv. 25-34). Diese Art von Pathos verkehrt sich jedoch jäh in puren Zynismus, wenn klar wird, wohin die Reise gehen soll (vv. 41-66): Zu den Inseln der Seligen. Während der Sprecher diesen dann sogar noch eine ausführliche Ekphrasis widmet, wird deutlich, *wie* absurd der vorgeschlagene, einzig[249] verbliebene Ausweg aus der Misere ist. Die Botschaft ist klar: Es *gibt keinen* Ausweg mehr, und die gesamte von der Rhetorik der 16. Epode freigesetzte Energie kann somit nur noch *innerhalb* dieser 66 Verse zirkulieren, um als empörter (»jambischer«) Gestus das politisch-soziale Skandalon

---

248 Vgl. Lukrezens Proöm zu seinem dritten Buch.
249 Vgl. *epod.* 16, 23: *sic placet: an melius quis habet suadere?*

aufzuzeigen und anzuklagen. Die *ästhetische* Wirkung dieses von direkter (perlokutionärer) Wirkung entkoppelten (Auf-) Schreis verbindet die 16. Epode eng mit den *Dirae*; was beide Gedichte trennt, ist die Tatsache, dass sich Horazens Sprecher immerhin noch die *persona* des *vates* aufsetzt und vor einem imaginierten Publikum (zunächst) noch so tut, *als ob* es für die dargestellte Wirklichkeit eine Rettung (die *secunda fuga*, v. 66) gäbe.

Als letzte Station vor dem Phänomen der poetischen Reflexion in den *Bucolica* Vergils und in den *Dirae* mag schließlich Horazens Ode 2, 1[250] (*Motum ex Metello*), veröffentlicht 23 v.Chr.,[251] betrachtet sein. Dies ist ein dezidiert architextuelles Gedicht: Pollio, dessen Dichtung zu loben sich Horaz hier vorgenommen hat, lässt das Verfassen von Tragödien (denotiert durch die *severae Musa tragoediae*, v. 9) für den Moment ruhen und schreibt *Historiae* über die römische Zeitgeschichte und ihre Ursachen. Er »betritt« also ausdrücklich anderen Boden im Architext, wie Horaz diese Bewegung über Metalepsen beschreibt: Nicht nur lässt *periculosae plenum opus aleae* (v. 6) offen, ob das Dargestellte oder das Darstellen der Geschichte voller Gefahren ist; Pollio schreitet nun sogar selbst durch das Gebiet seines jetzigen Gegenstandes: *incedis per ignis / suppositos cineri doloso* (vv. 7/8) – ebenso wie er auch »selbst« im Kothurn die Bühne betrat und wieder betreten wird (*mox ... / grande munus / Cecropio repetes cothurno*, vv. 10-12). Auch die *enárgeia*, die Pollios Darstellung von *impia proelia* (v. 30) und dem *lugubre bellum* (vv. 33/34) erreicht, bezeichnet Horaz durch Metalepsen (*perstringis auris*, v. 18; *videre ... iam videor*, v. 21). Allein: Das neunstrophige Lob gerät schließlich doch nur zu einer gewaltigen *praeteritio*,[252] wenn es in der zehnten und letzten Strophe heißt:

> sed ne relictis, Musa procax, iocis
> Ceae retractes munera neniae,
>   mecum Dionaeo sub antro
>   quaere modos leviore plectro.
>
> (Horaz *carm.* 2, 1, 37-40)

Das adversative *sed* setzt die Odendichtung des Horaz mit ihrer *Musa procax* sowohl von der *severae Musa tragoediae* (v. 9) als auch von den historischen Gegenständen des Pollio ab. Letztere werden noch einmal bündig als *munera neniae* zusammengefasst und architextuell auch[253] durch

---

250 Zur Datierung ausführlich Nisbet / Hubbard, S. 9/10.
251 »A date before Actium might be assigned to the ode to Pollio« (Nisbet / Hubbard, S. 4).
252 Vgl. Nisbet / Hubbard, S. 29: »Horace is also influenced by the passages where Pindar recalls himself from a digression [...]; but whereas Pindar breaks off because he is straying from the encomium of his patron [...], Horace is turning away from Pollio to himself. This also is a form of flattery, and has affinities with *recusatio*; Horace professes to be carried away by the pathos of Pollio's theme, but suggests that such effects are beyond his own range.«
253 Neben der Gattungsbezeichnung *nenia* (θρῆνος).

das Adjektiv *Ceus* an das Œuvre des Simonides von Keos rückgebunden. Währenddessen beschreibt Horaz seine eigene Bewegung hin zu seiner »eigentlichen« Dichtung mit den Mitteln einer oben (Kapitel 3.2 und besonders Abschnitt 3.3.2.2) analysierten *architextuellen Topologie*: Das *Dionaeum antrum*, die »Grotte der Venus«,[254] bezeichnet hier den *Ort*, an dem sich Horazens Muse aufhalten soll. Dieses Außen bezeichnet also auch in dieser Ode einen Ausschnitt der

›Beziehungen von Inklusion, die einen jeden Text mit den verschiedenen Aussagetypen, aus denen er hervorgeht, verbindet. Hierher gehören die Gattungen [vgl. die *Cea nenia*] sowie ihre Bestimmung durch Thema [vgl. *Diona* = *Venus*], Modus und Form‹.[255]

Die beiden letztgenannten Kategorien dürften durch *procax*, *iocis* und *modos*[!] *leviore plectro* ebenfalls hinreichend charakterisiert sein, und zwar als zielend etwa auf eine kallimacheisch-neoterische Dichtungsform. Durch diese werden in dem Einleitungsgedicht zum zweiten Buch der horazischen *carmina* programmatisch die Oden von »ernsteren« Formen wie Tragödie und Geschichtsschreibung abgegrenzt.

In dieser Abgrenzung eröffnet sich Horaz mit dem *Dionaeum antrum* einen (architextuell zu nennenden) Raum, den er dezidiert vom politischen Tagesgeschehen bzw. von der historiographischen Behandlung desselben fernhalten möchte und somit zu einer notwendigen Bedingung seiner Poesie *leviore plectro* erklärt. Die Ferne[256] zwischen diesen sozialen bzw. dichterischen Räumen impliziert freilich nicht, dass sich der eine nicht *auch* mit dem anderen beschäftigen kann – dies bezeugt ja gerade die Ode 2, 1 als Ganzes selbst. Nein, vielmehr erscheint als *specificum* dieser[257] Odendichtung die Tatsache, dass Horaz beide Bereiche zwar explizit beschreibt und anerkennt, aber *selbst* eine für sein Schaffen konstitutive (räumliche!) Distanz postuliert. Hier findet ein »traditionelles« *recusatio*-Motiv zusammen mit expliziter Reflexion auf Dichtung und ihre Bestimmungen, die als architextuell bezeichnet werden können und sich als Bestandteile einer Topologie inszeniert finden.

Horazens *carmen* 2, 1 ist sehr geeignet, um nunmehr das Spezifische von vergilischer Bukolik, wie E. A. Schmidt es herausgearbeitet hat, und der

---

254 Vgl. die *spelunca* bei Properz 3, 3, 27 (*cf.* Nisbet / Hubbard *ad loc.*): S. o., S. 224-227.

255 Genette, *Architext*, S. 101.

256 Die Ent*fernung* kann wie in der architextuellen Bewegung der *Dirae* (hinaus aus der vergilischen Bukolik) wiederum durch eben eine *Bewegung* überbrückt werden, was die Verbformen *relictis* (v. 37) und *quaere* (v. 40) nahe legen. In ähnlichem Zusammenhang verweisen Nisbet / Hubbard, S. 30 auf »Stat. *silv*. 4.7.1. ff. ›I am leaving the wide open spaces (read *spatiata*) of the *Thebaid* for the more limited manœuvres of the Sapphic stanza‹.«

257 Hier wird sicherlich eine Grenze zwischen den ersten drei und dem vierten Odenbuch zu ziehen sein.

Dirae in das Portrait von (hier nur exemplarisch zu leistenden) dichterischen Reaktionen auf die Unruhen des 1. Jahrhunderts v.Chr. einzufügen und die Ergebnisse dieser Arbeit auch in dieser Hinsicht fruchtbar zu machen. Horaz ruft seine Muse von den Modi und Themen einer Dichtung von *belli causae*, *vitia* und *arma* zurück und in das *Dionaeum antrum* hinein, damit sie nicht Dinge immer wieder berührt (*retractes*, v. 38[258]), die ihrer *procacitas* unangemessen sind. Dieser Impuls kommt in Vergils Proöm zu seiner sechsten Ekloge von »außen«, wenn Apoll ihn am Ohr zupft und ihm ein Besingen von *reges* und *proelia* verwehrt (vgl. *ecl.* 6, 3). Doch während Horaz seine *recusatio* zu Beginn seines zweiten Odenbuches punktuell präsentiert, ist die Frage der Gattungswahl eines der Elemente eines Diskurses bzw. Dialoges,[259] der die gesamten *Bucolica* durchzieht, ja sie sogar konstituiert:

Die Dichtungsreflexion der Eklogen hat in ecl. VI Bukolik in der Weise zum Gegenstand, dass die Abwehr des Epos, wie der kallimacheische Aitien-Prolog sie darbietet, konstitutives Element dieser Reflexion wurde. Diese Vergewisserung des eigenen Dichtens im Umschreiben einer Welt der Dichtung diesseits des heroischen Epos ließ sich bequem und mit dem Schein der Notwendigkeit um die Schmeichelei eines hohen Freundes ergänzen.[260]

Was also unterscheidet die (vergilische) Bukolik *einschließlich* der *Dirae* von (nicht nur) allen soeben betrachteten Beispielen römischer Literatur des 1. Jahrhunderts v.Chr.? – Es ist dies neben den in Kapitel 2.2 betrachteten Charakteristika zuallererst die Tatsache, dass in den Eklogen wie in den *Dirae* die Reflexion auf den Akt und den Inhalt des eigenen Singens, auf die »Komplexe, Strukturen, Beziehungen, Kraftfelder, Möglichkeiten, die den Dichter als solchen betreffen«,[261] immer[262] der eigentliche Gegenstand ist. Dies gilt nicht nur für (Hirten-) Sängerwettstreite oder für genuin poetologische Partien wie das Proöm der sechsten Ekloge oder die Kosmologie der poetischen Welt im dritten Teil dieses Gedichtes, sondern auch für einzeln stehende Ekloge wie die vierte, die nach dem poetologischen Vorspiel (vv. 1-3) eben von den Möglichkeiten des *Dichters*[263] spricht:

---

258 Zur Emphase des von *retractare* evozierten Bildes vgl. Nisbet / Hubbard, S. 30: »The verb [*sc.* ›retractare‹] is used of a man who keeps on fingering a wound; […] (for the scars of civil war cf. [Hor. *carm.*] 1.35.33 ›eheu cicatricum‹)«.

259 Man denke etwa an die Auseinandersetzung mit der elegischen Gattung in der zehnten Ekloge.

260 Schmidt, *Reflexion*, S. 106.

261 Schmidt, *Reflexion*, S. 115.

262 Vgl. Schmidt, *Reflexion*, S. 111: »Es ist ein überprüfbares Faktum, dass sie antike Bukolik die einzige literarische Gattung ist, die durchgehend von Dichtern handelt«.

263 Vgl. Coleman *ad ecl.* 4, 58/59: »If Orpheus and Linus bring intimations or poetry outside the pastoral, Arcadian Pan takes us back again. The fulfilment of the New Age will inspire Vergil

> non me carminibus vincat nec Thracius Orpheus
> nec Linus, huic mater quamvis atque huic pater adsit,
> Orphei Calliopea, Lino formonsus Apollo.
> Pan etiam, Arcadia mecum si iudice certet,
> Pan etiam Arcadia dicat se iudice victum.
>
> (*ecl.* 4, 55-59)

Mit seinen Eklogen eröffnet also Vergil nicht einen dichterischen Raum, den er (wie etwa Horaz) *neben* denjenigen der politisch-sozialen Wirklichkeit stellte, sondern er bewegt sich mit diesen Gedichten in der eigenen Welt derjenigen Dichtung, deren *raison d'être* die Reflexion einerseits auf die »Grundbedingungen«[264] und Modi ihr eigenes Entstehens, andererseits auf ihre eigene ästhetisch-ästhetisierende Macht und Fähigkeiten – auch in Abgrenzung von anderen Gattungen[265] – ist. Die poetische *Darstellung* des ersteren führt narratologisch auf die *mise en abyme* (man denke etwa an das Extra- und Intradiegese verbindende[266] *fiscellam texere, ecl.* 10, 71), die der letzteren führt auf die *Metalepse*.[267] Und auch wenn sich die vorliegende Arbeit primär mit der Struktur der *Dirae* und der Beziehung dieses Gedichtes zu Vergils Eklogen beschäftigt hat, so ergibt sich nach den oben[268] betrachteten Beispielen nunmehr dennoch die zentrale These: *Die narrativen Phänomene »Metalepse« und »mise en abyme« stellen konstitutive Elemente der vergilischen Bukolik (einschließlich der »Dirae«) dar.*

Die von Lukrez und Horaz (auch) geschilderte soziale Realität kommt in den *Bucolica* nur noch als ein Substrat von Namen und als transformierende Projektion der politischen Wirklichkeit *in* die bukolische Welt *hinein*: Die Eklogen eins und neun handeln *nicht* von den Landkonfiskationen und ihren *politischen* Ursachen und Wirkungen, sondern ausschließlich von

---

to transcend his present achievements in poetry, just as the expectation of it has inspired him to go beyond the *humiles myricae* of conventional pastoral.«

264 Vgl. Schmidt, *Reflexion*, S. 116.

265 Diese anderen Gattung können also »vorkommen« und die Bukolik zu einer Art »Meta-Dichtung« geraten, vgl. das Schmidt-Zitat oben auf S. 267 sowie Schmidt, *Reflexion*, S. 118: »Die vergilische Bukolik ist poetische Poetik von Poesie.«

266 Meyer-Minnemann / Schlickers, S. 13/14 unterscheiden zwischen »mise en abyme de l'énonciation« und »mise en abyme de la poétique narrative«: Während erstere den Akt der *énonciation* im Erzählten (punktuell) abbildet (was in Vergils *texere* freilich geschieht), so geht es bei letzterer »ums Ganze«, d.h. um die Poetologie des gesamten Textes: »Ce qui distingue une mise en abyme de la poétique d'une mise en abyme de l'énociation, c'est l'extension de la réflexion. Dans la mise en abyme de l'énociation, l'extension est ponctuelle, elle se réduit au passage cité, tandis que dans la mise en abyme de la poétique, l'effet concerne le texte entier.« (ebd.) – Letzteres gilt ohne Zweifel für die soeben zitierte Passage aus der 10. Ekloge.

267 Zu beidem vgl. oben besonders die Kapitel 2.2.4.1, 2.2.4.4 und 3.3.4.

268 Vgl. z.B. besonders oben S. 118-121 (zu den zwei Metalepsenarten), S. 106-109 (zu *ecl.* 5) oder S. 109/109 (zu *ecl.* 10).

ihren Auswirkungen auf die bukolische Welt der *singenden* Hirten, d.h. der Dichtung: Über der ersten Ekloge prangt das *carmina nulla canam* ihres 77. Verses, über der neunten die allzu[269] vage Hoffnung ihrer Schlussverse: *desine plura, puer, et, quod nunc instat, agamus. / carmina tum melius, cum venerit ipse, canemus.*

An diesem Punkt nun setzen die *Dirae* der *Appendix Vergiliana* ein und bringen jenen poetisch-poetologischen Prozess, der soeben an Lukrez, Horaz und Vergil aufgewiesen wurde, zu einem (nicht notwendig teleologisch zu denkenden) Abschluss. Hier ist die Inszenierung des Verstummens (*ecl.* 1, 77) oder des Ausbleibens (*ecl.* 9) des bukolischen Dichters als Fortgang des Hirtensängers (vgl. *Dirae* 86/87) in die pluralisch-unbestimmten Wälder konsequent weitergedacht. Die Kulisse der Eklogen wird in den *Dirae* beibehalten, die historische Wirklichkeit ist ebenfalls zwar noch vorhanden, aber nur noch als vages Substrat erkennbar: Signifikanten wie *Lycurgus*, *Battarus* und *Lydia* zielen bei oberflächlicher Lektüre (fast) ins Leere, und auch die politische Situation verschwimmt selbst im Vergleich mit den *Bucolica* so sehr, dass Indizien auf konkrete Daten völlig fehlen – die textkritische Unsicherheit in Bezug auf das *praetorum, pratorum* bzw. *raptorum* im Vers 82 der *Dirae* legt hierfür ein beredtes Zeugnis ab.

Durch seinen Rückgriff auf Theokrit, der ihm gleichsam das Material (die ὕλη) liefert, und die implizite und explizite Reflexion auf Dichtung und Dichtertum hatte Vergil mit seinem eigenen poetologischen Bezirk auch einen Raum geschaffen, der eine neue literarische Gattung konstituierte: die vergilische Bukolik, wobei gerade die Existenz der *Dirae* dazu berechtigt, tatsächlich von Vergils Bukolik als einer eigenen »Gattung« zu sprechen. Im Laufe dieser Arbeit (vg. bes. Kapitel 2.2.4) wurden als augenfälligste *narrative* Grundelemente und Grunderscheinungen der Bukolik mit ihrer besonderen poetologischen Rückbezüglichkeit die Phänomene von Metalepse und *mise en abyme* herausgearbeitet bzw. benannt, nachdem sie Schmidt, *Reflexion* bereits implizit beschrieben hatte.

Die *Dirae* stellen sich durch vielfältige Signale in die Tradition dieser »neuen« Gattung.[270] Am prominentesten ist hier freilich die Reflexion des Sprechers / Sängers (Battarus?) über die Geschichte (vgl. v. 26), die Bedingungen und die Kraft des eigenen Gesanges. Letztere führte zur Sprechakttheorie (Kapitel 2.2.4.2), die den Horizont für das Fluchen als *prädiktiver* Erzählung öffnete.

Das Neue an den *Dirae* ist nun bei alledem nicht, dass sie die Verunmöglichung des bukolischen Singens durch äußere Umstände (Landkonfiskatio-

---

269 Vgl. hierzu Rupprecht, K.: *Warten auf Menalcas* – Der Weg des Vergessens in Vergils neunter Ekloge, in: *A&A* 50 (2004), S. 36-61.
270 Vgl. oben bes. Kapitel 2.1.3 sowie 2.2.1 bis 2.2.3, ferner 2.2.5.

nen), d.h. ein Verstummen, Vergessen und Vergessenwerden des Sängers auf die Bühne der Dichtung brächten. Dies tut, wie beschrieben, bereits Vergil in seiner 1. und 9. Ekloge und deutet hierbei scheinbar bereits selbst einen Weg aus »seiner« Bukolik an – jedoch eben nur *scheinbar*, denn Reflexion auch über die Möglichkeiten der Vernichtung von Dichten/Singen ist wiederum »poetische Reflexion«, also vergilische Bukolik: »Die vergilische Bukolik ist poetische Poetik von Poesie.«, wie Schmidt, *Reflexion*, S. 118 es bündig formuliert, bevor er – hier sehr relevant – Beyers zitiert: »We know that Vergil is writing primarily about poets and poetry, not about farms«[271], und »we seem to learn from E. 1 not primarily that Vergil lost and regained a farm but that poetry cannot be written under threats in disturbed times.«[272] Eine solche poetische bzw. poetologische[273] Reaktion eines Dichters / Sängers auf einen bedrohlichen Angriff stellen auch die *Dirae* dar. Dieses Gedicht übersteigert jedoch das von Vergil inszenierte Enden-Können insofern, als es mit dem zukünftigen Exil[274] des sich in »intensiven«[275] Flucheruptionen ergehenden Sängers zwar dasjenige des Meliboeus der ersten Ekloge[276] weiter schreibt, jedoch nicht dieselbe Tonart – diejenige der Resignation – anstimmt.

Neu ist vielmehr: Die *Dirae* bedienen sich einer Sprache, die auf einer ersten Ebene zwar durchaus die natürliche Ausstattung einer Landschaft und einer »farm« mit ihren *agri* bezeichnet; jedoch bezeichnen diese Signifikanten – das war eine der Kernthesen der vorliegenden Arbeit[277] – auf einer zweiten Ebene auch das eigene literarische Genre: die vergilische Bukolik. Gegen diese wenden sich die *Dirae* von einem Punkt *innerhalb* dieser Gattung und richten die in diesem Gedicht evozierte (erzeugte?) Destruktionsenergie auf dieses Objekt. Dass die *Dirae* innerhalb der Bukolik stehen, zeigen die transtextuellen Signale, die mit Gérard Genette schließlich als *hypertextuell*[278] bezeichnet werden konnten und bereits in Kapitel 2.1.1 an Nemesian exemplifiziert wurden.

Hierüber hinaus konnte auch bei Vergil ein *fiscellam texere* oder die Kosmologie der poetischen Welt (*ecl.* 6) die Bukolik als Gattung mit ihrer »Bestimmung durch Thema, Modus, Form«[279] bezeichnen – eine Sprache,

---

271 Beyers, S. 43.
272 Beyers, S. 41.
273 Diese beiden Termini fallen ja in der vergilischen Bukolik virtuell zusammen.
274 Vgl. *Dirae* 86-96.
275 Vgl. oben Kapitel 3.3.1.
276 *ecl.* 1, 64-78. – Dass diese Passage mit *Dirae* 86-96 zusammen gelesen werden mus, gewährleistet das Signal einer deutlich erkennbaren Hypertextualität, welche insbesondere die Verse *ecl.* 1, 70-72 und *Dirae* 82-85 verbindet.
277 Vgl. bes. oben Kapitel 3.2.
278 Vgl. Kapitel 2.1 – die »poetische Heimat der *Dirae*« – mit dem Abschnitt 3.1.4.
279 Genette, *Architext*, S. 101.

die auf den Genetteschen *Architext* abzielt und in den *Dirae* durch topologische[280] Signifikanten gesprochen wird. In den *rura, agelli* und der anthropomorph (*Lydia*) gedachten *silva* soll durch die *Dirae* auch die vergilische Bukolik und die Gedichte, die ihren *Bezirk* abstecken, untergehen: *qua nostri fines olim, cinis omnia fiat!* (*Dirae* 46)

Dieses direkte Bezeichnen und kompromissloses Zerstören der früheren (und gegenwärtigen) Bukolik als *illokutionärer Sprechakt* geht über Vergil hinaus und vermag *nostri fines* dieser Gattung von innen heraus sogar so zu erweitern, dass selbst der jambische Gestus (σχῆμα) dieses so genannten »Fluchgedichtes« innerhalb der Bukolik stehen kann. Dass der Akt des »erzählenden« Fluchens hierbei die Realität der narrativ-prädiktisch antizipierten Fluchzustände gewährleistet, konnte als die zentrale Metalepse der *Dirae* angesehen werden.[281] Das zweite narratologisch besprochene Phänomen, die *mise en abyme*, verband die *Dirae* erneut mit dem konstitutiven bukolischen Modus: der poetischen Reflexion. Wenn z.B. *Dirae* 76-80 die dampfenden Regengüsse aus der Höhe auf die Felder hinabstürzen und hier nur Verwüstung zurücklassen, so wird hier der verfluchende Sprechakt des *Dirae*-Ganzen in einer *mise en abyme* (*verticale de l'énonciation*, nach Meyer-Minnemann / Schlickers, S. 12) abgebildet.[282] In diesem Modus sprechen die *Dirae* sogar darüber, was sie in »diesem« Moment als Text mit der vergilischen Bukolik (den *campi / agri*) als architextuellem Ort anrichten, sie kommentieren sich also selbst, d.h. bilden in dieser Hinsicht einen Metatext ihrer selbst.[283] Es ist dies, was Stephen Hinds als *reflexive annotation* bezeichnet hat[284] und dessen Relevanz er für die Beziehung von Vergil zu seinem großen Vorgänger, Ennius, hervorgehoben hat. Ein wichtiger Passus aus Hinds' Schlussbetrachtung der vergilischen *Itur in antiquam silvam*-Episode (*Aeneis* 6, 179-182), in welchem sogar die Idee des architextuellen Ortes (als *lucus*) noch einmal aufleuchtet, sei hier zitiert, um die Parallele zu der *disruption* der vergilischen Bukolik durch die *Dirae* zu illustrieren:

More than a century after the composition of the *Aeneid* Quintilian was to write (*Inst.* 10.1.88) *Ennium sicut sacros vetustate lucos adoremus* […]; and the sacrosanctity of archaic poetry was a familiar idea in Virgil's own time (cf. Horace, *Epist.* 2.1.54). In such a context, the idea of ›violation‹ may have its metapoetic dimension, too.

---

280 Vgl. oben Kapitel 3.2 (»Der Ort«).
281 Vgl. oben Kapitel 2.2.4.4.
282 Nach Meyer-Minnemann / Schlickers, S. 12 könnte sogar das immer-wieder-Wiederholen (*rursus et hoc iterum repetamus, Battare, carmen, Dirae* 14) der Flüche als *mise en abyme horizontale de l'énociation* betrachtet werden.
283 Vgl. oben die Kapitel 3.2.4 und 3.3.2 zur »Reflexiven Metatextualität«.
284 Siehe oben bes. S.59; 60; 164 und 256.

Qualms about Aeneas' disruption of his *antiqua silva* can induce qualms about Virgil's disruption of *his* – and *vice versa*.[285]

Obwohl – nein: *Indem* also sowohl Vergil als auch der Verfasser / die Verfasserin der *Dirae* mit ihrem jeweiligen literarischen Vorgänger(n[286]) kämpfen, schreiben sie »deren« Gattungen weiter. Dieses Zerstören eines großen literarischen Vorgängers begegnete bereits zu Beginn dieser Arbeit (Anm. 6) mit dem Russischen Formalismus: »Jede literarische Nachfolge ist doch primär ein Kampf, die Zerstörung eines alten Ganzen und der neue Aufbau aus alten Elementen.« (Jurij Tynjanov bei Striedter (1994) 303, vgl. LXVI[287]) – Vermag dieses Prinzip auch nur an dasjenige schlichte von *imitatio* und *aemulatio* zu erinnern, so ist es doch in den *Dirae* in ganz besonders augenfälliger und – in Hinblick auf die Metapher »Kampf« – konkretgreifbarer Weise am Werk.

Richtet man sein Augenmerk hingegen eher auf die *Kontinuitäten* innerhalb jener »Zerstörung eines alten Ganzen und [dem] neue[n] Aufbau aus alten Elementen«, zeichnet also die (vielleicht erst im Nachhinein teleologisch wirkenden) Linien durch, so gelangt man eher zu Konzepten wie Hinds' impliziten Korrekturen der Literaturgeschichte, wie sie oben (vgl. S. 254) etwa in Andromaches masturbierenden Sklaven oder der bukolischen Binse (*ecl.* 1, 48 bzw. *Dirae* 73) betrachtet wurden. Dieses »Umbiegen« der literarischen Tradition (verkörpert von *dem* großen Vorbild, hier: Vergil) kann hier, als Ausblick formuliert, sogar den Horizont öffnen für eine andere umfassendere *Theory of Poetry*: Sieht man Vergils Anknüpfen an die hellenistische Bukolik und das Anknüpfen der *Dirae* an die vergilischen Eklogen mit ihrer jeweils spezifischen Umgestaltung des Übernommenen als eine Art Ausweichbewegung, die dem übermächtigen Einfluss des literarischen Vorgängers zu entkommen sucht und sogar die Aussagen des Hypotextes *a posteriori* in die eigene eingeschlagene Richtung uminterpretiert, so kann dieses Vorgehen: dieses *misreading*[288] als das Wirken der von Harold Bloom beschriebenen *Anxiety of Influence* betrachtet werden.

Wenn die *Dirae* etwa den *à-part*-Fluch *quod nec bene vertat* aus *ecl.* 9, 6 makrologisch in ein ganzes (bukolisches!) Fluchgedicht verwandeln, so

---

285 Hinds, S. 14.
286 In Vergils Fall neben Ennius freilich auch mindestens noch Homer, Hesiod, Theokrit.
287 Vgl. auch Viktor Šklovskij bei Striedter, S. 51: »Nicht nur die Parodie, sondern überhaupt jedes Kunstwerk wird geschaffen als Parallele und Gegensatz zu einem vorhandenen Muster. *Eine neue Form entsteht nicht, um einen neuen Inhalt auszudrücken, sondern um eine alte Form abzulösen, die ihren Charakter als künstlerische Form bereits verloren hat.*«
288 »Poetic Influence – when it involves two strong, authentic poets, – always proceeds by a misreading of the prior poet, an act of creative correction that is actually and necessarily a misinterpretation. The history of fruitful poetic influence [...] is a history of anxiety and self-saving caricature, of distortion, of perverse, willful revisionism without which modern poetry as such could not exist.« (Bloom, S. 30)

übernehmen sie etwas, das bei Vergil zwar schon angelegt war, in dessen Richtung sich jener jedoch nicht weiter »vorgewagt« hatte. Diese Art des Umbiegens nennt Bloom *clinamen*:

Clinamen, which is poetic misreading or misprision proper; I take the word from Lucretius, where it means a ›swerve‹ of the atoms so as to make change possible in the universe. A poet swerves away from his precursor, by so reading his precursor's poem as to execute a *clinamen* in relation to it. This appears as a corrective movement in his own poem, which implies that the precursor['s] poem went accurately up to a certain point, but then should have swerved, precisely in the direction that the new poem moves.[289]

Diese Praxis des *clinamen*, die dem Uminterpretieren des literarischen Vorgängers, wie es Hinds analysiert hat, entspricht, gilt für einzelne Elemente, welche die *Dirae* »ihrem« Vergil entnehmen: Aus *einem* Fluch werden Fluchstrophen, aus noch zu vernachlässigender Binse wird das Kennzeichen des Fluchzustandes, aus dem niedergeschlagenen Enteigneten der ersten Ekloge wird der gellende Aufschrei der Empörung in den *Dirae*, aus einem der konstitutiven narrativen Merkmale der Eklogen, der Metalepse, wird als Sprechakt die *raison d'être* des gesamten Fluchgedichtes mitsamt seiner prädiktiven Erzählung im Indikativ,[290] aus den Schwänen als den Trägern von Sangesqualitäten (*ecl.* 9, 29; 36) werden die musischen Verkünder des schnell nahenden Untergangs (*Dirae* 1).

Betrachtet man schließlich die *Dirae* als Gesamttext, so ist dieses Gedicht auf der architextuellen Landkarte der Gattungen zwar eindeutig dem bukolischen Ort zuzurechnen (dies war die erste Kernthese dieser Arbeit), dennoch wird etwas den *Dirae* wirklich Vergleichbares im Corpus der *Bucolica* vergeblich gesucht werden. In nachträglich-teleologischer Sichtweise haben die *Dirae* also dem Puzzle der Möglichkeiten bukolischen Dichtens ein »fehlendes« Teil (ein »Fluchgedicht«) hinzugefügt und es somit »komplettiert«. Dies ist es, was Bloom *tessera* tauft:

Tessera, which is completion and antithesis; I take the word not from mosaic-making, where it is still used, but from the ancient mystery cults, where it meant a token of recognition, the fragment say of a small pot which with the other fragments would reconstitute the vessel. A poet antithetically ›completes‹ his precursor, by so reading the parent-poem as to retain its terms but to mean them in another sense, as though the precursor had failed to go far enough.[291]

Nach Bloom kann man also so formulieren, dass die *Dirae* zwei Formen einer *tessera* bietet: Einerseits »komplettieren« sie ihre eigene Gattung, indem sie deren Terrain um die Möglichkeit eines bukolischen Fluchge-

---

289 Bloom, S. 14.
290 Vgl. oben Kapitel 2.2.4.4.
291 Bloom, S. 14.

dichtes bereichern. Auf der anderen Seite steht die Reaktion des Dichters auf Bedrohungen des Dichtens im Vordergrund: Kann man in der obigen Betrachtung von Lukrez, Horaz und Vergil einen sukzessiven Rückzug der römischen Literatur des ersten Jahrhunderts vor Christus in immer autonomere Räume des Dichtens erkennen,[292] bis schließlich Vergils Bukolik sich sogar durch dichterische Reflexion auf Dichtung konstituiert, so findet diese Bewegung in den *Dirae* dadurch einen besonderen Kulminationspunkt (die zweite *tessera*), dass sie sich in den *rura*, den *agri* und der *silva* explizit[293] gegen die eigene Gattung wenden und diese intentional destruieren. Dass dies jedoch *innerhalb* der Grenzen der Bukolik geschieht, lässt diese Destruktion zudem als Dekonstruktion erscheinen, die den Abgrund, über den diese Dichtung gespannt ist, sichtbar werden lässt. Ein Kennzeichen für diese beiden Seiten wurde oben mit der Terminologie Paul de Mans beschrieben.

Es ist hierbei von geringer Bedeutung, dass dieser extreme Weg der *Dirae* von anderer nachvergilischer Bukolik nicht beschritten wurde und deshalb *a posteriori* als »Sackgasse der Literaturgeschichte« erscheint. Gerade vor dem Hintergrund, dass etwa neronische oder christliche Bukolik ganz andere Ausweichbewegungen (*clinamina*) vor dem übermächtigen Schatten Vergils ausführen, wirkt das Skandalon der *Dirae* auch als einzelner Punkt in der Entwicklung der Bukolik noch beachtlicher. Die Struktur und die Mechanismen dieses Skandals, der für die Zeit seiner Entstehung wohl eher den Modus der *Mehrfach*lektüre nahe legt, aufzuweisen, war das Hauptansinnen der vorliegenden Arbeit.

Vielleicht war es einem anderen bukolischen Gedicht auch gar nicht *möglich*, die vergilische Bukolik nach den Flüchen über diese hinaus in derselben Richtung weiter zu schreiben, denn von der intradiegetischen Warte der *Dirae* aus ist das architextuelle Weiterschreiben der eigenen Gattung im Sinne der Eklogen Vergils tatsächlich völlig verunmöglicht: Der bukolische Sänger *hat* sich von seinem Landgut (*mea rura*, v. 86) und von *Lydia*,[294] seiner *silva*, dem *einen* »besten aller Wälder« (*optima silvarum*, v. 27), der in den *Dirae* die vergilische Bukolik denotiert, verabschiedet[295] – und zwar endgültig: Ein *allerletztes*[296] Mal will er sein früheres Gebiet betrachten (v. 86), bevor er in das unbestimmte Gebiet der plurali-

---

292 Ein Rückzug der auch (und besonders) bei Catull und den augusteischen Elegikern beobachtbar ist.
293 Die Rückbezüglichkeit auf die eigene Gattung unterscheidet die *Dirae* von einer bloßen Inversion, wie Cairns, S. sie definiert hat.
294 Vgl. oben Kapitel 2.2.4.3.
295 »Strophen« C.2-4, vgl. oben Abschnitt 1.2.3.
296 *hinc ego de tumulo mea rura <u>novissima</u> visam* (v. 86), vgl. v. 92: *mollia <u>non iterum</u> carpetis pabula nota.*

schen *silvae* ziehen wird (v. 87). Diesem allerletzten Mal antithetisch gegenübergestellt ist das einzige, was dem Sprecher *für immer*[297] bleiben soll: Die Liebe und die Erinnerung. Wie fragil zumindest letztere ist, zeigt jedoch bereits ein Blick auf Vergils neunte Ekloge.[298]

So gerät also – wenn auch noch auf bukolischem Gebiet – der endgültige[299] Abschied des *colonus*: *dulcia rura, valete!* (v. 89) zu einem Abschied von der »süßen«[300] vergilischen Bukolik selbst. Diesem *intra*diegetischen Abschied von der Bukolik entspricht der oben[301] bereits zum Vergleich mit den *Dirae* herangezogene *meta*diegetische Abschied von den bukolischen Gesängen[302] im Lied des Damon der achten Ekloge: Auch für diesen liebeskranken Sprecher ist wie für die *Dirae* (*en prima novissima!*) die Umkehrung aller natürlichen Ordnung möglich. So sollten jetzt z.B. sogar Wölfe vor Schafen fliehen[303] und die Käuzchen mit dem Gesang der Schwäne wetteifern.[304] Verwünschend nimmt auch er mit seinem Todeswunsch[305] von den Wäldern als *der* Kulisse bukolischen Singens Abschied, auch sein letzter Blick wird von einer erhöhten (Berg-[306])Warte[307] aus geworfen werden, auch er wird seiner Geliebten seine Abschiedsworte[308] als letztes Geschenk darbieten:

> omnia (vel medium!) fiat mare! – vivite, silvae!
> praeceps aerii specula de montis in undas
> deferar. extremum hoc munus morientis habeto:
> »desine Maenalios, iam desine, tibia, versus!«

---

297 semper *amabo* (v. 102), semper *meminisse licebit* (v. 103).
298 Vgl. oben Anm. 227.
299 Die zyklische Struktur der *Dirae* mit ihrer Ringkomposition (Adynatagruppen!) sowie die Tatsache, dass dieses Gedicht seine eigene Narration als immer wieder wiederholte (*sic!*) inszeniert (Vgl. oben S. 250), könnten ein unendliches Perpetuieren der eigenen Performanz andeuten: Durch das *en prima novissima nobis* des Verses 93 würde dann selbstreferentiell dargestellt, dass sich an den abschließend-endgültigen (vgl. *novissima*) Abschied, der das Ende des Gedichtes *Dirae* ist, in einer weiteren Performanz desselben wieder der Anfang (vgl. *prima*) des *Battare, cycneas repetamus carmina voces* etc. anschlösse und so weiter und so weiter. – Doch auch eine solche (postmoderne?) Endlosschleife verstellte mit ihrer paradoxen Logik einem Weiterschreiben der vergilischen Bukolik in Richtung der *Dirae* und über diese hinaus den Weg.
300 Vgl. oben Kapitel 2.2.5.
301 S. 75-77.
302 *Maenalii versus*, vgl. Coleman *ad ecl.* 8, 21.
303 *ecl.* 8, 52, vgl. *Dirae* 4-7.
304 *ecl.* 8, 55.
305 Dieser als *mise en abyme* in den *cycni* des Verses *ecl.* 8, 55.
306 Vgl. *Dirae* 88: *obstabunt montes*.
307 Vgl. *Dirae* 86: *hinc ego de tumulo mea rura novissima visam*.
308 Die Deixis des *hoc* in *ecl.* 8, 60 (vgl. Coleman *ad loc.*) geht auf den in Anführungszeichen zu schreibenden Folgevers *desine Maenalios, iam desine, tibia, versus*, der (1.) seinerseits selbstreferentiell auf das gesamte Abschiedslied an *Lucifer*, nämlich »*ecl.* 8, 17-61, verweist und (2.) deutlich für Kenneys Interpunktion der Verse *Dirae* 88-90 (Doppelpunkt nach v. 88, vv. 89/90 in Anführungszeichen als selbstreferentielles Zitat) spricht.

(ecl. 8, 58-61)

Dass hier neben den analogen Abschiedssituationen tatsächlich eine hypertextuelle Verbindung zwischen den späteren *Dirae* und dieser Eklogenpassage vorliegt, verbürgt das an das *omnia ... fiat mare* (*ecl.* 8, 58), wo das *fiat* mit dem singularischen Prädikatsnomen in Kongruenz steht, anklingende *cinis omnia fiat* des Verses *Dirae* 46.[309] Das Spezifische des bukolischen Fluchgedichtes, das hier Wasser mit Asche überschreibt, lässt sich im Vergleich mit diesem Hypotext noch einmal deutlich herausstellen: Anders als der Sprecher des Damonliedes wendet sich der Sprecher der *Dirae* direkt gegen seine *silva*, seine Geliebte *Lydia* und in ihr gegen die vergilische Bukolik selbst.

Für Damons liebeskranken Sänger war unter anderem Ausdruck seiner verkehrten Welt die Tatsache, dass nun sogar Käuzchen (*ululae*) mit Schwänen (*cycni*) im Gesang zu konkurrieren suchten.[310] Auch dieser Wechsel hat schließlich in den *Dirae* sein Pendant: Der τέττιξ, die Zikade, die einst das kallimacheische Stilideal des λεπταλέον bezeichnete,[311] verweist in den Eklogen gerade auf *Un*sterblichkeit[312] und mit diesem »tierischen« Publikum[313] auf eine typisch bukolische[314] Kulisse. Dieses Tier kann nun in dem *gryllus*[315] des *Dirae*-Verses 74 gesehen werden, besonders da es hier das auf den Bereich der bukolischen Ästhetik zielende Epitheton *argutus* trägt.[316] Und was wird geschehen, wenn der Sprecher der *Dirae*

---

309 Vgl. Coleman *ad loc.* und Van der Graaf *ad loc.*
310 *ecl.* 8, 55.
311 Vgl. Kallimachos, *fr.* 1, 29-36 Pfeiffer; vgl. hierzu bereits oben S. 188f.
312 Vgl. Schmidt, *Reflexion*, S. 219 *ad ecl.* 5, 77. Die »Priamel« in *ecl.* 6, 76-78 mit ihrer dem Adynaton verwandten Struktur verweist nicht nur auf die Dankbarkeit des Tityrus in *ecl.* 1, 59-63, sondern auch auf die Adynaton-Gruppen der *Dirae*.
313 Vgl. *ecl.* 2, 13 sowie Coleman *ad ecl.* 2, 12 (*raucis*).
314 Der τέττιξ bezeichnet bei Theokrit sogar als Ausgangspunkt eines Vergleiches die Qualität des »süßen« bukolischen Gesanges selbst: πλήρές τοι μέλιτος τὸ καλὸν στόμα, Θύρσι, γένοιτο, / πλῆρες δὲ σχαδόνων, καὶ ἀπ' Αἰγίλῳ ἰσχάδα τρώγοις / ἁδεῖαν, τέττιγος ἐπεὶ τύγα φέρτερον ᾄδεις. (*id.* 1, 146-148)
315 »a cricket or grasshopper« (*OLD s.v. gryllus* bzw. *grillus*). Das Adjektiv *argutus* legt die erste Bedeutung nahe; vgl. auch Saalfeld, G. A.: Thesaurus Italograecus, Wien 1884, Sp. 513 *s.v. gryllus*.
316 *ecl.* 7, 24 könnte Corydon seinen Gesang als *arguta fistula* »an den Nagel hängen«, *ecl.* 8, 22/23 figuriert der arkadische Berg Maenalus mit seinen festen Bestandteilen (vgl. *semper ... semper*) *argutum nemus, pastorum amores* und dem Gott Pan, *ecl.* 7, 1 sitzt Daphnis unter einer *arguta ilex, ecl.* 9, 36 schließlich reicht der (bukolische!) Gesang wie derjenige eines *anser* noch nicht an die vollkommeneren *arguti olores* (vgl. *ecl.* 8, 55 sowie Theokrit *id.* 7, 37-41) heran. – Zwar verweisen die Namen »Varius« und »Cinna« in *ecl.* 9, 35 auf *nicht*bukolische Dichtung, die auch sonst *über* den *humiles myricae* und den *silvae* (*ecl.* 4, 2/3) stehen könnte, jedoch geht es auch hier zweifelsohne um Fragen eines poetischen *Stils*.

seinen Unheil bringenden Abschied von der »süßen« Dichtung Vergils, des *senex noster*,[317] vollendet haben wird? –

> emanent subito sicca tellure paludes,
> et metat hic iuncos, spicas ubi legimus olim,
> cum colet arguti grylli cava garrula rana.

(Dirae 72-74)

Wenn im Fluchzustand des ehemaligen Landgutes die trockene Erde von Sümpfen und die Ähren[318] von Binsen abgelöst worden sind, wird auch die »hell klingende Grille« der einstigen Dichtung[319] von ihren charakteristischen Aufenthaltsorten durch ein Tier vertrieben worden sein, das in einer unbestimmt gelassenen Zukunft einen völlig anderen Stil als das bukolische *argutum* zu hören geben wird – nämlich die bloße Plapperei des quakenden Frosches.

---

317 Vgl. oben S. 268.
318 Hinter der Zeitangabe *olim* ist somit auch eine *reflexive annotation* nach Stephen Hinds zu sehen, die auf die »frühere« Zeit des Hypotextes, der vergilischen Bukolik verweist.
319 Prägnant bezeichnet in Vers 26 der *Dirae*.

Literatur

Ausgaben und Kommentare

Arnaldi, F.: Valeri Catonis Lydia, Napoli 1939.
Arnold, Christoph: Valerii Catonis Grammatici Dirae, Leiden 1652.
Brandt, Reinhard: Vom Erhabenen, griechisch und deutsch, Darmstadt 1966.
Brummer, Jakob: Vitae Vergilianae, Stuttgart 1933 (Nachdruck ebd. 1969).
Clausen, W. V.: A Commentary on Virgil, Eclogues, Oxford 1994.
Coleman, Robert: Vergil, Eclogues, Cambridge 1977.
Coleman, K. M.: Statius, Silvae IV, edited with an English translation and commentary, Oxford 1988.
Degani, Enzo: Hipponactis testimonia et fragmenta, Stuttgart ^{2}1991.
Eichstädt, H. C. A.: Valerii Catonis Dirae, Jena 1826.
Ellis, Robinson: Appendix Vergiliana sive Carmina Minora Vergilio Adtributa. Rec. et adn. crit. instr., Oxford 1907.
Gerber, Douglas E.: Greek Iambic Poetry, Cambridge / London 1999 (=LCL 259).
Häuptli, Bruno W.: Publius Ovidius Naso, Ibis, Fragmenta Ovidiana, Lateinisch-deutsch, Zürich 1996.
Kaster, Robert A.: C. Suetonius Tranquillus, De Grammaticis et Rhetoribus, edited with a translation, introduction, and commentary, Oxford 1995.
Keller, Otto: Pseudacronis scholia in Horatium vetustiora, Stuttgart 1902-1904.
Kenney, E. J. / Clausen, W. V. / Goodyear, F. R. D. / Richmond, J. A.: Appendix Vergiliana, rec. et adn. crit. instr., Oxford 1966 (Ausgabe der Dirae (Lydia): 1-14).
Kroll, Wilhelm: C. Valerius Catullus. Herausgegeben und erklärt, Stuttgart ^{7}1989.
La Penna, Antonio: P. Ovidii Nasonis Ibis, proleg., testo, apparato critico e commento, Firenze 1957.
Mankin, David: Horace, Epodes, Cambridge 1995.
Mynors, R. A. B.: P. Vergili Maronis Opera, rec. brev. adn. crit. instr., Oxford 1969.
Naeke, August Ferdinand: Carmina Valerii Catonis, cura Ludovici Schopeni, Bonn 1847.
Nisbet, R. G. M. / Hubbard, M.: A Commentary on Horace: Odes, Book II, Oxford 1978.
Owen, S. G.: P. Ovidi Nasonis Tristium libri quinque, Ibis, Ex Ponto libri quattuor, Halieutica, fragmenta, rec., Oxford 1915.
Pfeiffer, Rudolf: Callimachus, ed., Volumen I: fragmenta, Oxford 1949.
Powell, J. U.: Collectanea Alexandrina, Oxford 1925.
Rostagni, Augusto: Virgilio Minore, Roma ^{2}1961, 335-362.
Salvatore, Armando: Appendix Vergiliana. Testo, traduzione e note critiche. II: Culex, Dirae [Lydia], Copa, Moretum, Napoli 1964.
Salvatore, Armandus u.a.: Appendix Vergiliana, rec. et adn. crit. instr., Rom 1997.
Scaliger, J.: Publii Virgilii Maronis Appendix, Lyon 1573.
Skutsch, Otto: The Annals of Q. Ennius, edited with introduction and commentary, Oxford 1985.
G. Thilo, G. / Hagen, H.: Servii grammatici qui feruntur in Vergilii carmina commentarii, Leipzig 1878-1881 (Nachdruck Hildesheim 1961).
van der Graaf, Cornelis: The Dirae, with translation, commentary and an investigation of its authorship, Leiden 1945.
van Groningen, B. A.: Euphorion, Amsterdam 1977.

Westendorp Boerma, R. E. H.: P. Vergili Maronis libellum qui inscribitur Catalepton, pars prior, Assen 1949.
–: P. Vergili Maronis libellum qui inscribitur Catalepton, pars altera, Assen 1963.

Sekundärliteratur

Austin, John Langshaw: Zur Theorie der Sprechakte (How to do things with Words). Deutsche Bearbeitung von E. v. Savigny, Stuttgart ²1979.
Bal, Mieke Bal: Mise en abyme et iconicité, in: Littérature 29 (1978), S. 116-128.
Bardon, Henry: La Littérature Latine Inconnue, I: L'Époque Républicaine, Paris 1952 (bes. S. 325-371).
Barthes, Roland: Das semiologische Abenteuer, Frankfurt a. M. 1988.
Beyers, Esmé E.: Vergil: Eclogue 7 – A Theory of Poetry, in: Acta Classica 5 (1962), S. 38-47.
Bloom, Harold: The Anxiety of Influence. A Theory of Poetry, Oxford ²1997 (¹1973).
Bowie, E. L.: Theocritus' seventh Idyll, Philetas and Longus, in: ClQ 35 (1985) 67-91.
Buchheit, Vinzenz: Der Anspruch des Dichters in Vergils Georgika. Dichtertum und Heilsweg, Darmstadt 1972.
Büchner, Karl: P. Valerius Maro, in: RE VIII A, 2, Sp. 1265-1486.
Cairns, Francis: Generic Composition in Greek and Roman Poetry, Edinburgh 1972.
Cartault, A.: Étude sur les Bucoliques de Virgile, Paris 1897.
Catrein, Christoph: Vertauschte Sinne. Untersuchungen zur Synästhesie in der römischen Dichtung, München 2003.
Conte, Gian Biagio: The Rhetoric of Imitation. Genre and poetic memory in Virgil and other Latin poets, Ithaca 1986.
Dällenbach, Lucien: Intertexte et Autotexte, in: Poétique 7 (1976), S. 282-296.
–: Le Récit Spéculaire. Contribution à l'étude de la mise en abyme, Paris 1977.
–: Reflexivity and Reading, in: New Literary History 11 (1980), S. 435-449.
Dams, Peter: Rez. Schmidt, Poetische Reflexion, in: Gnomon 47 (1975), S. 449-453.
della Corte, Francesco: Lo Scenario Siciliano delle Dirae, in: Ders. (Hg.), Studi di Poesia Latina in onore di Antonio Traglia I, Roma 1979, S. 485-495.
–: Dirae, in: Enciclopedia Virgiliana, Band II, Rom 1985, S. 91-94.
Delz, Josef: Rez. Schmidt, Poetische Reflexion, in: MH 31 (1974), S. 241.
de Man, Paul: Allegorien des Lesens, Frankfurt a. M. 1988.
Dutoit, Ernest: Le thème de l'adynaton dans la poésie antique, Paris 1936.
Eco, Umberto: Zwischen Autor und Text. Interpretation und Überinterpretation, München ²1996 (¹1994).
–: Lector in fabula. Die Mitarbeit der Interpretation in erzählenden Texten, München ³1998 (¹1987).
–: Im Wald der Fiktionen. Sechs Streifzüge durch die Literatur, München ²1999 (¹1994).
Effe, Bernd: Die Genese einer literarischen Gattung: die Bukolik, Konstanz 1977.
– (Hg.): Theokrit und die griechische Bukolik, Darmstadt 1986.
Effe, Bernd / Binder, Gerhard: Antike Hirtendichtung. Eine Einführung, Düsseldorf ²2001.
Elder, John Petersen: Catull c. 1, sein poetisches Bekenntnis und Nepos, in: Heine, Rolf (Hg.), Catull, Darmstadt 1975, S. 27-35.
Ellis, Robinson: The Dirae of Valerius Cato, in: AJPh 11 (1890), S. 1-15.
Enk, P. J.: De Lydia et Diris carminibus, in: Mnemosyne 47 (1919), S. 382-409.
Eskuche, Gustav: De Valerio Catone deque Diris et Lydia carminibus, Marburg 1889.
Fedeli, Paolo: Properzio, Il Libro Terzo delle Elegie, Introduzione, testo e commento, Bari 1985.
Fraenkel, Eduard: Two Poems of Catullus, in: JRS 51 (1961), S. 46-53.

–: The Dirae, in: JRS 56 (1966), S. 142-155.
Fuhrmann, Manfred: Die Funktion grausiger und ekelhafter Motive in der lateinischen Dichtung, in: Jauß, H. R. (Hg.): Die nicht mehr schönen Künste. Grenzphänomene des Ästhetischen, München 1968, S. 13-66.
Genette, Gérard : Figures I, Paris 1966.
–: Figures II, Paris 1969.
–: Figures III, Paris 1972.
–: Introduction à l'architexte, Paris 1979.
–: Palimpsestes. La littérature au second degré, Paris 1982.
–: Nouveau discours du récit, Paris 1983.
–: Seuils, Paris 1987.
–: Einführung in den Architext, Stuttgart 1990.
–: Palimpseste. Die Literatur auf zweiter Stufe, Frankfurt a. M. 1993.
–: Strukturalismus und Literaturwissenschaft, in: Kimmich, D. / Renner, R. G. / Stiegler, B. (Hgg.), Texte zur Literaturtheorie der Gegenwart, Stuttgart 1996, S. 196-214.
–: Die Erzählung, München ^{2}1998 (^{1}1994).
–: Paratexte. Das Buch vom Beiwerk des Buches, Frankfurt a. M. 2001.
Goebbel, Franz Caspar: Ueber die strophische Composition der DIRAE des Valerius Cato. Mit einigen kritischen Bemerkungen, Warendorf 1861.
Goelzer, R: La poésie pastorale de Virgile, in: AAM 22 (1931), S. 3-22.
Goodyear, F. R. D.: The ›Dirae‹, in: PCPhS 197 (1971), S. 30-43.
Gossen, Hans: Schwan, in: RE II A, 1, Sp. 782-792.
Grimal, Pierre: Le poème de Lucrèce en son temps, in: Reverdin, O. / Grange, B. (Hgg.), Lucrèce. Entretiens sur l'Antiquité Classique, Tome XXIV, Vandœuvres-Genève 1978, S. 233-262.
Helm, Rudolf: P. Valerius Cato, in: RE VII A, 2, Sp. 2348-2352.
Hendrickson, G. L.: Archilochus and the Victims of his Iambics, in: AJPh 46 (1925), S. 101-127.
Hermann, C. F. Hermann: Die pseudovergilischen Dirae und ihre neuesten Bearbeitungen, in: Ders., Gesammelte Abhandlungen und Beiträge, Göttingen 1849.
Herrmann, Léon: Trois poèmes de P. Valerius Cato, in: Latomus 8 (1949), S. 111-144.
–: Les Masques et les Visages dans les Bucoliques de Virgile, Paris 1952.
Hinds, Stephen: Allusion and Intertext, dynamics of appropriation in Roman poetry, Cambridge 1998.
Hoffmann, Zs.: Die Dirae als carmen magicum, in: Acta Antiqua Academiae Scientiarum Hungaricae 29 (1981), S. 327-336.
Hofmann, Heinz: Rez. Schmidt, Poetische Reflexion, in: Gymnasium 83 (1976), S. 143-146.
Hubaux, Jean: Les thèmes bucoliques dans la poésie latine, Bruxelles 1930.
Hühn, Peter / Schönert, Jörg: Zur Narratologischen Analyse von Lyrik, in: Poetica 34 (2002), S. 287-305.
Jacobs, Fr.: Über die Dirae des Valerius Cato, in: Bibliothek der alten Literatur und Kunst 9 (1792), S. 56-61.
Jahn, Paul: Die Art der Abhängigkeit Vergils von Theokrit, Berlin 1897.
–: Die Art der Abhängigkeit Vergils von Theokrit. Fortsetzung, Berlin 1898.
–: Die Art der Abhängigkeit Vergils von Theokrit. 2. Fortsetzung, Berlin 1899.
Jauß, Hans Robert: Theorie der Gattungen und Literatur des Mittelalters, in: Delbouille, M. (Hg.), Grundriß der romanischen Literaturen des Mittelalters, Band I, Heidelberg 1972, S. 103-138.
Kambylis, Athanasios: Die Dichterweihe und ihre Symbolik. Untersuchungen zu Hesiod, Kallimachos, Properz und Ennius, Heidelberg 1965.
Koster, Severin: Die Invektive in der griechischen und römischen Literatur, Meisenheim am Glan 1980.
Kröner, Hans-Otto: Die Dirae der Appendix Vergiliana, Marburg 1952.
Lecrompe, René: Virgile, Bucoliques. Indes verborum, relevés statistiques, Hildesheim 1970.
Leo, Friedrich: Vergils erste und neunte Ecloge, in: Hermes 38 (1903), S. 1-18.

Lieberg, Godo: Poeta creator. Studien zu einer Figur der antiken Dichtung, Amsterdam 1982.
Lindsay, W. M.: Notes on the Lydia, in: ClR 32 (1918), S. 62/63.
Meyer-Minnemann, Klaus / Schlickers, Sabine: La mise en abyme en narratologie, in: Vox Poetica (http://www.vox-poetica.org/t/menabyme.html), veröffentlicht am 1.7.2004.
Moya del Baño, F.: Virgilio y la Appendix Vergiliana, in: Helmantica 33 (1982), S. 407-447.
Nauta, Ruurd R.: Gattungsgeschichte als Rezeptionsgeschichte am Beispiel der Entstehung der Bukolik: A&A 36 (1990), S. 116-137.
Neudling, Chester Louis: A Prosopography to Catullus, Oxford 1955.
Nietzsche, Friedrich: Sämtliche Werke. Studienausgabe in 15 Bänden. Herausgegeben von Giorgio Colli und Mazzino Montinari, dtv, München 1980.
Perret, J.: Virgile. Les Bucoliques, Paris 1961.
–: Virgile, Paris 1965.
Putsche, Carl: Valerii Catonis poemata, Jena 1828.
Reitzenstein, Richard: Drei Vermutungen zur Geschichte der Römischen Litteratur, II: Ein litterarischer Angriff auf Octavian, in: Jörs, P. / Schwartz, E. / Reichenstein, R. (Hgg.), Festschrift Theodor Mommsen zum fünfzigjährigen Doctorjubiläum, Marburg 1893, S. 32-43.
Ribbeck, O.: Antikritische Streifzüge II, in: RhM 50 (1895), S. 558-565.
Ribezzo, Francesco: Due nuovi indizi della paternità virgiliana delle ›Dirae‹, in: Rivista Indo-greco-italica di Filologia-Lingua-Antichità 3 (1920), S. 65-69.
Richards, Ivor Armstrong: Die Metapher, in: Haverkamp, Anselm (Hg.), Theorie der Metapher, Darmstadt 1983, S. 31-52 (gekürzte Übersetzung der Kapitel V und VI in I. A. Richards, The Philosophy of Rhetoric, Oxford 1936).
Ron, Moshe: The Restricted Abyss. Nine Problems in the Theory of Mise en Abyme, in: Poetics Today 8 (1987), S. 417-438.
Rothstein, M.: De Diris et Lydia carminibus, in: Hermes 23 (1888), S. 508-524.
Rumpf, Lorenz: Extremus labor. Vergils 10. Ekloge und die Poetik der Bucolica, Göttingen 1996.
Salvatore, Armando: Da un dramma politico a un dramma esistenziale. Le Dirae dell'Appendix Vergiliana e il prolema dell'unità, in: Ders., Virgilio e Pseudovirgilio. Studi su l'Appendix, Napoli 1994.
Schmidt, Ernst A.: Poetische Reflexion. Vergils Bukolik, München 1972.
–: Bukolische Leidenschaft oder Über antike Hirtenpoesie, Frankfurt a. M. 1987.
Schmitz, Thomas A.: Moderne Literaturtheorie und antike Texte. Eine Einführung, Darmstadt 2002.
Schetter, Willy: Nemesians Bucolica und die Anfänge der spätlateinischen Dichtung, in: Schetter, W. / C. Gnilka (Hgg.), Studien zur Literatur der Spätantike, Bonn 1975 (=Antiquitas, Reihe 1: Abhandlungen zur Alten Geschichte, Band 23), S. 1-43.
Schröder, Bianca-Jeanette: Titel und Text, Berlin 1999.
Schutter, K. H. E.: De Lydia et Diris carminibus, in: Mnemosyne 4, 6 (1953), S. 110-115.
Segal, Charles: Tamen cantabitis, Arcades: Exile and Arcadia in Eclogues 1 and 9, in: Arion 4, 2 (1965), S. 237-266.
Skutsch, Otto: Zu Vergils Eklogen, in: RhM 99 (1956), S. 193-201.
Speyer, W.: Fluch, in: RAC 7, Sp. 1160-1288.
Striedter, Jurij (Hg.), Russischer Formalismus. Texte zur allgemeinen Literaturtheorie und zur Theorie der Prosa, München ^{5}1994.
Terzaghi, Nicola: Facit poetas (A propos de l'épigramme sur Valerius Cato attribuée à Furius Bibaculus), in: Latomus 2 (1938), S. 84-91.
Thomas, R. F.: Tree Violation and Ambivalence in Virgil, in: TAPhA 118 (1988), S. 261-273.
Thomas, R. F.: Reading Virgil and His Texts. Studies in Intertextuality, Ann Arbor 1999.
Traina, Alfonso / Neri, C.: La rana nelle trane del grilo (›Dirae‹ 72-74), in: Eikasmos 12 (2001), S. 293-299.
Van den abeele, Eric: Remarques sur les ›Dirae‹ et la ›Lydia‹ de l'›Appendix Vergiliana‹, in: RhM 112 (1969), S. 145-154.
Verdière, Raoul: Rez. Schmidt, Poetische Reflexion, in: AC 42 (1973), S. 646/647.

Veremans, J.: Rez. Schmidt, Poetische Reflexion, in: Latomus 36 (1977), S. 817/818.
Walter, Horst: Studien zur Hirtendichtung Nemesians, Stuttgart 1988.
Watson, Lindsay: Arae. The Curse Poetry of Antiquity, Leeds 1991.
Wilkinson, L. P.: Virgil and the Evictions: Hermes 94 (1966), S. 320-324.
Zipfel, Karl: Quatenus Ovidius in Ibide Callimachum aliosque fontes imprimis defixiones secutus sit, Leipzig 1910.

Index locorum

(Kursive Seitenzahlen beziehen sich auf *Anmerkungen*)

Anthologia Palatina 7, 506: *50*.

Appendix Vergiliana
  Aetna: 246; 199–207: *246*; 358–365: *264*; 379–383: *264*; 466–468: *246*; 466–494: *246*; 573–601: *246*; 605–611: *246*, 247.
  Catalepton 9, 17–20: 185ff.;15: 185.
  Culex 153: *188*.
  Dirae 1: *37, 68,* 77, *89,* 124, 145, 188, 257, 283; 1/2: 154; 1–8: 36, 61, 82, 105, 152; 2: 42, 67, *68, 89,* 124; 2/3: *41, 64,* 136, 181; 3: 136, 172, *248*; 4/5: 137; 4–7: *285*; 4–8: 22, 68, 72, 75, 132, 137, 156, 172, 220; 6: *44,* 76, 134; 7: 67, *71,* 74; 7/8: 156; 7–9: *74*; 8: *37,* 52, 55, 64, *68, 73, 120,* 124, 133f., 136, 140, *152,* 154, *166,* 199; 8/9: *155*; 8–13: 37; 9: *38,* 70, *78,* 138, *143,* 149, 157; 9–13: 268; 9–24: 78; 9–81: 152, 260; 10: 69; 11: 70, *143*; 14: *36, 37, 68, 89,* 155, 250f., *281*; 14–18: 37; 15: *37, 67, 78,* 149; 15–18: *143,* 251; 18: *37,* 194; 19: *36, 41,* 67, *68, 89,* 155; 19–24: 37f., 83, 198; 20: 194, 209; 20/21: *78,* 143; 20–22: 196; 20–24: 195f., 198f.; 21: *196*; 22: 194, 196; 22–24: *38*; 23/24: *143*; 24: *78,* 93; 25: *68, 89,* 155, *155*; 25–29: 38, 79, 83, 240; 25–41: 143, 158, 160, 162f., 166; 26: 68, 84, *89,* 91, 93, 133, 183, 267, 279, *287*; 26/27: 80, 164, *188,* 267; 26–29: 144, *152,* 160, 168f., 265; 27: *79,* 144, 161, 284; 28: 20, 38, *143,* 170ff., 174, 178, 250; 28/29: 170; 29: *76,* 197; 30: *37, 68, 89,* 144, 155, 166, *166*; 30–36: 38, 79; 31: 22, 41, 70, 136, *169*; 31–35: 267; 32: *79, 144,* 161, *161,* 164, *165, 169*; 32/33: 47, 80, 144, 162, 164; 33: 69, 268; 34: 84, 91, 133, 136, 183, 267; 34/35: 84; 34–36: *247*; 34–46: 157; 35: *130, 169*; 35/36: 39, 78, 154; 36–39: *143*; 37–39: 144f., 166; 37–41: 38f., 79; 37/39: 136; 38: 247; 38–41: *39,* 43; 40: *245*; 40/41: 144f., 165f.; 41: *68, 76, 162,* 167; 42: *243,* 260f.; 42–46: 18, 39, 243; 45: 70; 45/46: *243*; 45–53: 77; 46: *38,* 281, 286; 47: *68, 89,* 155, *155*; 47–53: 39; 48/49: 201; 48–53: 201; 48–60: 48; 50: 78, 136; 51: 70; 52: 39, 78, 154, *201*; 54: *36, 37, 68, 89,* 155, 191, 250; 54–63: 39; 55–61: *39*; 55–62: 193; 56/57: 193; 57: *90*; 58: 78, 136; 61: *90,* 194; 62: *248*; 63: 78, *192*; 63–66: *40*; 64: *37,* 155; 64–70: 40; 66: *90*; 67/68: 136f.; 67–70: 192; 69: 136; 71: *36, 37, 68, 89,* 155, 191f., 196, *243*; 71–74: 40; 72: 193; 72/73: 70, 194; 72–74: 192, 193, 287; 73: *63,* 64, 78, 194, 272, 282; 74: 69, 188, 286; 75: *36,* 67, *68, 89,* 155, 191, *192,* 195; 75–81: 40f.; 76: 136, 193; 76/77: 269; 76–78: 124; 76–80: 143, 193, 243, 269, 281; 78: *40*; 79: 130; 79/80: 125, *247*; 79–81: 136; 80: 64; 81: *192*; 81–85: 22, *37,* 41f., 64, 146, 176; 81–88: *65*; 82: *45,* 66, 279; 82/83: 136; 82–85: 70, *280*; 82–96: 156; 82–103: 152; 83: 11, *72,* 134; 84: 67, *126, 136,* 202; 84/85: *66, 70,* 147; 85: 22; 86: 43, *90,* 284, *284, 285*; 86/87: 279; 86–90: 43, 260; 86–96: *280*; 86–103: 146; 87: *136,* 285; 88: *285*; 88–90: *285*; 89: 67, *162, 163, 165,* 194, 197, 285; 89/90: *64,* 163ff., 189; 90: 69; 91: *67,* 69, *136*; 91/92: *63*; 91–93: 43; 92: *67,* 197f., *284*; 93: 75, 134, *285*; 94–96: 43; 95: 154, 156, 160, *162, 163,* 164; 95/96: *162,* 163, *164*; 97: 22, *37, 67, 68, 89,* 93, 156; 97–103: 43f., 155, 167; 98–101: 73, 156, 199; 98–102: 156, 172; 98–103: 22, 75; 100: *44,* 200f.; 101: *72, 74,* 158; 101–103: 74, *74,* 160; 102: 158, 160, 163; 102/103: 74, *159, 285*; 103: 22, *44,* 158.
  »*Lydia*« 104: *21,* 23; 104/105: 161; 111: *21*; 116, *38*; 123: *21*; 127/128: 161; 142–175: 21; 171: 161.

Appian *B.C.* 5, 2, 12/13: *22*.

Archilochos *fr.* 19 West: *148*; *fr.* 42, 2: *178*; *fr.* 45: *178*; *fr.* 122: 71; *fr.* 172: 179; *frr.* 172–181: *179*; *fr.* 223: *177*.

Aristoteles
  Poet. 1447a13–18: *218*; 1447a16–18: *85*.
  Rhet. 2, 1396b13: *220*f.; 3, 1418b28: *71, 148*.

Ausonius 7, 1, 1–4: 206.
Bissula: 210.
Cento nuptialis: 206; 210.
Cupido cruciatur: 210.

Calpurnius Siculus *ecl.* 2, 6: *185*; 4: 58, *185*; 7, 20: *185*.

Calvus *fr.* 9 Blänsdorf: 119.

Catull
carmen 1: 183; 1, 1: 83, 206, *272*; 1, 8: 83; 12: 51; 25: 51; 40, 1/2: *177*; 42: 51, 251ff.; 50, 2: 83f.; 50, 4: 84; 51, 9–12: *272*; 55, 9/10: 51; 64: 36, 95, 112; 64, 41: *170*; 64, 49/50: *249*; 64, 227: *249*; 64, 234: *249*; 64, 306: 249; 64, 307/308: *249*; 64, 307–319: 249; 64, 322: 249; 64, 323–381: 249; 64, 326/327: 249; 68, 73/74: *60*; 105: 229.
fr. 3 Blänsdorf: *177*.

Cicero
Brutus 71: *215*.
De or. 2, 86–88: 228.
Tusc. 1, 73: *189*.

Dio Cassius 48, 6–12: *22*.

Dion von Prusa *or.* 11: 211.

Donat *Vita Vergilii* 51–57; 65 Brummer: 19; 165–169 (»*ille ego, qui...*«): 230, 258; 281–299: *57*.

Endelechius *Carmen de mortibus boum*: 59, 89.

Ennius *ann.*: 235; *ann.* 54/55 Skutsch: 207; 175–179: 233.

Eratosthenes *Boikon Problema*: 50.

Euphorion von Chalkis
fr. 8 Powell: *50*; 8/9 Powell: 49; *fr.* 46–49: 49.
Thrax: 49.

Gellius *Noctes Atticae, praef.* §§ 3–10: 87; 9, 9, 4–7: *185*.

Herodot *Historiae* 1, 165: 71.

Hesiod
Theogonia: 184; 22–34: *228*.
Erga kai hemerai: 259.

Hipponax *fr.* 24 Degani: *178*; *fr.* 126: 17, 7; *frr.* 126/127: 213; *fr.* 127: *178*; *fr.* 194 (*dubium*): 128ff., 142.

»Homer«
Ilias 21, 257–264: 208f.; 23, 71: *232*; 23, 114–121: 233.
Odyssee: 147, 212.

Horaz
carmen 1, 2, 7–20: *71*; 1, 13, 5–9: *272*; 1, 35, 33: *277*; 2, 1: ff.; 2, 1, 37–40: *228*; 3, 27, 25–76; 4, 1, 10: *196*; 4, 2, 5: 189; 4, 2, 25–32; 189.
epist. 2, 1, 54: 281; 2, 1, 224/225: *182*.
epod. 2: 148; 5: 142; 5, 89–102: 127f.; 6, 11–14: *177*; 6, 14: *176*; 10, 3–8: 145; 10, 6–11: *130*; 10, 15–24: 130f.; 16: f.; 16: 71.
sat. 1, 10, 44/45: 186, *197*; 1, 10, 56–59: 186.

Kallimachos
Aitien: *50*, 184.
Ap. 1–8: *188*.
Del. 249–259: *188*.
epigr. 27 Pfeiffer: 184, *184*.
fr. 1, 5/6 Pfeiffer: 91; *fr.* 1, 6: *188*; *fr.* 1, 9: 91; *fr.* 1, 16: *184*; *fr.* 1, 21–24: 183; *fr.* 1, 23–30: 224; *fr.* 1, 25–28: *183, 225*; *fr.* 1, 27/28: *83*; *fr.* 1, 29: *177*; *fr.* 1, 29–36: *188, 286*; *fr.* 191, 1–4: *176*; *fr.* 381/382: 48, *48*.

Livius Andronicus *Odusia*: 212.

Livius *Ab urbe condita* 1, 28: 50.

Longos *Lesbiaka*: 81f., *112*, 184.

Lukian *Pseudologista* 1: *177*;2: 177.

Lukrez *De rerum natura*: 210; 1, 136/137: 271; 1, 449–482: *199*; 1, 450ff.: *200*; 1, 832: 216; 1, 922–930: 271; 1, 926–930 (= 4, 1–5): *83*, 184, 215, 229; 1, 934 (= 4, 9): *272*; 2, 232: *44, 200*; 3: *274*; 3, 6/7: *187*; 3, 68–73: 270; 3, 152–156: 273; 4, 6–9: 216; 4, 584: *191*; 4, 10–17 (= 1, 935–942): 270; 4, 18–25 (= 1, 943–950): 271.

Lykophron *Alexandra*: *50*, 153; 1–3: *153*; 1–30: 122; 3: 153; 9: 153; 1461–1474: 122.

Martial 11, 104, 13/14: 254f.

Moiro von Byzanz *fr.* 4 Powell: 49.

Moschos *Europa 50*.

Nemesian *ecl.* 1, 1: *59*; 1, 1–8: 58ff., *59*; 1, 9–15: 268f.; 1, 22/82: *185*; 2: *63*; 2, 15/83:

185; 3: *68*; 4: *68*; 4, 4/5: *63*; 4, 13: *185*; 11: *60*; 15: 60, *63*.

Nikander *Theriaka*: *50*; 298–308: *50*.

Numitorius *Antibucolica fr.* 1 Blänsdorf: 213.

Ovid
　am.: 210; 1, 15, 25/26: *83*; 3, 1: 231f.; 3, 1, 1/2: *240*; 3, 1, 4: *191*.
　ars 2, 703/704: *254*; 3, 777/778: 254f.
　fasti 2, 487: 206; 2, 488: *207*.
　Ibis: *134*, 142; 31–40: *132*; 43–52: 133; 51/52: 176; 52: 214; 53/54: *222*; 55–58: 48; 111: *126*; 125–128: 126f.; 133–137: 132f., 140; 133–194: 142; 137: 133; 137–142: 141; 137–196: 140, 142; 141: 140; 143–192: 141; 193/194: 141; 203–206: 141; 251–638: 48; 519–522: 176.
　met. 6, 385–391: *50*; 6, 549–562: *50*; 14, 808–816: 206f.; 14, 812–816: *60*.
　Pont. 1, 3, 59/60: *133*.
　trist. 2, 537/538: *82*.

P. Sorbonn. 2254: 49.

Pervigilium Veneris: 36.

Pindar *Pyth.* 3, 112–114: 116, *117*.

Platon
　Phaidon 84e3–85b9: *188*.
　Phaidros 259: *177*.
　Theaitetos: 95.

Plautus
　Mostellaria 568ff.: 51.
　Pseudolus 357ff.: 51.

Plinius *nat.* 14, 15: *196*.

Properz 1, 15, 29–32: 74f., *74*; 1, 20, 28: *196*; 1, 22, 4/5: *64*; 2, 13(a), 3–8: 120, *223*; 2, 15, 30/31: *93*; 2, 16, 45: *159*; 2, 34, 67/68: 86; 2, 34, 83/84: 187; 3, 1: 184; 3, 1, 1–4: *83*; 3, 1, 1–6: 222f.; 3, 1, 3–6: 226; 3, 1, 5: *225*; 3, 1, 17/18: *228*; 3, 2, 16: *226*; 3, 3: 223ff., 227, 232; 3, 3, 2: 226; 3, 3, 15: 228; 3, 3, 15/16: 227; 3, 3, 27: *276*; 3, 3, 29: *227*; 3, 3, 32: 228; 3, 3, 33–50: 226; 3, 3, 51: *227*; 3, 3, 51/52: *226*; 4, 1, 64: 214; 4, 1, 130: *39*.

Pseudo-Acro *ad* Hor. *epod.* 6, 11–14 Keller: 178.

Pseudo-Longin *peri hypsus*: 211; 35, 2–5: 243ff.

Quintilian *inst. or.* 5, 10, 20: *230*; 5, 10, 21/22: 230; 10, 1, 88: *281*; 11, 2, 17–26: 228.

Rgvedasamhitâ 10, 39: 116f.

Sappho *fr.* 31 Lobel-Page: 211; *fr.* 31, 5–16: *272*.

Schol. C *ad* Ov. *Ibis* 51/52 La Penna: 178, *179*.

Servius *Vita Vergilii* 1–3; 10–14 Brummer: 19.

Sophokles *Oedipus Tyrannus* 895/896: 135.

Statius
　silv. 4, 7, 1ff.: *276*.
　Thebais: 58; 1, 8–11: *60*.

Sueton *De Grammaticis et Rhetoribus* 11 Kaster: 44f.

Su(i)da 48.

Theokrit
　id. 1: 36, *36*, 75, 184; 1: 257; 1–3: 184; 120: *161*; 146–148: 184, *286*; 148: *177*.
　id. 3: 104f.; 3, 2–5: 104.
　id. 5, 136/137: *187*.
　id. 2: 36.
　id. 7: *109*; 7, 21: *65*; 37–41: *286*; 41: *187*; 52–66: 131f.; 103–114: 49.
　Syrinx 50.

Tibull 1, 5: 142; 1, 5, 49–58: 126; 1, 9, 11/12: *159*; 1, 10, 13: *195*; 3, 4, 42 (»Lygdamus«): *191*.

Vergil
　Aen. 3, 22–30: 239; 6, 109: *232*; 6, 149–174: *232*; 6, 173–182: 232; 6, 179: 240; 6, 179–182: 235, 237, 256, 281; 6, 180: *240*; 11, 134–138: *233*.
　ecl. 1: 92, 280; 1, 1: *61*, 83, 257; 1/2: 224; 1–4: *67*; 2: *86*, 182, *224*; 3: 190; 3/4: 67; 4/5: 144; 5: *94*, *166*; 10: 182; 12/13: *67*; 13: *59*; 42: *22*; 46–48: 68, 193; 47/48: 69; 48: 272, 282; 49: *67*, 198; 51: *67*, 68; 52: *170*; 57/58: *226*; 59–63: 73f., *201*, *286*; 59–64: 72, *158*, 220; 63: *74*; 64: 72; 70–72: 70, *280*; 71: 11; 72: 70 73/74: 68; 75–78: 68; 77: 67, 279; 78: *67*; 82: 92; 82/83: *92*.

ecl. 2: 92, 103; 2, 1: *61*; 3: *226*; 12/13: *59*, *286*; 13: *144*; 31–33: *62*; 43: *59*; 55: 185; 66/67: *92*.

ecl. 3, 1: *61*; 52: *59*; 57: 161; 84–89: *120*; 111: 92.

ecl. 4: 142, 266; 4, 1: 90, 103, 268; 1–3: 122, 259; 2/3: *286*; 3: *94*, 103, 259; 4–7: 123; 9: 123; 10: *59*; 11: 123; 45: 123; 55–59: 278; 58/59: *62*, *277*.

ecl. 5, *61*; 2: *59*; 10–12: *94*; 13/14: 84; 13–15: 106ff.; 20–44: 63, 77f., *78*; 38: *196*; 42–44: 107; 43/44: 46, 79, *144*, *161*, 162; 45–47: 106, 190; 47: 185; 50/51: 108; 58/59: 62; 59: *62*; 63/64: *166*; 85–87: *98*, 108, 190, 264; 90: 161.

ecl. 6: 92, 184, 266, 277, 280; 6, 1: *58*, 182, 268; 1/2: 89, 259; 1–3: 83, 86f.; 1–12: 96, 119, 121; 3: 277; 3–5: 182; 4: 86, 91, *98*; 4/5: 119, 224; 7: 96; 8: *59*, *86*, 91, 182; 9: 99; 10: 96; 11: *119*; 12: 96, 99; 13: *61*, 99, 121; 13–30: 119; 13–86: 96ff., 117; 31–40: 119f.; 31–81: 97, 99, 117f.; 46: 118; 61–63: 100f., 171, *228*, 264; 61–65: 173f.; 62/63: 119, 170, 174; 64–73: 119f.; 69/70: *90*; 69–73: 99f.; 73: *119*; 76–78: *286*; 85/86: *92*.

ecl. 7: *105*; 7, 1: *61*, *286*; 12: *59*; 13: *144*; 24: *286*; 37: 185; 38: *189*.

ecl. 8: *105*; 8, 1: *61*; 5: *94*; 14–16: *92*; 15: *59*; 17–61: *285*; 21: *285*; 21–23: 139; 22/23: *286*; 24: *62*; 26: 75; 27/28: 76; 52: *285*; 52–56: 76; 55: 187, *189*, *285*, *286*; 57: *77*; 58–61: 77, 285f.; 60: *285*; 61: 75, 92; 109: 92.

ecl. 9: 92, 280, 285; 9, 1: *61*, 65; 2–3: *22*, *66*; 2–6: 65, 255; 5/6: *126*; 6: *129*, 282; 9: *226*; 10: *65*, 66; 14–18: 66; 19/20: *94*, 101, 171; 26–29: *120*; 27–29: *99*; 29: 187, *189*, 283; 32: *59*; 32–36: 99, *118*, 187ff.; 35: *286*; 36: *189*, 283, *286*; 40: *196*; 46–50: *99*; 50: *68*; 63–65: *92*; 66/67: 279; 67: *67*.

ecl. 10: 92, *105*, 113; 10, 1: 92; 1–8: 113; 2–4: 91; 4–6: 190; 5: 185; 6: *72*, *94*; 8: 103; 9–69: 113; 22: *93*; 26: *62*; 28: 93; 28–30: 93; 31: *109*; 31–44: 195; 31–69: 109; 33/34: *72*; 33–43: *195*; 35: 196; 37: 195; 42: 196, *196*; 50/51: *90*, 108; 53/54: 107; 70: 91, 103; 70/71: 115; 70–72: 15, 117; 70–77: 113; 71: *59*, 91, 278; 75–77: *92*; 77: *68*, 93.

georg. 1, 16–18: *226*; 1, 100–110: 208f.; 2, 173–176: *212*; 2, 176: 90, 214, 258; 2, 362–370: 241; 2, 458–540: 213; 2, 475/476: *184*; 4, 559: 85; 4, 559–566: 99, *229*; 4, 563–566: 82f.; 4, 565: 85; 4, 565/566: 229; 4, 566: 86, *88*, *103*, *108*.